严群哲学译文集

严群 译

2016年·北京

图书在版编目(CIP)数据

严群哲学译文集 / 严群译. —北京：商务印书馆，2016
(严群文集；4)
ISBN 978‐7‐100‐12466‐9

Ⅰ.①严… Ⅱ.①严… Ⅲ.①哲学—文集
Ⅳ.①B‐53

中国版本图书馆CIP数据核字(2016)第185595号

所有权利保留。

未经许可，不得以任何方式使用。

严群文集之四
严群哲学译文集
严群 译

商 务 印 书 馆 出 版
(北京王府井大街36号 邮政编码 100710)
商 务 印 书 馆 发 行
三河市尚艺印装有限公司印刷
ISBN 978‐7‐100‐12466‐9

2016年10月第1版　　开本 880×1230　1/32
2016年10月北京第1次印刷　印张 20 1/2

定价：66.00元

《严群文集》序

吴小如

一

先师严群先生(1907—1985),字孟群,号不党(取"君子群而不党"之义),福建侯官人,是严几道先生(复)的侄孙。先生幼时即甚受几道先生钟爱,认为可成大器。七岁即开始入私塾读《四书》、《五经》。入中学后,因阅读英国哲学家罗素的著作,受其影响,遂立志终身致力于哲学的研究。1931年毕业于燕京大学哲学系,继入燕大研究院深造,于1934年获硕士学位。次年赴美国留学,先后在哥伦比亚大学和耶鲁大学就读,同时教授中文,贴补生活。先生对古希腊文、拉丁文有深厚造诣,并兼通梵文、希伯来文、马来文、泰文等多种古文字,即是在美国刻苦学习所结的硕果。当时先生立志要从古希腊文翻译柏拉图全集,竟放弃攻读博士学位的机会,在美国一面读书,一面译书,先后译出柏拉图著作达全集的三分之二以上。1937年抗日战争爆发,先生竟拒绝在美国教书的聘约,以全部积蓄购买大量西方哲学书籍回到祖国,执教于母校燕大哲学系。[①]

[①] 关于先生生平小传,请参考北京大学出版社2001年出版的《燕京大学人物志》第一辑(第355—356页),这里从略。

在先师的众多门人中，我是唯一不曾学过哲学的学生。说来有缘，1945 年抗战胜利，我重新上大学，考入燕大文学院（一年级不分系），随即受业于先生。先是 1941 年太平洋战争骤起，燕大被敌占而停办。先生乃任教于私立中国大学以勉强维持生活。当时亡友高庆琳兄曾到中国大学遍听名教授讲课，向我提到过严群先生。故我一到北京，便访知先生在城内的寓所，登门拜谒。与先生素昧平生，第一次见面，先生即留我午饭，长谈良久，宛如旧时相识。1946 年我又考上清华大学中文系三年级当插班生，因宿舍太吵无法用功，乃恳求先生，允我于先生当时在燕大南门甲八号的寓所，借住了两学期。当时同寄住于先生处的，尚有先生的弟子王维贤、穆民瞻等。我与维贤兄虽见过面，却因同住一处近一年之久而订交。在寄住期间，早晚承先生謦欬，获益反较在课堂听讲为大。先生虽以治西方古典哲学为主，然承家学，谙国故，于孔、孟、老、庄及诸子之学亦精研有心得，其思想与主张全盘西化者迥异。又喜收藏名家书法手迹，精于鉴赏。且先生对青年人提携不遗余力，视门人如子侄，故师生间共同语言甚多。我在清华就读的一学年中，竟成了先生的一个对哲学外行的"入室"弟子。1947 年先生南下，就浙江大学聘，我亦转学入北大，彼此未相见者十余年。60 年代初，先生来北京开会，遂侍先生在城内盘桓数日。未几"文革"开始，天各一方，从此未再与先生晤面。而十年浩劫中，使先生最痛心的，除藏书有些损失外，是先生积累多年而尚未付梓的大量译稿几乎"全军覆没"。这对先生的打击实在太大，自此身心两瘁，精神饱受摧残。故与先生通信时，先生极想让我到杭州见面，并几次托人带过口信。1984 年春我南下讲学，原拟到杭州拜谒先生，不料病倒在上海，只得铩羽而归。谁想1985年新年刚过，先生竟猝然病逝。人天永隔，抱憾终生，至今思之，犹怅恨无已也。

二

先生逝世已16年，几位师弟师妹一直搜求遗著，谋为先生出版文集。2001年春，接王维贤兄自杭州来信，告以已辑得先生遗文35篇，有不少是从未发表过的系统论文，及专著五部。并寄来部分遗稿，嘱我写序。其中以研究古希腊哲学的论著为多，尤集中在对柏拉图和亚里士多德两哲人的思想的分析与探讨。有关我国先秦哲学的论著，则主要是对《老子》一书，及《中庸》、《大学》两篇带总结性质的儒家哲学经典的系统研究。我对西方哲学（尤其是古希腊哲学）实在外行得近于无知，不敢妄加评说。但通过对先师原稿的学习，却给了我一个进修的机会。根据我读后粗浅的体会，其中分量较重的还是论述古希腊哲学的文章。自苏格拉底而柏拉图而亚里士多德，先师似对后两人兴趣更大，体会也更深。由于当时国人对西方哲学还比较陌生，先生的文章写法总是偏于以述为作，或者说述中有作，即对他研究的对象和课题都带有介绍性质和阐释的内容。而在阐释中进行发挥，表述了自己的主张和意见，于浅出中蕴涵着深入。又由于先生在论文写作方面受过严格的科学训练，逻辑性极强，文章的条理与层次极为清晰明白，使人读了毫无艰涩深奥之感。如先生论《老子》的"道"，全篇条贯分明，眉目疏朗，宛如一幅生理解剖图，把"玄之又玄"的内容写得了如指掌。又如论《中庸》与《大学》的思想内容，不仅纲举目张，而且用图表方式进行系统的分析与诠释，而个人的独到见解即寓于其中。这是先生治中国哲学的一大特色。因此，像我这样对哲学所知有限的人，也能循文章的思维脉络而逐步深入腠理，有所领悟。更由于先生学贯中西，在论述某一家哲学思想时，往往用对比方法互相映照，进行研索。如对柏拉图和亚里士多德伦理思想之比较，对孔子与亚里士多德的中庸思想之比较，都能给读者以深层次的启发，从而留下鲜明印象，并提高了对这些哲人的思想内涵的认识。总之，先生著述中诸篇论著，都贯穿着这三个方面的特色：一、述中有作，深入浅出；二、文章逻辑性极强，有条理、有系统，引导读者循其思路而步步深入；三、用对比方法看中西哲学思想之异同，从中体现出先师本人的真知灼见。

读后掩卷深思，感到有两点想法，愿借此机会一申鄙见。这两点想法都关涉到以孔子为奠基人的先秦儒家学派。一点想法是当前学术界有个流行术语，叫作"新儒学"，我认为不必要。盖先秦时代承孔子衣钵而有专著传世者，主要是孟、荀两家。《孟子》书中所反映的思想即不全同于孔子，而《荀子》之学与孔子的思想则差距更大。如称"新儒学"，则孟、荀二氏之学已属于"新"的范畴了。至于汉子董仲舒、扬雄，则与孔子更有所不同。尤其是董仲舒所代表的今文学派，其学甚至与先秦儒家学派有枘凿矛盾处，不是新不新的问题了。下而及于程朱理学，有的学者或以"新"称之。其实就其不同的一面而言，连程颢、程颐兄弟二人的见解都有所不同，遑论周濂溪和张横渠！至南宋朱熹，其思想之内涵更丰富，其理论之差距更大。如以朱熹为"新"，岂先于朱熹者皆"旧"乎？到了近现代，由于西风东渐，凡治中国哲学者或多或少皆吸收了西方哲学思想的内容，可谓"新"矣。然而每一位学者皆有其个人的见解，而且各不相同，可以说无人不"新"。既自孔子以下，凡属于儒家学派者，其学皆与孔子不尽相同，无不可称为"新"。然则又何必把"新儒学"的桂冠加诸当世某一学者或某一学派之上呢？天下没有完全相同的两个人（甚至被克隆出来的也未必完全一样），也就没有完全相同的哲学思想。如以此为"新"而彼为"旧"，岂不多此一举乎？

另一个想法是，有些学者把孔子当成"教主"，把儒家学派认作"儒教"（或称"孔教"），自康有为大张厥论，至当代某些学者仍力主此说。这种看法我不同意。夫孔子之不同于释迦牟尼、耶稣，《论语》、《孟子》之不同于《新约》、《旧约》、《可兰经》，中国读《四书》、《五经》的知识分子之不同于天主教徒、伊斯兰教徒，此显而易见者也。就近取譬，即以孟群师之遗著而言，其论柏拉图和亚里士多德，完全不同于西方之神学；其论《老子》之"道"，亦完全不同于中国之道教；其论《中庸》、《大学》之思想与夫朱熹之学说，更是只见其哲学思想而一无阐发宗教教义之痕迹。何况后世之治儒家之学（包括《五经》、《四书》）者，清代汉学家无论矣，即以近现代学者而论，自梁启超、胡适以下，如冯友兰、梁漱溟、熊十力、钱穆诸先生，无不以治儒家之学著称于当世。细绎诸家之说，归根结底，皆是论述儒学思想而非宣传所谓孔门之"教义"。以教主视孔子，和以宗教教义视儒家思想，皆小孔子与儒学者也。执此以读先师之文集，或可见鄙说之非妄谬。

公元 2001 年 9 月，受业吴小如谨序。
时客北京西郊中关园寓庐。

目 录

第一部分　柏拉图对话录

泰阿泰德　智术之师

《泰阿泰德·智术之师》内容提要 5
《泰阿泰德·智术之师》译者序 6
泰阿泰德 9
智术之师 126
《泰阿泰德·智术之师》人名索引 227

游叙弗伦　苏格拉底的申辩　克力同

游叙弗伦 239
苏格拉底的申辩 274
克力同 314
《游叙弗伦·苏格拉底的申辩·克力同》译名对照表 336

赖锡斯　拉哈斯　弗雷泊士

赖锡斯 364
拉哈斯 402
费雷泊士 432

理想国

理想国（第一、二卷） 512

柏拉图生平和著作年表 513

第二部分　亚里士多德著作

政治学（第一、二卷） 571
第一卷 572
第二卷 596

严群年表 630
《严群文集》后序 637

第一部分
柏拉图对话录

泰阿泰德　智术之师

【商务印书馆1963年版】

柏拉图头像

《泰阿泰德·智术之师》内容提要

柏拉图（公元前 427—347 年）是古希腊唯心主义哲学的最大代表。在西方哲学早期的发展中，他是第一人集唯心主义思想之大成，系统地建立了客观唯心主义哲学的体系，对于后来哲学的发展有极大影响。

这两篇对话录都是柏氏晚期的著作。《泰阿泰德》论知识，是六十岁写成的。《智术之师》论"存在"，是六十七岁以后写的。

《泰阿泰德》以苏格拉底和泰阿泰德讨论知识的定义为题材。柏氏藉此题材，于普罗塔哥拉之"知识源于感觉"、赫拉克利特之"物变如流水"等学说，横加批驳，以示反对。

《智术之师》以智者派为无知的假智者。贵族家庭出身的柏拉图对此派之收费授徒及其所授内容痛加丑诋，作为替贵族政治辩护的张本，并为此种政治求理论的根据。

两篇都是直接从希腊原文译成的，同时也参校了几种英文译本。

《泰阿泰德·智术之师》译者序

此册是柏拉图晚期的两篇重要对话录——《泰阿泰德》和《智术之师》——的译本。译文根据娄卜经典丛书(Loeb Classical Library)《柏拉图集》的希腊原文，并参校其对照之英译（译者为 H. N. Fowler），以及补翁丛书(Bohn's Library)之《柏拉图集》（译者为 G. Burges）、周厄提(B. Jowett)之《柏拉图对话》、康复尔德(J. M. Cornford)之《柏拉图的知识论》(Plato's Theory of Knowledge: The Theaetetus and the Sophist of Plato)等英文译本。遇原文晦涩模棱处，多参考康氏的注解为译。

本文头绪纷繁，乍读难于料简；周厄提英译前之《分析》，简约扼要，兹转译以作《提要》。读者先看《提要》，对本文内容得其系统的轮廓，再读本文，可收事半功倍之效。

译文附注包括以下数端：（一）拙译异于所校各家译本处及各家译本互异处，择其有关系者指出。（二）篇中所引历史人物，疏其生平事迹，举其学说流派。（三）所引神话故事，叙其原委，明其寓意。（四）所引前人言语词句，标其出处。（五）篇中极费解处，以己意或兼采康氏之说，加以解释。

篇中人名地名，悉依希腊原字翻音，并结合汉字四声，以求准确。原字之以嘶声的辅音字母结尾者，以"士"字翻人名，以"斯"者翻地名，聊示区别。若干人名地名的译法不合上述标准，因从出版者之意而更改，以与已见于出版界者相符。如替爱台托士、提坞多洛士、塔类士、普楼塔个拉士、海辣克垒托士、潘门匿底士、候悔洛士（以上人名），尔令尼温、苦类尼（以上地名），等等，权且改为泰阿泰德、德奥多罗、泰勒斯、普罗塔哥拉、赫拉克利特、巴门尼德、荷马（以上人名），埃令尼安、居勒尼（以上地名），等等。然而一般出版界对于希腊人名地名，率从现代欧洲字翻音；溯其源流，则由希腊字一转而为拉丁字，二转而为现代欧洲字，再翻为汉字，其音难免去希腊字原音颇远。鄙意以为，学术界将来编纂标准译名词典以求译名统一，凡希腊人名地名，宜依希腊原字翻音，结合汉字四声以期准确；其已见于出版界者，自宜重行厘定。此节似于译事无关宏旨，然学问之道，无论巨细，总以求真求确为贵，不容丝毫苟且因循。一隙之见，尚待与海内方家共商讨之。

此译脱稿，《智术之师》在先，而《泰阿泰德》在后。《泰阿泰德》凡再易稿，四改正、三润色，字字衡量而出。颇顾中西文之不同的习惯。例如，西文多以固定的人称（Personal）为句主（如"我"、"你"、"他"、"我们"、"你们"、"他们"），其义实同于不固定的人称（impersonal）；遇此等处，译文若依原文习惯，则与中文习惯不侔，伤洁而或滋误解，故用泛指之法为译。原文有字句简单而能尽意者，译成中文却需较为繁复；原文亦有字句繁复者，于中文只需简单而意已达。凡此等处，斟酌原文与中文之不同的需要而为译。中文与希腊文造句之法迥异，译文不能逐字逐句紧依原文次序，其义却无挂漏，一一交代清楚，《泰阿泰德》颇饶文学意味，译文亦重修辞，冀与原文风格相称。

《智术之师》，于译者高血压症方剧时脱稿。虽再四勘校原文修订，俾于意义无讹无漏，而当时精力不逮，未免机械地忠实于原文字句，或贻译文不畅，晦涩费解之讥；且文字欠精炼，亦有稍带"西文气"之处。以此问世，殊感歉然；犹冀他日重加订正润色，续与读者见面，以补前愆。

尚有柏氏的《费雷泊士》（Φίληβος）对话录一稿，正在修改润色中；盼贱恙渐瘥，得以早日奉呈读者。平生素抱尽译柏氏全书之志，假我十年、容以时日，庶几有以成斯举。

泰阿泰德

《泰阿泰德》提要

本篇首叙特尔卜细翁从乡间来到麦加拉城，在市场上寻尤克累底士不见；尤克累底士说明自己方才到港口去，途中遇着泰阿泰德从军营抬到雅典。泰阿泰德一息仅存，于哥林多之役既受重伤，复染军中流行的痢疾。此情况说明后，引起对方痛惜之感。尤氏答曰："诚然，即刻我还听说他在此役中的壮烈行为。""那是我能意料到的；他为何不在麦加拉停下？""我本要他停下，他不肯；我便送他直到埃令尼安。分手时，想起苏格拉底逝世前不久曾与童年的此君一面，有一段值得流传的谈话。当时苏氏预言，此人天假之年，必成伟大人物。""果然果然，尽如苏氏之所期许！你能否重述此段谈话？""不能凭记忆重述。我得之于苏格拉底，归来提笔记其大略，随后得暇补充；每到雅典，并请苏氏陆续修正。"特尔卜细翁曾闻尤克累底士有此一篇记录文字，久想索观；二人俱已疲乏，同意休息并呼僮代为宣读。"特尔卜细翁，记录本子在此。我只要声明：为行文方便，凡苏氏追述时所搀入交代的字样，如'我说'、'他说'等等，一概省去；与苏氏谈话者，有泰阿泰德及居勒尼几何学家德奥多罗。"

苏格拉底先问德奥多罗，雅典之行，可曾遇见此城少年将来于学问一途或能出人头地者。"苏格拉底，有一个我所认识的出类拔萃的少年。他并不美,你无须疑我对他有所眷恋;说实话,他极像你,——扁鼻露睛,只是不如你之甚。他兼备种种品质:敏、毅、勇,温良而明智,其进也,如油之无声无浪地流。瞧!走进角力场的中间一个就是他。"

苏格拉底不知此少年的名字,却识得他是良善而多财的幼弗浪尼沃士之子。德奥多罗告诉苏格拉底,此少年名泰阿泰德,伊父遗产荡尽于托孤者之手,而他的慷慨之姿仍与其余品质媲美。如苏氏之愿,德氏邀泰阿泰德入座。

苏格拉底说道:"对了,泰阿泰德,我正好在你脸上照见自己的丑状,——德奥多罗说你我容貌相似。他这方面的话还是无关紧要;他虽是哲学家,并非画工,对你我的面貌未必能作裁判人。然而他是学者,能判别我们的智能。他若赞许你我之一的资质,闻其言者必须咀嚼玩味,受赞许者不可拒绝考验以资印证。"泰阿泰德应允受考验,便入圈套中。"然则,泰阿泰德,你必须受考验,因我向未曾闻德奥多罗称许他人如称许你。""他是开玩笑。""不,这不是他的作风。我不让你以他开玩笑为辞而收回你的诺言,否则便请德奥多罗重说一遍称道你的话并以誓自明。"泰阿泰德答称愿受考验,苏格拉底先问他向德氏所学何物。苏氏表示切盼向任何人学任何物,此刻有小问题,要向泰氏或德氏或座中之"当驴"①者,求得答案。破题的话止此,苏氏声称迫切求解其问题,便问"知识为何?"德氏过于老迈,不能解答问题,求苏氏向泰阿泰德提出,因其有少年的长处。

---

① "当驴"者谓蠢汉。

泰阿泰德答复，知识是他向德氏所学的几何算术，还有他种知识，如鞋艺木工之类。苏格拉底指出此答案包含太多又太少，虽历举若干类知识，却未曾说明其共同性质；譬如问泥是什么，不说泥是拌水的土，却举塑工的泥、陶人的泥、炉灶夫的泥为答。泰氏立解苏氏之意在于会通一切知识而概括之，如自己在算术上所已学而能之者。他曾发现，数可分二类：其一为方数，如四、九、十六等等，由同因数构成的，并表示等边形；其二为长方形数，如三、五、六、七等等，由不同因数构成的，并表示不等边形。然而他对知识问题，虽屡次如法炮制，却总是无成。苏氏对泰氏说明他在分娩，男女都有分娩的苦痛，时常需要产婆协助。秘而不宣，苏氏本人便是产婆，嗣其精明强干的母氏之术；然而不接女人的胎，接引男子的思想。如已过生育时期的产婆，他不能有子息，因神不许他于世有自己的贡献。苏氏还提醒泰氏：产婆是，或者应是，唯有的媒婆，因收成者最能明了何苗蕃植于何土。可是端谨可敬的产婆避免作伐，因其不愿被蜚语呼为鸨母。男女之孕尚有其他区别：女人不会时生真子，时生与真子难辨的幻胎。苏氏以男产婆的资格说道："我所伺应的产妇，其初鲁钝而无出息，随后倘邀神眷，开悟竟是一日千里。如此进境，我无以致之，乃彼辈所自致；我与神不过协助他们把自己的怀抱托出。彼辈中，不少人离我过早以致流产，或由我接生后，婴儿因抚养不良而致夭折；最后自知其愚，他人亦见其愚。其中之一是吕信麻恪士之子阿历士太底士，还有他人。他们往往回头求我再收留，降临我心的神或许我或不许我，其许我再收留者复得长进。就我亦有无胎不需吾术者，我则为之作伐，使其委身得人，如普洛迪恪士或其他智能如神的大师。我与你细说这段故事，因我疑你在分娩中。我嗣守吾母之业为产婆，请就我，我将为你接生。倘把你的头胎爱子取而弃之，莫咬牙切齿相向，如妇人所为；我对你的举动出于好意，寓于我心的神虽不许我匿伪饰真，却亦与世人为友。泰阿泰德，我重提'知识为何'的旧问，你鼓起勇气，借神之灵，会得一答案。""知识是知觉，这是我的答案。""普罗塔哥拉的理论如此，此公说'个人是一切事物的权衡'，便是异辞同义。他是无上智者，我们必须求解其义。设譬以明其义：同一阵风吹我们脸上，你或感其热，我或觉其寒；这是为何？他要答复，此风对皮肤寒者是热的，对皮肤热者是寒的。'是'即'显得'，'于某人显得'即'某人觉得'。如此，感觉知觉与物之显现并等于存在。然而我怀疑，他作此戏论以欺庸众如你我之流，却将其'真理'[暗刺其著书颜曰《真理》]密授其徒。诚然，他崇奉著名的万物相对之说。此说主张：物无大小重轻，并亦非一；一切俱在动中，混合、转移、流迁、成毁；我们盲然谓物为在，其实唯动而已。此说不但是普罗氏之教，恩培多克勒、赫拉克利特以及其他哲学家，乃至所有作家，以喜剧之王伊辟哈儿莫士与悲剧之王荷马为首，异口同声主张此说，唯巴门尼德除外的所有哲学家皆持此说；荷马有句云：'欧概安诺士乃诸神之所自出，太徐士为诸神之母'。他们还用许多论点说明：动是生之源，静是死之本；火与热发于摩荡，生物之由来亦复如此。体格保于勤劳，毁于懈逸；太阳之动息，洪荒之境复。兹以唯动之说施于感官，首及视官；白或他色并非块然存于目之内或目之外，乃恒动不息于目与所视之物之间，对个个感觉者而变。一切相对；普罗氏之徒指出，否认这一点，无穷的矛盾接踵而至。譬如有六个骰子在此，多于四个，少于十二个；是否说'亦多亦少'？""是。""然而普罗氏会反问：'物无增减，能多能少吗？'"

"不怕与前一答案矛盾，我就答复不能。"

"你若说能，将如欧力皮底士所谓口服心不服。""诚然。""正途出身自命无所不知的职业智者，对此问题，将严阵以待、御人以口给；然而你我既无彼辈之术业上的尊严，只要求知自己的思想是否明晰一贯。我们说：（一）物依然如故，不能有所消长；（二）物无所增减，不能变多变少；（三）昔无而今有，舍变莫能使之然；——如此云云应不至于谬误。问题在于：如此云云与骰子之喻及其类似的例子如何调和？""我时常惑于此等难题，愕然无以释其疑。""因你是哲学家，而哲学始于疑愕，伊里士是陶马士之女。你知道普罗氏之教之所本？""不知道。""我要告诉你，可莫让非同志窃听；所谓非同志者，坚持一偏之见，凡非双手可执之物俱不置信。另一宗门师兄弟的秘密教义却巧妙得多，我也要向你揭穿。他们主张：一切唯动；动有施与受两型，由此而致无穷的现象；现象也有两型：感觉及其对象，二者相缘而起。动有二类，一迟一速。施者与受者之动较迟，因其在自己界内或接境而动生其果；作为此种动所致之果的物，其动较速，迅然疾然转移方所。目与其适应的对象相接，而起白及白的感觉。于是乎，目含见，非但成视力，成见物之目；对象也含白，非但成白，成白的物。目及其适应之物各别与他物遇合，不能致同样的果。所有感觉都要分解为施者与受者之类似乎此的遇合。施者受者分离，单方不能成为概念的对象；而且施者能变成受者，受者能变成施者。由此而起一种流行的想法，以为：无物存在，一切唯变；物无的名，不拘于名。泰阿泰德，此等悬想顾不妙哉，于年少好奇喜异之徒如足下者岂不称心？我本人一无所知，且将他人智慧之各种标本贡献于你，但愿抛他人之砖而引足下之玉。请告诉我，对于'万物毕变'之理，足下于意云何？"

"听你的论点，我不禁要同意。"

"然而不应相瞒，有严重的事实足以非难普罗氏之教：例如，在疯狂状态与梦寐境界中，知觉是虚幻的；人寿之半耗于梦寐；谁能断言我们此刻不在做梦？甚至疯人在幻想时，其幻想即亦是真。知识若是知觉，在此种事实上如何辨别真假？非难的问题既已提出，我要代为作答：普罗氏将否认现象的连续性；他要说，异物完全相异，不论为施为受，其作用皆异。世上有无穷的施者与受者，双方在各种遇合中产生各异的知觉。以我为例，苏格拉底或患病或无恙（指整个患病或整个无恙的苏格拉底）；同此酒，我无恙时于我可口，我患病时于我不可口。我不能得同此可口不可口的印象于他物，他人亦不能得与我相同之可口不可口的印象于酒。我与感觉对象，单方不能独自变成双方共同变成的状态。变的一方与另一方在关系中相对，双方别无其他关系能使一方起同样的变；双方每次的遇合都是独一无二的。[按现代说法，感觉虽能在思想中析为感觉者与感觉对象，实际上是不可分解的。]唯有我的感觉真实，而且仅对于我真实。所以，如普罗氏所云：'对我本人，我是存在与不存在之物的判断者。'于是乎，荷马与赫拉克利特所谓流迁，伟大的普罗塔哥拉所云'个人是万物的权衡'，

158

159

160

泰阿泰德的'知识是知觉'之说，辞虽异而义实同。这是以吾术所接引的你的新生之子；倘将此子弃而不养，切莫怒不可遏。"

德奥多罗说道："泰阿泰德不至于怒，他的性情很温和。然而，苏格拉底，我想知道，你是否以此派之说为妄诞无稽？"

"首先提醒你，我并非智囊饱装论点，只是探而取之泰阿泰德胸中；要不要告诉你，我对令友普罗塔哥拉所感疑讶者何在？"

"疑讶什么？"

"吾固喜其显现即存在之说；只是怀疑着，他为何不在论真理的大著中，开宗明义说一只猪、一个狗头猿，或任何有感觉的怪兽是一切事物的权衡；如其然，我们仰之如神，他尽可谎称己智无以胜于蝌蚪，以哗世骇俗。倘凡感觉恒真、人智莫相上下、个个自作判断、所断无不真切，复何需乎普罗氏巍巍皋比之上而为之师？人人既是一切事物的权衡，何以见得吾辈知鲜于彼而须踵门求教？他的'真理'果为真理，出于其书的谶语倘非聊以自娱，则我的接生术与全部辩证术并成无谓之极。"

德奥多罗以为苏格拉底对他的尊师普罗氏批评太过，自己衰迈已甚，无能为师门兴卫道之师，与苏氏一决雌雄，缘挽泰阿泰德代为披坚执锐；泰氏固已詟于苏氏的论点，弃其所素执之见。

于是苏格拉底慨然为普罗氏辩护，以他本人的语气发言，说道："良善的诸君，你们安坐高谈阔论：谈神，则我所弗辨其有无；论人，则贬之于禽兽之列。试问君等所云有何证据，你和德奥多罗实在不如考虑一番，或然性是否万全的指南。德氏所贡于世若无以过此，将成下乘的几何学家。"泰阿泰德被他援引几何所动，苏氏因此以新方式提出问题如次："我们是否可说，知其所见所闻，所见如外国文之字母，所闻如外国人之语音？"

"我们可说，知其字母之形状及其语音之高低，却不晓其意义。"

"妙极；我盼望你能长进，此答案姑且存而不究，兹另提一问题：见岂不是知觉？""诚然是的。""见之即知之？""对。""忆者忆其所见并所知？""诚然。""闭目能忆否？""能忆。""然则或忆而不见；见若是知，则可能忆而不知。于是乎，知识为感官知觉的假定岂不归于妄诞？或是我们过早自鸣得意；此故事之父——普罗氏——若犹在世，结果可能大异乎此。然而此公已故，所留的托孤者德奥多罗，对他的孤子，并不热心维护。"

德氏声明，卡利亚士是普罗氏的真正托孤者，但愿苏氏救护其孤儿。苏氏重述攻击者之论点，以作救护的张本。他问能否同时亦知亦不知。"不可能。""很可能，如果主张见即是知。不屈不挠的反对者，变本加厉，行以继言，掩你的一目，洋洋然说道：'汝今亦见亦不见，请问是否亦知亦不知？'明攻的旧敌如此，暗袭的新敌复将寻常用于视觉上的字眼转移到知识问题，问你'能否近知而远不知，知识其有亦锐亦钝者乎？'你方惊讶其智无比，俄顷间已入其彀中，非至认定赎款之数，不可得而解脱。"

普罗氏尚未申辩，先倨然声明不负童子之言责，童子不能预料后果，答话乃贻口实，使苏氏以彼为谈笑之资。他说："答案不出于我口，吾不任其咎。我向不主张感觉之记忆同于感觉，亦不否认可能同时亦知亦不知同一物。你若要求极其准确的言语，我就说，在种种不同的关系下，任何个人成为多个或无数个。请你证明，个人知觉非特殊，或者虽然特殊，而所显现于个人者不但仅对于彼为存在。你提猪与狗头猿，你自己是猪，以我的著作与猪做游戏。我仍然肯定个人是一切事物的权衡，却承认一人可能千百倍较胜于他人，较胜与所得印象之较优为比例。我亦不否认智慧与智者之存在；然而主张，智慧是实用的药剂，能转恶为善、变疾病之苦为健康之甘，智慧并非较广真理或较高知识之所在。病者与健者，其印象并真，其智不相上下。人的意念无虚妄者，故无去妄之术；恶念所由而起的恶习却可化而为善。化恶为善，在身，医者以药物；在心，智慧之师以言语。变化后的新体态或新意念，与旧者相比，并非较真，只是较优。哲学家不是蝌蚪，是医生与农牧；农夫牧人培养土壤牧场，使禾木秀茂、牛羊茁壮；医生使个人与社会去病弱而趋健强。贤智的说士使善者于国家显为正当（凡于一国显为正当者于此国即是正当），以此，他们堪享厚酬。苏格拉底，不论你情愿与否，必须仍作权衡。这是我的申辩，求你以持平之论与我交锋。我们志在说理，不徒事口给；说理与口给大不相同。御人以口给者总想驳倒对方，此种辩驳使人年长反而厌恶哲学。说理者设法了解对方，指出对方过之由己或出于朋游之熏染者；与人商榷平议，立名用字不落庸众东扯西拉的寨臼。你与反对者平易从事，他会投诚亲附，虽败而自怨自艾，弃其成见而皈依哲学。苏格拉底，我劝你取迳宽厚，避免吹求字句与人争胜。"

"德奥多罗，这是我所能给令友的区区援助，他若在世，其所以自助者当远胜于此。"

"你为他辩护极其豪壮。"

"是的；然而你可曾注意，普罗氏要求我认真从事，责备我们假手童子对他取笑？他示意你必须代替泰阿泰德，以为泰氏之智尽许过于许多长须的老者，却无以过于你，德奥多罗。"

"斯巴达角力场规定或卸衣或离场，你的作风却像安台恶士，近则不得脱，非与你一决雌雄不肯罢休。" 169

"对了，这是我的症结所在。我曾被无数丰功伟业辩口如悬河的海拉克类士与赛西务士断头破脑，总是不舍此种苦役；现在还要求你赏光。"

"在不超过一次交锋的条件下，我应允你。"

此刻苏格拉底重复顷者之论点。他极愿对普罗氏维持公道，故主张引用其本人的话："凡显现于各个人者于彼为存在。"苏氏问曰，"人类公认，在不同的方面，智有过不及之差；然则普罗氏的话与此如何调和？人当危殆之际，往往俯伏崇拜智过于己者如神明。世上充满着自愿为臣为弟子与不辞为君为师者。足见人类确在判别彼此的见地，以为有智愚之差。普罗氏将何以为辞？他不能说，无人以他人为愚妄。你作一判断，千万人持相反之见。众人或不赞同，实不赞同，普罗氏'个人是一切事物的权衡'之说；究竟是否，由谁决定？据他自己所表示，他的'真理'焉得不依靠赞同的人数，其真的程度之高低岂不与赞同者之多寡成比例？而且他必须进一步承认，凡否认他的话为真者之所云并真；——这是妙不可言的笑谈。他若承认以他的话为不真者之言为真，便须自承其言非真。可是他的反对者拒绝承认其言非真，他亦须承认其所拒绝是对的。然则结论如此：包括普罗氏本人在内的全人类都要否认他的话为真，其真理对其本人及他人俱不真。" 170

171

德氏于意以为此结论太迂，苏氏用讽刺态度答称其所言并不超过真理范围。"但令冥寿绵绵的普罗氏能从地下伸出头来，他定要对你我加以严正的责备，一刹那间复返黄泉。因其不可能应邀而至，我们必须自己检查此问题。显然人的智力有大差别。即使同意普罗氏，承认直接感觉，如寒热之类，对各个人存在如其所显现，此假定仍不能推广到判断或思想。甚至如普罗氏门徒不笃守师说者之见解，我们承认，是非曲直、虔敬亵慢、对各国家或各个人如其所显现而存在，普罗氏仍不敢主张，人人是利害得失的同等权衡，或似乎有利者实是有利。然而新问题就此开端。""无妨，苏格拉底，我们有充分闲暇。""我们诚然有，且效哲学家的惯癖，离本题而旁涉。我时常注意到他们的习惯如何使其在法庭上令人发噱。""你的意思何在？""我说，哲学家能言所欲言，兴之所至，随意由一题目谈到另一题目；如我们，他谈话可以欲长便长、欲短便短。讼徒却总是仓皇急遽，滴漏限其时刻、陈辩书拘其题材、反对造在旁控制其发言权。他是家奴在手披诉状的主人面前与同辈奴才辩曲直；诉讼绝无二途，常是性命之争。此种经历使其变成精悍狡黠，习于阿谀之术，娴于诡诈之方。他过早步入险恶世途，其脆弱的年少之姿不能应之以真诚正直，转而持之以奸猾虚伪，遂至戕贼性灵、斫丧天真；直到成人，其心一无健全坦率诚挚之念，实是或自命为机巧诡谲的专家。讼徒如此，要否以哲学家的写照与他对比，或者将致过于节外生枝？"

"不至于，苏格拉底，言论为吾辈奴役，不为吾辈主人。谁是审判官，谁是观众，有权制裁我们？"

"我要描写哲学家中领袖人物，其次要者不足挂齿。哲学权威不识法庭议会的路，国家的法律与决议，无论成文或宣读，一概不睹不闻；政治团体、庆祝场合、俱乐部、歌舞女，甚至不曾梦见。人与人的訾议诽谤，不论对男对女，及身或其祖先，他们漠不闻知，较海水有几多桶还不关心。他们不自知其不知此等事物，并非有意立异以邀誉。事实如此：他们的形骸寄居国土，其心，如聘达洛士所云，则在探索的途程中，以绳尺测量地下地上之物，穷究自然界之全，从不屈己俯察咫尺之内。"

174

"你的意思何在，苏格拉底？"

"证明吾意所在，要举诙谐女仆挪揄泰勒斯坠井的故事为喻。此女仆说，他如此迫切欲知天上情形，乃至不能见足旁之物。此等嘲笑可加于所有哲学家。哲学家与世不相识，几乎不知邻居者是人是兽。他总是追求人的本质，研究人性在施与受方面之异于任何其他物性者应如何。因此，每当公私遇合之际，如我顷者所云，在法庭或任何场所，他便成笑柄，落井或陷于种种困难，非但见笑于女仆，见笑于一般群众。他貌似如此笨拙而未尝更事的人物，受人诟骂，也不能举对方的私事反唇相稽，因其不知任何人的劣迹。听人彼此诩诹，则不禁由衷嗤鄙其夸诞矫饰；——这又显得荒唐可笑。严君暴主于他有似牛豕的牧人，其所牧而榨取膏脂者较之牛豕为刁黠难制；如牧人，君主无暇受教；牧人圈其所牧于山谷之中，君主圈其所牧于城郭之内。闻说万亩或更多的产业，他便想到方舆大地。听人历举家世，他就提醒人人有亿万代的祖先，——富或贫，希腊人或外邦人，君王或奴隶。夸耀其二十五世祖安非图吕翁者，尽可随意远溯，直到前五十代的显祖荣宗；哲学家只是笑他不能计算较大的数。这是世俗所嘲笑的人，在俗眼中，他似乎不能顾及自己的双足。""描写极其逼真，苏格

175

拉底。""然而，一旦哲学家把机敏的讼徒从诉辩提高到冥想绝对义不义的本质，或从颂圣提高到窥测苦与乐的自性，以及人类避苦趋乐之故，则形势反转：小鄙夫如立悬崖之上，眩然欲坠，舌僵口噤、言语讷讷；此状不见笑于女仆，却见笑于凡受过自由人的教育者。这是两流人的写照：其一是贤哲君子，无怪其不曾学会料理床蓐，或以割烹要宠；其他是伺应小人，几乎不知如何披斗篷，更无论能起平和之念，能赞道德之美。"

"苏格拉底，世人肯接受你的话如我，则人类和平多而罪恶少。"

"德奥多罗，人世总有恶与善对立，恶不存于天上神的境界。因此，我们必须舍己而皈依神；皈依神要像神；像神要清净、正直、真诚。然而多数人处世徒务外观，如村媪涂抹脂粉以饰衰容，以为人当从善为了貌似君子。事实却是如此：神正直，人尽正直之能事者最像神。知此者为智；术艺之智或政客形似之智，以视此智，直是平凡鄙俚。不正直者往往自负其诡谲；他人称其刁黠，他却自解曰：'彼意无非谓我优于酬世，不素餐，不为社会的赘疣。'可是他应反省，不自知其恶，较之自知其恶，益使其形势恶化。不义之罚并非死刑或鞭笞，却是不义日甚无可逃的命运。两个类型的生活在他面前，其一敬神而邀福，其他慢神以取祸；他却日远其一，日近其他。他不晓得，长此诡谲奸诈，死后不见纳于纯洁无瑕之境。然而此等人若有勇气听此一番言论，常会对己不满，却似孩提之无力自主。我们离题够远了。"

"苏格拉底，我爱听题外闲谈过于本题的话，因其较为易解。"

"回到本题。我们离题时，普罗塔哥拉与赫拉克利特之徒主张，国家政令，存立之际，无不适当。然而无人坚持，国家立法，虽意在兴利除弊，其效尽如所期；因利弊之效有待将来，有待将来者易于亿而不中。普罗氏是否主张，个人之为万物的权衡兼括去、来、今，各个人对未来之事的判断彼此毫无差别？例如，无医学训练者能否预知其何时发热如照料他的医生？倘病人与医生意见分歧，应孰是孰非，或二人并是？艺葡萄者是否优于预断葡萄收成之丰歉，庖人是否优于预断酒食滋味之厚薄，普罗氏是否较之凡夫善于估计演说发表后之效果？最后一例以普罗氏之矛攻普罗氏之盾：人人能自断未来，普岁氏便无从致富。因此，他不得不自承其为权衡；而我，一无所知的我，不能方驾普罗氏，而强为权衡。这是从一方面驳他。另一方面，其说承认他人见解的权威，而他人见解不以其说为然；则他人见解的权威推翻其说的权威。我却无同等把握能推翻当前知觉状态的真实性；然而承认当前知觉状态无不真实，势必导致普遍流迁之说。关于此说的论战在伊奥尼亚全境漫延不熄。""是的。厄费索斯人士于流迁之说直是若疯若狂。他们笃守其书之训，永在动中，不能暂息与人议论。其躁动之态不可言喻。向他们任何一位请教，总是存问无答，却连三接四以不可解的词句相饷；他们无论对己对人，言语一无着落。于其身心念虑中，无一物固定；恒与固定之理交战。""德奥多罗，我想你不曾遇见他们平静时与其门徒从容谈论。""门徒！他们一无门徒；只是一群不学无术的狂妄之徒，彼此相轻，以为人愚予智。解决问题，不可倚赖这一群人，必须靠我们自己。""此说由来久远，源于古之诗人，其词以欧概安诺士与太徐士为象征；其为道也晦于一时，今则显于后世之大智，乃至织屦

178

179

180

之夫俱能晓喻，闻说一切悉在动中，非若往时蒙昧所想象物有动者静者，辄不期然而五体投地，崇拜其师如神明。其相反之说亦不可忘；巴门尼德有句云：'原夫万有，名曰存在，存在静一，独立不改'。然则我们处于两派相争之间，为双方所牵挽，不能确定何方有理；倘双方俱无理，我们将贻非圣诬法之诮，持见与古之大人先生背道而驰。"

"我们先接近河神们，或流迁之说的支持者。"

"他们讲动，是否必须包括两种，即地点的移转与性质的变更？一切物必有两种动，否则同物可能亦静亦动，便与普遍流迁之说相背。我们岂不曾说，所有感觉如此而起：热与白或任何物与知觉之能并动于施者与受者之间，受者成为知觉者，而非知觉之能，施者成为含有某种性质之物，而非某种性质；然而施受双方相依而存，不能独立自在？如今进一步发现，无论对于白或白物、感官或感觉，不能加以任何谓语，因其恒在流动变迁中，谓其如何，即非如何。于是乎，我们必须修改泰阿泰德与普罗塔哥拉之说，进而主张知识亦是亦不是知觉；对任何物皆须同此说法，谓其亦是亦不是，亦变为亦不变为。用'此'字尚且不当，因'此'即'非此'；词的意义瞬息不居，则语言之为用穷。故语言无以达此辈之旨。"

这一段讨论终了，德奥多罗要求如约卸肩；泰阿泰德却坚决要求他与苏氏继续考究唯静之说。泰氏的要求被苏氏谢绝，因苏氏过于敬畏巴门尼德，未敢率尔驳击他，[他后来回到智慧之师的唯静之说，目前却不愿违其本旨，要把泰氏所怀知识的胎接出。]苏氏进而请问泰氏，知识是知觉，然则以何而知觉？第一答案是，以目视物、以耳闻声。这引起苏氏想到,推敲字眼,有时失之学究之迂,有时却是必要;他建议于此处以"通过"代"以"字。感官非如土洛斯兵士伏于木马腹中,却有统一中枢,为所有知觉之所会合。此统一中枢能把知觉互相比较,故必与知觉有别。有若干事物通过身体上的器官而被知觉,亦有数学上的与其他抽象的概念,如同与异、似与不似等,由心灵本身知觉之。抽象概念中,"存在"为最普遍。善与美为另一种抽象概念,有所对待而存立,比其他抽象概念,尤为心灵本身所有事,参证去、来、今而加以比较。例如,触而知物之为坚为脆,坚脆的知觉是人与兽有生以来的天赋之能。然而坚与脆的本质,其存在与对立,却是徐徐由思想与经验学而知之。仅知觉无以达存在,故不能得真理;因此,知觉无有于知识。倘其如此,知识不是知觉;然则知识为何?心灵本身有事于存在,谓之运思;是否可说,知识是真实的思议或论断?可是旧难题仍在,试问虚妄的论断如何可能?难题可分解如下:

于物或知或不知(学习与遗忘等中间过程目前无需考虑);在思维中或运思时,必然或知或不知其所思,不能同时亦知亦否。不至于把所不知之一物混为所不知之他物;也不至于以所不知者为所知者,以所知者为所不知者。在"于物或知或不知"的假设下,有何其他情况可以想象?试于存在范围求得另一答案:譬如,思,而思所不存在者。此情况容有类似之例否?能否见,而见无形;闻,而闻无声;触,而触无物?所见、所闻、所触、岂不必然是任一存在之物。思于无物,便是不思;不思,则不能有虚妄之思。于此可见,无论从存在方面或知识方面,俱寻不着虚妄的论断，两条路都行不通。然而思想能否混淆对象——能否以一物为他物？泰氏确信，以善为恶，以恶为善，这一类情况必然就是"真实的虚妄"。苏氏不愿使他扫兴，故不追究其所谓"真实的虚妄"一词的矛盾。关于思想混淆对象的新论点包括兼思二物的问题：或同时一并思之，或先后更迭思之。思议是心之自言自语，进行自问自答，直到一无疑惑，下决定而作论断。虚妄的论断在于自语曰："此物即彼物也。""你曾否对己说，善即是恶、恶即是善？甚至梦中，曾否想象奇即是偶？任何清醒的人曾否幻想一牛即是一马，或二即是一？可见绝不能想一物是他物。切莫在字眼上取巧，因二物之一并称'其一'，而把此一与彼一混同。"心中兼思二物者不能倒置彼此，独思其一者亦不能以此一为彼一；——无论兼思二物或独思其一，彼此易置总是不可想象。

然而，还可能在某一意义下，以所不知为所知；例如，泰阿泰德识得苏格拉底，远处误以他人为苏格拉底。可借观物时留在胸中的心影，以了解此情形。假定人人心里有一块性质优劣不等的蜡版；这是司记忆之神——诸穆萨之母——所赐予的。感觉知觉，欲记之于心，则在此版上留迹，如打印一般。在此版上留迹者，其迹尚存，便忆之知之；其迹磨灭或留而不完者，则不忆不知。在下列情况，不可能以一物为他物：二物记之在心，不在目前知觉中；知一物，不知其他而无其影像在心；二物俱不知；二物在目前知觉中，或其一在而其他不在，或其一与其他俱不在；二物俱在目前知觉中并知之，其目前所知觉与所知亦相符合（在此情况下尤不可能以一物为他物）；其一不知而在目前知觉中，其他不知亦不在目前知觉中；其一不在目前知觉中亦不知,其他不知亦不在目前知觉中;二物俱不在目前知觉中亦俱不知;——凡此等等情况必须除外。然而可能误以所知并在目前知觉中之一物为所知之他物,或以在目前知觉中而不知之一物为所知之他物,或以所知并在目前知觉中之一物为所知并在目前知觉中之他物。

这些情况的区别,头绪纷纭,泰氏苦于不能领会。苏氏举例以说明,他首先指出,可能有知识而无知觉、有知觉而无知识。"我尽许认识德奥多罗与泰阿泰德,而不见二位;也许相见,却不相识。""这我了解。""然而,或认识你们二位而不相见,或只识一位而与二位俱不会面,或二位俱不认识亦未曾晤,都不至于以其一为其他;在任何被除外的情况下,皆不可能以一物为他物。其可能者唯有:(一)识得你与德氏,二位的印象并留于我心的蜡版上,远处恍惚望见你们,把印象与人配合错了,如纳屦之左右倒置;(二)识得二位而只见着一位;或识得并见着二位,却不能以在心的印象与面前的人相合并,而辨其各为谁何。然而知觉与知识相吻合,则不至于以此误而为彼。"

"希腊文'心'(κῆρ)字读如恺尔,'蜡'(κηρός)字读如恺尔洛斯,荷马因此二字音相近,赋诗以蜡版比心地。我则效颦以谓心中蜡版平坦宽厚,则铭迹清晰耐久,不致混淆。心被茅塞,如彼全智诗人之所比兴,亦似蜡版不净不纯、过坚过脆,铭迹便相应而混淆,且不能久留。于不纯与过坚者,铭迹并皆模棱,于过坚者尤甚,因其不能深入;于过脆者,铭迹极易消灭。心地猥屑,有如蜡版狭窄,则铭迹拥挤重叠,愈益模棱。俱此等资质者见解不确,因其鲁钝而见闻思议俱乖,——此之谓愚与妄。然则谬见无非思想与知觉相混淆。"

泰氏闻此说,不胜其欢欣鼓舞。然而苏氏俄顷之间复感失望,因其想起反驳的论点:"心思与官觉不相混时,岂不亦能产生谬见?所想的人与马固不至于相混,五加七却可能致误。注意,五与七仅是涉想所及的纯概念!于此,我们复处于两难之境:或是否认有虚妄的论断,或是承认可能在同一时间知其所不知。"

"对此问题,我们已经费尽心机,即使贸然从事,似亦可以原谅。我们一向反复沿用'知'、'解'等字,却不晓知识为何。""是啊,苏格拉底,不用此等字,如何能讨论?""诚然,可是未下注解,真正的雄辩家不许人用。现在必须下注解。'知'字之义有二:其一是操知识,其二是有知识,——'操'与'有'有别。可能有斗篷而不披之在身,可能有野鸟而蓄之于笼中;斗篷与野鸟,有之而不操之。前以蜡版,兹以鸟笼,比方心地。幼时此笼尚空,随后纳鸟其中,以鸟可喻各种各类的知识:或成群,或独栖而随处飞跃。奇数偶数之学或其他学问,求之譬如捉之。有鸟与操之在手显然不同,初捉与探笼取之自亦有别。"

"用之与有之的区别使不知其所知之说免于流为妄诞,因有之是知之的一义,用之是知之的另一义,则不用其所有可以说是不知其所知。然而这岂不是以暴易暴,解决一难题适以引起另一更大的难题?两项知识彼此易置如何能成虚妄的论断?而且亦可以谓不知能致知,不见能致见。"泰氏建议:笼中可能有若干假鸟,即各项非知识;探笼欲索一项知识,或误得一项非知识。"但知识与非知识既是两类知识(译者按:即真假两类知识),焉能以一类为另一类?是否别有知识以分辨各项知识与各项所不知者,有如叠床架屋，知识之上复有知识？如此讨论问题，则循环不已，永无进境。"

凡此纠纷皆起于未明知识为何，而贸贸然欲辨虚妄的论断。然则知识为何？泰氏重提知识是真实的论断，即真实的意见。然而以说士与审判官的事例衡量此说，此说似乎不能自圆。显然，审判官不当场眼见犯罪行为，说士不能把关于此等罪行的真实知识传授审判官；他只能说动审判官，审判官或能形成真实意见而作正确判断。然而真实意见若是知识，审判官判案就不能离知识。 201

泰氏再度提出其所闻于人关于知识的定义如下：知识是附带定义或解说的真实意见。苏氏也曾有相似的梦，并闻说：元素唯名而已，定义或解说始于名的撮合；字母不可知，音段或字母的复合体可知。然而，此一新假设，验之以字母，便不能成立。"苏格拉底"（Σωκράτης）的第一音段是"苏"（Σω），"苏"是什么？是两个字母——"锡格麻"（Σ）与"欧媚卡"（ω），一嘶声附母与一元音主母；过此以往，无可解说。于此二母，焉能不各知其单而并知其双？然而另有一说：音段可能与其所含诸字母或诸部分有别，而在观念中成一整体。各部分集合之体与整一体未必相同。泰氏颇倾向于采纳此说，被苏氏一问，却茫然不知整一体与集合体的区别。音段倘无部分，便是无可解说的元素。然而字母若不可知，音段焉得为可知者？幼龄学识字，先识字母，后识音段。音乐中的单独音调，好比乐谱上的各个字母，其单独的意义较其所合而成的音谱尤为明晰。 202 203 204 205 206

"其次，我们必须问，何所谓'知识是附带解说或定义的真实意见？'解说可指：（一）以辞达意或以言语反映思想，——凡不聋不哑的人皆能之。（二）历举构成一物的元素。对于车，尽许有真实的意念；然而，能历举赫西俄德所云造成车的一百块木材，唯有如此，才算有车的知识。'泰阿泰德'（Θεαίτητος）一名，可能知其音段、不知其字母；然而，非至二者并知，不算对此名有其意念而兼有其知识。另一方面，虽知'泰阿泰德'之'泰'（Θε）音段，同此音段在'德奥多罗'（Θεόδωρος）一名中，却有时致误；在学识字的过程，往往有此等错误。甚至既能依次写出大名'泰阿泰德'的所有字母与音段，对大名仍是只有正确的意念。然而，除前之所云以辞达意与历举一物的元素，解说或定义还有第三意义，即（三）能察一物所以异于他物的特征，即一物与他物的区别所在。"

"例如，我虽察及一人有眼、有口、有鼻，仅此不足以见此人与他人之别。此人或是扁鼻露睛，仅此亦不足以见其与你我及其他貌似你我者之别。唯有察及你的特种扁鼻，才能省识你之为你。得到你所以异于他人的特征，才有关于你的知识。然而，既得此特征，算是有了知识，还是只有意念？若是只有意念，便不算有了知识。若算有了知识，则知识一词益滋其惑；因如此云云，势必以'正确意见兼特征的知识'为知识的定义，——以'知识'定知识之义，等于徒然。"

"然则，泰阿泰德，知识不是知觉，不是真实的意见，也不是真实的意见加以解说。如此，我指出了你的心灵的子息不堪抚养。关于知识问题，你是否已娩其所孕，或者还在临蓐？如有余意，经此沙汰，损即是益；若已索尽枯肠，不以不知为知，即此便是进益。请注意，吾术如吾母之术，其能事止于接他人的胎；我不敢妄拟于古今之贤哲。"

"此刻我要到王官前廊与买类托士相会；希望明早此地再见，德奥多罗。"

泰阿泰德

（或论知识：隐试的）

人物：尤克累底士　特尔卜细翁　苏格拉底　德奥多罗　泰阿泰德

尤克累底士在家门口遇着特尔卜细翁，相邀入室，呼僮宣读以前苏格拉底与泰阿泰德等谈话的笔记。

尤　特尔卜细翁，才从乡下来，或者到些时了？

特　到些时了，正纳闷着在市场上寻你不见。

尤　可不是，我不在本城。

特　哪里去了？

尤　到港口去了；遇见泰阿泰德从哥林多军营抬回雅典。

特　活着，还是死了？

尤　活着，可太难了。既受重伤，甚至染上军队中的流行病。

特　可是痢疾？

尤　是啊。

特　你说，斯人而遭此难！

尤　唉，特尔卜细翁，斯人善良而勇敢；方才我还听人盛称他此战的事迹。

特　毫不足怪，不如此倒是稀奇。他何以不停留此地——麦加拉？

尤　他急于回家，苦劝不肯留。我护送几程，归途想起而惊佩苏格拉底的预言，尤其关于此君的。记得他去世前不久，曾与童年的此君一面，相见接谈之下，大赞赏其资质。我到雅典时，他把与此君的谈话转述给我听——真值得一听；还说，此人天假之年，必成有数人物。

特　显然苏氏之言中。这段谈话如何，能否重述一遍？

尤　不，不能信口述出。当时我一回家，先草备忘录，随后得暇，有所回忆，便写下来。每到雅典，把遗忘的问明苏格拉底，回来加以修正补充。因此，全部谈话几乎记录无遗。

特　是的，以前听你提过，总想索观，直延到今。此刻何妨读一遍？我才从乡下来，也要休息一下。

尤　我送了泰阿泰德直到埃令尼安，也不反对休息。请进，休息的时候，那孩子读给我们听。

特　好极了。

尤　本子在此，特尔卜细翁。我是这样记的：不用苏格拉底向我追述的语气，用他与对方直接交谈的语气；——对方是几何学家德奥多罗和泰阿泰德。为免文字累赘，凡追述时所搀入交代的字样，如述自己发言，有"我说"、"我提"等等，述对方答话，有"他赞成"、"他不同意"之类，这些一概略去，只用他与对方直接谈话的体裁。

特　无伤于记言体裁，尤克累底士。

尤　孩子，拿本子来读。

（以下是尤克累底士的家僮所读的笔记。）

苏 德奥多罗，我若较为注意居勒尼的事，便会向你探询该处的风土人物，其青年有谁致力于几何或其他哲学。然而我关心此地的后进过于彼地，也比较迫切要求知道，我们的青年将来谁会出人头地。我极力察访，每遇青年所追随者，就要打听。不少青年追随你，这是应该的；你的几何学与其他造诣都值得他们追随。你若遇见谁堪挂齿，我愿识荆。

德 苏格拉底，我遇见你们同胞中一位少年，堪得我称道，值得你倾听。他若是姣美，我就不敢饶舌，恐防有人疑我好色。他并不美；莫见怪，老实说，像你扁鼻露睛，只是不那么显眼而已。因此，我畅胆称道他。你要知道，我和很多青年盘桓，未见一位如他资质之美。其过人之敏、其异常之温、其出众之勇，我都意想不到，何况目睹。然而如他之敏而强记者，多数性情暴躁，冒突若无舵的船；与其谓之勇，毋宁谓之狂。其较为持重者，于学却钝而健忘。唯有他，求学步骤平稳坚定、从容有得，其进也，如油之无声无浪地流；令人诧异，其年龄如彼而造诣竟如此。

苏 你真是报告好消息。他是同胞中谁的儿子？

德 我曾闻伊父的名字，可记不得了。瞧，来的中间一位就是他。方才他和同伴在外操场涂油，此刻似乎涂过油进来。看你认得他吧。

苏 认得，他是宋尼坞斯地方幼弗浪尼沃士的儿子。朋友，如你所称，父子一辙；父在其他方面也有名，还遗下很多财产。只是不知此少年的名字。

德 泰阿泰德是他的名字。似乎伊父托孤者荡尽了他的遗产，此子在钱财上却也慷慨惊人，苏格拉底。

苏　你所称道确是大丈夫。请他过来，坐我旁边。

德　遵命。泰阿泰德，过来，坐苏格拉底旁边。

苏　千万坐过来，泰阿泰德，让我照见自己面貌究竟如何，——德奥多罗说我像你。譬如你我各有一张弦琴，他说我们弹的音调相同，就相信呢，或者先考虑言者是否知音？　E

泰　要考虑。

苏　发现他知音，就信，否则不信？

泰　对。

苏　我想，此刻若是关怀你我面貌的相似，就要考虑指出相似者是否画家。　145

泰　我想要的。

苏　然则德奥多罗是否画家？

泰　据我所知，他不是。

苏　也不是几何学家吗？

泰　绝对是，苏格拉底。

苏　并通天文、数学、音乐，凡学者所通，他都通？

泰　似乎如此。

苏　他若说我们身体上有相似处，无论赞美或讥刺，并不值得特别注意。

泰　也许不值得。

苏　称道你我之一性灵上的德与智呢？岂不值得旁观者殷勤　B
侦察，身受者实心表现自己？

泰　当然值得，苏格拉底。

苏　可爱的泰阿泰德,此刻正是时候让你表现,让我侦察。须知,德奥多罗向我称道过许多外侨与同胞,却未曾如方才之称道你。

C　泰　但愿如此,苏格拉底;可要防他开玩笑呢。

苏　这不是德奥多罗的作风。莫以他开玩笑为辞,收回你的诺言,而逼得他发誓自明;其实何尝有人告他诬枉。壮起胆来,维持原议。

泰　你既吩咐,我必照办。

苏　告诉我,你是否跟德奥多罗学几何?

泰　是。

D　苏　也学天文、音律、算术?

泰　尽力学。

苏　童子,凡我认为于此种种有所知者,如此公与其他学者,我并皆从学。一般吾犹人也,唯此区区莫解其惑,要与你及在座诸位研究一番。请问,学是否对所学增长智慧?

泰　可不是!

苏　那么我想,智者以智慧而成智。

泰　是的。

E　苏　这与知识何别?

泰　什么与知识?

苏　智能与知识。岂非知之所及便是智之所在?

泰　可不是!

苏　然则知识与智能同物?

泰　是的。

苏　我一向所迷惑，而力所不逮者，在于知识之为何。我们能否有所建白？公等于意云何？我们谁先发言？轮到谁发言，说错了就坐下，如儿童玩球所谓当驴子；始终不错者为王，可以随意指派问题。你们何以不作声？德奥多罗，莫非我因爱说话，急于使大家如亲如友、倾怀相见、畅所欲言，而显得鲁莽了？

146

德　苏格拉底，如此毫不鲁莽。还是让年轻的一位答复你的问题，我不惯于这类讨论，而且年力不济。对他们却相宜，他们进步较易；实际上年轻人事事都会进步。既起了头，便莫放过泰阿泰德，继续对他发问题吧。

B

苏　泰阿泰德，你听见德奥多罗的话；我想，你并不肯违拂他，况且关于这类事，年轻人不听从年长有智慧者吩咐，似乎也不对。来，豪爽而确切地说，你想知识为何？

C

泰　苏格拉底，你们吩咐，我必遵命。说错了，千万要纠正。

苏　那一定的，只要我们做得到。

泰　那么我想，凡从德奥多罗所学的便是知识，如几何学，以及你方才所提的种种；此外，如织屦之艺与其他手工艺，这些无论统称单举，莫非知识。

D

苏　既豪爽又慷慨，我的朋友；求一而与多，问简而答繁。

泰　此言何谓，苏格拉底？

苏　也许无所谓；且把我所想的告诉你。你说织屦之艺，无非指织屦的知识吧？

泰　无非指此。

苏　说木工的手艺呢，无非指制造木器的知识？

E

泰　也不外乎指此。

苏　此二例岂不是分别表示此二艺为何物的知识，为此两种知识划清其对象的界线？

泰　是的。

苏　然而，泰阿泰德，所问并不在此：不在于知识为何物的知识，也不在于知识有几多种。问题不在于历数知识的门类，在于知识本身之为何。我的话是否无谓？

泰　不，说得很对。

苏　且考虑这一点：若有人举浅近的一物问我们，譬如关于泥，问泥是什么；我们答复他，泥是瓷工的泥、炉灶夫的泥、砖瓦匠的泥，这岂不是笑话？

泰　也许。

苏　第一步就可笑：以为我们的答案能解问者之惑；问泥是什么，仍用"泥"字答复，只加"塑工的"或其他"某某匠人的"字样。你想，不知一物之为何，能解其名称吗？

泰　绝不能。

苏　那么，不知知识之为何者不解所谓"织屦的知识"。

泰　不解。

苏　昧于知识之为何者不解所谓"织屦之艺"，并亦不解任何所谓某艺。

泰　是如此。

苏　因此，举某艺的名称答复"知识为何"的问题，答案是可笑的；这是举某物的知识为答，所答非所问，——所问不是"知识为何物的知识"，是"知识本身为何"。

泰　似乎如此。

苏　其次：有简易的答案可提，却绕途而举其所不胜举者。关于"泥是什么"的问题，简易的答案是"泥者和水之土"，管它是谁的。

泰　问题如此刻提法，却显得容易了，苏格拉底。你所提的似乎与我们最近所讨论的同类；——我和与你同名的此君，谈话时发现一个问题。

苏　什么问题，泰阿泰德？

泰　在座的德奥多罗为我们画图表明方数的根，如三方尺和五方尺的方形，指出其边或根以整尺的单比量不尽；逐一举例，直到十七方尺的方形为止。于是我们想出主意：根之为数既是无穷，设法以一名称概括所有的根。

苏　你们得到此种名称吗？

泰　我想得到了；你看如何。

苏　说吧。

泰　我们把所有的数分为两类：其一，凡同数相乘而生者，用正方形代表，谓之正方形数或等边方形数。

苏　很好。

泰　其二，介于此类之间的数，如三、五，与凡不能生于同数相乘，而生于小乘大或大乘小，如形之有长短边者，我们以长方形代表，谓之长方形数。

苏　好极了。其次呢？

泰　凡代表等边方形数之正方形的四等边，我们名之曰长度。凡面积大小等于长方形数之正方形的四等边，我们名之曰不

B　　尽根①。此两种正方形的边异名,因后者与前者,不能在边的长短上,只能在面积的大小上,以共同单位量尽。关于立体亦复如此。

　　苏　再好没有,童子们。我想德奥多罗不至于被控诬证之罪了。

　　泰　苏格拉底,关于长度与根,我们的答案如此,对你所提的知识问题,我却无能为力;然而料到你是欲得类乎此的答案。所以德奥多罗对我仍是溢美,言过其实。

C　　苏　何以见得?假若他称道你善跑为年少中所仅见者,后来却被年壮举步如飞的健手赛输了,你想他的称道会因此而减低其真实性吗?

　　泰　我想不会。

　　苏　关于知识,如我方才所提的研究问题,你想微末不足道,不是第一流人物的事业吗?

　　泰　我的上帝!我想是第一流人物的事业。

　　苏　那么,鼓起自信心,承认德奥多罗的话并非无稽之谈,
D 尽其能事求得知识为何的界说,对其他事物亦复如此。

　　泰　苏格拉底,努力有济于事,则所求可得。

　　苏　来吧,你方才指点得很对:解决"根"的问题,把众"根"统归一类;现在如法炮制,试以一个界说包括种种知识。

E　　泰　苏格拉底,你可晓得,我耳闻到你所提的问题,时常试加研究;然而既不能自信有圆满的答案,也不曾听人提出如你所

---

① 盖即数学上所谓无理数(irrational numbers),无理数是泰阿泰德发现的,为当时希腊三大发现之一。(参阅斯特洛伊克:《数学简史》,关娴译,北京:科学出版社,1956年版。)

要求的答案；却又不能不关心。

苏　可爱的泰阿泰德，你正因于分娩，因为有胎。

泰　我不知道，苏格拉底；我只是说出一向的苦闷。

苏　孺子可笑，你难道不曾听说，我是一位尊贵而庄严的产婆——费纳类太士——之子？　　　　　　　　　　　149

泰　听说过。

苏　可也曾闻我行此术？

泰　从未曾闻。

苏　让你知道，切莫告人。朋友，我怀此术，众所不知；因其不知，未曾传说，只道我奇怪不过，吹毛求疵，令人困恼。你可也听见？

泰　听见过。　　　　　　　　　　　　　　　　　　　B

苏　要我把原因告诉你吧？

泰　当然要。

苏　想想有关产婆的一切，容易了解我的意思。你知道，尚能怀胎生子者绝不为人接生，已经不能生育者才行此术。

泰　当然。

苏　据说原因在于阿登密士，无子而阉分到管理生育的女神。她不许不能生育者接生，因为人性熟才生巧，己所不娴无能　C
为役；也为抬高自己同流的身价，以此职务委派已过生育年龄的妇人。

泰　似乎如此。

苏　辨别有孕与否，莫过于产婆，这是理所宜然而势所必然的吧？

泰　无疑。

苏　产婆也能随意以药剂与符咒，引起或减轻生产的痛苦，使难产者顺产，宜于小产者小产？

泰　是如此。

苏　你还理会到她们的这一点：同时也是最能干的媒婆，确知何种女子与何种男人配合而生子最优？

泰　这一点全未理会到。

苏　可要晓得，关于这一点，她们比对剪脐带的技术还要自豪。你想，何等土壤宜于何种树木或种子，这一类的知识与培养收成等，属于同一技术，或者属于不同技术？

泰　属于同一技术。

苏　那么，朋友，你想女子择配属于一门技术，生子属于另一门技术？

泰　似乎不然。

苏　不然。只为社会上有一种违法悖理的男女撮合，谓之"诱淫"；产婆们持身端谨，恐犯鸨母的嫌疑，甚至避免做媒。其实唯有真正的产婆堪作正当合理的男女撮合。

泰　似乎如此。

苏　产婆的责任如此，尚且不如我的重大。女人不会有时生真子、有时生假儿，令人难于辨别。如有此情，产婆最伟大而高贵的工作在于辨别真假。你想是不是？

泰　我想是的。

苏　我的接生术与她们的在其他方面相同，只是我术施于男，不施于女，伺应生育之心，不伺应生育之身。我术最伟大处，能

从各方面检验少年心思，究竟生产幻想错觉，还是真知灼见。如
她们之不生子，我是智慧上不生育的；众人责备我尽发问题，自
己却因智慧贫乏，向无答案提出，——责备得对啊。原因在此：
上帝督责我接生，禁止我生育。因此，自己绝不是有智慧的人，
并无创获可称心灵的子息；然而，凡与我盘桓者，或其初毫无所
知，与我相处日久，个个蒙上帝启示，有惊人的进步，自己与他
人都觉得。显然，他们不曾从我学到什么，自己内心发现许多好
东西，生育许多好子息。上帝与我只为他们负责接生。证明在
此：以往许多人不知此情，藐视我，以为一切成就于己，或出于
自动，或受人怂恿，未及成熟就离开我；离开以后，因伴侣不良，
胎儿流产，且因抚养不当，我所接生的并遭夭折。其人视邪说伪
道重于真理，以致愚妄昭彰，非但自惭形秽，且为众目所睹。其
中之一是吕信麻恪士之子阿历士太底士，还有许多别人。他们回
头恳切求我复与为侣，降临我心的神或许我或不许我复与往还，
其许我复与往还者复得进步。与我盘桓者和生育的女子同感日夜
苦痛，且远甚焉；吾术也能引痛而止痛。大致情形如此。复次，
泰阿泰德，有时我认为无孕而不我需者，便慨然为之作伐；藉上
帝的灵，都猜准他们与谁结合有利。我介绍许多给普洛迪恪士及
其他智能如神的大师。最优秀的童子，话说长了，因为我怀疑，
如你所自知，你受着内心有胎的苦恼。请光顾，我是产婆之子，
自己也能接生；尽你能事，答复我的问题。检验后认为你所提某
点幻而非真，悄然取而弃之，千万莫恼，如妇人失其头胎爱子。
以往许多人如此对我，因我剔除其愚妄之见，恨不得咬我一口；
他们不想我此举出于好心，更不知神绝无恶意对人之理，我又焉

得包存祸心来行此事，无非不应袒护伪道、委曲真理而已。泰阿泰德，从头试说知识究竟为何。莫以不能为辞；只要上帝指点、你有胆量，何患不能。

E　　泰　苏格拉底，你既如此鼓励，任何人都不好意思不尽其能事一吐其所怀。我想，知一物者觉其所知，据此观点，知识无非知觉。

　　苏　童子，爽快而说得好！是要如此抒其所见。来，共同检验这句话，真胎，还是一团气。你说，知识是知觉？

　　泰　是的。

152　苏　关于知识，你恰巧提出非同小可的理论，而且普罗塔哥拉也提过的。他只用另一方式讲同样道理。在某书上写着："个人是一切事物的权衡；存在者之存在，不存在者之不存在，标准并存于个人。"你读过吧？

　　泰　读过多次。

　　苏　其意岂不是如此：你我既是人；一物于我显得如何，对我便是如何，于你显得如何，对你便是如何？

　　泰　其意是如此。

B　　苏　有智慧者不至于说无谓的话，我们且来求解其义。有时对同一阵风，你觉得寒，我不觉得寒；我感微寒，你感酷寒；是否如此？

　　泰　诚然。

　　苏　我们认为此风本身寒或不寒；或同意普罗塔哥拉，认为对感寒者寒，对不感寒者不寒？

　　泰　似乎要同意他。

苏　此风是否对你我个人，各显得寒、各显得不寒？

泰　是的。

苏　对人"显得"即是其人"觉得"？

泰　是。

苏　那么，关于寒、热与一切类似者，物之"显现"与人的"知觉"相同，因此等物于各个人显得如何正如其人觉得如何。

泰　似乎如此。

苏　知觉总是对于真实存在之物的知觉，而且不会虚假，因其等于知识。

泰　显然。

苏　我的哈利士女神①！全智的普罗塔哥拉莫非让我等凡夫猜谜，而把真理密授自己门徒？

泰　苏格拉底，此言何谓？

苏　告诉你一篇大道理：无物自成一物，不能确称一物为何物、为何等物，称其"大"，也显得小，谓之"重"，亦现为轻；一切莫不如此，因无物为一物、为某物、为某种物。由变动与混合而生凡所谓"存在"者，谓之"存在"，误也，因无物曾住而为存在，一切永处于变中。一系列的智者，巴门尼德除外，如普罗塔哥拉、赫拉克利特、恩培多克勒等，以及戏剧第一流作家，喜剧如伊辟哈儿莫士，悲剧如荷马，关于此点，异口同声赞成。荷马有句云："欧概安诺士乃诸神之所自出，太徐士为诸神之母"②；

---

① 希腊神话中司宠爱 (Grace) 与美丽 (Beauty) 的女神。
② 见《伊利亚特》第 14 章第 201 行，欧概安诺士是河神，太徐士是他的夫人。

意思说，一切生于变动之流，变动为万物之祖，你想其意不是如此吗？

泰　我想是如此。

苏　谁能抗拒荷马所统的如此大军、而免作笑柄？

泰　可不易，苏格拉底。

苏　不易，泰阿泰德。其说有如此充分证据：由动而起所谓"存在"与变迁，由静而致不存在与毁灭。发生而维持万物的热或火本身发于荡与摩——动的两个方式。难道摩与荡不是火的来源？

泰　是的。

苏　同样，动物族类也发源于此。

泰　可不是？

苏　身体的习惯岂不是坏于滞与怠，通常以操练与运动保持常态？

泰　是的。

苏　心灵的习惯呢？心灵岂不是由学与习而求得知识、而维持现状、而逐渐进步，由不学不习而一无所得、而忘其所学？学与习是动的，不学不习是静的，是不是？

泰　当然是的。

苏　然则动于心身并有益，静适得其反？

泰　似乎如此。

苏　要不要再举不通的气、不流的水与种种类似者，说明静者朽毁而动者生存？还要不要加强我的论据达于极点，指出荷马以金链比方太阳，说明一旦太阳与天体运行不息，上天下地神祇人物都得保存；一旦絷而不动，万物也就同归于尽，简直成了所谓天翻地覆？

泰　苏格拉底，我想其意如你所云。

苏　最优秀的童子，目前且作如是观。先从视觉说起，莫把所谓白色认为本身自成一物存于眼外或眼内，也莫指定其在何处；如此，便住于固定方所，留滞而不在变中。

泰　然则如何想象色之为物？

苏　若依方才所提无物自成一物的论点，黑白与任何颜色显然是眼睛与相应的动接触而生的；凡所谓色，既不是接触者，也不是被接触者，而是起于两者之间的东西，对人人都是特殊的。或者你坚持，每个颜色对你显得如何，对一只狗或任何动物也显得如何？

泰　指着上帝①说，我不认为如此。

苏　那么，任何物对你对人都显得相同吗？你于此颇有把握，或者更确信，甚至对你本身不显得相同，因你本身就不曾相同？

泰　我想后一说较为近理。

苏　我们所用以较量自己大小，或所接触者，无论是大、是白、是热，如其本身不曾变，与他人相值也不至于有所不同。其较量他物或接触他物者，无论是大、是白、是热，尽管他物被接触或受影响，其本身若不受影响，也不至于变。朋友，通常我们难免随便说离奇可笑的话，如普罗塔哥拉及其同调所要指摘的。

---

① 原文此名词文法上的第一位（亦称格）为 Δίς 或 Ζεύς，罗马谓之 Jupiter，是希腊罗马宗教最高的神，为诸神之王。

泰　什么话？怎样离奇？

C　　苏　设一小譬喻，便悉解吾意。譬如比骰子，以六比四，说多一半；以六比十二，说少一半。不容其他说法；你想容否？

泰　我想不容。

苏　怎么地？假若普罗塔哥拉或其他一位问你："泰阿泰德，物不增长，能否变多变大？"你将何以为答？

D　　泰　苏格拉底，若就此问题作由衷之言，我要答"不能"；若顾前言，避免自相矛盾，就要说"能"。

苏　对着海拉女神①说，妙而神通，我的朋友。显然，你若说"能"，便如欧力皮底士的口吻，所谓心服口不服②。

泰　对了。

苏　你我若是敏而且慧，既通有关思维的一切，可将余力彼
E　此探试，如智者之斗智，开起舌战，以言论交锋。然而我们只是平庸的人，第一步但愿认清自己思想的本质，是否一贯，或者自相矛盾。

泰　诚所愿也。

155　苏　亦吾所愿。既是如此，又有充分时间，何妨平心静气重来一遍，认真检查我们自己，看胸中这些幻象毕竟为何？检查了第一个，我想我们要说，绝无一物，本身依然如故，而在体积或数量上变大变小。是否如此？

泰　是的。

---

① 希腊宗教中司妇女与婚嫁之女神，乃天上之后，为上帝 (Δίς) 之姊及妻。
② 见欧力皮底士的《希波吕托斯》(Hippolytus)，第 612 行，依其原文质译曰："我舌已发誓，我心不曾发誓"；——即"言不由衷"或"口是心非"之意。

苏　第二：一物无所损益，便也不会有所消长，总是如故。

泰　确是如此。

苏　第三：未变成有，或不在变为有的过程中，一物不能先不存在而后存在。

泰　显然不能。

苏　这三个假定在我们心里彼此冲突，如果提起方才关于骰子的话，或是说到我这年纪的身材，不消不长，一年之内，先是比你这年少的高，后来又比你矮，——我自己的体量毫无所减，只是你长了。我不变，而竟成了非同前我的后我。无变，不能变成；体量无减，我也不能变矮。承认这些，便有成千成万类似的例子。你跟得上我的话吧，泰阿泰德；我想你对这些问题并不生疏。

泰　指着诸神说，苏格拉底，这些现象究竟如何，我十分莫名其妙，有时想起，真觉头昏。

苏　朋友，德奥多罗对你的性格显然猜得不错，疑讶之感原是哲学家的标志，此外，哲学别无开端；说伊里士①是陶马士②之女并无误溯其血统。据所称述的普罗氏之说，你可了解此等现象之所以然，或犹未也。

---

① 希腊宗教中虹之女神，为上帝及后之使者。
② 原文 Θαύμας 与名词 θαύμα（译为"疑讶"或"可疑讶之物"）同源于动词 θαυμάζω（译为"疑讶"，或"兴疑讶之感"）。

　　陶马士之女伊里士为虹之女神，乃上帝及后之使者；荷马诗篇中言其职掌传达神与神之间的意旨，并宣示神的福音于人。虹象征着开示启发人的智慧，使其走向光明之路。柏氏说伊里士不愧陶马士之女，因他认为，人智慧的发展始于对所见所闻而起的疑讶之感；故有哲学始于疑讶（Philosophy begins with wonder）一说。

泰　我想尚未了解。

苏　我若助你发掘一位——其实多位——名人思想中隐藏的真理，你会感谢我吧？

泰　岂但感谢，感谢莫名。

苏　四面留神，恐防有非同志听见。他们是如此一流人，认为非双手可执者概不存在，把动作、变化与凡目所不能见者，一概排于存在范围之外。

泰　不错，苏格拉底，你所提这一流刚愎自用的人，正如其所执着之坚挺抵拒的物体。

苏　童子，他们真是孤陋寡闻。另一流人高明得多，我要对你宣布其秘密：其第一义是一切唯动，这是我们方才所提种种现象的依据；动以外别无其他。动有两种，为数各无穷；一种具施的能力，一种具受的能力。两种动相交相摩而致无数成对的果，有如双生子——被知觉者及其相应而起的知觉。知觉有此类名称，如视、听、嗅、寒觉、热感，又有所谓乐、苦、欲、惧以及其他；有名称者极多，无名称者亦复无穷。各种被知觉者与各种知觉相应而起若比翼莲枝，如各种颜色与各种视觉、各种声音与各种听觉；其他被知觉者及其蝉联的知觉一概如此。此故事与前说有何相关处，泰阿泰德？你想得出吗？

泰　不大想得出，苏格拉底。

苏　此故事或讲得完，且听下文分解：如方才的话，一切唯动，无数成双之物尽在动中。其动有速有迟。物之动迟者，动拘于一处，向其界内接近之物而发，如此而生其果。物之动速者，动不拘于一处，而移迁转徙；所致之果亦复如此，因受震荡冲激而然。①譬如眼睛与其适应之物相接，而在彼此相及的界内生白及其蝉联的知觉；——眼睛及其适应之物若各与不适应之他物相接，此白此觉则不会产生。发自眼睛的视力与发自蝉联而产色之物的白，二者共趋中间一点，一方面，眼睛饱含着视力而见，非但成视力，成见物的眼睛；另一方面，蝉联而产色的物也充满着白，非但成白，成白的物，——无论一木、一石，或任何白色的物。其他一切，硬的、热的等等，一概应作如是观：如以前所曾说，无物自生自在，一切形形色色者皆生于动，而在彼此相交相接中；据说因为，不能把物之施者与物之受者固定想象为各自存在。未遇受者，施者无存，未遇施者，受者不在；而且，遇一物而为施，再遇他物却成受。由此种种，可见无物自成一物，物物永与他物相对而变，如我们起初之所云。"存在"必须取消干干净净；不必说，我们拘于习而蔽于愚，直到此刻，时常沿用此名。据此派智者所云云，必不许用"某物"、"某者"，["属你"]、"属我"，"彼"、"此"与凡把原是变动不居之物说成静止的种种字样；要依物性，说"变为"、"造成"、"毁灭"、"更新"等等。吐词而把变动之物说成静止不变，易于被人驳倒；于物无论单称统举，一概不可如此说法，——统举如人类、石类、兽类及其他各生物之品类。泰阿泰德，此说于你是否称心适意，如美味之于汝口？

---

① 以上二句，原文晦涩，标点似亦有一处欠妥，故不能显其说明上文"其动有速有迟"一语。周厄提、娄卜、康复尔德各本译文，或紧依原文字句，或稍加剪裁，终复令人费解。独补翁本译文最善，兹转译以资参考："动之迟者动于同一处所，向接近之物而动，如此而生其果，果亦因此而较迟。反过来，动之速者向有距离之物而动，如此而致其果，果亦因此而较速，缘其被激荡，其动亦在激荡中。"

泰　我不知道,苏格拉底;尚且不能辨明你是直抒己见,或是有意试探我。

苏　朋友,你难道忘记,凡此种种,我一无所知,也不强作有知;自己不会生育,只是为你接生,因此对你念咒,将各智者的肴馔一一请你尝过,直到引出你自己的意见为止。引出以后,我再检查是否真胎,或一团气。请大胆、忍耐、确切、爽快,以你所见答复我的问题。

泰　请问吧。

苏　再说一遍,这是否合于你的心意:无物存在,善的、美的、所有方才所举的,一一永处变中。

泰　听你如此叙说,觉得异常有理而须接受你所云云。

苏　不可遗漏所未尽的问题,如关于梦呓与病痛,其他尤其关于疯狂,并关于引起错闻错见与种种错觉者。你可知道,此等现象适足以推翻方才所持之说,因知觉之假莫过于此等现象所产生者;而且决非凡显现于各个人者亦即真实存在,其实适得其反,此等现象无一真实存在。

泰　说得千真万确,苏格拉底。

苏　童子,主张知觉即知识、显现于各个人者对各个人亦即真实界的存在,持此说者尚有置喙的余地吗?

泰　苏格拉底,我不敢说答不出,因你方才曾责备我以此为辞。然而实在不能强辩,说发狂与做梦者不是想象假东西;——狂者或自命为神,梦者或在梦中自以为有翅而飞。

苏　你难道未曾注意关于此等现象类似的争论,尤其关于梦境与醒境的?

泰　什么争论？

苏　关于如此问题，我想你时常听人提的：若有人问我们此刻是否睡着、所想即所梦，或者醒着、在醒境中交谈；我们有何证据足以判明？

泰　苏格拉底，真不知道以何证据判明，因梦境与醒境，如唱与和，一切相似。我们此刻的谈话，毫无证据足以判明其非梦中所谈；梦中自以为述梦时，梦境与醒境非常相似。

苏　你瞧，此事易起争端，甚至人生是梦是醒，都成问题。睡与醒时间各半，在每一状态中，心里总是坚持当时的见地最真实；因此，在相等的时间上，承认梦境与醒境真实存在，对此二境同样自信。

泰　全对。

苏　除时间不相等外，同此论点岂不可加于病痛与疯狂？

泰　可以。

苏　那么，真实与否是否取决于时间之长短？

泰　那就处处成为笑柄。

苏　然则有无其他证据足以判明梦与醒、病与不病、狂与不狂等二境中的见地孰真孰假？

泰　我想无也。

苏　请听我讲，主张每显现于各个人者对各个人便是客观真实的诸公，关于此等现象如何说法。我想他们会提如此问题："泰阿泰德，完全异于其他者能否在某方面与其他有相同的作用？注意，所指的二物并非有同处、有异处，乃是完全相异。"

泰　若是完全相异，便不能在作用上或其他方面有相同处。

159

苏　是否亦须承认，如此二物亦不相似？

泰　我想亦须承认。

苏　物若变成与己相似或与他物相似，则变为相似谓之变为相同，变为不相似谓之变为相异？

泰　必然。

苏　我们以前不是说过，物之施者为数多至无穷，物之受者亦复如此？

泰　说过。

苏　不是也说过，物之施者与物之受者，在各别的遇合中，致果不同而异？

B　泰　说过；势必如此。

苏　以同样说法加于你我或任何物，譬如说健的苏格拉底与病的苏格拉底，二者相似不相似？

泰　你说病的苏格拉底与健的苏格拉底，是指整个病的与整个健的吧？

苏　适符吾意，我是指此。

泰　那么，我想不相似。

苏　既不相似，便是异了？

泰　必然。

C　苏　对睡眠中或方才所举种种状态中的苏格拉底，是否可用同样说法？

泰　可用。

苏　物在本性上能起施的作用于他物者，遇着健的与遇着病的苏格拉底，以苏格拉底为各异的对象？

泰　安得不然？

苏　在我身体上的两种状态中，受的我与施的物相遇而致各异的果？

泰　当然。

苏　我健时饮酒，酒显得芬甘可口？

泰　对。

苏　根据以前我们所同意的说法，施者与受者遇合，同时并动，而致芬甘与芬甘的知觉，——二者并在相交相接的动中。一方面，知觉起于受者，使舌成为知觉者；另一方面，芬甘发于酒，布满酒中，使酒对健者之舌不但显得，而且实是，芬甘的酒。　D

泰　确是我们以前所同意的。

苏　酒遇着病的我，实际上是遇着另一而非同一的人吧？因其遇着与健时不相似的我。

泰　对。

苏　病的苏格拉底与一口酒遇合而生另一结果：舌上的苦觉与发动于酒而达于舌的苦味。一方面，酒不是苦味，而是苦酒；另一方面，我不是知觉，而是知觉者。　E

泰　正是如此。

苏　然则，（一）我对他物绝不会成为恰恰如此的知觉者；因其他知觉起于他物及其即时即境所遇合的人，他物与我遇合，物既非故物、我亦非故我，所起的作用迥异，我亦迥然成为另一知觉者。其次，（二）与我遇合而起作用之物，与他人遇合，绝不起同一作用而致同一的果，而成同一性质之物；因其既与他人遇合而致他果，必成另一性质之物。　160

泰　是如此。

苏　复次：(三)我不能独自有此知觉，物也不能独自有此性质。

泰　不能。

苏　我成知觉者，必是对某物的知觉者，因知觉不能对无物而起；成甘、成苦，或任何类似者，亦必对于某人而成如此这般，对无人的甘苦绝无其物。

泰　全对。

苏　我想只有一个结论：物与我，施者与受者，无论存在或变为，必是彼此相对相关；必然律使物与我的存在即时即境彼此相羁束，不各束于他物，不各羁于自己；因此，物与我唯有即时即境彼此相束相羁。[①] 然则，说一物存在或变成，必须指明其为某、属某、对某；物自在自变的话，己不应说，亦当不许人说。我们方才所叙述的学说，其归宿如此。

泰　极对，苏格拉底。

苏　施于我者既是对我而不对人，便也唯我有其知觉，他人绝无。

泰　可不是！

苏　那么，我的知觉对我是真实的，因即时即境我所遇合而引起我的知觉之物，其为物和我相对相关，与我的存在片刻不能分离，是我的存在必不可缺的一部分；而我，如普罗氏所云，是

---

① 本句第二、第三分句意思是说：物遇他人，不能呈同此性质；我遇他物，不能起同此感觉。物与我俱不能独自致果：物不与人接，不能呈某种性质；人不与物接，不能起某种感觉。

判断人，断定对我存在者存在，对我不存在者不存在。

泰　似乎如此。

苏　我既是正确的判断人，胸中对存在或变成的物既不会差错颠倒，对所知觉者焉至于无真知灼见而不成知识？

泰　绝不至于。

苏　所以你说得满对，知识只是知觉。根据荷马、赫拉克利特，及其同调们，万物动如流水；根据大智者普罗塔哥拉，人是一切的权衡；泰阿泰德承前贤之绪，知觉便成了知识；——真是殊途而同归，百虑而一致。难道不是如此，泰阿泰德？我们是否可说，这是我为你接生的新婴儿？足下于意云何？

泰　势必同意，苏格拉底。

苏　好费气力，婴儿出世了；且慢问什么孩子。生出以后，要替他举行绕灶典礼①，以四方八面的论点仔细检察，所生是否值得抚养，或者只是一团气胞的假胎。你认为凡你所生不可遗弃而必须抚养；或者经得起看他受检查，有人把你的头胎爱子取而弃之，还不至于大恼大怒？

德　泰阿泰德经得起，苏格拉底；他的脾气绝不暴躁。请你对着诸神说，这一套理论究竟错了吗？

苏　德奥多罗，你真善良而好理论，以为我是辩囊，信口吐词足以推翻前说。你不明了经过情形，这些理论无一出于我，出于与我交谈者；我一无所知，区区能事止于抛砖引玉，平实地向

---

① 古希腊风俗，生子数日洗儿之后，乳母抱儿绕灶数周，义取谒见家中之人与神（取义略似中国新妇谒见祖先舅姑庙见之礼）。是时为父决定抚养与否，或并为之命名。夜则开宴会亲。

有智慧者领教其言论。现在对他就想如此，自己无可建白。

德　你说得更中肯，苏格拉底；就么办吧。

苏　德奥多罗，你可知道我对贵友普罗塔哥拉所感诧异者何在？

C

德　感何诧异？

苏　他主张凡对各个人似然者亦即诚然存在，此说其他方面我极满意，只对其开场白感觉诧异：他在《真理》一书的开宗明义却不说，一只猪、一个狗头猿，或其他有知觉的怪兽，是一切的权衡；开场，他尽可昂然慢然呵责我们于无佛处称尊，表示不

D　屑于我们因其智慧钦之如神，其实他的智力并不强于蝌蚪，更无论强于任何人。德奥多罗，我们如何为他解嘲？如果由知觉所达到的见解对各个人并皆真实，鉴别切身之感，人莫如己，检查我见之真伪虚实，唯我最为合格，而如前所常云，人人各自形成己见，无有不确不真；那么，朋友，普罗塔哥拉焉能称智，堪为人

E　师而享优束，我们何以见得较愚，必须受业于他门下，——人人既是自己智慧的权衡，我们焉得不以其言为媚世而玩世的谐谑？在我，关于接生术与整个辩证术，却绝口不作诙谐之语。普罗塔

162　哥拉的《真理》若是真理，此书内殿所传的福音若非戏言，则各个人的意念与见解对各个人并皆真实，彼此检查辩驳岂不迂阔而枉然？

德　苏格拉底，如你方才所云，此公是我友；我不愿因同意于你而驳他，也不愿作违心之言反对你。请你再找泰阿泰德，方才他与你问答满合拍。

苏　德奥多罗，你若到辣克带蒙①角力场，请问应否尽看他人裸裎，眼见有献丑者，自己却不肯解衣与人一比体格？

德　有何不可，若蒙他们原谅？现在就想请你原谅，许我旁观，莫强拉老而僵者登场，只与年少轻捷者角力。

苏　好吧，德奥多罗；于你为称心，在我谓之成人之美。现在必须重复转向有智慧的泰阿泰德。泰阿泰德，先就方才所云，请说你我是否不会同感诧异，如果突然发现你的智慧毫不亚于任何人，甚至任何神？你想，普罗塔哥拉所谓标准，于神于人有何差别？

泰　指着上帝说，我想并无差别。你发此问，使我愕然不知所答。凡对各个人似然而信以为然者于彼亦即诚然存在，此说我们研究其意义时，在我觉得很对；现在忽然变成相反了。

苏　可爱的童子，你年轻，容易听信流俗言论。关于此问题，普罗塔哥拉或其代言人会津津有辞地说："高明的老少诸君，你们联席当众大放厥词，尚且引进神来，其存在与否，我所存而不论，摒诸言语文字之外者。你们曲学阿世，耸动大众听闻，说人的智慧若无以异于畜生，则不胜其离奇怪诞；然而并不提出任何必然的论证，但用或然的语调。德奥多罗或任何其他几何学家，若用此等语调讲几何，恐怕一文钱也不值。你和德奥多罗可要考虑，关于如此重大问题，是否接受或然与疑似的言论。"

泰　苏格拉底，果然不对；你，乃至我们，都不至于说对。

苏　那么，依你与德奥多罗的意思，我们似乎要从其他方面

---

① 原文为 Λακεδαίμων，拉丁文 Lacadaemon，即古希腊强盛一时的斯巴达（Σπάρτη）。

着眼。

泰　一定要。

苏　从此着眼，看知识与知觉是同是异。我们以前的话全是针对此点，为此问题引起如许怪论。是不是？

泰　全是为此问题。

B　苏　我们是否同意，凡视听所见闻者亦即同时知之？譬如未学外国语，便不闻外国人言语之声，或者闻其声并知其所云？又如对所不识的字，虽视不见，或者既见且识？

泰　苏格拉底，我们只知所见所闻的部分：见而且知文字的形色，闻而且知语音的高低。至于蒙师之所讲解、舌人之所传译，其字义语意，却不能以视听觉而且知。

C

苏　好极了，泰阿泰德；此问题姑且存而不论，留待你长进而自己解决。可要注意，另一问题又来了，看我们如何应付。

泰　什么问题？

D　苏　如此问题：知一物而记得，记得此物时却不知此物；这是否可能？也许我的话稍嫌累赘，意思只是：谙习一物而记之在心，能否不知此物？

泰　怎能不知，苏格拉底？所云莫非怪象。

苏　难道我说废话？瞧，你不是说，视是方觉、见已成觉？

泰　说过。

E　苏　根据方才所云，岂不是见一物即知其所见之物？

泰　是的。

苏　你承认有记忆这东西吧？

泰　承认。

苏　关于无物的记忆，或关于某物的记忆？

泰　当然关于某物的记忆。

苏　关于所谙习所知觉之类事物的记忆吧？

泰　还会关于别的？

苏　所见有时记得？

泰　记得。

苏　闭目也记得，或是闭目便忘？

泰　苏格拉底，说闭目便忘，真是离奇。

苏　维持前议，必须云然，否则前议何在？　　　　　　164

泰　指着上帝说，我也怀疑，却看不清，请言其故。

苏　其故在此：根据前议，见则知其所见，因见即是知，知觉与知识同物。

泰　无疑。

苏　见而知其所见，闭目记得，却见不得。是不是？

泰　是的。

苏　然而，见若是知，不见则不知。　　　　　　　　　　B

泰　对。

苏　然则结果如此：既知而且记得，不见便成不知。我们说过，是乃怪象。

泰　千真万确。

苏　说知识与知觉同物，必达不可能的结果。

泰　似乎如此。

苏　那么必须说二者各异。

泰　似乎必须。

C　　苏　然则知识毕竟为何？似乎又要从头说起。可怎么办，泰阿泰德？

泰　怎么办？

苏　我们好比斗鸡，劣鸡搏斗未及胜利而弃敌长鸣喔喔，我们讨论未明是非而离题自喜沾沾。

泰　何所指？

苏　我们似乎如雄辩家之但求字面一贯，以诡辞操胜算而心
D　满意足；自命为爱智者而非争胜的辩士，作风却无意中如彼辈之机巧诡谲。

泰　我还不懂你的意思。

苏　设法说明：我们曾问，谙习一物而记之在心，能否不知此物？指出了不能不知，也指出了见物后闭目不见此物而记得，然后再指出不可能记得一物而不知此物。[①] 于是乎，普罗塔哥拉的故事，足下知识与知觉同物的故事，其为妄诞一也。

E　　泰　似乎如此。

苏　朋友，前一故事之父若犹在世，我想不至于此；他也许会多方反驳。如今我们欺凌其孤；甚至普罗塔哥拉所留的托孤者，在座德奥多罗便是其一，也不肯挺身救护。为公道起见，我们自己要当仁不让。

165　　德　苏格拉底，托孤者不是我，倒是希彭尼格士的公子卡利亚士；我早就倦于玄谈而转向几何。然而我仍会感谢你，如果你

---

① 此句论证如此：记得的不能不知；不见而记得，便是知得；因此，记得而不知，是不可能的。

肯仗义执言。

苏　说得好，德奥多罗。请看我如何救援令友之孤。用字若不留心，如通常在论证上立与破的用法，结果会比方才的更离奇。此理要对你说明，或者对泰阿泰德？

德　对大家说明，可要让年少者答问题，年少者答错了不至于太献丑。

苏　现在我提出最大的难题，大略如此：同一人能否知一物而同时不知其所知之物？

德　我们如何答此问题，泰阿泰德？

泰　我想不可能。

苏　非不可能，若以见为知。譬如你禁锢于所谓陷阱之中，蛮横者遮住你的一眼，问此眼遮后能否见其外衫；在无可奈何中，你将如何应付此难题？

泰　我想要说，此眼不见而彼眼见。

苏　那么，你岂不是同时亦见亦不见同一物？

泰　只在某种方式下。

苏　他要说："答非所问，我并不问在何种方式下，但问你是否知所不知。此刻你显然见所不见；你也曾承认，见是知，不见是不知。据此，请推测结论如何。"

泰　我推测结论与前提冲突。

苏　我的妙人，你或将愈感同样困难，若有人步步追问：知同一物，能否又锐又钝、又猛又温、近知而远不知？一旦你主张知识与知觉同物，以舌战取资的打手，武装着成千成万此等问题，乘隙向你进攻；还要涉及听与嗅一类的知觉，一一加以考问，直到你五体投地，引颈受缚；你既受缚而唯命是听，然后商定数目，许你纳款取赎。你想普罗塔哥拉以何辞再接再厉自圆其说？我们是否要代圆？

泰　一定要。

苏　我想，我们为他辩护的话，他俱能出诸己口，而且向前慢然蔑然对我们说："德高望重的苏格拉底吓孺子的听闻，问同一人能否同时记而不知同一物；孺子吓慌了，不能预料后果，给否定的答案，于是以我为谈笑之资。轻薄的苏格拉底，情况如此：你用问答检查我的学说，被问者答如我所欲言，被驳倒就算我被驳倒，否则他被驳倒，与我无干。譬如，你想有人会承认，过去的感受在目前记忆中仍同当时的感受？大不然。或者你想他不敢承认，同一人可能亦知亦不知同一物？他若对此踌躇，肯否承认，人变与未变相同？或者，为免彼此在字面上取巧，我们说，他认为一人总是一人，即使日新月异而岁不同，不会变成若干人以至无数人？"他要说："有地位的人，请用较光明正大的态度针对我本人的话。有本事，请证明，无有对各个人特殊的知觉；或者证明，知觉即使特殊，所显观于个人者，亦不仅对个人变为如此，或'是'如此，——倘必欲用'是'字。你提到猪与狗头猿，不但自己像猪，尚且引诱听众如此对待我的著作，此等作风不高明。我说，真理如拙著所云：人人是存在与不存在之物的权衡；彼此间无穷高下的差别正在于，显现并存在于此者异于显现并存在于彼者。我绝不主张无智慧其物并无智者其人，我所谓智者，能变化人，使好事物，不使坏事物，显现于人并对人存在。莫对我的话咬文嚼字，要更明确了解我所说明的意义，回想前所云云：食物对病人显得苦、是苦的，对健者适得其反。无须，亦不可能，分别二人孰智孰愚，不必以病人尝食而断其苦、便诮他愚，也不必以健者尝食而断其甘、便称他智；必须在体格上以健康易病态，因健康胜于病态。同样，在教育上，亦须变化坏气习为好气习；医生以药物致变，智慧之师以言语致变。谁也不能使想假事物者转而想真事物；因不可能想不存在之物或感受以外之物；而所感受莫非真实。我相信，人因坏气习而起相应的恶念，好气习能使他起相应的善念；此等相应而起的新气象，浅见者称之为真，我则谓之较胜于旧者，断非较真。亲善的苏格拉底，我绝不讥智者为蛙；其智有关人身，称之为医，有关树艺，呼之曰农。树木禾稼有病，农人去其丑劣虚弱之态，易以优美健实之姿；品高智优的说士为国家社会树立正确观感，使好事物代坏事物似为正当。凡对一国似为正当完善者，一旦此国信以为然，于彼亦即诚然；智者每遇于国不良的事物，便以良者易之，使其似为而且实是良者。同此理由，智慧之师能如此教导徒弟，亦即堪以称智，无愧享受优束。在此意义下，有人智慧较高，无人有假念头；不论你情愿与否，必须承认是个标准。我的理论就此颠扑不破，你能根本反驳，请提反面论证。要用问答法，请用；有脑筋者不应逃避此法，应当追求过于一切。用此法应如此：发问切要公平；口头尊重道德，处处不作持平之论，矛盾莫过于此。不公平处在于诡辩与讨论不分：诡辩尽可以滑稽语调彼此倾轧；讨论却须认真，以规过之诚使对方得闻己过，或过之出于朋游之熏染者。如此行事，与你交谈者会引咎自责其昏迷错乱，不至归怨于你；会登门求好，自惭形秽，舍己而皈依哲学，以期一变而非故我。反其道而行之，如众人之所为，则后果适得其反：不能使从游者爱慕哲学，及其年长，反而厌恶。你受我劝，便莫刚愎好胜，虚怀想我苦口之言，认真研究我等所谓一切尽在动中，凡对各小己各国群似然者于彼亦即诚然存在，此说含义究竟如何。由此进而考虑知识与知觉是同是异，不至仍如庸众之立名用字一依俗义，东扯西拉，而致彼此不胜其惑。"德奥多罗，我能力薄弱，尽其区区援助令友不过如此。他若在世，支持其徒子徒孙必更冠冕堂皇。

德　笑话，苏格拉底；你援助此公已如盛年人之豪壮。

苏　过奖过奖。朋友，你可曾注意，方才普罗塔哥拉如何责备我们向孺子飞辩骋辞，以花言巧语趁其小胆攻击他的学说；他自负其万物权衡之说，劝告我们认真研究？

德　何尝不注意，苏格拉底？

苏　然则如何？是否要受他劝告？

德　一定要。

苏　你瞧，在座你我之外都是孺子。受他劝告；就要你我对问对答，以示认真，庶免责备我们对孺子骋辞，以研究他的学说为儿戏。

德　何必要我？钩玄穷理，泰阿泰德岂不胜于许多长须的老者？

苏　可不胜于你，德奥多罗。休想我要为令亡友面面援助，而你袖手旁观。来吧，好人，随我走几步，到我们能于确定，应以你为构形的权衡，或者人皆如你，对你所特长的几何天文等等，个个堪以自作权衡。

德　苏格拉底，坐你身旁，欲免发言可不易，方才枉费口舌求饶、请你莫效辣克带蒙人所为,强我卸衣上场。我觉得你逼人之甚有如士器伦①。辣克带蒙人尚且许人或卸衣或离场;你的作风却似安台恶士②,近则不得脱,直至倾怀如卸衣,与你决论战的胜负。

　　苏　德奥多罗,你的譬喻直指我的症结;然而我倔强过于他们。我曾遇无数雄辩的海拉克类士③与赛西务士④,几乎断头破脑,却毫不退缩;此种苦役在我已成癖嗜,无法解脱。莫辞与我一交论战之锋,彼此都有益处。

　　德　我已无辞可复,唯君呼叱而东西之。被你考问,我的命运全操于你,唯有俯首帖耳听你安排。越你所划界限,恕不唯命是听。

　　苏　达此界限已足。请特别留心,切莫无意中作儿戏的论调,以免重贻口实。

　　德　极力留心。

　　苏　第一步,旧话重提:其说主张人人智慧自足,我们不以为然而加以指摘,此举是否公平合理?普罗塔哥拉是否曾经承认,关于好坏问题,有人胜于他人,即此便是智过于人?

　　德　他承认过。

　　苏　若是他本人在座、并非我们为援助他而代他承认,就无

---

① 希腊古之大力士,近之则被袭击、抛于悬崖绝壁之下。
② 极凶狠的大汉,遇行人则强之角斗。
③ 古希腊最著名的豪杰,具雄姿伟略,征服许多国家民族;其筋力之盛,且能格杀猛兽。安台恶士被他夹扁在腋下而死。
④ 古希腊稗史中的大英雄,铲除不少强盗、恶汉(士器伦即其一)、妖怪之类,为觅金羊毛(Golden fleece)远征诸英雄之一。

须旧话重提、再三叮咛。然而此刻或许有人指摘我们何所依据代他承认。他的本意是否如此，所关不浅；此点不如约束明白，以免毫厘千里之差。

　　德　你说得对。

　　苏　现在我们不假手于他人的传说，只据他本人的话，简简单单约束明白。

　　德　如何约束？

　　苏　如此约束：他不是说过，凡对各个人似为真实者于彼亦即实是真实？

　　德　他是说过。

　　苏　普罗塔哥拉，我们也诉诸个人的意见，——与其谓之个人的，毋宁谓之人人的；人人的意见，就是于彼似为真实亦即实是其实者。[①]人人的意见如此：己有智过于人处，人有智过于己处。人当极危殆关头，如临阵、患病、航海，往往仰赖领袖如神、视若救星，只因其智过于己。举世不外两批人：一批为己、为众生、为事业，求君求师；另一批自以为堪作君师。据此，我们安得不说，人类自信有智愚之差？

　　德　安得不说。

　　苏　人人相信，智是真思想，愚是假意见？

　　德　可不是。

　　苏　然则，普罗塔哥拉，我们应如何对待你的学说？是否应

---

① 此语对普罗塔哥拉含讽刺之意，因其承认人人的见解并皆真实；——如此语调盖所谓以子之矛攻子之盾。

说，人的意见恒真，或者时真时假？无论如何，不会全真，有真有假。德奥多罗，且看，你自己或普罗氏之徒是否敢坚持，无人以他人为愚、以他人的意见为假？

德　不信有人敢坚持，苏格拉底。

苏　然而，以人为万物的权衡，归宿必至于此。

德　何以见得？

苏　你自己判断一事，并将对此事的意见告诉我；依普罗氏之说，承认你的意见于你为真。在座其他是否不能对你的判断作判断，或者总是判断你的意见为真？岂不是有亿万人每持与你相反的意见，以你的判断、你的意见为假？

德　对着上帝说，苏格拉底，诚如荷马所云何止亿万人[①]；他们把一世的纠纷尽归于我。

苏　怎么？你是否肯让我们说，你的意见于你本人为真、于彼亿万人为假？

德　结论似乎必至于此。

苏　普罗塔哥拉将何以自处？个人权衡之说，若是举世无人肯信，甚至他本人也信不过，然则他所著的《真理》，岂不必至于对任何人皆非真理？若是他本人信，而举世不赞同，你可晓得，第一步，非的程度过于是的程度，正如不信的人数多于信的人数。

德　是非若依各个人的意见，结果必至于此。

苏　第二步的结果更是妙不可言。他既承认人人的意见为真，便不得不承认反对者的意见为真；而反对者的意见以他的意见为

[①]　见《奥德赛》XVI，121；XVII，432；XIX，78。

假，然则他的个人权衡之说便即是假。

德　妙不可言。

苏　他若承认以他的意见为假意见者之意见为真，岂不就是承认自己的意见为假？

德　必然如此。

苏　然而对方不自认其意见为假？

德　不自认。

苏　根据他的著作，并亦承认对方此意见为真。

德　显然。

苏　然则，一旦普罗塔哥拉承认反对者的意见为真，包括他本人在内的圆颅方趾之伦都要群起而责难；众议汹汹，孤掌难鸣，他竟至于不得不自承，一犬或一人对所不习之物并非权衡。是否如此？

德　是如此。

苏　普罗塔哥拉的《真理》既为人人所责难，则对任何人，甚至对他自己，俱非真理。

德　苏格拉底，你我对敝友太苛刻了。

苏　朋友，并不见得超过合理范围。他较享高年，智或过于我辈；此刻若从地下伸出头来，尽许备责你我，责我喋喋言之无物，责你蒙蒙随声附和，然后缩颈溜之大吉。然而我想，我们必须自尽区区能事，不惮烦而直抒其所见。现在是否应说，任何人都要承认，有人较智、有人较愚？

德　我想应说。

苏　是否也要说，普罗氏之说在我们相助引申的意义下最能立足，即多数物对各个人似然者于彼亦即诚然，如炎、燥、甘、苦之类？他倘肯承认在若干方面人有优劣之差，则于健康疾病等事，也许肯说，妇孺或有关动物未必悉解卫生，能医己病；彼此如有优劣之差，岂不即在于此？　E

德　我想是如此。

苏　其次，普罗氏之说主张：凡事关国群，如善恶美丑、是非曲直、虔敬亵慢等等，一国国论所认为如何而着于律令者，对此国实是如何，小己与小己之间，国群与国群之间，无较智较愚之可言。至于为国兴利除弊，在此方面，其说承认，事实上，谋国者有善谋不善谋之差，国与国有得计失计之别，绝不敢武断说，　B 一国所认为有利的制度，其效尽如所期。然而，在我所云是非曲直、虔敬亵慢等范围内，有人却要坚持，此等事一概出于人为，本不存于自然界，众所公认时，此时便是真的，一旦为众所公认，一旦是真的；持说不尽同于普罗氏者，其为说如此。唉！德奥多罗，一说又一说，繁以代简、深以继浅，压倒我们了。　C

德　我们不是有暇得以自遣吗，苏格拉底？

苏　显然有。好朋友，我以往与现在常觉得，难怪在哲学上消磨岁月者上法庭说话往往贻为笑柄。

德　你出此言何所谓？

苏　自幼奔走法庭等地者与出身于哲学之类的研究者相比，　D 正如家奴与自由人相比。

德　怎样比？

苏　这样比：如你所云，自由人总有闲暇得以自遣，彼此从容谈话。譬如我们一说又一说，此刻已及第三说；他们亦复如此、

172

随兴之所至，新说继旧说，只要达到真理，不计言语短长。出入法庭者说话总是仓皇急遽；漏壶的水催促着，不容尽所欲言；反对造在旁牵制，宣读所谓誓书①的诉讼或答辩大纲，申说不得出此范围。他们总是向高坐而手披状词的主人翁，与同辈奴才辩曲直；案件从来不关别事，总关自己，往往为性命所系。由此种种，他们变成精悍狡黠，善用言语行动迎合主人以结欢邀宠；而心术猥屑不正，因自幼奴隶生涯抑勒其性灵发展、汩没其天真、剥夺其自由、逼之趋于邪途。他们春笋般的性灵遇着千危万恐，不能以正义与真诚相抵当，于是立转虚伪，养成以怨报怨的心情。其性灵备遭磨折、受尽压迫，自幼及长，无健全念头，只是自以为巧、自以为智。他们即是如彼，德奥多罗；要否也把我们一流人的特点说一遍，或者言归正传，以免滥用方才所云随意闲谈的自由。

德　要说一遍，苏格拉底。你的话很对，我们这流人不为言论奴役，言论却为我们奴役，每一论点要等我们兴尽才予结束；既无法庭上的判官监督，又无戏台下的观众褒贬。

苏　你既要说，就说首要的哲学家，其猥屑者不足挂齿。第一层，他们自幼不识市场的路，不知法庭、议会，或其他公共会场之所在；法律、政令，无论宣读或见于文告，一概不闻不睹；政党之争权位、会社之广招摇、宴饮之乐、声色之娱，并亦梦想

---

① 依古希腊雅典审判手续，两造分别提出书面的诉讼词答辩词，并各对其所提之词宣誓。两造所宣誓者统称为誓书（διωμοσία）；原告所宣誓者谓之正誓书（προωμοσία），盖以誓证明其所诉之真实；被告所宣誓者谓之反誓书（ἀντωμοσία），盖以誓反证原告之诬枉。

所不及。社会上孰贵孰贱、谁的劣性出自父系或母系祖先之遗传，凡此等事，对于他们，如谚所云，较之海水多寡尤不关怀，甚至不自知其不知有此等事。他们高寄远引，并非好名，实则但寄形骸于国土，其心视此一切若无物。他们游心于六合之内、八方之外，如聘达洛士①所云："上穷玄穹、下极黄泉"，仰窥天象、俯测地形，遍究一切物性、而求其真其全，从不肯降尊到附近的俗事俗物。

德　此言何谓，苏格拉底？

苏　譬如，德奥多罗，相传有个伶俐的图拉塔地方的侍婢，当泰勒斯②仰观天文、失足坠井时，揶揄他专注迢迢河汉之间，而忘却近在脚旁之物。同此嘲笑可加于所有穷年累世研究哲学的人。此流人非但对比邻的事漠不关心，甚至比邻所居是人与否都不分晓。然而，人是什么、人性所固有施与受的能力之别于其他物性者何在，此等问题，研究而不惮烦地研究。明白不明白，德奥多罗？

德　明白，你说的是实情。

苏　朋友，据前所云，则如此哲人，无论在公私场合、法庭或其他地方，被迫而谈目前或足旁的俗事俗物时，不但为图拉培女子所揶揄，而且为众所取笑，因其不晓事致于坠井，陷于种种

---

① 古希腊诗人。此似引自其佚诗；其佚诗有句曰："汝其以各半之生涯，上穷玄穹、下极黄泉，而游居寝食乎是。"
② 希腊哲学的鼻祖，因其为第一人摆脱神话，在自然界中求宇宙万物的起源。他认为：水是万物的元素，万物起源于水，复归于水；物质从一种状态转化为另一种状态；——故其哲学体系是原始的唯物论。他在数学、天文、气象、物理、各方面都有相当研究。他是古希腊七贤(The Seven Sages)之一。

困踬，其状狼狈不堪，直似笨伯。在彼此诟骂的场合，他不能反唇相稽，因其不问事而对他人的劣迹一无所知；唯有彷徨失措的痴态令人捧腹。在自诩与诶他的场合，其率真的鄙笑复为众目所注，而貌似轻浮浅薄。闻暴君虐主被人歌功颂德，若闻猪牛羊等牧人受贺得乳丰；认为暴君虐主之所牧而榨取其膏脂者，较之猪牛羊等畜，为刁黠难制，君主闭于深宫，如牧人守在山谷，为万几所迫，其残酷蛮横，势必不亚于牧人。听说有人富逾万亩土地，觉得微不足道，因其眼界笼罩四海九州岛，心境囊括方舆大地。历举七代富豪以颂人家世之盛，他以此为短见浅识，因不学无术而不能见其全，不知人人有亿万代的祖先，其中当然有无数富翁与乞丐、君主与奴才、希腊种人与蛮夷族类。有人自夸其二十五代的世系，追溯到安非图吕翁之子海拉克类士，其人见地于他显得异常狭窄，讥其狃于无谓的虚荣心，不知安非图吕翁以前，有第二十五代的祖先，更前，有第五十代的，都不过命运所安排的如许人。以此种种，哲学家为世所奚落，一则因其形似玩世不恭，再则因其不晓目前俗事俗物、处处张皇失措。

德　你说的全是事实，苏格拉底。

苏　然而，朋友，若把谁负谁的问题提高到义与不义本身，研究二者各为何、其彼此的区别及其与他物的区别；或把贵为君王与富有四海之乐提高到为君之道与人类苦乐之通义，研究二者本质上各为何、人性如何趋乐避苦；关于此等问题，胸怀褊狭而刻毒的讼徒若是被迫而吐词，则事态倏然翻转：他一旦高悬，凭空一望，见所未曾，于是头昏脑涨，心慌意乱，言语呐呐。如此状态不见笑于图拉塔女子或其他不学无术者，他们看不出；却见笑于凡与奴隶出身相反的人。德奥多罗，这是两流人所各有的特性：其一真正生长于自由与闲暇中，你所谓哲学家；他若屈操皂隶贱役，却莫怪其貌似笨拙无用，譬如不会捆铺盖被、不会调味、不会承奉。其他伺应此等事伶俐而细巧，却不能披斗篷如自由人的姿势①，更不能对神与人之真正幸福生活致雍雍中节的颂词。

德　苏格拉底，你能以说服我者说服一世，则人类和平多而罪恶少。

苏　然而，德奥多罗，人世恶莫能除，永必有物与善相反；恶不存于神境，却必往来于此生死界中。因此，我们必须尽速逃此世而趋彼世。欲逃此世则须力求肖神，肖神则在于正直、清净、而加之以智慧。朋友，颇不易使人信，须要去恶就善的原因非如世人所谓求似君子、莫类小人；我想这是老生常谈。且听我讲去恶就善的真正原因：神无处不正直，正直之极；最肖神者莫过于尽正直之能事。人的智愚贤不肖就在于此。明乎此者是真正的贤智，昧乎此者是显著的愚不肖。其他貌似明智者，握政权则为庸主，操技术则为鄙夫。对不正直而言行慢神者，莫如不容其以取巧为明智；此等人，责其取巧、以责为荣，讥其素餐、以讥为誉，不悟其为食毛践土之蟊贼②，自负明于应世接物之良图。老实说，他们自诡其非如许人，而愈是如许人。他们不知不义之罚，最不应该不知。此罚并非其所想象之鞭笞与死刑；鞭笞与死刑，犯人尚能幸免，此罚却无可逃。

---

① 古希腊雅典人考究披斗篷的姿势，以此而见出身贵贱、自由人与奴隶雅俗之分。
② "食毛践土之蟊贼"袭荷马诗句的语调，见《伊利亚特》，第18章第104行；《奥德赛》，第20章第379行。

德　此罚何罚？

苏　朋友，存在中有二型：其一属神，极乐；其他，神之所弃，极苦。他们无见于此，因其冥顽不灵，不自知因行不义而日近第二型，日远第一型。他们所受的罚在于过着第二型所应有的生活。若对他们说：弄巧不辍，身后不见纳于纯洁无瑕之境；在此人世永不能摆脱其故我，恶人与恶人总是一丘之貉；他们如此刚愎自用、无法无天，此等苦口之言，于彼有如东风吹马耳。

德　诚然，苏格拉底。

苏　朋友，我深知其然。他们有个特点：在私人场合，如其必须提出论点并听取论点，与人辩难反对哲学的原因，而且亦不畏缩、敢于挺身周旋以至移晷；那么也怪，我的朋友，他们终于不满自己的论点，竟至舌僵口噤、辩才枯竭，无以异于小儿之呷哑。这些都是枝词蔓说，请止于此，否则题外新波淹盖题内旧浪。你若同意，回到本题。

德　苏格拉底，题外话听来有趣，老犆如我反觉易解。你既无意再说，我们言归正传。

苏　方才讨论到此而止，我们曾说：主张动为物性之常，对各个人似然者于彼亦即诚然，持此说者在各方面都要坚持，尤其关于是非曲直，对一国似然而著为律令者，在执行期间，于此国亦即诚然曲直是非的标准；然而关于利弊问题，却无人敢坚持，凡一国以为有利而定的制度，在遵守期间，确是有利，除非务名而不顾实。务名不顾实是以讨论问题为谐谑，是不是？

德　显然是。

苏　然则不应务名，要顾名下之实。

德　对。

苏　国家立法，总想名至而实随之，立法的本旨在此；而且尽其所知所能，制定于己最有利的律令。或者国家立法别有目标？

德　绝无其他目标。

苏　其效尽如所期，或者时常亿而不中？

德　我想时常亿而不中。

苏　但凡问题关于利弊之类的事，人人更要承认此点。利弊之效有待将来；立法为图日后便利，图日后正是所谓有待将来。

德　当然。

苏　来，请问普罗塔哥拉或其同调：普罗塔哥拉，据你们说，个人是一切的权衡，是白的、重的、轻的，与凡此类事物的权衡；个人有判断此等事物的标准在心，断如所感，所断于彼便是诚然实然，是否如此？

德　是。

苏　我们还要问：普罗塔哥拉，是否个人亦有判断未来事物的标准在心，而期之未来者日后于彼果如其所期？例如某君想自己将发热，而医生不以为然；我们认为谁的判断将证实？或者二人判断并将证实：对医生，某君不发热；对某君自己，发热？

德　那可成了笑话。

苏　然而我想，关于酿酒将来成甘成苦，酒翁的判断可靠，琴师的不可靠。

德　当然。

苏　关于新制乐谱，乐工判断将来演奏时于体育教师是否和谐悦耳，胜于体育教师自己判断将来于彼如何。

德 一定胜于。

苏 筵席尚在预备中，赴宴宾客若不娴于烹调，对酒食滋味的估计不如庖丁。苦乐之感之于各个人，其已往与现在暂且存而不论；但论其于各个人未来之似然实然者，各个人切身为己的判断是否最妥？就你而论，普罗塔哥拉，在法庭上提供证据对人人的说服力如何，你的预料是否胜于任何人？

德 当然，苏格拉底，在此方面他非常自负，以为人莫如我。

苏 对着上帝说，我的朋友，在此方面他是自负；否则有谁肯出优厚谈话费向他求教，倘他不能使人信服，判断未来似然实然的事，无论预言家或任何人都不及他。

德 对极了。

苏 国家立法与凡有利的措施岂不是有关将来，而人人承认，其所期最有利之效时常难免亿而不中？

德 确然如此。

苏 那么，可依情理对尊师说，他必须承认有人智过他人，智过他人者才是权衡；无知无识如我，丝毫不必强其为权衡，如代尊师立言者之不顾我能承担与否，而以此等资格强加于我。

德 苏格拉底，我想他的学说于此最不稳妥，另一点也站不住：其说承认他人意见并皆真实，而他人意见以为其说绝不真实。

苏 德奥多罗，此说在许多其他方面都站不住，并非人人意见一一真实。至于知觉及其相应的判断所由而起之各个人当前的感受，其真实性较难疵议。也许不但较难疵议，直是无可疵议；

而以此为明确的知识,却符事实,泰阿泰德以知觉与知识为同物,倒是不差。因此,要为普罗塔哥拉辩护,须进一步推敲,缜密研究所谓唯动的物性,其为说牢不可破,或是风雨飘摇。关于此说的论战不小,参加的人亦非少数,

德　论战真不算小,漫延伊奥尼亚全境。赫拉克利特之徒极力支持此说。

苏　敬爱的德奥多罗,就是为此,更要依其本来面目,根本研究一番。

德　一定要。然而,苏格拉底,关于赫拉克利特①的学说,或如你所云,追溯到荷马乃至更古的学说,与自命内行的厄费索斯人士讨论,简直如对痴人说梦,无从说起。他们变化无常、躁动不息,正如其书所立之说。至于沉思静虑讨论问题、从容依次此问彼答,其能事且小于零;他们无一息之静,甚至负数不足以计其欠静的程度。你向他们发一问题,其晦涩的小词句便如箭之出筒,对你回射;你若求解其义,却又中其另一套新话头。无论同他们哪一位讨论,都得不到结果;其彼此之间亦复如此,谨防有物停留,不论言语思虑。我想,他们以为停留就是静止;每与静止之物苦战,极力排之于六合八方之外。

苏　德奥多罗,也许你只见他们纷争,其平静时却未与之相

---

① 赫氏是厄费索斯人,故下文有"与自命内行的厄费索斯人士讨论"一语。赫氏的哲学体系可称为"唯物主义的宇宙人生过程论";所谓"过程",即变的过程。他认为一切永在流动变迁的过程中。他以火为万物的元素,因燃烧时的火焰只显得动,燃料与火焰及燃后之汽唯见其递换转移,最能表示万物变动不居的过程。他发现万物有内在的矛盾,矛盾有统一、有斗争、有转化,可谓开辩证法之先河,为古希腊的辩证唯物论者。相传他的著作体裁枯燥、文字费解,故有下文"晦涩的小词句……"云云。

值；他们并非你的伴侣。然而我想，他们得暇却把处静之道教给所要传授衣钵的门徒。

C 德　才怪，什么门徒，此等人彼此不相师，个个霎时灵机触动、倔然而起，以为他人一无所知。我方才正要说，和他们打交道，无论有意无意，总得不出所以然；我们必须提取其说的内容，和盘过肩、自任分解，如对数学的问题。

苏　你的话中肯。关于此问题，岂不曾闻古人遗教？古人以
D 诗赋瑰词达奥旨，其微言大义，众莫能晓。据说，万有之源是欧概安诺士与太徐士，乃不息之流；以故无物静止。另一方面，岂不亦闻近人之说？近人较为明智，直言不隐；甚至织屦之夫聆其说而效其智，尽解物有动者静者之惑，服膺万物毕动之理，而对他们赞扬称颂。然而，德奥多罗，我几乎忘记：他人持相
E 反之说曰："原夫万有，名曰存在，存在静一，独立不改"；迈力索士①与巴门尼德②之流坚决主张，万有混一，其中静寂，弥漫绵密，欲动无隙。朋友，我们将如何应付此辈人士？逐渐向前，
181 已经不知不觉陷于两派之间；不防不避，可要吃亏，如在角力场上跨了双方交界线，而被双方此牵彼挽③。我想应先检查前已

---

① 古希腊哲学家，据较确的传说，他是巴门尼德的弟子。
② 古希腊反动贵族的思想家，其思想反对谜雷托斯派（泰勒斯即此派的宗师）的原始唯物论及赫拉克利特的辩证唯物论。他是埃利亚派的大将，其哲学体系可称为"唯静主义的唯心一元论"。他认为变动不居形形色色的万事万物起于虚妄之见，"真正"存在者是混一的整体，无边无际、不动不变、有今而无去来。此种绝对的存在是抽象概念，非感官所能接，只是思维的对象。他不信任感官，否认感性认识为认识的根源与基础，把认识的感性阶段一笔勾销。
③ 这是一种角力的游戏。在角力场上划一线，线之两边以若干人为对立的双方；双方各极力把对方向自己一边拉，拉过来就算得胜。

着手的"万有流迁"派①,此派言之有物,则听其牵挽,甚至助之一臂之力,以自脱于彼派的劫持;若是"万有混一"派②持说较为近理,便归此而弃彼,与以静者为动之徒告绝。如果发现两派之说并皆无当,末学如我辈,背叛远古大智者的彝训,而想有所建言,可要贻笑大方。因此,德奥多罗,且看是否值得冒此大险。

德　苏格拉底,不彻底检查两派各持何说,实在忍耐不住。

苏　你既如此热心,便须检查一番。我想,检查动的问题,要从此入手;他们说万物皆动,究竟其义何居。我所要问的是:他们说动只有一种,或者,如我所想,有两种?切莫认为我个人的想法,你我要合伙;如遇不可避免的情事,好共同承当。请说,一物迁移地点或在原处旋转,是否谓之动?

德　是。

苏　这是一种。在同一地点,由少而老、由白而黑,或经其他变化,是否可以谓之另一种动?

德　我想可以。

苏　必然是。那么我说,动有两种:其一是性质上的变更,其二是地点上的迁移或旋转。

德　说得对。

苏　此点既已辨明,便和主张万物皆动的人讨论,对他们发问题:诸公是说物物动兼两种,地点上移转并性质上变更;或者

---

① 即赫拉克利特一流。
② 即埃利亚派。

有物动兼两种、有物动只一种？

德　对着上帝说，我不知所答；但料他们要说物物动兼两种。

苏　诚然，朋友。否则须说物亦动亦静；然则说万物皆动，无以异于说万物皆静。

德　你说得对极了。

苏　物既必动而不能不动，便永在各种动中。

德　必然如此。

苏　共同检查这一点。我们岂不曾说，他们论热与白或任何物的来源大致如此：此等物各与知觉之能并动于施者受者之间；受者成为知觉者，非但知觉之能，施者成为含有某种性质之物，而非某种性质？也许性质一词于你显得生疏，不解其泛用之义，请听个别的例子：施者不变成热或白，变成热的物或白的物；其他亦复如此。可记得我们以前曾说：无物自成一物，施受双方俱不独自成物；双方遇合而起知觉与知觉对象，于是施者成为含有某种性质之物，受者成为知觉者。

德　记得，怎么不记得？

苏　此说其他方面如何主张，姑且存而不论；只限于所讨论的一点，专就此点提出问题：据说，万物永在流动中，是不是？

德　是。

苏　其流动是否兼有我们所分别的两种，地点上的移转并性质上的变更？

德　安得不兼有，如其全面流动？

苏　地点移转而性质不更变，我们向能指其在流动中为何种性质之物；能否？

德　能。

苏　倘性质不居，则流动中的白物不居于白，其白转为他色，色色流转、永不驻留；如此，是否能言此物之色，确指不讹？

德　焉能，苏格拉底？任何此等事物，将何以名之，倘转喉之间，其物已逝，在流动中已成明日黄花？

苏　关于任何知觉，如视听之类，将如何说法？视听之为视听，曾否驻留？

德　一切在流动中，则视听必不驻留。

苏　一切既在一切流动中，说见无以异于说不见，说有某种知觉无以异于说无某种知觉。

德　无以异于。

苏　然而泰阿泰德与我曾说，知觉是知识。

德　你们是说过。

苏　然则，问知识为何，我们所答知识之为何无以异于知识之非何。

德　似乎如此。

苏　为证明以前的答案正确，我们苦心阐发万物流动之理，然而所得妙果如此。唯有一点似乎弄明白了：万物在流动中，则关于任何物之一切答案同等正确，可说其物是如此，也可说其物非如此；若恐言者与所言之物陷于静止，不说"是"或"非"，说"变成"亦可。

德　你说得对。

苏　德奥多罗，我还用了"如此"与"非如此"的字眼；其实不应谓物"如此"或"非如此"，因其若是"如此"或"非如此",便不在流动中。须为立此说者另创语言,现有语言无适当字眼以达其旨,除非"恍惚"二字;此二字表示无定,也许对他们最合用。

德　此等字眼确是对他们最合用。

苏　德奥多罗,至此,我们与贵友分路扬镳,不同意人人为万物权衡,除非其人洞达物情事理、有出众之智。我们也不承认知识是知觉,最低限度不在万物流动的前提下承认;除非在座泰阿泰德尚有异议。

德　好极了,苏格拉底。问题解决,关于普罗氏学说的讨论已告结束;根据以前的诺言,我也应卸仔肩,不再陪你问答。

泰　不,德奥多罗;你们方才曾提有人持万有一静之说,未同苏格拉底讨论此说,你还不得卸责。

德　泰阿泰德,年少却教年老者背约?不,你可要准备与苏格拉底讨论其余问题。

泰　倘蒙他不弃;然而我宁愿听人讨论此问题。

德　请苏格拉底讨论问题,如纵骑兵驱骋于平原[①];尽管发问,有得听的。

苏　德奥多罗,泰阿泰德的要求,我想不依。

德　为何不依。

苏　迈力索士及其他主张万有混一而静止者,我不敢放胆检查其说,尤其对一位恶缩,就是巴门尼德。如荷马所云"可敬而

[①] 这是引用当时的谚语。平原最便驱骋,于骑兵为称心适意之地。

可畏"①，巴门尼德便是如此；幼时曾瞻仰此公高年风范，觉其深不可测、高不可攀。诚恐我们不晓其言语，更不解其言语命意何在；而最担心的是，问题纷至沓来，或致喧宾夺主，知识为何的问题既发其端，反而莫能竟其绪。况且新兴的问题无边无际，附带讨论不能适得其分，充分讨论则不暇给，知识问题势必搁置。两弊并须避免；重在行接生术，接出泰阿泰德关于知识问题的胎。

德　你以为应行则行之。

苏　那么，泰阿泰德，关于所讨论的问题，请再考虑这一点：你说知识是知觉，是不是？

泰　是。

苏　如有人问你："人以何视黑白色，听高低音？"我想你要说，"以眼与耳"。

泰　是呀。

苏　通常用词下字，轻松流利未必就是孤陋鄙俚，咬嚼吹求反而失之纤巧琐屑；然而有时必须推敲，例如你此刻的答案不正确，势必不能苟同。请考虑，哪一个答案较确：视物以眼，还是通过眼；听音以耳，还是通过耳？

泰　苏格拉底，我想视听之觉不是以眼与耳，而是通过眼与耳。

苏　童子，若干感官厕于人身，好比土洛亚之役的许多兵士匿于木马腹中②，如其各自为政，不统于一官，所谓心灵或任何

---

① 见《伊利亚特》，第 3 章第 172 行；《奥德赛》，第 8 章第 22 行；第 14 章第 234 行。
② 土洛亚，小亚细亚西南部的古城。希腊人攻此城不下，思以诡计袭取之：以木制一巨马置城外，伏勇卒于其中；一面收兵登舟、鼓帆伴作退兵势。土洛亚人出城见此木

名称者；而人非以此一官，通过各感官为器具，知觉一切被知觉者；——若是如此，真算离奇。

泰　我想并非如此。

苏　对此问题如此推敲，只为欲知：人身是否有此一官，通过眼，以此一官视黑白色，通过其他感官，以同此一官知觉其他事物；若有人对你发此问题，你能否把此等知觉一概归功于身体。不如你自己答复，免我为你饶舌。请告诉我：知觉物之为热、为坚、为轻、为甘，知觉此等物性，所通过的器官，你是否认为并属于身体，或属于其他一物？

泰　不属于其他。

苏　你肯不肯承认，通过其一官能所知觉者不得通过其他官能，如通过听官者不得通过视官，通过视官者不得通过听官。

泰　为何不肯承认。

苏　分别通过视官听官而知觉，然后一并加以思维者，不能一并通过其一器官而知觉之。

泰　不能。

苏　关于声与色，不是一并加以思维，首先，认为二者存在吗？

泰　是的。

（接上页）马，不知所为。适希腊军中遣来一人，假称逃卒投降，向土洛亚人作反间语，谓此马毁之不祥，若移置城内之上，以献于神，得神之佑而长国威，行将臣服希腊。土洛亚人听信其言，异此马入城。方行献祭之典、欢欣鼓舞之际，夜间，马腹中勇卒一拥而出，以火炬为号，与城外佯为泊舟待发之兵士相呼应，夹攻而取土洛亚城。城中居民或诛或房，此城夷为平地。

苏　其次，认为二者其一异于其他，而各同于己。

泰　当然。

苏　再次，认为二者共为二、各为一？

泰　亦然。

苏　也能察其相似与否？

泰　也能。

苏　凡关于二者之如此这般，通过什么器官而后加以思维？二者之共同处，不能通过视或听而后统摄之。另一点足以说明我的意思：声与色若有甘苦可辨，不必说，你知道通过什么器官而后辨其甘苦，显然不通过听或视，通过另一器官。

泰　不待言，通过舌的器能。

苏　说得好。通过什么器官而后施会通之能，而后晓声色及一切物之共性，如所谓"存在"、"不存在"与方才关于声色所云种种？你能否指出，有什么器官适应于此种种共性，通过什么器官而后一一知觉之？

泰　你指"存在"与"不存在"、"似"与"不似"、"同"与"异"、物之为一与为他数，显然也指"奇"、"偶"及其相联的其他概念；问通过身体上的什么器官，以心灵知觉此种种共性。

苏　泰阿泰德，你领会得极其透彻，所问正在于此。

泰　对着上帝说，苏格拉底，我指不出；似乎绝无特别器官专作会通事物的桥梁，如感官之各有所司；我想心灵自具机杼以潜观默察一切事物的共性。

苏　泰阿泰德，你美，并不丑，如德奥多罗所云：出言美者既美且善。不但美，尚且有德于予，使我免于辞费，如果你已明白：若干事物，心灵自具机杼以潜观默察；若干事物，心灵通过身体上的官能而后知觉之。这是我自己的看法，希望你也同意。

泰　我已明白。

苏　那么，你把"存在"归于哪一类？"存在"附着于一切事物，为共性之最普及者。

泰　归于心灵自己所直达的一类。

苏　"似"与"不似"、"同"与"异"也归于此类吧？

泰　是。

苏　"美"与"丑"、"善"与"恶"呢？

泰　我想属于如此一类，此类所包括者，其存在性是相对的；心灵特据其存在之彼此相对的情况，以过去现在参证将来，而加以衡量比较。

苏　暂缓。心灵不是通过触官而后知觉刚者之刚性、柔者之柔性吗？

泰　是的。

苏　刚性柔性二者之存在与存在性、其彼此之相反与相反性，心灵自己从事思量排比，而加以判断。

泰　确然。

苏　凡通过身体而后及于心灵者，人与兽并有与生俱来天赋之能，以感受而知觉之；至于对此等感受之存在与作用的思量，却需时苦练，并加以教育，才能达其所能达者。是否如此？

泰　毫无疑问。

苏　不能达物之"存在"，还能达物之理否？

泰　不能。

苏　不能达物之理，于物能有所知否？

泰　焉能，苏格拉底？

苏　然则知识不在于对事物的感受中，却在于对所感受而起的思维中；显然，由思维能达事物之"存在"与事物之理，由感受则不能。

泰　显然。

苏　彼此既有偌大差别，尚能赋以同一名称吗？

泰　确是不要。

苏　视、听、嗅、冷感、热感，此类应有何名？

泰　舍知觉别有何名？

苏　统称之为知觉？

泰　必然。

苏　我们说，由此不能达事物之理，因由此不能达事物的"存在"。

泰　不能。

苏　便也不能达事物的知识。

泰　也不能。

苏　然则，泰阿泰德，知觉与知识断非同物。

泰　断非，苏格拉底。知识异于知觉，今已十分明确。

苏　我们讨论的初衷不在于求知识之非何，乃在于求知识之为何。然而却达到这一步：晓得知识不在知觉上求，在心灵本身应事接物的作用上求，——不论此作用的名称为何。

泰　苏格拉底，我想此作用谓之思议或论断。

苏　你想得对，朋友。今请尽弃前言，从头考虑，据此已达的一步，所见是否益加明确。再说，知识究竟为何。

泰　苏格拉底，不能说所有论断尽是知识，因其有虚假者；也许论断之其实者为知识。以此暂作我的答案。随后若不以为然，设法再提其他答案。

苏　应该如此，泰阿泰德；今之侃侃而谈胜于前者之将言而嗫嚅。如此行事，二者必居其一：或得其所求，或庶几免于以所不知为知；即此收获已非小可。足下于意云何？是否说，论断有真实与虚假两种，其真实者定为知识？

泰　是，这是我目前的看法。

苏　是否还值得重提有关论断的问题？

泰　你指什么问题？

苏　某问题目前与往时时常搅扰我，使我于己于人并有许多莫名其妙的经验。此经验为何、由何而起，我真说不出。

泰　什么经验？

苏　作虚假的论断。我考虑着：或存而不论，或换个方法研究，至今游移不决。

泰　苏格拉底，问题若非莫须有，为何存而不论？方才你和德奥多罗对时间的运用说得不错，讨论此类问题不可急躁。

苏　提醒得好。也许此刻回溯原题还算及时。小有成胜于大不就。

泰　可不是？

苏　如之何？何所云？是否说，论断每有虚假，有人思议虚假的物，有人思议真实的物。一若其本质原是如此。

泰　是如此云云。

苏　在一般与个别情形下，于物岂不只能或知或不知？学习与遗忘等中间阶段，暂且不论，因其与目前问题无关。

泰　不计学而复忘，则知或不知以外，确无其他可能。

苏　然则，有所思议者，必然思议其所知或所不知的物？

泰　必然。

苏　不可能不知其所知或知其所不知。

泰　焉能？

苏　思议假事物者是否指鹿为马，于其所知者不以此为此而为彼；是否并知彼此而不省识彼此？

泰　然而不可能，苏格拉底。

苏　是否于其所不知者以此为彼？这是否可能：与泰阿泰德及苏格拉底素不相识，心目中却以苏格拉底为泰阿泰德，或泰阿泰德为苏格拉底？

泰　焉能？

苏　任何人绝不至于认为，其所知者即其所不知者，其所不知者即其所知者。

泰　倘其如此，岂不离奇！

苏　然则焉能作虚假的论断？一切既不出于知或不知二途，此外便无作论断之可能，此内亦无作虚假的论断之余地。

泰　对极了。

苏　我们所探讨的，是否有须改途易辙，改"知或不知"之途，易以"存在或不存在"之辙？

泰　你的话何所谓？

苏　这是简明的事实：关于任何东西，思议其所无有或不存在者，所思识无非虚幻之物，且莫问其他方面运思的情况如何。

泰　似乎如此，苏格拉底。

苏　泰阿泰德，设有人质问："公等所云是否可能；无论关于相依而存之物或独立自在之体，是否有人能思议其所无有或不存在者？"我等将何以为辞？似乎要答："可能，若对不真实者起念。"你以为如何？

泰　是要以此为答。

苏　同类情况在其他方面是否可能？

泰　什么情况？

苏　如见某物而所见却是无物。

泰　如何可能？

苏　见某一物，所见必是存在之物；或者你以为"成一者"能归于不存在者之列？

泰　我不以为。

苏　那么，见某一物，即见某物之存在者。

泰　显然。

苏　闻某物，即闻某一物，并闻物之存在者。

泰　然。

苏　同样，触某物，即触某一物；触某一物，即触物之存在者。

泰　亦然。

苏　有所思议或论断者岂不是思议或论断某一物？

泰　必然。

苏　思议某一物者岂不是思议存在的某物？

泰　是，我同意。

苏　思议不存在之物是思议无物。

泰　显然是思议无物。

苏　思议无物等于一无思议。

泰　似乎了然。

苏　然则，无论关于相依而存之物或独立自在之体，不可能思议其所无有或不存在者。

泰　显然不可能。

苏　那么，思议假事物异于思议不存在之物。

泰　似乎各异。

苏　所以，无论由此途辙或由方才的途辙，都不能发见有虚假的论断。

泰　确实不能发见。

苏　我们所谓虚假的论断是否如此产生的？

泰　如何产生的？

苏　心目中指鹿为马，把实在之物以此为彼，此种混淆的论断，我们认为虚假的论断。思议总是有关存在的事物，然而以彼易此；唯其思议不中鹄，所作论断应谓之虚假的论断。

泰　我想你此刻的话最正确。若以丑为美或以美为丑，便是思议真的假事物。

苏　咄，泰阿泰德，你居然不我畏而我欺矣。

泰　你为何出此言？

苏　我想，你以为我不会吹求你"真的假"的语病，不问你："快的慢"或"重的轻"是否可能，或任何矛盾能否矛不为矛而为盾，盾不为盾而为矛，双方不各依己性而依对方之性起作用。且放过此语病，以免你扫兴。据你说，你满意于以虚假的论断为混淆的论断？

泰　满意。

苏　据你的意思，心官可能不以此为此而为彼。

泰　可能。

苏　心官以此为彼时，岂不必然兼思彼此或独思其一？

泰　必然；或同时兼思彼此，或先后独思其一。

苏　妙极了。你对思议的解释与我同否？

泰　你如何解释？

苏　解释为心灵考虑事物时的自言自语。我对你阐明此理，自己并不知其所以然。我觉得心之运思无非自言自语——自问自答，自立自破。问答立破得一致的结论，不问得之徐徐或得之豁然，只要自信无疑，便是我们所谓心的论断。如此，我把思议谓之自言自语、论断谓之所言所语，默然无声对己而不对人。你如何解释？

泰　我也如此解释。

苏　那么，把一物断为他物者，其人当时仿佛对己说，此物即彼物。

泰　诚然。

苏　请回忆，你曾否对己说，确实美是丑，不义是义。总括一句，请检查，你曾否企图说服自己，一物确是他物；或者适得其反，甚至梦中也未曾敢对己说，奇确是偶，或类似的话。

泰　你说得对，我不曾。

苏　你想，曾有任何人，无论醒或醉，悍然自语、诚然自信，牛必是马，二必是一？

泰　对着上帝说，我不作此想。

苏　思议若是自言自语，则心兼摄二物、自语而作论断，绝不至于语为断为其一即是其他。莫在字眼上取巧，因二物之一并称"其一"，而把此一与彼一混同。吾意乃在于此：绝无其人作以丑为美之类的论断。

泰　苏格拉底，我不在字眼上取巧，并同意你的话。

苏　然则，思议兼及二物，不可能以此一断为彼一。

泰　似乎如此。

苏　思议仅及其一而毫不及其他，更不至于以其一断为其他。

泰　对；倘有此情，则必至于思议毫未涉及之物，竟能摄之于心。

苏　然则，思议无论兼及二物或仅及一物，都不至于混淆彼此，以一物断为他物。因此，把混淆的论断定为虚假的论断，此定义等于徒然。足见由此途径或由前之途径，都不能发现有虚假的论断。

泰　似乎不能。

苏　然而，泰阿泰德，如果不能发现有虚假的论断，势必承认许多奇离现象。

泰　何种离奇现象？

苏　未把问题面面考虑周到，暂且不告诉你。迷离恍惚中勉强承认此等现象，我为吾辈耻之。倘得路而出迷网，便能以局外人地位指摘他人堕入迷网；否则唯有低声下气，若晕船者之一息如缕，任辩口波涛澎湃汩没，而无可奈何。且听我如何再接再厉为我们的问题求出路。

泰　请说。

B　苏　我们以前同意，不可能以所知为所不知，因此而作虚假的论断。现在我不以为然，料其在某种情况下却也可能。

泰　你指的是我当时所怀疑的吧？我们说其不可能时，我怀疑着：譬如我识得苏格拉底，有时远处望见所不识的人，却以为是相识的苏格拉底；——在此情况下，你所指的虚假论断便产生了。

苏　我们岂不已弃此说，因其竟持同时又知又不知其所知的谬论？

泰　已弃。

C　苏　且把问题转个方向，困难或者减轻，或者适得其反。然而我们的处境是要面面尝试，把所有论点通盘检查。看我是否言之有物：前所不知，能否学而知之？

泰　必能。

荔　能否学知一件又二件？

泰　为何不能。①

苏　为便于讨论，假设我们心灵中有块蜡版，或较大较小，或较刚较柔，或较纯较驳，或各方面适宜。

D　泰　假设。

---

① 此二句娄卜本译文遗漏。

苏　我们说，这是诸穆萨①之母氏——穆内穆颂内②——所赐予的。我们所见所闻，或念之在心者，若要记住，便将此版置于知觉意念前，把知觉意念刻于其上，如打印一般。痕迹尚存，所刻能忆能知；刻后磨灭，或刻不成者，便弗忆弗知。　　　　　　E

泰　假设如此。

苏　倘其如此而知事物，而思议所见或所闻之某一事物，请看能否在此情况下作虚假的论断。

泰　在何情况下？

苏　把所知者，有时认为另所知者，有时认为所不知者。我们以前同意这不可能，其实不然。

泰　今则云何？

苏　讨论此问题，必须先把可能者与不可能者界线划清如　192
下：（一）知二物而记其印象在心，其物虽不在目前知觉中，却不可能以此为彼；不可能以所知者为所不知而无印象在心者；亦不可能以所不知者为另一所不知者，以所不知者为所知者。（二）不可能以所知觉者为另一所知觉者，以所知觉者为所不知觉者；亦不可能以所不知觉者为另一所不知觉者，以所不知觉者为所知觉　B
者。（三）所知二物在目前知觉中，其在心印象亦与目前知觉相符，更不可能以此为彼；所知一物在目前知觉中，其在心印象亦与目前知觉相符，不可能以此物为另一所知而不在目前知觉中者，或为另一在目前知觉中而非所知者。所不知亦不在目前知觉中之二　C

---

① 希腊神话中司文艺美术音乐等之九女神。
② 希腊神话中司记忆的女神。

物，不可能以此为彼；所不知亦不在目前知觉中之一物，不可能以此物为另一所不知而在目前知觉中者，或为另一所不知亦不在目前知觉中者。对以上种种绝不可能作虚假的论断；如有可能余地，只在此等情况下。①

泰　在什么情况下？也许由此较易领会，目前却跟不上你的意思。

苏　在此等情况下：以所知者为另一所知并在目前知觉中者，或为所不知却在目前知觉中者；或以所知并在目前知觉中之一物，为所知并在目前知觉中之他物。

泰　我更茫然不知所谓了。

苏　如此这般再听一遍：我认识德奥多罗与泰阿泰德，心里记其为何如人。有时见其貌、闻其声、触其躯体，或由其他感官知觉二位，有时则否；然而心里岂不依然记而知之？

---

① 苏氏这段话，头绪纷纭，极其费解；兹转译康复尔德的注释，以资参考："苏格拉底这段话列举不可能混淆二物的一切事例。他把二物之（甲）已知并当前记得或（乙）完全未知者、（丙）当前知觉所及或（丁）当前知觉所不及者，作种种可能的配合；结果只有在三种配合中，二物可能彼此混淆。苏氏的话，读者或与泰氏同感费解，而欢迎简要的说明过于字句的翻译。最简便的方法是，以'相识者'代表所认识或所知悉并记其印象于心头之一人或一物，以'不相识者'代表素不认识或向不知悉之一人或一物。在以下情况，不可能混淆二物：（一）二人俱非当前知觉所及，不会以其一相识者误为其他相识者，或混淆一个相识者与一个不相识者，或混淆两个不相识者。（此等情况，苏氏在下文193A—B重复举例说明。）（二）如只有关当前知觉，则不会混淆当前所见之二物，也不会混淆当前所见之一物与当前所不见之他物，并也不会混淆当前所不见之二物。（三）知识及当前知觉俱有关，则不会混淆当前所见并省记之两个相识者；当前所见并省记之一个相识者，与当前所不见之一个不相识者，或与当前所见之一个不相识者，也不至于混淆。（依康氏自注，省记是指：以往对一物的知觉在记忆中所留印象，与当前对同此一物的新知觉，能相符合；按即所谓认得。）无论当前眼见其一与否，两个全不相识者不全混淆。"（康本第122页）

泰　当然。

苏　这是我要你明白的第一点：所知可能在目前知觉中，可能不在目前知觉中。

泰　诚然。

苏　至于所不知者，岂不时常可能是知觉所不及者，或知觉所仅及者？

泰　这也可能。

苏　且看你此刻是否较跟得上我的意思：苏格拉底识得德奥多罗与泰阿泰德；不相见，亦无关于二位的当前知觉，则心中绝不会思议曰，泰阿泰德是德奥多罗。我说得有理无理？

泰　有理。

苏　这是我前之所云不可能作虚假论断的第一例。

泰　是。

苏　第二：只识得一位，而并对二位无当前的知觉，也绝不可能以所识者为所不识者。

泰　对。

苏　第三：二位都不识得，并对二位无当前的知觉，也不可能以其一所不识者为其他所不识者。前者所云不可能作虚假论断的其他各例，你姑且当作逐一重听一遍；在那些情况下，我绝不会对你们二位作虚假的论断，无论认识二位与否，或只认识一位；当前的知觉方面亦复如此。跟得上我的意思吧。

泰　跟得上。

苏　只在如此情况下，有作虚假论断的余地：例如我认识你和德奥多罗，二位的容貌举止铭于我心的蜡版上，如印之留迹；

远处恍惚望见你们二位，急将铭于心版的印象与呈于视官的知觉各相配合，如足复践其迹，以唤起对二位各别的认识。配合失之彼此倒置，如左屦纳于右足、右屦纳于左足，又如视线与镜中物影反射的光线相接，而见物之左右易位[①]；——如此，便致错误，

---

① 柏拉图把镜中视影或镜中映影解释为：发自眼睛的光线（即视线）在镜面与发自人体或物体之光线（即形与色）相合并。所谓左右易位，康复尔德有图说明，兹转摹于下：

甲图：直接视人或物

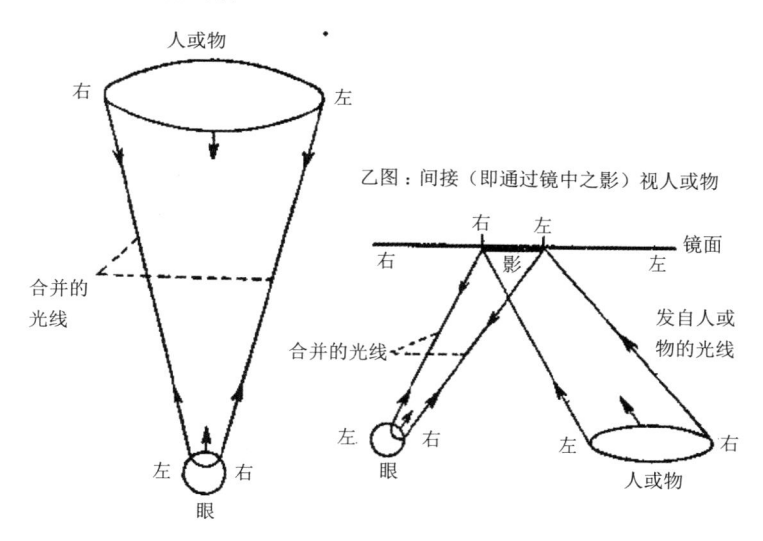

乙图：间接（即通过镜中之影）视人或物

上方甲图表示直接视人或物：所视对象的左右边对着视者每一眼的右左边，这是正常的情况。乙图表示间接（即通过镜中之影）视人或物：发自视者之眼的光线与发自所视对象的光线在镜面相合并，此合并的光线由镜面折回视者之眼。对象的左右边对着镜的右左边，镜中对象之影的左右边对着视者每一眼的右左边；镜面合并的光线折回视者之眼，则对象本身的左右边对着视者每一眼的左右边。例如，以镜照西文书一页，则见其字翻转，非原来正面字由左到右的横行，却成反面字由右到左的横行；——此即所谓见物之左右易位。

而作彼此倒置或虚假的论断。

泰　似乎如此，苏格拉底；虚假论断产生的情况，你说得淋漓尽致。

苏　此外还有一个情况：认识二位，并对一位有当前的知觉，而对此一位素所认识与当前所知觉不符。我前之所云如此，你当时不了解。

泰　我当时不了解。

苏　我曾如此云云：认识二人并对他们有当前的知觉，而且所认识与所知觉相符，绝不会以其一为其他。所云是否如此？

泰　是。

苏　以前遗漏了此刻正要说明的情况，在此情况下产生虚假的论断，例如：认识二人、会见，或有其他感官上的接触，而对二人所铭于心版上的个别印象与所呈于感官上的个别知觉不能各相符合，如不善射者之不中鹄；——此之谓虚妄谬误。

泰　有理。

苏　其一印象有当前知觉与之配合，其他印象无有，却把其他移置于与其一配合的当前知觉上；——凡在此等情况下，心之运思便起谬论。总而言之，我们方才的话若是可靠，关于所不知并知觉所未曾及的事物，似乎不能致误，而起虚假的论断；倒是关于所知并知觉所及者，论断有转移出入，或真实或虚假，——譬如印与印迹，各相符合才是真实，参差枘凿便是虚假。

泰　苏格拉底，所云岂不妙哉？

苏　再听下文，更会称妙。论断真实是可贵的事，否则可耻。

泰　岂不是？

苏　人说论断真实与否的关键在此：如荷马以蜡版比方心地[①]，心地宽厚平坦、刚柔适度，则入自感官者铭于其上为印象，淳深而耐久。此等人，一则易学，再则强记，三则由感官所得印象不至混淆，而论断真实；因如此明晰条达的印迹易与原印——即所谓实物——相勘合。此等人谓之智者。你以为然否？

泰　甚以为然。

苏　有时如彼全智诗人所讽刺，心有茅塞，若蜡版之不净不淳、过脆过坚：脆者易学速忘，坚者适得其反。凡心被茅塞、笨如顽石、杂如粪土者，只得模棱的印象；如蜡版之坚者与脆者所得印象并皆模棱，坚者因其不能深入，脆者因其化成一团而莫辨彼此。心地猥屑褊小，则印象拥挤重叠，愈益模棱。凡作虚假论断者皆此等人。他们有所见闻思议，不能速将其物与各该印象一一勘合；迟钝糊涂，以致见闻思虑诸多谬误。此等人谓之不辨实物、不学无术。

泰　苏格拉底，所云极其正确，举世莫能道也。

苏　然则要承认有虚假的论断？

泰　决要承认。

苏　也有真实的论断？

泰　也有。

苏　我们是否已经充分相信、同意确有此二种论断？

泰　绝无疑问。

[①]　希腊文心（κῆρ）字读如"恺尔"，蜡（κηρός）字读如"恺尔洛士"。荷马因此二字音相近，故以相比。

苏　泰阿泰德，多言者真是可厌而可憎。

泰　如何？为何出此言？

苏　懊恼我自己鲁而多言。在几个论点上往复循环，既不能通晓，又不肯割舍；如此者，不谓之鲁而多言而谓何？

泰　为何懊恼？

苏　岂但懊恼，且恐不知所答，如有人问："苏格拉底，你已经发现了，虚假论断不存于知觉与知觉之间，也不存于思想上，却存于知觉与思想的配合？"我想，要答"发现了"；而且自鸣得意，以为得未曾有。

泰　苏格拉底，此刻所指出的这一点似乎未可藐忽。

苏　他还要问："然则是否亦云，仅涉想所及而不见的人，绝不至于想象为仅涉想所及而不见、不触、不缘其他感官所知觉的马？"我想要答，"亦如此云云。"

泰　答得对。

苏　他又要说："据此，仅涉想所及的十一，绝不至于想象为仅涉想所及的十二？"来，请你答复。

泰　我要答复：可能以所见所触的十一个错认为十二个，却不至于把意想中的十一误断为意想中的十二。

苏　你想，曾否有人，虽不当前眼见五个与七个人或物，却胸中默念所谓铭于心版而不致引起虚假论断的五与七，计议此二数本身，自问自答其和为几，胸中如此自问自答，是否有人答为十一，有人答为十二，抑人人答为十二？

泰　对着上帝说，不至人人答为十二，答为十一者大有人在。计议较大的数，愈易致误，我想你指一般的数，不仅指五与七。

苏　你想得对。请考虑，如此岂非把铭于心版的十二本身想象为十一？

泰　似然。

苏　这岂不是又回到起初的论点？如此致误者是把所知之一物想象为所知之他物。我们以前曾斥其不可能，据此而确证虚假的论断必不存在，以勉强说，同一人同时亦知亦不知同一物。

泰　千真万确。

苏　然则必须指出，作虚假的论断并非以心之所思混为感官之所知觉，而是其他勾当；如其然，则不至于在思维本身上犯错误。然则二者必居其一：或虚假的论断无存，或可能不知其所知。二者何所择？

泰　半斤八两，不知所择，苏格拉底。

苏　然而二说不能并立。且不顾一切而恶颜从事。

泰　如何？

苏　决心去说明知究竟是什么。

泰　焉至于恶颜？

苏　你似乎不注意，我们一场话自始就是研究知识，因不知其为何。

泰　何尝不注意。

苏　不知知识为何，却要说明知是什么，岂不难为情？泰阿泰德，我们讨论中的言语一向模棱。无数次用过"知"、"不知"、"有知识"、"无知识"等字眼，一若虽不解知识为何，而彼此能解此等字眼。你若情愿，我们此刻仍用"解"与"不解"二词，虽茫然于知识之为何，而恬不为怪。

泰　苏格拉底，避免这些字眼，如何能交谈？

苏　夫我则不能。我若是雄辩家，或此刻有雄辩家在座，一定要避免这些字眼，严厉指摘我们的言语。然而我们只是凡夫，还要不要我大胆说明知是什么？我想或者不无小补。

泰　对着上帝说，尽管大胆。不避免这些字眼，大可原谅。

苏　你可领教过时下之以知为何？

泰　也许领教过，只是目前记不得。

苏　他们说，知是"操知识"。

泰　诚然。

苏　我们且下一转语，说知是"有知识"。

泰　你说，此与彼何别？

苏　也许无别。且听我的意见，然后与我共同审查。

泰　如果我做得到。

苏　"操"与"有"于我显得不同。譬如有人买了一件斗篷，归其所有，却不随身披着；我们说，他对此斗篷，有而不操。

泰　说得对。

苏　请看，知识能否同样有而不操。譬如有人捉了若干野鸽之类的鸟，在家养于笼中；一方面可说，他恒操此鸟，因其有之。可否说？

泰　可说。

苏　然而另一方面亦可说，他不操此鸟，而有驾驭此鸟之权，因其笼之于家，听其处置；——随意随时想如何便如何，或提而操之掌上，或纵而置之笼中。

泰　是如此。

苏　正如前者比方心灵中设一蜡版，今再比方心灵中置一鸟笼，养各种鸟，——或分别成群，或三五结伴，或独栖而随处飞跃。

泰　即便如此比方。其次呢？

苏　意中以各项知识代替各种鸟。孩提无识无知，好比鸟笼尚空；随后得某项知识，蓄之笼中，便是学而晓此项知识有关的事物。即此是知。

泰　设其如此。

苏　随意重捉一项知识，或操之在手，或复置笼中；——你想须用何字形容，形容当初获得与以后重捉，用相同的字眼，或用不同的字眼？如此这般，更能明白我的意思：你说算术是技术吧？

泰　是。

苏　认定算术是从事所有奇数与偶数的知识。

泰　认定。

苏　我想，是以此术驾驭数的知识，并将此知识传授与人。

泰　是的。

苏　授，谓之教；受，谓之学；获而有之于笼中，谓之知。

泰　很对。

苏　注意以下的话：极其精通的算术家岂不尽知一切数，因一切数的知识尽在其胸中？

泰　岂不尽知？

苏　他有时计算胸中的数本身，有时计算外在事物之有数可计者？

泰　可不计算？

苏　我们说，计算无非求知某某数为几何。

泰　是如此。

苏　所谓尽知一切数者尚且求知某某数为几何，如此，似乎既知而求知其所知犹所不知。你有时领教过此等辩难吧。

泰　领教过。

苏　再以捉鸽与有鸽为喻，我们说，捉有两种：一是未有，捉而有之；一是既有，捉其所有而操之在手。同样，以往学而晓事所得之事物的各项知识，虽日久不在心头，亦可——索之胸中而操之目前，以温寻旧事旧物，使其如指诸掌。

泰　诚然。

苏　这是我方才的问题：算术家从事计算数目，文字家从事辨识文字，应以何字形容其所为？其所为岂不是既知而自己重学其所已知？

泰　这也怪，苏格拉底。

苏　我们既许其知一切数、一切字，能否说，他们是计算、辨识、其所不知？

泰　也不合理。

苏　然则，你想我们是否可说：字眼无关紧要，尽管有人在"知"与"学"字面上取巧；然而我们既把"有知识"与"操知识"分为二事，便肯定，所有不能无有，而所知绝不至于不知，只是关于所知可能拈出虚假的论断？可能此物的知识不操于心头，而以他项知识代之，因各项知识错综于胸中，如各种鸟跟跄在笼里，捉笼里某鸟有时误得他鸟，索胸中某项知识有时误得他项。

据此，以十一为十二，是探索胸中数的知识、而误以十一为十二，正如捉鸽而得鸠。

泰　有理。

苏　探索而得其所欲得者，便无错误，便是对真事物作论断。可见真实与虚假的论断并皆存在，我们以前的难题岂不迎刃而解？你同意吧，或者未必？

泰　同意。

苏　我们已经消除不知其所知的矛盾，因为，不论对何事物致误与否，无有其所有总是绝无其事。然而另一更大的难题似乎又来了。

泰　什么难题？

苏　各项知识彼此移置有时能致虚假的论断。

泰　如何？

苏　一则，操一物的知识，而不省识此物，非因不知此物，却缘自己对此物的知识；再则，此物断为彼物、彼物断为此物；——这岂不是荒谬绝伦：一项知识现于心头，却毫不知晓，全不省识？据此，现于心头的知识能致不知，则现前的不知能致知、现前的不见能致见①。

---

① 此段首语费解，兹释之如下："操一物的知识"，谓索诸胸中关于五与七二数之和的知识，有所得而操之于心头。（五与七二数之和，原已知之，并蓄之于胸中为知识。）然而所得者十一，非十二。"不省识此物"，谓不辨十一之非十二，即不省十一之非其所欲得五与七之和。"非因不知此物"，谓非因平素不知五与七之和为十二。"自己对此物的知识"，谓自己所蓄于胸中关于五与七之和——即十二——的知识。"此物断为彼物"，谓以十一为十二，即以十一为五与七之和。"一项知识现于心头"，谓所蓄于胸中关于十一的知识现于心头。（关于十二的知识，亦是所蓄于胸中之一项知识。）"毫

泰　苏格拉底，以各种鸟专比各项知识，或不恰当；应以兼比各项非知识，同在心笼中跳跶飞跃。探心笼有时捉得一项知识，有时捉得一项非知识，对于同一事物，根据非知识而作虚假的论断，根据知识而作真实的论断。①

苏　泰阿泰德，不得不嘉许你；然而你的话还待商榷。姑且假定如你所云。你说：探心笼而得非知识，便起虚假的论断；是不是？

泰　是。

苏　固然不会自以为作虚假的论断。

泰　怎会？

苏　却自信为作真实的论断，其心一若诚知其所误认为知者。

泰　可不是。

苏　便自以为捉后所操是一项知识，不是一项所不知者。

（接上页）不知晓、全不省识"，谓不分晓不辨识十一之为十一而非十二。"现于心头的知识能致不知"，谓现于心头关于十一的知识能使素知此数者不知其为十一而非十二。总上之意，盖谓：胸中蓄有多项知识，"十一"与"十二"各为一项。今索"十二"，而误得"十一"（即所谓"一项知识现于心头"者）。误而不知其误，得"十一"而不省识其非所欲得之"十二"。致误之因，不在于平素不知十一之非十二，反之，"十一"与"十二"两项知识，平素厘然并蓄于胸中；竟至于以十一为十二，岂不荒谬？现于心头关于十一的知识能使素知此数者不知其为十一而非十二，则现前的不知能使人知，现前的不见能使人见，——其荒谬有如此者。

① "非知识"（原文 ἀνεπιστημοσύνη）指错误的知识。例如，学算术加法，误以五与七之和为十一，便将"五加七等于十一"牢记胸中，蓄为一项知识；其实此项非真知识。可见胸中所蓄知识有真有假；假者不得称为知识，故谓之"非知识"。对同一事物，例如对五与七之和，诚知其和为几者据胸中所蓄知识作论断曰："五加七等于十二"，此论断便是真实的；非诚知其为几者亦据胸中所蓄之非知识作论断曰："五加七等于十一"，此论断便是虚假的。

泰　显然。

苏　我们绕个大圈，却复困于旧围中。好辩者可要奚落我们，说道："妙人啊，是否有人并知一项知识与一项非知识[①]，而把其所知之一项认为其所知之他项；或两项俱不知，却以其所不知之一项为其所不知之他项；或仅知其一项而不知其另一项，以其所知之一项为其所不知之另一项，以其所不知之另一项为其所知之一项？你们是否要一再对我说：别有关于各项知识与各项非知识之各项知识[②]；有此等知识者将其蓄于或刻在另一种奇妙的心笼中或心版上，一旦为其所有，一旦知之，即使未必时时刻刻现于心头？如此，你们焉得不长绕旧圈、而寸步不能开展？"泰阿泰德，对这些话，我们以何作答？

泰　对着上帝说，苏格拉底，我不知应以何语相酬。

苏　童子，然则好辩者指责我们不应舍知识问题而尽先研究虚假的论断，其论点岂不洞见症结？未充分把握知识为何，不可能了解虚假的论断。

泰　苏格拉底，在目前形势下，不得不依你的话着想。

苏　从头再说起，知识是什么？此时还不至于罢休的地步吧？

泰　绝不至于，除非你罢休。

苏　告诉我，为知识下定义，最好说知识是什么，才能尽量

[①] 并知一项知识与一项非知识之"知"，即下文所谓别有关于各项知识与各项非知识之"各项知识"。

[②] 别有关于各项知识与各项非知识之各项知识，即上文所云"并知一项知识与一项非知识"的知识。

免于自相矛盾。

泰　唯有我们以前试说过的，苏格拉底；此外别无其他说法。

苏　试说过什么？

泰　我们试说过，知识是真实的论断；——真实的论断即是真实的意见。所见真实，则绝不致误，其一切效果美而且善。

苏　泰阿泰德，诚如引人涉水者所云"涉而后知深浅"①，我们向前探求，也许挡路的障碍物反而暗示所求的目标；止不向前，终于无所发现。

泰　你说得对；我们向前探讨吧。

苏　只需略为向前一望，便有整套技术证明真实的意见不是知识。

泰　何以然？什么技术？

苏　所谓说士与律师的无上智术。他们不以其术教导，以其术驰辩而说服，使人依其意旨而成见。你想有如此高明的教师，在几个滴漏的时间②，能把被劫财物或遭其他横暴者的真相，充分指教当时不在场目睹的人？

泰　我想他们断不能教导，只能驰辩以说服。

苏　你想，说服人是否使人持某种意见？

泰　可不是？

苏　关于非目睹不能知的事实，审判官信服公正的诉说、采纳真实的意见、凭耳闻而判决，判决虽确，毕竟非凭知识，乃由

---

① 当时的谚语。
② 在希腊雅典法庭上发言，以漏壶限制时间。

于被正确地说服：是不是？

泰 完全是的。

苏 朋友，在法庭上，真实的意见若与知识为同物，第一流的审判官绝不能缺知识而有真实意见以作正确判断；今则二者显得各异。

泰 啊，苏格拉底，现在我想起曾听人说而忘记的话。他说，带理由的真实意见是知识，不带理由的在知识范围之外。无理可解者不可知，有理可解者可知，——其所谓"可知"一词之义如此。

苏 你提得妙。请说，他如何区别可知者与不可知者：也许你我所闻相同。

泰 未必记得起；我想，有人发其端，我能继其绪。

苏 听我述梦以答梦。我似乎曾闻人[1]言：构成人与物的元素无理可解。每一元素本身可名而不可说；甚至不可说其有无，说其有无便是附以存在不存在，而元素本身不得有所附加。凡"本身"、"这个"、"那个"、"每个"、"独个"以及许多此等形容词都加不上，因其能随处移置，可附于一切物，而与所于附之物有别。即使元素可说，有其特具之理可解，亦必无取于一切附加的词。然而任何元素不可说，无理可解，但可名，仅有其名。元素构成之物是元素的复合体，各元素的名合而成理解言说，——理解言说存于名之撮合。由此可见，元素非知识与理解所能及，只

---

[1] 此说是一种哲学理论，出于何人，柏拉图未指其名；然而可决其不出于苏氏或柏氏本人。持此说者应是与苏柏二公并世的人，其名不著称于当时者。近代学者多方考证，迄无定论。

是知觉的对象；元素的复合体可知、可解、可摄之以真实的意念。无理解而有一物之真实的意念，其人的心摸索到此物的真相，却不曾知此物；因其不能授受理解，便是不知此物。加之以理解，则凡元素所构成者皆能知，能有完备的知识。你所听的梦是否如此？

泰　完全如此。

苏　你是否满意这个说法，以带理解的真实意念为知识？

泰　十分满意。

苏　泰阿泰德，多少往哲穷年累月、到老而探求不得者，难道我们今日立谈之间居然得之？

泰　苏格拉底，无论如何，我总觉得此刻说得有理。

苏　话本身似乎近理，除了带理解的真实意见，还有什么知识？然而所说的有一点不满吾意。

泰　哪一点？

苏　显得最妙的一点：一方面，元素不可知，另一方面，元素的复合体可知。

泰　这不对吗？

苏　必须揭穿；持此说者用的例子便是把柄。

泰　什么例子？

苏　以字母为元素，以音段为字母的复合体。或者你以为持此说者心目中别有所指？

泰　不，是指此。

苏　且取此例检验一番，或者不如反省我们自己是否如此这般学会识字。首先问，是否音段有理可解，字母无理可解？

泰　许是。

苏　我也甚以为然。若有人举"苏格拉底"一字的第一音段问你："泰阿泰德，请说'苏'这音段是什么"，你将如何答复？

泰　我说，是"锡格麻"与"欧媚卡"两字母。

苏　这是你对此音段的解说？

泰　是的。

苏　来，同样解说"锡格麻"这字母。

泰　焉有元素之元素可言？苏格拉底，"锡格麻"是附音字母，仅有声如舌之作声嘶嘶；"贝他"及大多数附音字母并无声；——谓其无可解说，很对。发音分明的七个元音字母亦仅有音而无可解说。

苏　朋友，至此为止，我们关于知识问题讲得对。

泰　似乎讲得对。

苏　然而说字母不可知，音段可知，是否无可指摘？

泰　似乎无可指摘。

苏　再讲音段，音段是两个或两个以上凡其所有的字母，或是字母拼合而成的一物？

泰　我想是其所有的字母。

苏　就两个字母而论，"锡格麻"与"欧媚卡"是贱名的第一音段。知此音段者无不知此双母；是不是？

泰　是。

苏　并知"锡格麻"与"欧媚卡"双母。

泰　是的。

苏　焉能不各知其单而并知其双？

泰　苏格拉底，这是奇而且妄。

苏　若是须知其单，乃知其双，亦必先知字母，后知音段。于是我们美妙的理论不期然而落空了。

泰　而且意外地快。

苏　我们疏忽了。也许应当认为，音段非其所有的诸字母，乃是成于字母、异于字母，而自具其特质的一物。

泰　极对。也许如此较符事实。

苏　必须缜密探察，不可慑于洋洋动听的理论，而敬谢不敏。

泰　必不可。

苏　便如此刻所云，假定音段是成于字母之各样配合，异于字母，而自具其特质的一物；字与其他一切复合体并皆如此。

泰　无疑。

苏　然则其内必不能有部分。

泰　何以然？

苏　因为，有部分者，其全体必等于其所有一切部分。或者你认为，由部分构成的全体也是自具其特质的一物，异于诸部分之集合？

泰　我认为。

苏　你说总计与全体是同是异？

泰　我不能确定。你既让我大胆答复，我就冒昧说其是异。

苏　泰阿泰德，大胆是对的；答案是否对，还要待考。

泰　当然要待考。

苏　依此刻的话，全体异于总计？

泰　是。

苏　然则总计与其所总的一切是否有别？例如：说"一、二、三、四、五、六"；或说"二倍三"、"三倍二"；"四与二"、"三与二与一"；——在这些方式上说的是同物，还是不同物？

泰　同物。

苏　说的无非是六？

泰　无非是六。

苏　各样说法都是一并说构成六的一切数。

泰　是的。

苏　一并说构成六的一切数，不是说其总计吗？

泰　必然。

苏　此总计就是六？

泰　是的。

苏　凡有数构成之物，其数目的总计岂不等于其物的全部？

泰　似乎如此。

苏　我们再从另一方面说明：一亩的方尺数等于一亩；等否？

泰　等。

苏　一里的尺数也等于一里；等否？

泰　也等。

苏　军队中的人数与军队，乃至所有类似之物，岂不皆然？凡此等物，其物之内的总数等于其物诸部分集成的全体。

泰　是的。

苏　凡集体内之众单位的数岂不就是该体所含的诸部分？

泰　就是。

苏　凡有部分者是部分构成的？

泰　显然。

苏　我们承认，物内的总数既等于物内诸部分集成的全体，物的一切部分便亦等于物的总计。

泰　是如此。

苏　若依方才的话，认为全体异于总计，则全体不是由部分构成的；因为，由部分构成者等于其一切部分，便亦等于其各部分之数目的总计。

泰　似乎不是。

苏　部分除为全体的部分，更为何物的部分？

泰　亦为总计的部分。

苏　泰阿泰德，你应战颇壮烈。计其所有、毫无遗漏，是为总计；然否？

泰　必然。

苏　全体一无欠缺，与总计岂非同物？有欠缺者非全体，亦非总计。同此原因，二者同物。

泰　此刻我想，总计与全体无别。

苏　我们岂不曾说，有部分者，其全体及其总计即其所有一切部分？

泰　当然。

苏　回到方才我所要阐明的一点：音段若不等于其所含的字母，其所含的字母岂不必非音段的部分；音段若等于其所含的字母，其所含的字母岂不并与音段同为可知？

泰　是如此。

苏　岂不是为要避免此果，才假定音段有别于其所含的字母？

泰　是的。

苏　然而，字母若不是音段的部分，你能否舍字母而另举其他为音段的部分？

泰　绝不可能，苏格拉底；承认音段有部分，却舍其所含的字母而另求其他，这可成了笑话。

C　苏　泰阿泰德，依此刻的话，音段必是绝不可分解的整一体。

泰　似乎是的。

苏　朋友，记否片刻以前，我们自以为知言，曾说：构成万物的元素不可以理解，因其自身非复合体；甚至不得附加以"存在"、"彼此"等词，此等词指元素以外有别于元素之物，——因此。元素不可知、不可解？

泰　记得。

D　苏　元素之为单纯的整一体而不可分解，此因之外别有因否？我看不出其他原因。

泰　似乎别无原因。

苏　音段若是不可分为部分的整一体，与字母岂非一丘之貉？

泰　毫无疑问。

苏　然则，一方面，音段如等于若干字母，是以字母为部分而合成的全体，音段便与字母同为可知可解，如果部分集合等于全体。

E　泰　极对。

苏　另一方面，音段若是整一而不可分解，便与字母同为不可知不可解；同一原因使其同是如此。

泰　我不能别有所建白。

苏　所以我们必不同意或人的话，说音段可知可解，而字母不然。

泰　坚持我们的论点，就不同意。

苏　据你学识字的亲身经验，你是否宁愿接受反面的说法？

泰　如何的说法？

苏　无非如此：学识字时，不断以眼与耳辨别每个字母，使其位置不至颠倒错乱，无论口说手写。

泰　讲得极对。

苏　乐馆中最高造就莫过于辨音入微，一听便知出于何弦；音调岂非人人所共认为音乐的元素？

泰　最高造就莫过于此。

苏　然则，据字母与音段的经验推到其他，我们可说，彻底把握各门学问，元素之类较之复合体提供更明晰而有效的知识；有人说复合体可知，元素本质上不可知，乃是有意无意开玩笑。

泰　正是。

苏　我想还能求得其他证据，然而不要顾彼失此，忘记目前问题：真实意见加以理由解说而提供最完备的知识，此语究竟云何？

泰　必须留意此问题。

苏　然则"理解"一词究竟何所指？我想三者必居其一。

泰　三者为何？

苏　第一，以名词与谓词通过语音弄清思想，把意念寄托在流于唇齿的言泉，如物映在镜中或水面。你想理解是否如此之物？

泰 我想是的。如此从事，谓之解说。

苏 这是人人迟早所能；除非生来聋哑，都能以辞达意。据此，凡有正确的意念者显然兼有理解，而正确的意念离知识绝不存在。

泰 诚然。

苏 然则其二，未可轻议对知识问题持此说者言之无物。我们此刻所推敲或非其本意，其本意或在于：能历举一物的元素以答一物为何之问。

泰 例如什么，苏格拉底？

苏 例如赫西俄德①有句云："聚百木而成车兮"。你我虽不能遍举造成车的一百块木材，然而答车为何之问，能举轮、轴、轭、车身、车厢，亦足以餍人意。

泰 确然。

苏 问车为何者还许讥笑我们正同舍字母而仅举音段以答请教大名者之问，因所想所答无讹，便自命为小学家，对大名"泰阿泰德"一字，怀着并提出小学家的理解。其意以为：此不过真实的意念，尚非知识；正如前者所云，对一物的真实意念未加以历举此物的元素，不可能提出对此物知识上的理解。

泰 诚如前者所云。

苏 他固然承认我们有关于车的真实意念，然而并能历举百块木材以解说车的本质，才算真实意念加以理解；如此，因其以元

---

① 古希腊诗人：此句见其《劳动和时令》（Works and Days），454。

素解说全体，便是达到车之本质的专门知识，不但仅有意念而已。

泰　苏格拉底，你赞成此说否？

苏　朋友，你若赞成此说，认为：解说一物，从历举其元素说起，才算理解，从音段或较大的单位说起，不算理解；——你的看法若是如此，请告诉我，以便检查。

泰　我确是赞成此说。

苏　如果认为：彼此不同的物，有时此物、有时彼物，以同一元素为其某一部分；彼此不同的元素，有时此元素、有时彼元素、为同一物的某一部分；——倘其如此，你想，对该元素是否有所知？

泰　对着上帝说，我想，如此对该元素并无所知。

苏　忘记了，初学识字时，你与其他儿童就是如此？

泰　你的意思是否说：有时以此字母、有时以彼字母，为同一音段的某一部分；以同一字母，有时置于适当的音段，有时置于其他音段？

苏　是。

泰　对着上帝说，不曾忘记，我不认为如此有识字的知识。

苏　譬如学写时，写"泰阿泰德"，想第一音段应写成，并实际写成"替榻"与"厄伊"两字母；写"德奥多罗"，想第一音段应写成，并实际写成"他无"与"厄伊"；——我们承认其知二位大名的第一音段吗？

泰　我们方才共认，如此并不为知。

苏　对第二、三、四等音段，安保其不如此？

泰　难保。

苏　若依各字母的次序写"泰阿泰德",是否此字的所有元素一一了然于心、兼以正确意见而写成?

泰　显然是的。

苏　然而我们说,虽有正确意见,仍不足以为知识?

泰　不足以为知识。

苏　即使正确意见加以理解,尚且不足以为知识;至于字的所有元素一一了然于心而写成字,诚然是我们所谓理解。

泰　诚然。

苏　然则,朋友,正确意见加以理解,犹有未必堪以称为知识者。

泰　似乎如此。

苏　我们却似梦中暴富,幻想得到知识最真实的定义。或者暂缓定案,也许所谓理解并非指此。我们曾说"理解"之义,三者必居其一,以正确意见加以理解作为知识的定义者,也许属意于最后一义。

泰　你提醒得对,还有最后二义。第一义指寄托于语音的思想痕迹,第二义是顷之所云历举元素以达于全体;你说第三义指什么?

苏　众所共持之义:能言一物所以异于其他一切物的特征。

泰　例如能言关于何物的特征,可以开示我吧?

苏　例如关于太阳,言其为绕地天体之亮度最强者;我想你满意于关于太阳的如此解说吧。

泰　完全满意。

苏　注意为何如此解说:因为,如顷之所云,若得一物与其他一切物的异点,据说便得此物的理解;仅得其同点,则理解只是关于同点所属于的诸物。

泰　明白。我想以如此解说谓之理解,良妥。

苏　对一物既有正确意念,加以兼得此物与其他一切物的异点,便是先对一物仅有意念,进而达到对此物的知识。

泰　我们是如此云云。

苏　泰阿泰德,此问题像一幅布景画,如今近观,反而一无所见,曩者远望,却似其中有物。

泰　何以然?

苏　尽我所能,讲给你听:关于你,有正确意念,再加以理解,才算知你,否则对你仅有意念而已。

泰　对。

苏　对你的理解是对你的异点之解说。

泰　是的。

苏　对你仅有意念时,心里毫不理会你所以异于他人处?

泰　似乎不理会。

苏　只理会到若干你与他人的同点。

泰　必然。

苏　我的上帝!如此,何以见得仅有关于你而不关于任何人的意念?假定心中思议曰:"是乃泰阿泰德,圆颅方趾、四肢五官无不备之人也",如此思议是否仅关于你,与德奥多罗无干,与所谓最鄙俚的穆细亚[①]人亦无干?

---

① 小亚细亚西北部地区,其居人以鄙俚著称,遂成当时流行的口实。

泰　焉能仅关于我，与他人无干？

苏　除五官齐全之外，兼涉想其扁鼻露睛者，是否仅及于你，老夫与其他容貌相似者并置之度外？

泰　不然。

苏　我想，你的扁鼻之异于其他所曾见的扁鼻，以及你之所以为你、若未铭之于心，心里未必存着泰阿泰德这人的意念；既铭于心，次日相见，会起回忆、并致对你的正确意念。

泰　极对。

苏　然则，对一物的正确意念便亦有关此物的异点。

泰　似乎如此。

苏　据此，所谓"正确意念加以理解"者谓何？一方面，若云加以一物之所以异于他物的意念，如此反复叮咛只是可笑。

泰　何以然？

苏　已有一物之所以异于他物的正确意念，再加以此物之所以异于他物的正确意念。譬如，斯巴达政府传檄密授在外将领用兵机宜，以狭长如带的皮纸缠绕轴上横写檄文；使者除轴、卷而赍致军中，将领奉檄、舒而复缠于大小长短相同的轴上以辨识檄文；——写檄赍檄奉檄之卷舒缠绕，与杵在臼中碾物之旋转，乃至任何回旋机之回旋，其状俱不足以喻此说之反复循环。此说谓之盲人指路，较切；重加其所已有，以求知其所熟虑者，如此极类盲人之所为。

泰　你方才发问时，还想说另一方面如何？

苏　童子，另一方面，所谓加以理解若指求知一物的异点，非但对其异点仅有意念，则此项关于知识最美妙的定义也许能达良果；因求知便是求知识，是否？

泰　是。

苏　然则，问以"知识为何？"，答以"知识是正确意见加以对异点的知识"；"正确意见加以理解"之另一方面的意义似乎必达此果。

泰　似乎如此。

苏　无谓之极！研究知识为何，答案却说，知识是正确意见加以对异点或对其他的知识。于此可见，泰阿泰德，知觉、真实意见、真实意见加以理解，俱非知识。

泰　似乎俱非知识。

苏　朋友，关于知识问题，我们是否还有胎，或在难产中，或已完全分娩？

泰　对着上帝说，借助于你，我所宣吐已超过区区所蕴蓄。

苏　我们的接生术是否宣布所接尽是气胞，不堪抚养？

泰　无疑。

苏　泰阿泰德，经过今日的考验，此后你若愿再有胎，而且果有，所有应是较健全的胎；即使不孕育，对人庶几免于鲁莽灭裂、较为温良持重，有自知之明，不以所不知为知。吾术之能事止此，凡古今大人先生所知，我一概不知。然而，我母子受此接生术于神，吾母操之为妇人，我操之为年少质美而虚怀的男子。

此刻我要到王宫前廊，申辩买类托士①告我的状。德奥多罗，明早此地再会。

---

① 当时希腊雅典的一位无名悲剧作家，却以苏格拉底案件诸原告之一而著称。

智术之师

《智术之师》提要[①]

践前一天的约，德奥多罗和泰阿泰德在同一地点[②]与苏格拉底相会；他们带来一位爱利亚地方的客人，德奥多罗把他介绍为真正的哲学家。苏格拉底用半玩笑半认真的语气说：这位客人必是神的化身，就如荷马所要说的，他来尘世，鉴临人间善恶，揭穿所谓雅典智慧的愚陋。无论如何，他是一个神圣的人物，是凡眼难于识荆的一流；此流现形多端，——忽而政治家，忽而智术之师，也时常被看作疯子。"哲学家、政治家、智术之师"，苏格拉底一再重复这几个字，说："我想请教我们的贵客，到底爱利亚人士对他们如何看法，把他们当作一流呢，还是三流？"

客人曾被德奥多罗和泰阿泰德问过这个问题，此刻他便毫不踌躇地答道：他们是被看作三流人，要说明他们的异点，那可就费时了。他被逼作一个详细的说明，——或用敷陈的方式，或用问答的方式。他喜欢用问答的方式，并且选定泰阿泰德做他的对手；泰氏是他的旧识，苏格拉底也推荐他为对手。

他说：关于智术之师，名称方面，我们已经一致了，性质

---

① 节译自周厄提的《柏拉图对话》（五卷本）第四卷《智术之师》前的《绪论与分析》之分析部分（第301—313页）。
② 即《泰阿泰德》末所载，苏格拉底和泰阿泰德谈话结束分手时所约定次日再会的地点。

方面，还许未必同样一致。讨论大题材要通过浅近的例子。智术之师是个难于捉摸的动物，我想，在对付他以前，先从一个易于捉摸的动物下手，以它为逻辑的试验题材；渔夫如何？"好极了"。

第一层，渔夫是个技术者。技术有两种：一种是生产技术，包括耕种、制造、摹仿；一种是聚敛技术，包括做学问、做买卖、争胜、猎取。渔夫的技术是聚敛技术。聚敛的途径或是交易，或是征服；征服或以力，或用巧。用巧征服叫作猎取，有猎取无生之物的，有猎取有生之物的。有生之物或是陆栖动物，或是水栖动物；水栖动物或是飞于水面的，或是居于水里的。猎取居于水里的动物叫作渔。渔有一种用围的，取鱼以网以筐；还有一种，或者夜间用枪用矛，或者日里用镢用钩，刺击拉钓的，——用镢是从上直刺鱼身而拉取之，用钩是从旁挂入鱼口而钓取之。这样，经过一系列的划分，我们达到了渔夫之术的界说。

现在，借这个例子，我们可以向前把智术之师的性质弄个明白。像渔夫，他是一个技术者；然而二人相似之处并不止此。他们俩同是猎人，猎取动物的，——其一猎取水栖动物，其他猎取陆栖动物。可是他们在这一点上分路扬镳，——一个下河入海；一个奔走财盛的泽薮和物博的园地，那里住着慷慨的青年。陆地上可以猎取驯兽或野兽。人是驯兽，以力取也可，以巧言蜜语说服也可，——可劫之以盗、以拐、以兵，亦可掳之以律师、以说士、以辩者。律师、说士、辩者们以说服人，说服或在私人场所，或在大庭广众之中。在私人场所行术的人，有的以礼物贻赠所猎的对象,这班人是恋爱者。有的是雇佣:雇佣之中,有的以谄媚换衣食;有的以教诲立身处世之道为职业,而收受巨款。最后这一流人是谁?告诉我他们是谁。我们不是已把智术之师发掘出来了吗?

然而他是一个多方面的动物,还可以在另一统系中追踪他。聚敛之术,除猎取的一支外,还有交易的一支。交易或与或卖;卖者或是制造者,或是贩卖者;贩卖者或是在地的坐贾,或是出口的行商;行商或输出身粮,或输出心粮。贩卖心粮的,一种可以叫作宣扬之术,另一种可以称为贩卖学问之术;学问或是技术的学问,或是德性的学问。卖技术的可以叫作技术贩卖者,卖德性的可以称为智术之师。

还有一个第三统系,在那里也可以追踪智术之师。他如果不把货物输出外邦,却在本地坐贾,不但卖其所买,而且卖其所造,这样,难道不足以为智术之师吗?

也可以从聚敛之术的争胜一系下来,经过斗争、舌争、辩论各部分,最后在辩论的诡辩部分发见他,——在私人场所,辩是非的原则,而取得酬报。

他还有一个踪迹,我们尚未追寻到。我们的家奴不是常讲筛、簸、滤等事?他们也提到梳、纺一类的工作。这些都是分的手续。分有两种:其一是相似与相似的分开,其他是好与坏的分开。好与坏之分叫作清除。清除也有两种:有生物体的(有内有外的)清除和无生物体的清除。医药与体操清除内部的有生物体,沐浴清除外部的。无生之物的清除,如研、如漂,以及其他微贱的手续,——有的名称可笑得很。辩证法对名称或人物无所重轻,对轻贱的职业并不鄙视，概不较量其作用之大小。辩证法以知识为目标，要了解各技术彼此间的关系如何，也要尽先知道打猎与除害、与将兵，性质上有什么分别。辩证法只求个一般的名称，能把心的清除和身的清除分别开的。

228　　清除是去掉坏的。心上有两种坏的东西，其一好比身上的病痛，其他好比身上的残疾。心上的病痛是原则宗旨的不谐不睦；心上的残疾是不均不称，没有达到适可的程度。不均不称的畸形状态起于无知，——无知不是出于自愿的，只是心在求知路程上
229　的迷惑乖离。正如医药治疗身上的病痛，体操治疗身上的残疾，改过治疗心上的不义，教育（希腊人的教育不只是技术的传授）治疗心上的无知。并且，无知有两种，单纯的无知和自负有知的无知。教育也有两种：一种是我们祖先旧式的道德训练，那
230　是极烦而不大有效的；另一种是比较灵巧的，从无知非自愿之观念出发的。灵巧的一种借本人的嘴驳本人的话，使他出口就是自矛攻自盾，指出他的话不一贯、相抵牾；结果，他不难人而难己，并且愉快而有效地治好了自己的成见，剔开了自己的茅塞。心医知道，他的病人除非经过疏导泻利，不能容纳滋补。以帝王之尊，假如他的心不曾经过洗涤清除，也是不洁不净的。

231　　谁是行使清除的人？我也许不叫他们智术之师。可是他们与智术之师有相似处，正如兽中最温良的狗与最凶狠的狼。比方虽是浮滑肤浅的办法，然而目前姑且假定他们的相似处，以后也许可以推翻。那么，由分而清除，由清除而心灵上的清除，由心灵上的清除而训诫，由训诫而教育，由教育而出贵胄的智术之师的

术——以揭穿自负为事的。然而我不认为,我们迄今已经发现了智术之师,或者他的术最后证实是教育所要求的。我也不认为他能长久躲开我,因为每条路都堵上了。在我们最后进攻以前,且松一口气,算算他所现的形多少:(一)他是猎取富贵子弟而受酬的猎人;(二)他是贩卖心灵上货物的商人;(三)他是那种货物的零售者;(四)他是自己学问上商品的制造者;(五)他是辩论者;(六)他是成见的清除者,——虽然此点还被认为可疑。

以技术为业的人膺如许称号,有如许种类的知识,此中一定有问题在。称号之多和知识种类之繁,岂不足见其人并不了解其技术的性质?为了不至于对他误解,我们且看他的特点哪一个最突出。驾乎一切特点之上,他是一个辩论者。他自己辩论,也教人辩论,关于可见与不可见的东西,——关于人、神、政治、法律、角力和其他一切。他能行行内行吗?"他不能。"那么,他怎能和行家辩论得圆满?"不可能。"然则他行术的手法何在,他为什么能从信服他的人那里得钱?"因为他被他们认为一切皆知。"你的意思是说,他像有一切东西的知识?"是的。"

假设有人,不说他要辩论一切,倒说他要制造一切,制造你我和所有其他动物,制造天地神祇,并且一切只卖几文钱,——这可成了大笑话;然而可笑程度并不过于他说一切皆知,且能于立谈之间以廉价教给他人。摹仿原是笑话,最文雅的笑话。画家就是自称制造一切的,儿童在一段距离上看他的画,有时认为实物。智术之师自命一切皆知,他也能欺骗与真理尚有距离的青年人们，——不是通过他们的目，而是通过他们的耳，以言辞代衣冠，引诱他们信他，以为虎贲果是中郎。然而他们年纪加长，接触了真实，便由经验而识破其假装的虚妄。因此，智术之师并无真知识，他只是一个摹仿者或造像者。

235

现在，已经在辩证网的一角发见了他，我们且来分而再分，直到捉住他为止。造像术有两种——肖像术和幻象术。幻象术可用雕刻与绘画为例：雕刻绘画时常利用幻觉，更改图像上的比例，使其作品适应观者之目；智术之师也在利用幻觉，他的仿品幻而非真。这里发生一个困难，幻象的问题总离不开这个困难。因为，论证中的话语正在说着"非存在"存在。"非存在"存在，这是伟大的巴门尼德一生在诗文里所否认的；他说："你绝不会遇见'非存在'存在"。言语本身自作证明！"非存在"不能加于"存在"，因为任何存在怎能把存在完全抽掉[而成非存在]①？并且，每一谓词都有单数或复数。数是一切之中最真实的，而且不能加于非存在。所以，"非存在"不能作谓词，也不可说；因为，我们怎能离开数而说"存在"或"不存在"②？

236

237

238

现在发生一个最大的困难。非存在若是不可想象的，如何能驳？我此刻岂不自相矛盾，——在一或多的数目上，说我所否认有一与多的东西？泰阿泰德，你正年壮力强，我恳求你格外加勉；如果做得到，找一句话来说非存在，而不隐含存在与数目。

239

---

① 方括号内的字是译者所加，以托出原文言外之意。
② 此"不存在"是复数的。

"我可做不到。"那么，智术之师必是仍然留在他的洞里。我们若是愿意，可以称之为造像者；可是他就要说："请问，像是什么？"我们答道："水里或镜中所反映的东西。"他又要说："我们且闭目而用心，想想所有像的共同概念是什么。""我要答复：像实物的另一物。"真的，或是不真的？"不真的，至少不是真正真的。"真者"存在"，非真者"不存在"？"是的。"那么，像实在非真，本质上不存在。至此，"存在"与"非存在"的问题相当复杂，面貌不清的智术之师就在这里把我们纠缠住了。他立刻要指出，他正在逼得我们自相矛盾，——肯定"非存在"存在。我想我们千万不要再在摹仿者这一类中寻他了。

我们要放弃他吗？"我说，当然不放弃。"那么，我恐怕不得不对我的祖先巴门尼德下手。因为，无路脱离困难，除非指出在某一意义下"非存在"存在；这一点不承认，就没有人能说到假，或假意见，或摹仿，而不陷于矛盾。你看得出我如何不愿承担此事，因为我知道，说"非存在"存在，便自贻不一贯之讥。然而，我若要尝试，就不如从头起。

贸然在我们年轻的时候，巴门尼德和其他的人对我们讲宇宙起源的故事：一位讲到三个元质相争而复归于和好，而结婚生子；另一位讲到两个元质，热与冷或燥与湿，也形成关系。还有我邦的爱利亚派，主张一切是一，——此说起于克曾诺放内士，甚至于更前些。伊奥尼亚和较为近代的锡概雷这两个地方的穆萨们，讲到一与多相敌相友又分又合而结合一起。他们之中，有的不坚持永久的斗争，而采取较为温和的论调，只说斗争与和平互相更迭。他们究竟对不对，谁能说？一点我们可以断言，他们自讲自的，不大顾到我们了解不了解。告诉我，泰阿泰德，你了解他们的意思吗？他们讲一、讲二元或二元以上的合与分，你了解吗？我年轻的时候，时常以为完全了解有关"非存在"的问题；而今呢，甚至关于"存在"的问题，也是处于重重的困难之中。

让我们首先进行研究存在。我们对二元论的哲学家说：存在是否热与冷之外的第三元素？或是你们以其一或并将二者等于存在？无论如何，你们不能免于把那些元素化归于一。让我们其次质问那班主张一元的人，对他们说：存在与一是同物的两个异名吧？可是，唯有一，怎能有二名？或者你们把存在与一等同起来；然而这样，名就或是无物之名，或是自身之名——即名之名。并且，按巴门尼德的话，"存在"的概念是以整体而设想的，"如圆球之面面包容"。整体有部分；有部分的就不是一，因为一没有部分。那么，存在之为一，是否因其部分是一？或者我们说，存在并非整体？如前之说，存在以其部分之为一而成一，一就是各部分合成的；如后之说，存在并非整体，那么仍是有多，——就是，存在和存在之外的一个整体。并且，存在若不是一切，便是于存在的本性有所欠缺，这就成了非存在。存在也始终不能成为存在，因为，除非整体地，不能成为存在；存在也不能有数，因为，有数的是数之整或数之和。考虑"存在"问题积累许多困难，这些不过其中的几个而已。

我们现在可以转到较不精密的一流哲学家们。他们之中，有的把一切拖到地下来，像巨人那样，抱着石头，握着橡干，投入战争。他们的敌人，却从不可见的世界，机警地作自卫的应战，把敌方的物质化为极微的琐屑，直到在生灭迁流中归于乌有。后一流人有充分的文化；那唯物论者们却粗鲁而不晓辩术，他们必须受过教，才懂得如何辩论。然而，为辩论起见，我们可以假定他们超过其实际程度，能申己说。他们承认有有死的生物存在，那是含有心灵的躯体；他们也不否认心性赋有品德——智、愚、义、不义。据他们说，心灵有一种体，然而不肯断言心灵的品德究竟是物质的呢，或者不是物质的存在；在这一点上，他们开始作出区别。"地的贵子啊"，我们对他们说，"可见与不可见的品德若是都存在着，'存在'一词所赋予它们的共同性质是什么？"他们不能答复这个问题，我们可以替他们答复，说存在是施或受的能力，然后我们转到主张型式的朋友们，对他说："你们把变迁和存在分开吧？""是的"，他们答复。"你们通过身体上的感官与有变迁，通过思想与心灵与有存在？""也是的。""与有"一词，你们理解为施或受的能力？对这一点，他们答复（我认识他们，泰阿泰德，我知道他们的心意比你清楚。），存在不能施，不能受，变迁却能。我们再问，心灵知吧？存在被知吧？难道"知"与"被知"不是施与受吗？被知者受知的影响，因此在动中。并且，我们怎能想象，十全的存在仅仅是个长存永在的型式，而缺乏动和心灵？因为，没有心灵，不能有思想；而且心灵不能无动。可是，思想或心灵也不能缺一个静或定的根。正如孩子们苦求说："两个都给我们"，哲学家也必须包括动与不动二能在他的"存在"观念中。唉！哲学家和我们并处于同样的困难——我们所用以指责二元论者们的困难；因为，动与静是矛盾的东西，二者怎能并立？主张二者并立的人，其意是否说，动就是静，静就是动？"不，他的意思是说，有个第三东西存在，异于二者，不静也不动。"然而，怎能有个不静也不动的东西？这是关于"存在"的第二个困难，不小于关于"非存在"的困难。我们可以希望，对一方面的一线曙光也照到其他方面。

我们暂且把这些东西搁下，考究同一东西赋有许多名称，如把"白"、"好"、"高"等名赋予人，这是什么意思。由此，老幼浅薄的人取得玩弄的机会；他们贫乏的脑筋拒绝以一物称谓他物，他们说，好是好，人是人，若以其一申说其他，就要变成以多为一，以一为多。让我们把这班人放在我们以前的反对者一流，同时一起质问他们，我们是否要假定（一）存在与动、静，以及其他一切，是彼此不相通的；或者（二）它们都有不可分解的相通处；或者（三）其中有的相通，有的不相通？我们先来考虑第一假定。

（一）我们如果假定各类型全是彼此分隔，而绝无相通处，所有理论便一扫而空；无论主张动或静的一元，或不变不动之众型的多元，这些主张一概基础动摇；所有造物的理论：或合或分，合以或分为有限或无限的元素，合与分或相间或连续，——这些理论统遭同样的命运。那反对以一物称谓他物的人们，其狼狈之状尤其不堪，他们像腹内怀声的怪人欧吕克利士，自己胸中有声反驳自己；因为，他们不能不用"在"、"除外"、"由于其他"等类似的字样，这样，对方就免于费口舌去驳他们。（二）假如一切事物彼此相通，动就会静，静也会动；这又归于矛盾。

这样，三个假定，其二已经证实是错的了。（三）第三假定认为，只有若干事物彼此相通。字母中，有若干与其他相合；音阶上，有些调与他调相合；它们相合不相合所遵守的规律是文法家和音乐家所了解的。有一门学问，不教导什么字母和音调彼此相合与否，却教导什么类型彼此相合与否。这是一门高贵的学问，我们无意中忽略了；我们寻智术之师，倒遇见了哲学家。他是一位宗师，发见散中有总的贯穿着，或众事物中有个型贯穿着，这样总的型，有许多会合而统属于一个较高的，有许多完全分立。他是真正的辩证家；像智术之师，他是难于识荆的，可是为了与智术之师相反的原因：智术之师躲在"非存在"的黑暗中，哲学家却以其光的灼烁而致凡眼失明。现在我们离开他，回转来追踪智术之师。

　　同意了第三假定的真理，认为有些事物和若干其他相通，有些事物和所有其他相通，我们且来考察那些最主要的类型，能于彼此掺和的，这样做，我们也许发见，在某一意义下，非存在可以说是存在。最高的类型是"存在"，与"动"、"静"。静与动彼此相拒，二者却包括于存在中；动与静各自同于己，而彼此互异。"同"、"异"二字的意义是什么？是否"存在"、"动"、"静"三个类型之外，还有两个加上？因为，同不能是静或动，它是并以称谓静与动的；存在也不能是动或静，因为，若以存在赋予动、静二者，也要以同赋予它们。也不能把异等于存在；因为，异是相对的，若把它等于存在，它就有了"存在"的绝对性。所以，我们必须假设一个第五元素，那是普遍的、贯穿一切事物的，因为每一事物异于一切事物。这样，就有五个元素：（一）存在、（二）动、（三）静、（四）同、（五）异。动不是静，而且，因其与有同和异二者①，它是又不是同于己②，是又不是异于异乎己者③。并且，动不是存在，只是与有存在，因此，它在最绝对的意义下，又存在又不存在。这样，我们发现，"非存在"是"异"的元素，贯穿着一切，"存在"也不除外。那么，"存在"是某一事物，"非存在"包而且是所有其他事物；"非存在"不是"存在"的反面，只是异于"存在"者。知识有多门多科，别门异科也同样多，每个别门异科都在其所别所异的某门某科上加个"非"字。非美与美、非义与义，同样实在。非美的本质和美的本质分立对立。这样的对立与否定是我们所探讨的非存在，是存在的一种。这样，虽有巴门尼德反对在前，我们却不但找到了存在，还发现了"非存在"的性质，——那个性质，我们发现是关系。在各类型的相通上，存在与异互相渗透；异存在着，但异于"存在"，也异于每个和所有其余的类型，因此，在无穷的情况下，异是"非存在"。论证已经指出：找矛盾是幼稚而无效的；把对方的话，按其本意加以批判，这是比较高明的态度；而专找对方的矛盾，和后一办法刚刚相反。最不合哲学精神的，莫过于否定各类型间所有的相通处。我们幸而已经肯定有相通处，还为了另一原因，就是：继续追寻智术之师，我们须要考察言语的性质，而言语若无相通处，便不能存立。智术之师虽不能再否认"非存在"存

---

① 即上文所谓"各自同于己，而彼此互异"。
② 己即动本身。
③ 异乎己者即静。

在，也许还会认为"非存在"不可说，不能入言语的范围；像他以前那样说，因无"非存在"而无假，他也许会继续强辩，因"非存在"不能入言语，而无造像术与幻象。这就必须考察言语、意见和想象。

　　首先研究言语。关于字，我们且提出同一的问题，那是以前关于"存在"的类型和字母所提过，而已经得到答案的；问题是：字可以相合到什么程度？若干字彼此相合而有意义，若干不然。一类字指动作，另一类字指动作者："行"、"跑"、"睡"，是第一类的例子，"鹿"、"马"、"狮"，是第二类的例子。然而，字相合，必须有动字与名字①，例如"人学"。最简的句子由两个字组合而成，其一必须是主词。例如：在"泰阿泰德坐着"这个短句中，"泰阿泰德"是主词；在"泰阿泰德飞着"一句里，"泰阿泰德"也是主词。然而，两句在性质上不同：第一句关于你说了真的事；第二句关于你说了假的事，换句话讲，把于你不存在的事当作存在的加于你身上。这是最短的一句假话。不但言语如此，思想、意见、想象，也都证实有真有假。思想只是无声的言语，意见只是随思想而起的同意或不同意，想象只是意见的表现在知觉的某一形式上。它们都是类似言语的，所以，像言语那样，有真也有假。我们已经发现了假意见，这对于其他的研究预示着可能成功的吉兆。

　　现在再回到我们对肖像术和幻象术的老分类。我们以往要

261

262

263

264

---

① 原文是否定语气，应译为："没有动字与名字，字就不能相合。"然而如此译法，与下文正面的例子（"人学"）不相配合，易起误解，故改译为肯定语气。

把智术之师归于那两类之一的时候，曾经有过疑问：既没有假这东西，究竟能不能有幻这东西？最后发见有"假"存在着，我们也承认了，智术之师要在摹仿者一流中去寻。我们原把所有技术分为两支——生产的和聚敛的。现在我们可以将这两支① 在另一原则下，分为源于人的创造或摹仿的和源于神的创造或摹仿的。我们必须承认，世界、我们以及动物等等，不是偶然存在着，也不是自然界自发出来的，而是成于神的理性与知识。不但有神的创造，也有神的摹仿：如怪象、阴影、反照等等，一律是神的心意的制造品。并且，有人的创造和人的摹仿，——有真的房屋和画的房屋。我们切莫忘记，造像可能是实物的摹仿，也可能是物形的摹仿，——后一种的，我们叫作幻象。幻象又可分为以工具仿成的和本人自己装扮出来的。自己装扮出来的或是有意冒充的，或是不知不觉的。泰阿泰德，人家不认得你，就不能摹仿你；可是他能摹仿德、义的形似，只要略得其意而加以揣摩。因为名称不大够用，我们姑且把前者称为真知灼见、根据学识的摹仿，把后者叫作逞臆忖度、根据意见的摹仿。

　　后者是我们此刻有关的对象，因为，智术之师在学问或知识方面没有他的份。仅有意见的摹仿者，或是单纯的、自以为知的，或是假冒的、自知其无知而加以掩饰的。从事假冒的摹仿者，或是作长篇大论的，或是以较短的言语逼得和他交谈的人自相矛盾的。作长篇大论者是演说家，以较短言语与人交谈者是智术之师。

---

① "两支"，原文"both"，似有误。应作"生产的一支"。请看《智术之师》265B。

剖析智术之师的术，可在如下的统系中表现出来：

造像术——幻而非真的——耍言语把戏的——属人而不属神的——无知识的——假冒的——专找矛盾的。①

---

① 周厄提此表欠完备，次序亦有颠倒处。康复尔德有一表，完备而次序正确。兹译制如下。读者不妨以康氏之表为参考标准，并请参看本书《智术之师》正文最后一个注。

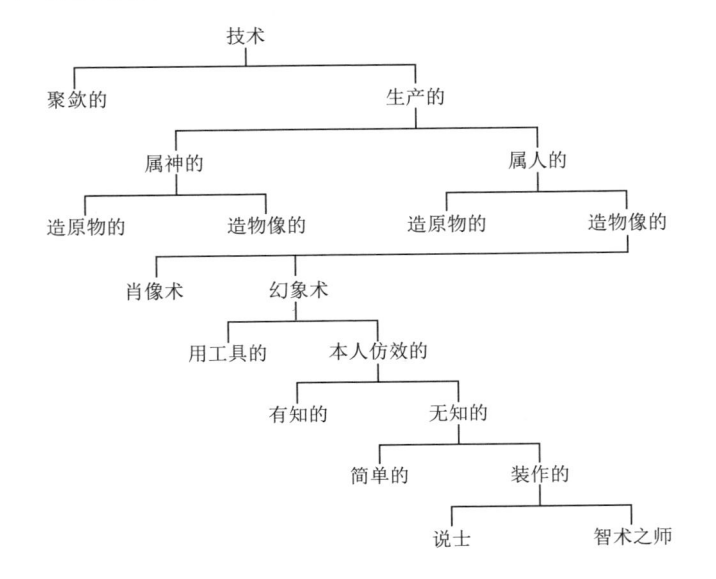

```
                          技术
                           |
              ┌────────────┴────────────┐
            聚敛的                    生产的
                                        |
                          ┌─────────────┴─────────────┐
                        属神的                      属人的
                          |                           |
                   ┌──────┴──────┐            ┌──────┴──────┐
                造原物的      造物像的       造原物的      造物像的
                                                            |
                                                    ┌───────┴───────┐
                                                  肖像术          幻象术
                                                                    |
                                                            ┌───────┴───────┐
                                                         用工具的        本人仿效的
                                                                            |
                                                                    ┌───────┴───────┐
                                                                  有知的          无知的
                                                                                    |
                                                                            ┌───────┴───────┐
                                                                          简单的          装作的
                                                                            |               |
                                                                           说士          智术之师
```

智术之师

（或论"存在"：逻辑的）

人物 德奥多罗 苏格拉底 爱利亚地方的客 泰阿泰德

德 苏格拉底，如昨天的约，我们来了，还带了这一位客人。他是爱利亚地方的人，巴门尼德和芝诺之徒，一个真正的爱智者①。

苏 德奥多罗，你所带来的也许不是客，莫非一位神，像荷马所说的，他说，神们——尤其是异域的神——往往跟随着那班虔心的人，到处监察人间的善恶。跟你来的这位客尽许就是上界的化身，好辩的神，来监视我们，反驳我们，——我们在言论上何等幼稚。

德 这位客人不是这样的人，苏格拉底。他在一般好辩者中，算是比较稳重的。我绝不以他为神，可是我想他也几乎是神；我常用这个名号称呼这一流哲学家们。

苏 对的，朋友。据说这流人也不见得比神容易察得出。他们——真正的，非冒充的哲学家，因大家察不出，装着各色各

---

① 希腊原文 φιλόσοφος，本是状字。"φιλο-"是爱好的意思，"-σοφος"是智慧的意思。后来当名词用，指爱好智慧的人；今质译为爱智者。日本人通过西方现代语译为哲学家，我国学者袭用已久，今已成了通行的名词。

样的身份，周游列城，高高在上地下望人寰。有人以为他们了不起，有人觉得他们一文不值。他们有时装作政治家，有时装作智术之师，有时使人觉得他们简直是疯子。如不冒渎，我很愿意听我们的贵客说说，他那地方的人对此作何观感，取何名称。

德　你要听什么？

苏　智术之师、政治家、爱智者。

德　你所最感困难，心里想问的是什么东西，是何种问题？

苏　是这个问题：他们以此把三人为一流，或者两流，或者按三个名称分成三流，——每流一个名称？

德　我想他没有什么不愿说的。我们可要怎么说，贵客？

客　像你所讲的，德奥多罗，我并没有什么不愿说的。不难断定他们以此三人为三流；为各流下明确的界说，却不是轻而易举的事。

德　真的怎么这样巧，苏格拉底，你的问题刚刚和我们没到此地以前所问他的一样。他方才对我们推辞，正像此刻对你。可是他自己也承认，关于这问题的讨论，听过很多，而且还记得。

苏　贵客，千万不要拒绝我们初次的请求；请你告诉我们这一点：你是惯于哪一种办法，——用长篇大论独自发挥个人所要讲的呢，或者用彼此问答的方法？例如巴门尼德就用过这方法，把微妙的理论托出。当日我在场；那时我还是少年，他已经老态龙钟了。

客　苏格拉底，对方如果干脆而不噜苏，用问答就容易，否则不如我一人独讲。

苏 你可以由在座中挑一个合意的；他们无论哪一个，都会客客气气地跟你问答。你若听我的话，就挑一个年轻的——在座的泰阿泰德；或者你意中的另一位。

客 苏格拉底，我觉得不好意思，此刻初次和你们见面，不谦让着用一言半语酬应，却高谈阔论起来，或是自己发挥，或回答人家的问话，好像显本事似的。然而事实上，问题并不像根据所提出而估计的那样简单，倒要费许多口舌呢。另一方面，推却你的和在座的要求，在我似乎显得不客气而无礼，尤其是你既这么说了。所以我竭诚地欢迎泰阿泰德同我问答，一则因为你的怂恿，再则因为我以前和他谈过。

泰 贵客，按苏格拉底的话这么做，你能得大家的同意吗？

客 这一层似乎不用再讨论了，泰阿泰德。我想往后的问题都要对着你发。你若不耐烦，不要怨我，怨在座你的朋友们。

泰 我此刻想不至于支持不了。万一如此，我们可以请这位和苏格拉底同名的朋友参加，——他和我同年，体育馆中的伴侣，并且常常跟我一起做许多事。

客 你说得对，等讨论进行的时候，你自己酌量着办吧。你我要共同研究，我想先从智术之师下手，找出他究竟是什么人，并说明理由。关于他的问题，你我只有一个共同的名称，至于这名称所指的东西，在我们心目中也许各不相同。关于一切事物，与其默然公认一个名称，总不如对事物本身用言语来讨论个同意。我们此刻想要探讨的智术之师这一流人，不是顶容易找得出他们究竟是什么人。大家老早已经承认，假如大的事情要做得好，就要先从轻而易举者，然后及于最大的。现在，泰阿泰德，这是我对咱们俩的劝告，就是，我们既认为智术之师这一流人难于究寻，就要先把对付他们的办法施在其他好对付者；除非你有更简便的办法提出。

泰　我没有。

客　那么，我们要不要先经过小的，拿它比方大的？

泰　要。

客　有什么可以做比方的，——一方面，小而人人皆知，另一方面，并不比大者更容易讨论的？钩拉渔渔夫如何？他岂不是人人皆知，而又是个小角色吗？

泰　是的。

客　我希望他能如吾意，为我们指出线索，提供一项适当的界说。

泰　那可好了。

客　来吧，就这样从他入手吧：请告诉我，我们承认他有技术，或者无技术而有其他能力？

泰　他绝不是无技术的。

客　技术有两种。

泰　怎么呢？

客　耕田、牧畜、制造（如器具之类）、摹仿，——这些最宜于以一个名称统之。

泰　如何统法，统于什么名称？

客　将物由无弄成有，叫作生产；物由无被弄成有，叫作被生产。

泰　对的。

客　我们方才所举的那些技术都有生产的能力。

泰　都有。

客　那么且把它们统称之为生产的技术。

泰　好吧。

客　其次是为学求知的一类，以及赚钱、争斗、田猎种种。其中无有能制作者，然而，一面用言语行动取得已产生已存在者，一面不容他人得之。由此看来，莫如把这些门类统称为聚敛技术。

泰　是的，再相宜不过。

客　聚敛和生产既尽一切技术的门类，那么，泰阿泰德，我们应把钩拉渔之术归于两门中的哪一门？

泰　显然要归于聚敛一门。

客　聚敛岂不是有两种：其一是以礼物、工资、商品自愿交换，其二是以言语行动强取？

泰　按你所说的，似乎有这两种。

客　强取也要分为两类吗？

泰　怎么分？

客　明的叫作争胜，暗的叫作猎取。

泰　是的。

客　不把猎取分为两类又是欠妥。

泰　请说怎么分？

客　分为猎取无生之物的和猎取有生之物的。

泰　可不是，假如这两类果然存在？

客　可不存在？猎取无生之物的一类，几种潜水术和其他类 220
似而无关紧要者除外，并无专称，且不备论。至于猎取有生之物
者，既是一种猎取，就把它叫作生物猎。

泰　好吧。

客　生物猎不也可分为两类：一类是猎取陆行的动物（这一
类又分成许多类，有许多名称），叫作陆猎；另一类是猎取水居的
动物，叫作水猎？

泰　对极。

客　水居动物中，一类是有翅能飞的，一类是常在水里的？　　B

泰　可不是？

客　猎取有翅能飞的水居动物统称为打水鸟。

泰　是的。

客　凡猎取常在水里的动物，差不多统叫作渔。

泰　是的。

客　这种猎取不是又可分为两大类？

泰　按什么分？

客　按围的办法和打的办法分。

泰　这是什么意思，如何分法？

客　一类：凡把四周的东西关住不外放的，叫作围。　　　　C

泰　满对的。

客　筐、网、阱之类不是围的器具吗？

泰　是的。

客　我们可以把这种渔叫作围渔或类似的名称。

泰　可以。

D　　**客**　另一类：凡用钩和三叉耙扑取者，必须统称为抓渔；或者另有什么更好的名称，泰阿泰德？

泰　不必拘于名称，这个已妥。

客　一类：夜间在火光之下扑取者，我想渔夫们一致叫作火渔。

E　　**泰**　完全对的。

客　另一类是白天扑取者，用钩或三叉耙，三叉耙上也有钩，便统称为钩渔。

泰　是叫作这个。

客　由上往下钩的，我想因为总是用三叉耙钩取，所以大家称之为三叉耙钩渔。

泰　是有人这么称呼。

客　其余只有一类了。

泰　哪一类？

221　**客**　这样的一类：不用三叉耙由上往下扑中鱼身的任何部位；而用钩抛于水里，扑中鱼头与嘴，然后举竿向上拉之。这种方向相反的扑法应当叫作什么名称？

泰　我们方才认为必须经过一番探讨的，现在似乎已告结束了。

B　　**客**　现在，关于钩拉渔渔夫，你我不但已经公认了一个名称，而且对他的技术本身立了圆满的界说。一切技术中，一半是聚敛；聚敛中，一半是强取；强取中，一半是猎取；猎取中，一半是生物猎；生物猎中，一半是水猎；水猎中，所有取于水底的部分都叫作渔；渔中，一半是抓渔；抓渔中，一半是钩渔；钩渔中，

钩后由下往上拉的，名副其实，叫作钩拉渔①。——这是我们此刻　C
探讨所得。

泰　这可完全弄清楚了。

客　来，用这个做比方，设法寻究智术之师究竟是什么人。

泰　尽力寻究。

客　我们方才的第一个问题是：应把钩拉渔渔夫认为有技术的，或者一无所长的？

泰　这是我们方才的第一个问题。

客　泰阿泰德，现在把我们所寻究的这一位认为不学无术，　D
或者真是各方面的智术之师？

泰　当然不无一技之长；我懂得你的意思：他名为智术之师，其名称去实甚远②。

客　似乎我们必须假定他有一种技术。

泰　到底这是什么技术？

客　我的上帝，咱们难道不晓得，这人同那人本是一丘之貉吗？

泰　谁同谁？

客　钩拉渔渔夫同智术之师。

---

① 按上下文的意义译为"钩拉渔"。原文 ἀσπαλιευτικὴ 和 αἰασπᾶσθαι 有关。（见周厄提英译本行里注）；后一个字是拉上的意思。故直译应作"拉钩"，即用钩、竿、饵钓鱼。竿头以纶系钩挂饵，抛入水中，鱼吞饵，钩刺唇，然后拉上；——这叫作钓鱼。上文（220E 及 221）所谓"三叉耙钩渔"，是以头上有钩的耙扑中鱼身，鱼被耙上的钩钩住不得脱，举耙而得鱼。这种渔法，主要动作是扑中鱼身，故意译为"扑渔"，于义较切。"钩拉渔"，如上所说，意译为"钓渔"，于义亦较显。

② 周厄提译文与原文不合。或因所根据的本子不同，待查。

泰　怎么样？

客　我觉得他们同是猎人。

泰　后一个是什么猎人？关于钩拉渔夫，我们已经说过了。

客　我们方才把所有猎取分为两部分：猎取水居者和陆行者。

泰　是的。

客　猎取水居的部分，我们已经讨论过；猎取陆行者，不曾加以分析，只提到种类繁多。

泰　完全对的。

客　由聚敛技术起，到此为止，智术之师和钩拉渔渔夫同在一条路上。

泰　他们俩似乎是的。

客　他们俩在生物猎上分路扬镳，一个转到江湖河海，猎取那里的动物。

泰　可不是。

客　一个转到陆地上，另一种的江湖，钱财和慷慨少年的渊薮，在那里取其猎物。

泰　你这话怎么讲？

客　陆猎中有两大部分。

泰　两大部分是什么？

客　猎驯者和猎野者。

泰　那么有一种驯猎？

客　有的，如果人也算作驯兽。随你怎么说吧：或说并无驯兽；或说其他动物是驯的，人是野的；或说人虽是驯兽，而没有人猎；——无所不可。你认为哪一种说法妥当，就采取哪一种立为界说吧。

泰　贵客，我想咱们是驯兽，同时也有人猎。

客　我们可以说驯猎也有两种。

泰　我们根据什么说？

客　抢劫、拐带、篡国、战争——这些我们统称为强猎。

泰　对极了。

客　法庭上的辩论、公开讲演、私人谈话，这些我们统称为说术。

泰　对的。

客　说术也可以说有两种。

泰　哪两种？

客　一种施于私人，一种施于团体。

泰　就算两种都成立吧。

客　私人说术中，一种是牟利的，一种是倒贴的。

泰　我不懂。

客　你似乎从不注意作恋爱者怎样追求对方。

泰　怎样？

客　他们不是不断地还给所追求的对象送礼物吗？

泰　你说得千真万确。

客　把这种叫作恋爱技术吧。

泰　满对。

客　牟利的说术之中，那种讨好人家，专以甜言蜜语为饵，结果只换个生存的，我想可以叫作谄媚或奉承之术。

泰　可不是？

客 与人讨论进德修身，而要求钱帛为报的，这种不是应当另起一名吗？

泰 当然。

客 起个什么名？你试讲一讲。

泰 明显得很。我想咱们已经发见了智术之师是什么。这么说，我相信给他这个名称是适当的。

客 根据此刻的话，智术之师的技术是聚敛之术的强取部分，强取部分的猎取部分，猎取部分的生物猎部分，生物猎部分的陆猎部分，陆猎部分的驯猎部分，驯猎部分的人猎部分，人猎部分的私人游说部分，私人游说部分的牟利部分，牟利部分的收钱的教师，教师中教富豪子弟的；——这似乎是必然的结论。

泰 完全对的。

客 我们还可以换一个看法。我们所探讨的不是一门小可的技术，其实很复杂。在我们以前所讲的话里，似乎这技术又不见得是我们此刻所认为的那样，倒是另外一种。

泰 怎么呢？

客 聚敛技术有两种：猎取部分和交易部分。

泰 是的。

客 要不要说交易也有两种：一种礼物相往来，一种商贾相往来？

泰 就这么说吧。

客 可以说商贾也分为两部分。

泰 怎么分？

客 分为自己产品的发卖和他人货物的贩卖。

泰　满对的。

客　贩卖中，几乎一半在本城里的，不是叫作坐商吗？

泰　是的。

客　此处买别处卖，从一个城市转到另一个城市，不是叫作行商吗？

泰　可不是？

客　行商中，我们知道，有用钱币交易身体上的营养品和需用品的，有用钱币交易心灵上的营养品和需用品的？

泰　这话怎么讲？

客　我们也许不知道心灵方面的，身体方面的我们大概总知道吧。

泰　是的。

客　且论广义的音乐①、绘画、魔术，以及其他涵养陶炼心性的东西，由一个城市转到另一个城市，一处收买，别处出卖；——凡做这种买卖的人称为商人，不比称那贩卖食品饮料的人欠妥吧。

泰　你说得对极了。

客　周游列城，把所收买的知识拿来换钱的，这种人是否用同样的名称称呼他？

泰　绝无疑问。

客　这种心灵上的行商，一部分莫宜于叫作陈列表演的技

---

① 音乐一词，希腊文为μουσική，源于司理艺术的诸女神的称号"穆萨"（Μοῦσα），故其含义实包一切艺术。但此诸女神所司以音乐为主，故此名又成音乐之专称。此处是指一切艺术，不是独指美术；译为广义音乐，以示此名之所特重与所兼包的意义。

术；另一部分，可笑的程度并不亚于前一部分，然而做的是知识的生意，——不是应该给它起个与其生意性质相近的名称吗？

泰　绝对应该。

客　知识的生意中，凡贩卖其他技术上的知识的，应当起个名称；凡贩卖进德修身之知识的，应当别立一名。

泰　可不是？

客　"技术上的商人"，这名称适宜于其他技术上的买卖者；关于进德修身之知识的贩卖人，你可设法取个名称。

泰　我们此刻所寻究的这一流人，除了称之为智术之师，此外还有什么别的名称可免错误？

客　没有别的，来，统括一句说：智术之师的技术似乎又是聚敛技术的交易①部分，交易部分的商贾部分，商贾部分的贩卖部分，贩卖部分的行商部分，行商部分中以言语和知识做心灵上的生意，——所谓德性的行商。

泰　对极了。

客　第三：假如有人迁居此城，半买半造，做这一类知识上的生意过生活，除了此刻的名称以外，我想你没有别的可以称呼他。

泰　还有什么别的？

客　聚敛技术的交易部分，交易部分的商贾部分，商贾部分中，无论他人货物的贩卖或自己产品的发卖，凡这一类知识上的

---

① 上文（223C）说："聚敛技术有两种：猎取部分和交易部分"；"交易"原文是 ἀλλακτικόν。此处："交易"原文却用 μεταβλητική；商贾（ἀγοραστική）之下缺贩卖（μεταβλητική）一类。兹为避免分类越级，根据上文，补入贩卖一类。

生意，似乎总是把它叫作智术之师的技术。

泰　必须如此称之，为了要自圆其说。

客　我们再往下考究，看此刻所探讨的这一流人的技术是否还有其他类似的花样。

泰　类似什么的？

客　在我们心目中，争胜是聚敛技术的一部分。

泰　是的。

客　把它分为两部分，不算离奇吧。

泰　请说分成什么部分。

客　分成竞争和斗争。

泰　是这样分。

客　用武力一类的名词称呼肉搏方面的斗争，似乎近理。

泰　近理。

客　泰阿泰德，言语方面的斗争，除了舌争以外，还有什么别的名词可以称呼它？

泰　没有。

客　舌争必须分为两类。

泰　怎么分？

客　关于"公义"、"不公义"，双方用长篇的话作公开的辩驳，这是法律上的辩驳。

泰　是的。

客　一问一答，用片言段语作私人的讨论，我们平常不是叫作辩论吗？

泰　是的。

C　　**客**　辩论中，凡商议契约而语无伦次、辞不雕琢者，按此刻的说法，必须别成一类；此类前人不曾立名，我们现在也犯不着立名。

　　泰　对的。这一类的分支太复杂太繁琐了。

　　客　关于"公义"、"不公义"的本质，以及其他事物的普遍性，那种有技术的讨论，我们平常不是叫作诡辩吗？

　　泰　可不是？

D　　**客**　诡辩中，一类是费钱的，一类是赚钱的。

　　泰　满对。

　　客　我们试说每类应得什么名称。

　　泰　要说的。

　　客　乐于诡辩而荒废了本人身家的事，其辩才对于多数听众却又索然无味的，这类诡辩，按我的意思，叫作饶舌再好没有了。

　　泰　诚然。

E　　**客**　与此相反的一类诡辩，诡辩之对于私人而得钱者，其名称是什么，现在可轮到你讲了。

　　泰　除了曾经追访而要第四次再出现的怪物——智术之师——以外，还能另举其他而免于错误吗？

226　　**客**　那么，智术之师似乎不外于聚敛之术的争胜部分，争胜部分的斗争部分，斗争部分的舌争部分，舌争部分的辩论部分，辩论部分的诡辩部分，诡辩部分的赚钱的一流。

　　泰　完全对的。

　　客　你瞧，果然说得不错，此动物确是变化多端；俗语所谓只手难抓的，可不就是它吗？

泰 那么就要用双手了。

客 必须用双手；而且尽我们的能事，追踪它的另一去路。告诉我，家奴所管的事，若干起有名称的吧？

泰 多得很，你所问的是其中的哪几件？

客 这几件，如"筛"、"簸"、"滤"、"分"等等。

泰 可不是？

客 此外还有"梳"、"纺"、"织"，以及我们所知的各种技术中无数的名目。是不是？

泰 你要用这些东西说明什么，以它们作研究什么问题的比方？

客 方才所举的都是分的事。

泰 是的。

客 按我推想，这些既是同一技术中的事，应当有个统一的名称。

泰 取个什么名称？

客 叫作分的技术。

泰 好吧。

客 看看我们能不能由此分出两类。

泰 你居然对我要求敏捷的观察力。

客 前面所举那些分的事上，有的是把坏的和好的分开，有的是把相似的分开。

泰 你说的似乎不差。

客 其中一类，我不能举其名；那留好去坏的一类，我能举其名。

泰　说说是什么名称。

客　我想凡这一类的分，大家叫作一种清除。

泰　是这个名称。

客　人人都见得到清除有两种吧？

泰　也许久而久之就见得到；我此刻还见不到。

客　身体上的许多清除最好统于一个名称。

泰　身体上的什么清除，统于什么名称？

客　有生之物的清除，身内者如体操医药之所排泄，身外者如浴室主人之所伺候，——讲起来猥屑得很；无生之物的清除，如漂研布匹的工人和装饰匠所操的微业，似乎都有许多好笑的名称。

泰　对极了。

客　的确如此，泰阿泰德。用海绵和用药剂，到底哪一种清除对我们益处大，在讨论的方法上，并没有轻重的不同。为明理起见，只要了解一切技术中相关和不相关的部分；因此，对一切技术作平等观，把它们拿来比较的时候，并不鄙夷其一而尊重其他。例如，猎取的技术之见于统兵将领者，并不比见于摸虱的高贵，只是虚声较大些罢了。现在呢，关于你所问应为一切物体上（无论有生无生的）清除的技术起个什么名称的问题，在讨论的方法上，名称好坏没有关系，只要能概括一切物体上的清除、把心灵上的分开。现在是要把心灵上的清除和其他的分开，如果我们认清了目标。

泰　我认清了。我承认有两种清除，其一是心灵上的和物体上的分开。

客　好极了。注意听我的后话，设法把此刻所讲的心灵上的　D
清除分作两类。

泰　你说到什么，我都勉力同你作种种的分析。

客　我们是否承认，在心灵上善恶有分别？

泰　为什么不承认？

客　清除是去掉所有不好的部分，而留下其他的。

泰　是的。

客　凡遇见把坏的由心灵中去掉，就叫作清除，这是合理的。

泰　最合理。

客　我们必须承认心灵上有两种坏的东西。

泰　哪两种？

客　一种好比身体上的病痛，一种好比与生俱来的残疾。　228

泰　我不懂。

客　或者你没想到病痛与不调和是同样的东西？

泰　对这一点，我也不知道应当怎么答复。

客　你是否把不调和认为不同于天然联系中因腐败而起的分化？

泰　不是，它们并非两样的东西。

客　残疾岂不就是一种极丑的畸形状态？

泰　可不就是？　　　　　　　　　　　　　　　　　　　　B

客　难道我们没注意到：在卑恶的人的心灵中，意见和欲望作对，怒气和快乐作对，理性和痛苦作对，——诸如此类的不调谐？

泰　厉害极了。

客　然而这些必是天然地联系起来的。

　　泰　可不是？

　　客　那么，把罪恶当作心灵上的病痛与不调和是对的。

　　泰　对极了。

C　　**客**　假如能动的东西向所认定的目标每发不中，我们认为这是因为所用的动力相称呢，或者不相称？

　　泰　当然是因为动力不相称。

　　客　我们知道，心灵之愚昧是出于无意的。

　　泰　对极了。

D　　**客**　那么，愚昧不过是心灵趋向真理而入邪径的一种迷妄状态。

　　泰　完全是的。

　　客　因此，必须把愚昧的心灵认为残疾而失调的。

　　泰　似乎是的。

　　客　似乎心灵上有两种坏的东西：一种，大家叫作罪恶，极显然地是心灵上的病态。

　　泰　是的。

　　客　另一种，他们叫作愚昧；这只是心灵上所产生的罪恶，他们却不肯承认是罪恶。

E　　**泰**　汝讲的时候我所怀疑的，现在必须承认，就是：心灵上有两种罪恶——怯懦、昏淫、邪辟等统要算作我们心灵上的病态，许许多多、各色各样的愚昧也要当作残疾看。

　　客　身体方面，不是有两种技术管那两种毛病吗？

　　泰　什么技术？

客 体操管残疾，医药管病痛。

泰 似乎有这两种。

客 所有技术中，治心之术，对于昏淫、邪辟、怯懦等等，不是最宜于匡救而纳之于正道的吗？

泰 按人的看法，可谓很近似了。

客 对待一切愚昧，谁能举出别的办法比教导更相宜的？

泰 没有别的了。

客 来，想一想：教导之术只有一种呢，或者有多种，而两种算是最大宗的？

泰 我想着呢。

客 我想这样能够最快分晓。

泰 怎样？

客 看看愚昧能否平分为二。愚昧若成两部分，显然教导之术也要有两部分，各管一部分的愚昧。

泰 咱们此刻所探讨的可发见了吧？

客 我想至少发见了一种大而惨的愚昧，和别的部分分开的，其分量却等于其他部分的总和。

泰 哪一种？

客 就是以所不知为知。由此产生大家思想上的种种错误。

泰 果然。

客 我想有个名称专给这一种愚昧，就是蠢。

泰 对极了。

客 教导之术中，那去蠢的部分应当叫作什么？

泰 贵客，我想别的是工艺上的教导；这一种，在此地，因我们的缘故，叫作启蒙。

客　泰阿泰德，几乎全希腊都用这名称。现在还得考虑一下：到底这已经是不可分的呢，或者还可分，分下来的也值得命名？

泰　必须考虑。

客　我想这还有方法分。

泰　根据什么分？

E　　客　用言语的教导，一种似乎比较粗暴，一种比较温和。

泰　我们要把它们各称为什么？

客　一种是为父对儿子的老办法，以前常用，如今还有许多230　人用，就是：儿子做错了事，或怒骂，或婉诰。这统称为惩戒是最妥的。

泰　是的。

客　一方面，却似乎有人，经过了一番思考，相信一切愚昧出于无意，凡自以为智的人绝不肯去学自己所认为精通的东西；然则教导中的惩戒一类是劳而寡功的。

泰　他们想得对。

B　　客　于是他们想用其他方法去纠正这种狂妄的心理。

泰　用什么方法？

客　用追问的方法，追问那说无谓的话，而自以为言之有物的人。这就容易发见他的意见无根无蒂。问答中把这些意见收集一起，排比一下，排比的结果证明：他的意见，甚至关于同一东西、同样关系、同一观点的，尚且彼此矛盾。经历过这种情境的C　　人，方知自怨自艾，对人谦和；——这就是他们所以由自封自大的心理挽救出来。看人家挽救出来是一件痛快的事，被挽救的人便走上最平稳的路。我的小朋友，这班心灵上的清道夫同医生一样：医生认为身体上的障碍物没有清除以前，补品不能受用；同样，这班清道夫也认为心灵得不到教导的益处，假如不先用盘诘的方法折服那自满的人，使他自惭，涤除其胸中障碍求知的成见，使他明白自己只知其所知的，此外别无所知。

泰　这确是最好、最明智的态度。

客　因此，泰阿泰德，我们必须承认，盘诘的方法是清除中最大最有效的；未经盘诘的人，虽是一位大君王，还算最不纯明，依然不学无术，就真正幸福者所应具的最清明最纯洁的条件上说，还算有亏。

泰　完全对的。

客　好了，我们要把施行此术者叫作什么人？我不敢叫他们智术之师。

泰　为什么呢？

客　恐怕太尊重他们了。

泰　可是方才所讲的正合智术之师一流人的身份。

客　狼像狗，最野的像最驯的。稳健者的第一义在于留心相似的东西，这一类东西彼此界限最不分明。便假定是智术之师吧；我想若能留心，在小界限上就不必多争论了。

泰　似乎不必。

客　就算清除是分辨之术的一部分；再把关于心灵的部分从摘除中分出，教导是关于心灵之部的一部分，启蒙是教导的一部分；启蒙的一部分是盘诘自负多智的人，这盘诘的部分，按方才所说明的理由，应当叫作那高贵的智术之师的技术。

C 　　泰　就叫作这个吧。可是因为花样翻得这么多，我已经弄糊涂了，不知用切当的话应说智术之师实在是什么人。

　　客　难怪你糊涂；然而那人必是已经慌张极了，不晓得怎样还逃得过我们的追究。俗语说得对，躲开大众是不容易的事。现在要再接再厉地对付他。

　　泰　你说得妙。

　　客　第一步先站住喘口气，休息的时候，我们自己心里盘算
D 一下，看看这位智术之师到底在我们面前表现过多少花样。第一，他似乎是猎取年少富豪子弟的猎夫。

　　泰　对的。

　　客　其次，他是心灵上知识的商人。

　　泰　满对的。

　　客　第三，他岂不又显得是这类货物的贩卖者。

　　泰　对了。第四，他也是知识上自造品的发卖人。

E 　　客　你记得不差。我自己要记起第五点来：他是言论上竞争的能手，诡辩术的专家。

　　泰　他是的。

　　客　第六点有商榷的余地，然而我们同意说，他是心灵的清道夫，扫除一切有碍知识的成见。

　　泰　完全对的，

232 　　客　你知道不知道，居一艺之名，而又显得多才多艺，这个现象是非常的？凡对于任何技术存这个观感的，显然不能了解那技术中诸节目的指归，所以才用许多名称称呼以一艺名的人。

泰　像这类的事常常有的。

客　在我们的研究中，切莫因为不勤谨而犯了同样的毛病。第一步，我们再提出方才所说的关于智术之师的一点。有一点最能表现他。

泰　哪一点？

客　我们曾说他是一位辩论家。

泰　是的。

客　他不也是人家的教师，教这种技术的吗？

泰　可不是。

客　我们考究一下，关于什么东西，这流人自命能造就辩才。我们可以这样从头下手：告诉我，他能否教人辩论关于大家所看不见的神圣的东西？

泰　至少这是大家说他所能的。

客　关于上天下地眼所能见的东西呢？

泰　也能。

客　在私人场合中，若谈到普遍的生成与存在的问题，他不但自己侃侃而辩，并且能使人家像他那样善辩？

泰　对极了。

客　关于法律和一切政治上的问题，他是否也承担造就辩才？

泰　老实说，他不承担这个，就没有人要追随他学辩了。

客　关于技术上一般和特殊的东西，凡与行家辩难时所需要的，已经为了有志要学的人写下来，而且在某处发表过[①]。

---

① 此句补翁丛书英译本译为"被那有志要学……的人发表……"，似与原文之意未合。

泰　你似乎是指普罗塔哥拉所著关于角力和其他技术的书。

客　也指许多别人的著作，好朋友。总而言之，辩论术所有的一套，不是应付一切辩论，而绰有余裕的本领吗？

泰　诚然，它似乎无所不包。

客　不瞒上帝说，我的孩子，你相信这是可能的吗？也许你们年轻眼明的人看得清楚些，我们昏眊的可看得糊涂。

泰　什么呀？你所说的特别指什么？我还没有了解你此刻的问题。

客　我的问题是：一个人是否能知一切？

泰　贵客，那么我们人类太有福气了。

客　无知识的人怎能和有知识的人辩论，而言之成理？

泰　绝无此事。

客　那么，智术之师的技术上的怪魔力到底是怎么一回事？

泰　关于哪一点的？

客　在这一点上：他们能给年轻人一种印象，觉得他们在各方面都是最智慧的。明显得很，假如他们辩得不高明，或者年轻人不觉得他们辩得高明，或者觉得他们辩得高明，而不因其雄辩便以为其智出于人上，那么，按你的口吻，就难得有人情愿给他们钱，做他们的徒弟了。

泰　难得有人。

客　可是现在有人情愿？

泰　多得很。

客　我想，关于所辩的东西，他们显得有知识。

泰　可不是？

客　我们说，关于一切东西，他们都这么做？

泰　是的。

客　那么，在徒弟们的心目中，他们显得无所不知。

泰　可不是？

客　然而他们并非一切皆知；这已经证明是不可能的。

泰　这如何可能？

客　我们已经证明，关于一切东西，智术之师只有逞臆的知识，其所知并非真理。

泰　完全对的。此刻所下关于他们的考语似乎最正确了。　　D

客　给他们打个更明显的比喻吧。

泰　什么样的比喻？

客　这样的。请你十分留心答复我的问题。

泰　什么样的问题？

客　假定有人挟一技之长，对于一切东西，不自命能说能辩，却自命能创能行。

泰　你所谓一切是什么意思？　　E

客　从头起，你就没懂得我的话，你似乎还不理会什么是一切。

泰　我不理会。

客　我所谓一切，你我都在内，此外，所有禽兽草木也在内。

泰　这是怎么讲的？

客　假设有人自命能造你我以及其他生成的东西。

泰　他所谓"造"是什么？不会是农夫那样的造吧；你以前　　234
曾说农夫也会造禽兽。

客 是的，此外还造天、地、海洋、神明和其他一切。并且很快造成以后，贱价出卖。

泰 你可是说笑话。

客 若有人自命一切皆知，而且能在短时间内以廉价传授他人，这不是只好当作笑话看吗？

泰 只好。

B **客** 笑话中，你能举出一种比模仿术更巧妙更滑稽的吗？

泰 不能。你所说的模仿，范围太广，形形色色，无所不包。

客 我们知道，自命能以一艺造一切者，尽可用写生的技术，制成实物的摹本，仿其状而取其名，从远处指给不精明的年轻人看，足以蒙蔽他们，使其认为他有莫大的本领，能造一切所要造的。

C **泰** 可不是？

客 言语方面，我们不是也料到有一种技术，能够迷惑距离真理尚远的青年人？这种技术，用言语耸动他们的听闻，把万物的幻影印在他们的耳鼓上，使他们觉得所言是真，言者是上智。

D **泰** 可不是有这么一种技术？

客 泰阿泰德，许多听众，经过充分时间，上了相当年纪，有了深切阅历，被艰苦的经验所逼迫，不得不认真探索事物的真

E 相，放弃以往的见解；于是大或变小，易或转难，凡一向从言语所得的幻象全因实际事实而推翻了。这是不是免不了的情形？

泰 是的，至少以我这年纪所下的判断是这样。然而我是 [像你所说的]，离真理尚远呢。

客 所以我们在座要想法子，其实正想着，极力把你引近真

理，免受艰苦的经验。现在关于智术之师的问题，请你告诉我：他是魔术家，真东西的摹仿者，——这一点已经明白了呢；或者依然想着：他对于所显得能辩的东西，也许确有真实的知识？

泰　贵客，怎么还会有疑问？由于方才所说的，他岂不显然是个献戏法的人吗？

客　那么，必须把他归于魔术家和摹仿者一流。

泰　不得不归于这一流。

客　当心，不要让这只兽再跑掉。我们既把他圈在论证上关于这类问题的机关网，他就再也逃不出那一流了。

泰　哪一流？

客　逃不出变戏法的一流。

泰　我也觉得他是这样。

客　我们必须赶快分析造像术，分析的时候，如果智术之师在那里挺身待敌，我们就遵理性之王的命，捉住他，去献俘告捷；如果他躲进摹仿术中的某一部分，我们就要再追，向前把他躲在那里的部分再加分析，直到捉住为止。无论是他，或别流的人，总不敢自负逃得出部分与全体兼顾周全的方法。

泰　你说得对，必须这样做。

客　按以往分析的办法，我觉得摹仿术也可分为两类，可是这两类中的哪一类是我们所要找的，此刻我还看不出来。

泰　请你先分析，先告诉我们，你所讲的是哪两类。

客　摹仿术有一种是求肖的。尤其是长、阔、深、一按原物的比例，各部分还加上适当的颜色，——这样造成的摹仿品是出于求肖之术的。

泰　可不是？所有摹仿者不是都想这么做吗？

客　那班造大像画大图的就不然。如果照摹美的原物之真实比例，那么，你知道，便显得上部太小、下部太大，因为上部离观者远、下部离观者近。

泰　完全对的。

客　那么，工人造像不求真，不按实在的比例，只要显得好看。是不是？

泰　完全是的。

客　副本虽是副本，而逼肖原物；称之为肖像，不是很妥当吗？

泰　是的。

客　这一部分模仿术，按方才的话，应当叫作肖像术？

泰　应当。

客　因观者在不适当的地点，摹仿品显得像美的原物；假如有人眼力能够充分笼罩偌大的东西，甚至所谓像的也就成为不像的了；——这种作品应当叫作什么？因其只显得像，不是真像，把它叫作幻象，不可以吗？

泰　为什么不可以？

客　这不是在画图和整个摹仿术上，占一大部分吗？

泰　可不是？

客　把造幻象而不造肖像的技术叫作幻象术，不是最妥当吗？

泰　最妥当。

客　这就是我所讲的两类造像术：肖像术和幻象术。

泰　对的。

客 应把智术之师放在这两类的哪一类,我以前没有把握,此刻也还不能看得清楚。他真是一个不好窥测的奇人,现在又滑头滑脑地跑进迷迷惑惑难于追踪的一类里去。

泰 他似乎是这样。

客 你是了解了以后才表示赞同呢,或者理论的魔力已经替你造成习惯,不期然而然地很快就表示赞同?

泰 你这怎么讲,有什么用意?

客 好朋友,真的我们正在十分困难的探讨中。因为,凡显得存在和似乎存在而其实不存在,说些东西而所说非真,——这些情形,不论以往和现在,总是充满着困难。这样说法,必是主张或想象假东西真存在;出此言论,还能免于自相矛盾;——这些都是难题,泰阿泰德。

泰 怎么呢?

客 这言论大胆假定"不存在"存在,否则假东西不至于存在。孩子,伟大的巴门尼德从我们童年的时候起直到去世,始终反证这一点。他在诗文里再三叮咛。他写道:"'不存在'存在的话绝不可听;躲开这条路,你的穷理的心"。这是他的反证;只要稍微推敲一下,他的话本身指示得再明白没有了。假如于你无可无不可,咱们先来考究这个问题。

泰 把你的意思就当作我的吧。你自己酌量着,走向理论最正确的路,也带我跟着你走。

客 可以的。请你告诉我,我们敢不敢说"绝对不存在"的话?

泰 怎么不敢。

C **客** 假设有人，不是为了辩论，也不是开玩笑，倒是认真地要求在他①门下听讲的一位，说说"不存在"一词应当用在何处；我们想，他要如何指点那求教的人，并且自己应当把这名词用在什么东西上、何种东西上？

 泰 你问的是难题，像我这样人几乎无法答复。

 客 明显得很，"不存在"这名词不能用于任何存在的东西上。

 泰 怎能？

 客 既不能用于任何存在的东西上，用于某件东西上就也不妥当了。

 泰 怎么会妥当？

D **客** 这一点对我们是明显的，就是："某某"的字样每次都是和"存在"相连而用，因为单举"某某"，脱离一切存在而讲，是不可能的。

 泰 不可能。

 客 你承认这一点，是不是见到了：凡说"某"，必是说"某一个"？

 泰 是这样。

 客 你说，"单数的某"是指一个，"双数的某"是指两个，"多数的某"是指好多个。

 泰 可不是？

E **客** 那么，说"非某"，必然等于完全说"无"。

---

① 指巴门尼德的门下。

泰　必然。

客　是否连这一点都不能承认，就是：说这话的人所说虽然是"无"，总算说了？是否要进一步，断言说"无"的人，除了口中发出"无"字的声音以外，什么也没有说？

泰　这是毫无疑问的了。

客　还没到说大话的时候呢。有福气的人，还有一个最先最大的困难，简直关系问题的起点。

238

泰　这怎么讲，请你说吧，不要踌躇。

客　在一个"存在"上，可以另加一个"存在"吧？

泰　怎么不可以，

客　我们是否也说，"存在"可以加于"非存在"上？

泰　怎么可以？

客　我们认为一切数属于存在的吧？

泰　如果承认其他任何东西存在的话。

B

客　那就休想把数上的一或多加于"非存在"上。

泰　根据我们的论证，这样做似乎不妥当。

客　离开数，怎能嘴里说着，甚至于心里想着，不存在的东西或一个不存在的东西？

泰　请说其所以然。

客　我们说不存在的东西的时候，不是把数上的多加上去了？

C

泰　可不是？

客　说一个不存在的东西，不是把一加上去了？

泰　再显明没有了。

客　然而我们说，把"存在"加于"非存在"上，既不恰当，也不合理。

泰　你说得对极了。

客　你可明白了：对精光的"非存在"本身，无论是说，是想，甚至一转喉之间，都是无当的；反过来，它是无可想，无可名，无可说，无意义。

泰　完全对。

客　我方才说要指出一个最大的困难，可不曾骗你吧？

泰　我们还能举出比这个更大的困难吗？

客　喂，我的神童，难道从方才所讲的，你还不觉得，"非存在"也把反驳者挤上了窘途，使他一开口驳，就免不了自相矛盾？

泰　你这是怎么讲的？请你说清楚些。

客　得了吧，别叫我说得更清楚了。我既否认非存在与有单数或复数，可是方才和现在还是承认它为一，因为我说了单数的"非存在"。你可明白我的意思？

泰　明白。

客　片刻以前，我说它是无可名，无可说，无意义；你跟得上我的话吧？

泰　跟得上。可不是那样？

客　那么，在它后面加上单数的"是"字，岂不和以前所说的有矛盾了吗？

泰　似乎有矛盾。

客　在它后面加上单数的"是"，不是指它为一吗？

泰　是呀。

客　我说它无意义，无可名，无可说，这就是把它当作一个来说。

泰　可不是？

客　我们说：要说得正确，必不可以说它是一或是多；甚至也不可以称它为"它"，因为对它用这个称谓的字，就是把它归于"一"的类型。

泰　完全对。

客　瞧，鄙人不足道了，不论以往或现在，辩驳"非存在"的问题总是处处失败。所以我说过了，不要希望我对"非存在"的问题有正确的言论。来吧，看看你怎么样。

泰　你这话怎么讲的？

客　来吧，你还年轻呢；勤勤恳恳地尽你的能力，设法对"非存在"给个正确的解说，不要加上"存在"和数上的"一"与"多"。

泰　有了你的前车之鉴，我还来尝试，那可太大胆，太荒唐了。

客　丢开不中用的你我吧。没遇到能手以前，我们可要承认，这位智术之师已经极其狡猾地躲在无可踪迹的地方了。

泰　显然如此。

客　我们说他有一种幻象术，他就很轻便地抓住我们的用语，曲解成反面的意义，作为以子之矛攻子之盾的口实；我们说他是造像师，他就反问我们像究竟是什么。所以，泰阿泰德，必须想想要用什么话答复这个顽强的小伙子所提出的问题。

泰　显然要举镜中和水底的影像、画像、刻像，以及凡其他摹仿的副本，来答复他。

客　泰阿泰德，显然你是不曾看见过智术之师。

泰　为什么？

客　他要使你觉得，他是闭着眼睛，或者没有眼睛。

泰　怎么呢？

客　你若举了镜中的影或泥塑的像答复他，他就笑你的话以为他是能见的，故意装作不知道什么是镜、是水、甚至视觉，专就你的话诘难，穷究由这话所引出的那个东西。

泰　什么东西？

客　就是：一切东西所遍有的，你说虽多而应统于"影像"这一个名称的；——你把一切东西的影像，当作一个东西看。说呀，好防卫自己，不要对那人让步。

泰　贵客，除了说影像是按真东西摹下的另一同样东西以外，还能说它是什么呢？

客　另一同样的真东西吗？你所谓"同样"是怎么讲的？

泰　绝不是真东西，只是像真的。

客　所谓真的是指真的存在的？

泰　是的。

客　非真是真的反面？

泰　可不是？

客　那么，你若认为像真的不是真的，你就是说它不是真的存在。

泰　然而，它却也算存在着。①

客　你可不说它真的存在。

泰　不是真的存在，却是真的像。

客　那么，我们所谓像，虽不是真的存在，确是像的存在。②

泰　非存在显得和存在如此纠缠不清，这是最荒谬的情形。　C

客　可不荒谬？你看，因如此纠缠不清，那诡计多端的智术之师此刻又逼着我们承认，非存在也算一种存在。

泰　我看得很清楚。

客　怎么办呢？我们如何能给他的技术下界说，而免于自己矛盾？

泰　为了怕什么，你这样说？

客　我们说他以幻象欺诈，他的技术是骗术，是说我们的心　D
灵被他的技术引诱而起假意见呢，或者我们是另有所指？

泰　我们就是说这个，还会指别的？

客　假意见所臆断的是和存在的东西相反的，是不是？

泰　是的。

客　那么你说，假意见是逗臆着不存在的东西？

泰　必然的。

客　假意见是臆断着不存在的东西不存在呢，或者臆断着绝　E
不存在的东西也算一种存在？

---

① 补翁丛书本把此句连上节，当作客的话。其他各本不然。不知补翁本所据原文本是否稍有不同，或是译者之误。
② 此节英译本互异。周厄提本似乎去原文最远。补翁本 that which is not really a non-entity 等字译文似有误。娄卜本较妥，和上下文的意思也较为连贯。

泰　一个人只要有丝毫假意见，他就必然臆断着不存在的东西也算一种存在。

客　确实存在的东西会不会也臆断为绝不存在？

泰　会。

客　这也是假。

泰　也是。

客　同样，我想，凡以存在为不存在、不存在为存在的说法，都要认为是假的。

泰　不这样，怎么会假？

客　几乎没有其他理由可以成假。然而智术之师不承认这一点。其实，任何思路清楚的人哪能有办法承认：我们此刻的言语可加于以前所认为无可名、无可说、无意义、无可想的东西？泰阿泰德，我们明白他关于这一点所要说的话吗？

泰　为什么不明白？他要说我们此刻所说的和以前相反，因为我们此刻敢承认，在意见和言语上存在着假；这就逼得我们累次把"存在"加于"非存在"上，虽然以前曾经说过这是最不可能的事。

客　你提醒得好。现在正是时候去考虑，应当怎样对付这位智术之师。你瞧，我们若把他归到骗术和魔术的行里去揭穿他，他的反攻就多么快，我们的困难就多么大。

泰　厉害得很。

客　他的手法，我们只领教过一小部分，据说还要层出无穷呢！

泰　果然如此，似乎就不可能捉住他了。

客　那么我们可要软化而退却吗？

泰　我说必不可以，只要我们有丝毫办法抓住他。

客　你可会容忍些？正如你方才所说的，在这样猛烈的论战中，只要我们有丝毫喘息的余地，你可要知足了吧？

泰　我怎会不容忍、不知足？

客　还有一件事更迫切地要求你。　　　　　　　　　　D

泰　什么事？

客　不要认为我变成了噬父啮母的枭獍。

泰　什么意思？

客　替自己辩护，我们不得不把吾父巴门尼德的话拿来估量一番，还要强说："非存在"是一种"存在"，反过来，"存在"是一种"非存在"。

泰　在这一场论战上，似乎必须来这一手。

客　可不是正如俗语所说的，甚至瞎子都见得到？那些话，　E
或承认，或推翻，没有决定以前，凡讨论到假言论或假意见的，不论关于影像、肖像、摹本、幻形，或关于凡这一类的技术，都免不了弄成笑话，自相矛盾。

泰　对极了。

客　因此，我们此刻不得不大胆攻击家父的话；如果畏缩不　242
敢这样做，这一场论战只好罢休。

泰　什么都不能使我们畏缩。

客　那么，我还要对你提出第三件小小的要求。

泰　你只管说。

客　方才我说过，反驳那些话，总觉得胆怯，甚至现在还是这样。

泰　你说过。

B　客　我方才提起胆怯的话，诚恐你见我顷刻之间翻来覆去，以为我发疯了。为你的缘故，我们才挺身去驳他的话，——假定真能驳。

泰　无论你反驳与证明，我总不会觉得你有什么过分；因此，尽管大胆向前吧。

客　来吧，这个冒险的论战可要从那里开始？孩子，我想这是我们最必须走的路。

泰　什么路？

C　客　第一步，要把此刻所显得明了的各点检查一下，看看我们有没有迷惑的地方，免得自以为已经辨别清楚，而轻易彼此同意。

泰　请你再说明白些。

客　我觉得，巴门尼德，以及凡骤然断定"存在"的数目与性质的人，所告诉我们的都显得轻率了些。

泰　怎么呢？

客　他们每位似乎都是对我们——好像对孩子——讲故事。
D 一位说，存在有三个，其中有时交恶而发动战争，有时相好而结婚生育，抚养子息。另一位说，存在有两个——湿与燥，或热与冷；它们同居而婚媾[①]。我们本地的埃利亚派（从色诺芬尼起，或

[①] 以上是费雷居德（Φερεκύδης）以致早期的伊奥尼亚学派（Ionian School）的学说。相传费雷居德是毕泰戈拉的老师。他的学说传自埃及，多神话。曾著书论灵魂不灭，今失传。

者再往前推），故事又是另一讲法，据说所谓一切其实只是一个。在伊奥尼亚地方，后来在锡概雷地方，有的穆萨们①便想，最妥当的办法是把两个故事冶于一炉，说：存在又是多又是一，因相拒相亲结为一体。分就是合，合在分中，分在合中；——这一派的彻底分子②这样主张。他们的温和分子③却不力主总是这样又分又合，他们说：整个之中，分与合、一与多、互相更代，有时受阿弗洛地提士的影响，相亲而成一，有时因斗争性发作，交恶而成多。关于这种种说法，评判到孰是孰非的程度，对前贤未免不恭无礼。然而有一点可以坦率地指出，不至于开罪前贤。

泰　哪一点？

客　他们太藐视我们大众了，简直不把我们当一回事。他们每位都是自说自的，从不想想我们到底跟得上他们的话呢，还是落在后面。

泰　你说这话什么意思？

客　他们中间有人说，"一"或"二"或"多"存在，或已在，或方在，热与冷混合一起；在别处又提出什么分与合。泰阿泰德，不瞒上帝说，每次你都懂得他们讲的什么吗？我年轻的时候，听人提到"非存在"，总以为十分了解；如今可觉得迷惑了。现在你可见到，关于它，我们处于如何困难的境地呀！

泰　我见到了。

---

① 指赫拉克利特、恩培多克勒和他们的弟子们。穆萨是希腊神话中司理音乐文艺的诸女神。此处借用其名以比那两批的哲学家。
② 指赫拉克利特派（即上文所谓的奥尼亚地方的穆萨）。
③ 指恩培多克勒派（即上文所谓锡概雷地方的穆萨）。

客 也许我们心里关于"存在"所受的困难不亚于"非存在",可是有人提起它的时候,我们倒认为有办法、懂得清楚,关于"非存在"却不然;其实关于两方面都是一样的。

泰 也许。

客 关于以前所提过的其他问题,我们可以说也是同样的情形。

泰 完全可以。

客 如果方便,我们以后可以研究那许多的问题;此刻必须先研究这个最重大最基本的。

泰 你说的是哪一个?也许你的意思显然是说,我们必须先穷究"存在"一词,看看用这名词的人认为所指的①是什么。

客 你马上就抓住了我的意思,泰阿泰德。我的意思的确是要这么办,就是:把他们当作和我们对谈,当面问他们说:"来,凡主张一切是热与冷或任何两个类似的东西的诸君,你们说这两个共同存在,也个别存在,对它们加上了什么?我们对你们这'存在'一词,应当作何了解?按你们的意思,我们是否应当认为,另有一个和这两个鼎立为三,一切是三,而不是二?你们总不至于把二者之一叫作存在,而又说二者同样是存在吧;因为,无论只说二者之一是存在,或说二者同样是存在,结果总是一个存在,不能两个。"

泰 你说得对。

客 "那么,你们要把它们俩统称为存在?"

---

① 所指的是这名词所指的,补翁本译为用这名词的人所指的,似有误。

泰　也许他们要这样。

客　"可是，朋友们"，我们又要说："即使这样，显然它们俩还是当作一个来说。"

泰　你说得对极了。

客　"我们正在彷徨无路，请诸君明明白白告诉我们，到底你们用'存在'一词是何所指。当然你们自己一向是明白的，但是我们以前自以为懂，现在可糊涂了。请诸位先指教我们这一点，免得我们自以为了解诸位的话，其实大大相反。"我们说这样的话要求他们以及其他主张一切不只是一的人们，不至于有什么过分吧，孩子？

泰　毫不过分。

客　另一方面，对那班主张一切是一的人，我们是否也要极力请问，他们用"存在"一词是何所指？

泰　为什么不要？

客　那么请他们答复这个问题："你们说只有一是存在吧？"他们会答复："我们是这么说"，会不会？

泰　他们会这样答复。

客　"你们又把某物叫作存在吧？"

泰　"是的。"

客　"那物就是你们所叫作'一'的，——同一东西有两个名称，是不是？"

泰　贵客，他们的第二个答案呢？

客　显然，泰阿泰德，凡作这样假定的人想答复我们此刻的问题，或任何其他问题，都不是太容易的事。

泰　为什么？

客　承认有二名，而认为除一之外，别无存在，——这是可笑之至。

泰　可不是？

D　客　并且，说名是个存在，根据一般的理解，这是没有意义的①。

泰　为什么？

客　因为，一方面，他若假定名与物有别，便是承认有两个东西。

泰　是的。

客　另一方面，他若假定名物同一，那就必须承认，名不是任何物名；如说名还是什么的名，那就只是名的名，而不是其他什么的名。

泰　是这样。

客　同样，"一"是一的名，"一"也只是名的名②。

泰　必然的。

客　关于整体，他们会怎么说？说它和那存在的一有别呢，或者说它就是那存在的一？

---

① 此节补翁本不曾译成。娄卜和周厄提两本译文相近，很忠实。康复尔德译文有以己意附益处。

② 此节原文错简不可读。欧洲学者各自以意增减字法，勉强成读；然而莫衷一是。娄卜本逐字直译，译文不可解。注脚所注似亦未洽。补翁本所译有误。康复尔德本缺而不译。鄙意以为此段之意连接上文，意思是说：巴门尼德们所谓"一"，并不能算得真实存在的名（即上文所谓"物的名"），只是一的名，也只是名的名；——"一"是一的名，而一本身是名，所以"一"只是名的名。

泰　他们怎么不会说，而且正是说，整体就是存在的一？

客　如果正如巴门尼德所说的，整体是"团团然像个圆球，从中心到周围都是均匀的，不得一方大一方小、一方重一方轻"；那么，像这样的存在就有中心和边际，既有中心和边际，必然也有部分了。是否如此？

泰　是如此。

客　有部分的东西，其部分与部分之间不免有统一性，在此情况下的各部分之总和，或其所形成的整体，也就是一了。

泰　可不是？

客　然而，在此情况下的东西，本身不可能是单纯的一吧？

泰　为什么不可能？

客　按正确的定义，必须说，真正的一是绝对不可分为部分的。

泰　必须这么说。

客　因此，由许多部分合成的一和正确定义不兼容。

泰　我了解了。

客　存在有了统一性，我们才说它是一和整体呢，或者我们根本就不说存在是整体？

泰　你提出了难决的问题。

客　你所说确是实情。存在有了某种统一性①，显然不就等于一，一切不只是一。

泰　对的。

---

① 是指有部分的统一性。

C　　**客**　其次，存在若因有了统一性而不算整体，同时却有个整体本身①，那么存存就是自身有亏于其为存在了。

泰　完全对的。

客　根据这个理由，存在既是自身有亏于其为存在，便是"非存在"。

泰　是这样。

客　于是一切又不只是一，因为存在与整体各有各的特性。

泰　对的。

客　如果根本上没有整体这东西，同样情形必也见于"存
D　在"，"存在"不但不存在，并且始终不能成为存在。

泰　何以然？

客　成为总是整个地成为，不承认存在上的整体性，就谈不上有什么"存在"和"生成"。

泰　似乎完全是这样。

客　不成整体者无大小可言；有大小可言的，不论多大多小，在那个大小上必也自成一个整体。

泰　正是如此。

E　　**客**　对那主张存在非二则一的人，还有亿万其他问题要发生，每个都包含着无限的困难呢。

泰　目前一战曙光几乎明白指出：关于以前所讨论过的，一层牵连一层，不断引起更大更困难的彷徨。

---

① 这几个字补翁本根据另一种解释而译，与娄卜、周厄提、康复尔德各本不同，然而也不见得没有理由。

客 关于"存在"与"不存在"有明确主张的人，我们尚未完全讨论过，然而这也够了。对主张不大明确的人，我们也要顾到，才能从各方面见得，"存在是什么"不比"不存在是什么"容易讲。

泰 那么我们必须向他们出发。

客 他们之间简直有如巨人们的斗争，为了关于"存在"上之意见的分歧。

泰 怎么呢？

客 有人把一切从天上和不可见的世界搬到地下来，真的双手只抓住木石。抓着这一类的东西，便坚持只有块然挺然可捉可摸者才算存在，给物体和存在下同一的定义。有人若说无体的东西也存在，他们便十分蔑视；对于其他说法，简直置若罔闻。

泰 你所说的真是可怕的人物，我以前也遇过许多。

客 于是乎，他们的反对派便小心翼翼地从高处不可见的世界保卫自己，力主理性上无体的型式是真的存在。并且在理论上，把对方所认为真实存在的体弄得四分五裂，把它不叫作存在，叫作转动不居的生灭。泰阿泰德，关于这个问题，他们两派之间大大争执不休。

泰 真的。

客 我们可以先后听取这两派关于其所主张的"存在"的论点。

泰 我们如何听取？

客 把存在归于型式的那班人——从他们那里，容易听取，因为他们较为文明；把一切强拉到物体上的那班人——从他们那里，较难听取，也许甚至听取不来。然而我觉得，对他们必须这样做。

泰　怎样？

客　最妙是事实上使他们变好，如果可能。若办不到，姑以意为之，假定他们不像此刻这样无法无天，比较就范，肯答复我们的问题。得到好人的同意比得到坏人的，较有分量，较有价值。然而我们并不管他们本人，我们是求真理。

泰　对极了。

客　那么叫这班改良过的人答复你的问题，你替他们传话好了①。

泰　就这么办吧。

客　让他们说，他们承认不承认有有死的动物。

泰　为什么不承认？

客　他们难道不承认这是有灵魂的体？

泰　当然承认。

客　把灵魂当作一件存在的东西？

泰　是的。

客　他们不是也承认，灵魂有义的、有不义的，有智的、有愚的？

泰　可不是？

客　灵魂成为义的，因为有义在其中；灵魂成为反面的，因为有反面的品德在其中。

---

①　补翁本译为"叫他们敷陈他们所主张的"，似有误。

泰　是的，他们也同意这一点。

客　他们无论如何要承认，能在一物之中的和不能在一物之中的，本身必是一种存在。

泰　他们承认的。

客　公义、智虑和其他品德，以及其反面，乃至其所在的灵魂，——这些东西若是存在，他们认为有的是可见可摸的呢，或者都是不可见[不可摸]的？

泰　他们认为这些东西几乎没有一件是可见[可摸]的。

客　什么？他们不是认为这些东西是有体的吗？

泰　对这问题，他们不是概无分别地答复。他们觉得，灵魂本身有一种体；至于智虑和其他你方才所问的，却不好意思大胆认为不存在，或者坚持都有体。

客　泰阿泰德，显然这一批人转好了；因为，龙齿插在地里所发出土著的苗裔①，本不至于不好意思固执一点，他们倒会坚持到底：凡手里不能捏的东西全不存在。

泰　你说的几乎就是他们想的。

客　咱们再问他们。只要他们肯承认，存在之中——甚至小小部分——有无体的，这就够了。他们必须说，那并附于有体和无体事物之中的，他们有见于此而说那两种事物同是存在的，到底是什么。他们也许茫然不知所对；若是果然这样，看看他们肯

---

① 希腊古时有个英雄，名叫卡德摩斯（Cadmus）。神话流传，说他杀死一个龙，奉神的命把龙齿种在地里，便发出来许多带甲的兵士。他们互相残杀，剩下五个，帮他建 Cadmes 城，此城是后来忒拜（Thebes）城邦（city state）的发源地。相传 Theban 民族裔出于那班龙齿化成的人。

不肯接受我们的建议，同意存在是像下面所讲的那样。

泰　怎么样？说吧，我们可以快些分晓。

客　我说，凡有任何一种能力影响任何性质的其他东西，或受其他东西影响的，影响之力虽微，影响之效虽末，影响之时虽不过一度，已经可算真实的存在了。所以我替存在下个界说，就是：存在非他，能力而已。

泰　他们目前提不出更好的说法，只得接受这个了。

客　好的。也许将来彼此又有别的发见，此刻暂且把这个认为我们和他们双方所同意的。

泰　可以。

客　我们可以转到别派去，转到标榜型式的朋友们那里。你也要对我们传述他们的主张。

泰　就这么办吧。

客　"你们把生灭和存在分开，当作两件事讲，是不是？"

泰　"是。"

客　"你们说，我们以身体通过感官去与有生灭，以灵魂通过思虑去与有真正的存在；——存在永远自若，生灭随时转变。"

泰　"咱们是这么说的。"

客　"一世之杰啊，'与有'，你们对那两方面所谓与有，我们应当理解为什么？不就是我们方才所说的吗？"

泰　"所说的什么？"

客　"事物与事物，由于一种能力，彼此相接而起影响的施或受。"或者，泰阿泰德，你不曾听到他们关于这一层的答案；我却听到了，——许是因为和他们熟悉的缘故。

泰　他们答复些什么话？

客　他们不赞成我们方才对土里生出的人们所说关于存在的话。

泰　什么话？

客　我们方才不是提出过关于存在的圆满界说吗？那就是：凡受影响或施影响的能力所在的东西都算存在，即使施方面或受方面极其微末。

泰　是的。

客　关于这一点，他们说：生灭与有受与施的能力，这两种能力却和存在无干。

泰　他们这话有所建白吧？

客　可是我们对他们所建白的必须回复一句：我们还需要请他们明白指教，到底他们是否承认灵魂是能知，存在是被知。

泰　他们一定承认。

客　"那么你们说，能知或被知是施呢，受呢，或亦施亦受？或者其一是施，其他是受？或施与受二者都没有它们的份？"

泰　他们显然要说二者都没有它们的份，否则他们的前言后语相矛盾了。

客　我了解了；他们必须承认：能知若是有其所施的影响，反过来，被知必是有其所受的影响。根据这理由，存在既被知的能力所知，那么，被知到什么程度，便也被动到什么程度，因为受了知能所施的影响。这种情形，我们认为不会发生于静的东西上。

泰　对了。

客 我的帝士，我们竟然轻信，在十全的存在里，真的无动、无生、无灵魂、无思虑？它不生、不虑，只是神圣不可侵犯、无心而屹然不动的吗？

泰 贵客，那可了不得，如果我们竟然赞同这样离奇的说法。

客 我们可否说它有心而无生命？

泰 怎么可以？

客 那么我们说它二者都有，而不在灵魂里有？

泰 二者不在灵魂里有，还能在哪里有？

客 那么，它有心、有生命、有灵魂；虽有灵魂，而完全不动？

泰 我觉得这些话都没有道理。

客 那么必须承认，动与被动者是存在。

泰 可不必须？

客 结果是这样，泰阿泰德，存在若是不动的，心就无所附、无可施、无处见。

泰 就是这样。

客 然而，反过来，如果我们承认一切全在变动不居之中，那么，由于这样的说法，我们又把心本身排出存在之外了。

泰 怎么呢？

客 你想，没有驻留，还能有同样性质、同样形态、同样关系的任何东西吗？

泰 绝不能有。

客 没有这样的东西，你看，心能够存在，或有处产生吗？

泰 毫无办法。

客　那么，凡抹杀知识、思虑和心，而要关于任何事物强作任何主张的人，我们必须用一切理由与之力争。

泰　非常必须。

客　因此，极端重视这些东西的爱智者①，为着这些东西，似乎必须，一方面，绝不接受凡主张一切是一或一切是多型的人们之把一切认为静止的说法；另一方面，对于存在遍体皆动的论调，也要置若罔闻。他必须像儿童那样双手都要东西，说存在与一切又动又静②。

泰　对极了。

客　讨论中，我们不是显得很抓住了存在的意义吗？

泰　十分抓住了。

客　喂！泰阿泰德，我们这才尝到研究这个问题的难处！

泰　怎么反而难起来了，你的话什么意思？

客　有福气的孩子，难道你不觉得，关于它，我们此刻正处于莫大的蒙昧中，倒自以为有所建白？

泰　我确也觉得；我们怎么不知不觉地到这地步，我完全莫名其妙。

客　仔细想想，我们此刻同意了这几点，假定有人，把我们以前对那主张一切是热与冷的人所问的话，拿来反问我们，是不

---

① 补翁本把"爱智者"和"……重视……"的人分为两个人，似有误。"这些东西"指知识、思虑，等等。
② 娄卜本因原文有 τήν τῶν παίδων εὐχήν 等字，把"一切……静"当作儿童的祈求语。其实就文法说，οὖσα ἀκίνητα ... κεκινηένα 等字的格、数、性都和 εὐχήν 不协，倒和 τὸ ὂν ... τὸ πᾶν ξυναμφότερα 等字相协；可见应从后者，译成这样。补翁、周厄提、康复尔德各本都和娄卜本不同，而与拙译大同小异。

是应该的。

泰　什么话？请你提醒我。

客　一定。我要尝试一下，像以前问他们那样问你；我们也可以借此稍进一步。

泰　好吧。

客　来吧，你不是说，动与静彼此最相反吗？

泰　可不是？

客　同时，你说它们两者存在、个别存在，——其为存在一也？

泰　我是这么说。

客　你承认它们存在，就是说，它们两者是在动，个别是在动？

泰　绝不这么说。

客　那么，你说它们两者存在，是指它们两者在静中？

泰　怎么是？

客　那么，你把存在当作在灵魂里和动静并存，而兼包动静的第三件东西；因见动静与有存在，便说它们两者是存在？

泰　我们说动与静是存在，真像预言存在是第三件东西。

客　然则存在并不是动与静两个一起，是它们以外的另一东西。

泰　似乎如此。

客　就其本性说，存在不静也不动。

泰　几乎如此。

客　那么，关于存在想得一个明确概念的人应当再向何处用心？

泰　真的，向何处？

客　我想不容易有出路。既不动，哪能不静？反过来，绝不静的怎会不动？存在此刻显得是二者以外的东西，这是可能的吗？

泰　这是最不可能的。

客　另外有这一点应当记住。

泰　哪一点？

客　以往被人问起"不存在"一词应当用在什么东西上，我们感到莫大困难。你记得吗？

泰　怎么不记得？

客　此刻关于"存在"，我们所遇的困难是否较小？

泰　贵客，我觉得咱们所遭的困难更大，如果说得出。

客　就认定大难关在这里吧。然而"存在"和"非存在"所有的困难既是相等，眼前的希望是：只要其一有一线或明或暗的曙光，其他就同样也有。如果我们看不出任何一个有一线曙光，我们也要尽其能事，找出二者之间的一条路，继续讨论下去。

泰　妙。

客　我们且说说，我们总是用好多名称称呼同一东西，这是怎么地？

泰　比如什么？举个例子。

客　说到人，我们加上许多名称，如形、色、大、小、善、恶；在所有这些，和别的亿万名称之下，我们不止于说他是一个人，还说他好坏以及其他无穷的话。用同样说法，关于其他东西，我们既认定每个为一，却又说它是多，以许多名称称呼它。

泰　你说的是实情。

客 我想，这里，我们替年轻和年老晚学的人，开了方便之门。人人马上很简便地认定，多不能是一，一不会是多；他们巴不得不许称人为好，只许说，好是好、人是人。我想，泰阿泰德，你常遇见服膺此说的人——有时年纪大的，因思想贫乏，倾心仰慕这种说法，自以为发现了十全的智慧本身。

泰 时常遇见。

客 那么，使我们的议论对凡关于存在有所建白的人而发，我们此刻所要讲的，在提问方式下，既对这班人，也对其他我们以往曾经交谈过的。

泰 所要讲的是什么？

客 我们是否不把存在加于动与静上，也不把任何其他东西加于任何其他东西上；在我们的讨论中，把它们各归各，认为彼此不能掺和，不相与有？或者把一切拢在一起，当作彼此能够参与？或者有的可以这样，有的不可以这样？泰阿泰德，我们认为哪一个说法是他们所要采取的？

泰 关于这些问题，我替他们答复不出。

客 何不逐一答复这些问题，看看每一结果如何[①]？

泰 你说得对[②]。

客 如果你赞成，我们第一步先假定：他们主张，没有任何东西有任何能力，和任何其他东西，为着任何作用，而参与起来。那么，动与静岂不是完全不能与有"存在"的一份吗？

[①] 补翁本和周厄提本都把此节并于前节，作为泰阿泰德所说的，似未妥。

[②] 补翁本和周厄提本把此句归入下节客人的话里去，似亦未妥。

泰 不能与有。

客 动与静既不能与有"存在"的一份,它们还能存在吗?

泰 不能存在。

客 一承认这一点,似乎一切马上天翻地覆;——所有的学说,如一切皆动说,万有阒然如一说,乃至凡主张存在是在若干形式上始终如故的,这一切都站不住了。因为它们都把存在加于事物上,有的说万物存在于动中,有的说万物存在于静里。

泰 恰是如此。

客 凡主张一切有时合、有时分的,不论无穷的事物合于一、一分出无穷的事物,或者一切分成有限的元素、有限的元素构成一切,——这些现象的发生,认为相间地也好、连续地也好,总而言之,没有混合参错,他们所说的便一例落空。

泰 对的。

客 并且,不许一物因与有他物的性质而得他物的名称,——凡附和这种主张的人,就是这班人,弄得笑话百出。

泰 何以见得?

客 关于一切东西,他们必须用"存在"、"除外"、"由于他"、"在本身上"以及无数别的字眼。那些字眼,他们无从避免,言语上不得不用;这就不待他人来反驳,如俗语所说,自有敌人和将来的对头在家里,而且随处携带,像怪人欧吕克利亚那样,腹中藏着反对自己的心声①。

---

① 希腊古时的一个男巫。相传他腹中有妖魔,能从腹内发出话来。见阿里斯托芬的《马蜂》(Wasps),第 1019 行。

泰　你打的比喻又切又真。

客　假定我们承认，万物有彼此互相与有的能力，怎么样呢？

泰　甚至我，也能推翻这个假定。

客　怎么呢？

泰　这样一来，动本身完全是静的，静本身也是动的，如果它们彼此相联。

客　这是最必不可能的事，——动那能静，静那能动？

泰　可不是？

客　那么，只剩下第三条路。

泰　是的。

客　三者必居其一：万物或是全掺和，或是全不掺和，或是有的掺和、有的不掺和。

泰　可不是？

客　其二已经发见是不可能的。

泰　已经。

客　凡想答复得正确的，一定要举那三者之中所余的为答。

泰　的确要。

客　既是有的能掺和、有的不能掺和，那么，几乎同字母一样情形，——字母有的能彼此相拼，有的不能彼此相拼。

泰　可不是？

客　和其他字母不同，主音字母在所有字母中做撮合者，没有它们的任何一个，其他字母就不能彼此拼合。

泰　的确如此。

客　是否人人知道，哪些字母能和哪些字母拼合；或者，拼合字母，需要技术才能做得圆满？

泰　需要技术。

客　什么技术？

泰　字书之术。

客　关于音调的高低，不是也一样吗？有技术能辨可调和与不可调和之音的，不是叫作知音吗？不懂这一行的，不是叫作不知音吗？

泰　是这样。

客　在其他技术上，我们也能遇到同样内行和不内行的差别。

泰　可不是？

客　我们既承认种类也有同样互相掺和的情形，那么，想正确指出哪几类彼此相投，哪几类彼此相拒，不是需要一种学问指点讨论的途径吗？至于有没有贯穿而撮合一切，使其能于掺和的；反过来，在分离的情况下，是否有分离的原因贯穿于整体之中？考究这些问题，不是需要一种学问吗？

泰　为什么不需要学问？恐怕还需要最大的学问呢？

客　我们要给这门学问起个什么名称，泰阿泰德？我的上帝，我们岂不是无意中碰到了自由人的学问，找智术之师，倒偶尔先遇见了爱智者？

泰　你这话怎么讲？

客　按类划分，不以同型为异型、异型为同型，——我们不是要说，这是辩证学的事吗？

泰　我们是要说。

客 会辩证学的人充分辨识：有完全贯穿于各自分立的众物之中的一型，有彼此互异而被外来一型所包的众型；也有会合众整体于一而贯穿乎其中的一型，和界限划清完全分立的众型。这就是懂得按类划分，——各类在什么情况下能掺和、在什么情况下不能掺和。

泰 完全对的。

客 我想，除了纯正的爱智学者以外，你不会把辩证学许给别人吧。

泰 怎么会许给别人？

客 那么，我们若寻爱智者，就会在这种地方遇到，——无论现在与将来。他也是难于看得清楚，然而他的难见处和智术之师不同。

泰 怎么不同？

客 一个跑进"非存在"的昏天黑地里，摸摸捉捉地消磨岁月。因为他的地方黑暗，难得看见他。是不是这样？

泰 似乎是这样。

客 爱智者呢？他总是循着思维之路而进窥"存在"的原型；因为他的地方光明灿烂，也不容易看见他。众人心灵的眼睛经不起注视神圣的光辉。

泰 这个情形近似事实，并不亚于智术之师的那样。

客 关于他，回头还要更仔细考察，如果我们愿意。关于智术之师，我们没有看得十分清楚以前，显然必不可放过。

泰 你说得妙。

客 我们既已同意，有的类能彼此掺和，有的不能；有的类

同少数的掺和，有的同多数的掺和，有的毫无障碍地同所有的　C
掺和而贯穿乎其中；往后我们在讨论中，可以这样继续考察，就
是：不要尽一切的型，免得多了会糊涂，只要选些所认为最主要
的，先看它们每个是什么性质，再看它们彼此掺和的能力如何；
这样就使我们，纵然未能十分明确地把握住"存在"与"非存
在"，在目前研究方式所容许的范围内，尽量了解它们，理论上不
至于有所欠缺；也许我们居然可以说，"非存在"毕竟以"非存　D
在"存在着，而免于犯语病。

  泰　应该这样做。

  客　类①中最主要的就是我们方才所提的：存在本身和动与静。

  泰　诚然。

  客　我们说，其中两个彼此不掺和。

  泰　绝不。

  客　"存在"和那两个掺和，因为那两个是存在的。

  泰　可不？

  客　那么它们共成三个。

  泰　是了。②

  客　它们之中，每一个异于其他两个，而同于自己。

  泰　是这样。　　　　　　　　　　　　　　　　　　　　E

  客　我们方才说"同"与"异"，到底说些什么？这俩虽然总
是必和那三类相掺和，却是异于它们的两类，因此，不是共成三

---

① 类即型，与型互用。他处一例。

② 此句康复尔德本漏译。

255 类，而必须作为五类考察呢？或者我们用"同"与"异"的字样，无形中就是指那三类之一？

泰 也许。

客 然而动与静绝不就是①同，也不就是异。

泰 怎么呢？

客 我们无论把动与静共同叫作什么，这个什么不会就是动，也不会就是静。

泰 为什么呢？

客 因为这样一来，动会静，静也会动。它们俩，只要其一
B 变成[异乎己的]其他，就会逼使其他变成与其本性相反者，而与有与其本性相反的性质。

泰 恰恰如此。

客 它们俩与有"同"，也与有"异"。

泰 是的。

客 那么，我们就不能说动是"同"或"异"，也不能说静是"同"或"异"。

泰 不能。

客 然而，我们心目中是否应把"存在"与"同"当作一个东西？

泰 也许。

客 "存在"与"同"所指的若是没有什么分别，那么，旧话
C 重提，我们一说动与静是存在，就是承认它们俩是"同"。

---

① "就是"即"等于"，下仿此。

泰　然而这一定不可能。

客　那么"同"与"存在"不能是一个东西。

泰　这几乎不成问题了。

客　我们是否要把"同"算作那三型以外的第四型？

泰　绝对要。

客　我们是否也应该把"异"算作第五型？或者我们心目中应当把它与"存在"认为一个类的两个名称？

泰　或者。

客　我想你承认，存在的东西中，有的总是被认为自在的，有的总是被认为有待于其他而在的。

泰　为什么不承认？

客　"异"总是与"异"相对待，是不是？

泰　是。

客　那可不是这样，如果"存在"与"异"不是截然有别。"异"若是也像"存在"那样，与有自在和相对而在两型，那么，"异"者之中，就有不与其他"异"者相对待而为"异"的。可是我们确实知道，凡"异"之所以为"异"，必是由于其他的"异"与之相对而不得不然。

泰　你说的是事实。

客　那么必须说，"异"的性质是我们所提出的型中的第五个。

泰　必须。

客　并且我们以为"异"的性质贯穿一切型；个个型"异"于其他的型，非因其本性如此，乃因其与有"异"的型。

泰　恰恰如此。

客　我们且对这五个型逐一作如下的说明。

泰　怎样？

客　先说动，它完全"异"于静，是不是？

泰　是。

客　那它就不是静。

泰　绝不是。

客　它存在，因为与有"存在"①。

泰　它是这样存在的。

客　重说一遍，动是"异"于"同"。

泰　几乎无疑问了。

客　那它就不是"同"。

泰　不是。

客　然而它又确是"同"，因为一切与有"同"。

泰　很对。

客　那么动又是"同"，又是"非同"，——这必须承认，不要惊疑。我们说它又"同"又"非同"，我们的意思不一样。说它是"同"，因为它与有"同"，"同"于己；说它是"非同"，因为它与有"异"，——与有"异"，才与"同"分开，不成"同"而成"异"，所以反过来说它"非同"是对的。

泰　完全对的。

客　那么，假如动本身在某种情况下与有静，便说动是静，

---

① 即"存在"的型。

也没有什么离奇了？

泰　最正确不过，如果我们承认种类之中有的彼此能掺和，有的不能。

客　说到这里以前，我们证明过这一点，认为各种类本性上是如此。

泰　可不是？

客　我们再说一遍，动异于"异"，正如它异于"同"、异于静。是不是这样？

泰　必然是这样。

客　那么，按此刻的说法，在某种情况下，动不是"异"，而又是"异"。

泰　果然如此。

客　往后呢？我们是不是要说动"异"于其他三型，却不"异"于第四型，——既已同意了我们提出研究所攸关和所限定的型是五个？

泰　这怎么行？我们不能承认那数目比方才所指定的少。

客　那么我们可以大胆力争动是"异"于"存在"？

泰　可以大胆之至。

客　那么明显得很，动真的不是存在，而又是存在，因其与有"存在"。

泰　明显极了。

客　于是乎，"非存在"不但在动上存在，在一切类上都存在，——这是必然的。因为在一切类上，"异"的性质起着作用，使其个个"异"于"存在"而成"非存在"。根据这个情形，我们说一切类不存在是对的；然而反过来，因为它们与有"存在"，说它们存在也是对的。

泰　似乎如此。

客　对于每个型①，是"存在"的固然多，是"非存在"的为数也无穷。

泰　似乎是这样。

客　那么"存在"本身必须认为"异"于其他类型。

泰　必须。

客　我们发现："存在"对于"异于存在者"而不存在，其为数正等于"异于存在者"之数；因为，"存在"不是"异于存在者"，其本身自成为一，而不是那为数无穷②的"异于存在者"。

泰　差不多是这样。

客　所以，不须惊疑这一点，因为各类本性上是彼此互相参与的。如果有人不同意这一点，请他驳倒了我们的前言，再驳我们的后语。

泰　你说得公平极了。

---

① "τῶν εἰδῶν"补翁本译为species，周厄提本和娄卜本皆译为class，康复尔德本译为form。考诸希腊文字典，εἶδος 实兼（一）form, shape；（二）sort, kind；（三）species 诸义。可见 εἶδος 可译为型，亦可译为类。柏拉图用 εἶδος 一字，也是兼涵类与型之义，单举曰类或型，兼举曰类型，其实"类"、"型"及"类型"、三词互用。εἶδος（species——类）和 γένος（genus——种）二字，柏氏也时常互用，因为种和类无固定的区别，本是相对的；——包者（或统者）为种，所包者（或属者）为类，而包者可以转为所包者而成类，所包者可以转为包者而成种。例如：人是包黄种人的，人是种，黄种人是类；人转而为哺乳动物所包，人是类，哺乳动物是种；黄种人转而包中国人，黄种人是种，中国人是类。

② 娄卜本把"为数无穷"译为"非为数无穷"，似有误。

客　咱们看看下面一点。

泰　哪一点？

客　我们每提到"非存在"，似乎并不是指"存在"的反面，而只是指"异"于"存在"的。

泰　怎么样？

客　例如我们说某物不大，你想这句话的意思指小的成分会多于指中材①的吗？

泰　怎会？

客　所以，若有人说否定之词是指反面，我们不要承认；我们只能承认：放在某字之前的"非""不"等词表示"异"于该字之含义的另一意义，——其实是指"异"于该字所指之事物的另一事物。

泰　完全是这样。

客　你如果同意，我们再来考虑下面一点。

泰　哪一点？

客　我觉得"异"的性质，像知识一样，也弄得四分五裂。

泰　怎么呢？

客　一方面，和"异"的性质一样，知识只是一个；另一方面，分别施于各事物上的各部门知识——有其特殊名称。于是就有许多所谓术与学。

泰　完全对的。

---

① 原文 τὸ ἴσον 直译为"平分"、"等量"。大与小都不是平分等量。译为"中材"，即指平分之量，不大亦不小者也。

客　同样情形，"异"的性质是一，而分为各部分。

泰　也许是这样，我们可说说其所以然。

客　"异"中有没有一部分与"美"相反的？

泰　有。

客　我们认为这部分无名称呢，还是有个名称？

泰　有名称。我们每称为"非美"的，无非是异于美之性质的。

客　来，再告诉我下面一点。

E　泰　哪一点？

客　结果，"非美"还会是别的，不是与"存在"中某一类分立，而又和某一类相反的吗？

泰　是这样。

客　那么，"非美"似乎结果成为"存在"与"存在"的对立。

泰　对极了。

客　按这么说，我们能否认为："美"多存在些，"非美"少存在些？

泰　绝不能。

258　客　那么必须说，"非大"和"大"同等存在？

泰　同等存在。

客　"非公义"也要和"公义"作同等观，其一丝毫不比其他多存在些？

泰　可不是？

客　关于其他东西，我们也要作同样看法；因为，"异"的性质既属"存在"范围，"异"既存在，其各部分必也不比任何东西少存在些。

泰　可不是？

客　那么，似乎"异"的一部分性质若和"存在"[的一部分]① 性质对立，这对立的并不比"存在"本身少存在些，——如果可以这么说；对立的部分所指的不是"存在"的反面，只是"异"于存在的。

泰　再显明没有了。

客　那么，这种对立的部分，我们应当叫作什么？

泰　显然这就是"非存在"，我们为了智术之师而找的。

客　那么，据你说，"非存在"丝毫不比其他东西缺少存在性，于是可以大胆说："非存在"稳然存在，有其自己的性质，——正如"大"是大，"美"是美，"非大"是非大，"非美"是非美，同样，"非存在"是非存在，"非存在"存在着，算是许许多多"存在"中的一类？或者，泰阿泰德，关于这一层，我们还有疑问？

泰　一点没有了。

客　你瞧，我们不信巴门尼德，乖违了他的悬戒。

泰　什么意思？

客　我们向前探讨，对他指出了他所限定研究范围以外的东西。

泰　怎么一回事？

---

① 括号内的字是译者认为应有而原文所无的（以下仿此）。此处加上括号内的字，方能与上文"一部分"的意思相称。周厄提和康复尔德二本都加上。

D　　**客**　他在某处说："'非存在'存在的话绝不可听；躲开这条路，你的穷理的心。"

　　泰　他是这样说的。

　　客　我们不但指出不存在的东西存在，还阐明了"非存在"
E　的型。我们证明"异"的性质存在，分布于一切"存在"的彼此相对上；我们还大胆说，"异"的性质和"存在"对立的每一部分本身就①是以"非存在"的资格存在着。

　　泰　贵客，我想咱们说得再对没有了。

　　客　不要使人误会，我们证明了"非存在"是"存在"的反面，再大胆主张"非存在"存在。关于"存在"的反面，我们早
259　就不谈它存在与否、可说与否。至于我们方才说"非存在"是什么，尽管让人驳我们说得不对；如果不能驳，就要像我们那样承认：类彼此相参合；"存在"与"异"贯穿一切，同时彼此与有；与有"存在"的"异"因与有"存在"而存在，并不等于它所与
B　有的，是"异"于它所与有的；它是"异"于"存在"，显然必是"非存在"。反过来，"存在"既也与有"异"，便"异"于其他的类；既"异"于所有其他的类，便不是它们的单个，也不是它们的一起，只是自己本身。于是乎，毫无疑问，"存在"不是亿亿万万的东西；其他一切都这样，无论单独或一起，在许多情况下存在，在许多情况下不存在。

　　泰　对了。

---

① 此处以下原文直译实为："……的确是'非存在'"。其辞甚晦，故改译如此；意思不背原文，只是把它弄明白些。参看上文（258B 末节至 C 中节）。

客　如有人怀疑这种对立的情况，他就必须考究一番，提出比我们更好的说法。不然，发现了困难所在，有意东扯西拉，好弄言语；按此刻的论点说，他是不值得于此枉费气力。其实他这种办法既不妙也不难，难而且妙的倒是另一种。

泰　哪一种？

客　就是以前所说的：能够泰然无事地跟上人家的话，逐层批驳。人家说"异"在某种状况下是"同"，"同"在某种状况下是"异"，便本其原意，就其所举的情况，逐一批驳。反过来，笼统地随便指派，"异"有时是"同"，"同"有时是"异"，"大"有时是小，"似"有时是不似，在辩论上，总是这样喜欢兜正与反的圈子；——这不是真正的辩驳，显然是初次接触"存在"问题的小孩子。

泰　恰恰如此。

客　好朋友，想把一切分开，另一方面也是不合理的，其实是最不学无术、最违反爱智的精神。

泰　为什么呢？

客　把每件东西和所有其他分得一丝不连，便等于言语道断，因为言语生于各类或各型的彼此交错。

泰　对的。

客　注意，现在正是时候同这班人绞一绞，逼住他们承认一物能与他物参错。

泰　为什么目的。

客　为的是言语是各类"存在"之一。废除言语，可了不得，爱智之学也要取消了。并且，关于言语是什么，我们此刻必须把意见弄一致了；若把言语弄到完全不存在的地步，我们就不能再说话。如果我们承认事物彼此不相参错，就是取消言语。

泰 这说得对。可是我不了解为什么此刻必须把关于言语的意见弄一致了。

客 也许最容易了解的办法莫如从这一方面入手。

泰 哪一方面？

客 我们以前发现，"非存在"是各类之一，分布于一切"存在"上。

泰 是这样。

客 其次，必须考察"非存在"是否和意见、言语参错。

泰 为什么？

客 不同它们参错，一切就必然全真；同它们参错，意见和言语就有假的。因为心想或口说"非存在"的东西，这就是在思想或言语上所产生的假。

泰 是这样。

客 有假便有欺诈。

泰 是的。

客 既有欺诈，万物便充满着形象、肖像、幻象等等。

泰 可不是？

客 我们以前说，智术之师躲在这里，他完全否认有假这东西。据他看，"非存在"没有人能想能说，因为"非存在"丝毫不与有"存在"。

泰 这是他的看法。

客　现在"非存在"既已证明是与有"存在",他或者不再在这方面攻了。然而他还许要说:型有的与有"非存在",有的不与有"非存在";言语和意见便在不与有之列。于是乎,造像术和幻象术,我们说他所躲的地方,他也要来攻,认为绝不存在,因为意见和言语不与有"非存在",既不与有,假①[的东西]就绝不存在。所以我们必须先找出言语、意见、幻想究竟是什么,这问题弄清楚,便能明见它们与有"非存在";明见它们与有"非存在",便能证实假之存在;证实了假之存在,把这位智术之师监禁在那里,如果他是罪该监禁,否则放他走,在别的类上找他。

　　泰　贵客,我们开头所说关于这位智术之师的话似乎真不错,他果然是一种难捉的动物。他显得满怀都是防御的武器,随时放出一种,就要先打穿以后才能近他本身,此刻我们仅仅打穿了他的"'非存在'不存在"的防线,他又布了一道防线,于是我们必须证明言语和意见上存在着假;也许这个后面还有一道,一道之后又有一道,好像永无终止似的。

　　客　泰阿泰德,能够前进的,所进虽微,必须大胆不断前进。在这种情况下就丧胆,在别的情况下,或毫无进展,或不进反退,那可怎么办?这种人,像俗语所说,恐怕永远打不出天下来。现在呢?好朋友,你所说的这条防线既已打穿,最高城墙似已占领,其余的较矮,较为易攻。

　　泰　说得妙。

---

① 假的东西即指幻影术与造像术。

客　那么按方才的话，先提出言语和意见，详加考虑，"非存在"和它们是否相干，或者它们俩全是真的，一个也不至于假。

泰　对。

客　来，像以前那样讨论型和字母，咱们也同样考究字。咱们此刻所找的东西似乎在这方面稍有线索。

泰　关于字，有什么必须晓得的？

客　所有的字彼此都能联合，或者都不能联合；或者有的能，有的不能？

泰　显然是有的能，有的不能。

客　也许你是这个意思：凡说得有次序，并且有所指的，这些字可以联合；只是凑成一串而毫无所指的，就不能联合。

泰　怎么呢，你这话什么意思？

客　就是，你表示赞同时，我所猜想的你的意思。我们语言上表示"存在"的有两种符号。

泰　怎样？

客　一种是名字，一种是谓字。

泰　每种都讲一讲。

客　表示动作的，我们叫作谓字。

泰　是的。

客　语言上的符号表示动作者的，叫作名字。

泰　一点不差。

客　那么，一句话绝不只是一串名字所构成的；另一方面，有谓字而无名字也不成话。

泰　我不懂这一层。

客　你方才表示赞同，心里显然是想些别的。我所要说的只是这一点：这样一串的名字或谓字不成一句话。

　　泰　怎样一串的？

　　客　例如"走"、"跑"、"睡"以及其他表示动作的谓字，就是尽其所有依次说出，也还不成语。

　　泰　怎能成话？

　　客　反过来，若把"狮"、"鹿"、"马"以及其他这些动作者的名字，一一举出，这么一串也不成话。因为，未把谓字和名字合起来，这样或那样一串的字都不曾指出动作不动作，或事物存在不存在的性质。名字和谓字一配合，初步的配合就成话——最简最短的话。

　　泰　你这什么意思？

　　客　譬如说"人学"，你想这是不是最简单最初步的话？

　　泰　我想是的。

　　客　因为，把谓字和名字配合起来，对事物有所表白：或关于存在的，或关于方成的，或关于已成的，或关于将成的；不是只举其名，而是对它下断语。因此我们说这个成话，不是单举事物之名；我们给这种配合一个名称，叫作话。

　　泰　对的。

　　客　像东西那样有的配合、有的不配合，语言上的符号也是有的不配合、有的配合而成话。

　　泰　满对的。

　　客　还有下面一小点。

　　泰　哪一点？

客　每有一句话，必是关于某一事物①的，绝不能不关于任何东西的。

泰　是这样。

客　同时，一句话必有其性质。

泰　可不？

客　现在把注意力转到咱们自己。

泰　无论如何，这是需要的。

客　我要对你说一句话，用一个名字和一个谓字，把一件事物和一个动作②配合一起。这句话是关于什么的，请你告诉我。

泰　我要尽其所能告诉你。

客　"泰阿泰德坐着"，这句话不长吧？

泰　不，刚好。

客　你可要讲讲，这句话说些什么，是关于谁的。

泰　显然是关于我的，说我的事。

客　另一句呢？

泰　什么一句？

客　"此刻我同他谈话的泰阿泰德飞着。"

泰　这一句，谁也不能否认是关于我的，是说我的事。

客　我们也承认每句话必有其性质。

---

① "关于某一事物"(τινὸς εἶναι ...) 等字，周厄提本和娄卜本译为"有主词"(to have a subject)。虽原文引申之义是指主词，却不曾明说出来；故按原文质译如此。
② 娄卜本把"一件事物和一个动作"(πρᾶγμα πάξει) 等字译为"一个动作和动作的结果"(an action and the result of action)，似未洽。补翁、周厄提、康复尔德诸本译文皆不如此。

泰　是的。

客　那么这两句话，每句是什么性质？

泰　一句是假的，一句是真的。

客　真的那句说的是关于你的实在的事。

泰　可不是？

客　假的那句所说"异"于实在。

泰　对了。

客　它把"非存在"的东西当作"存在"说。

泰　是这样。

客　于你是"异"于存在的事，说成是存在的。我们说过：关于每件东西，有许多是存在的事，有许多是不存在的事。

泰　一点不差。

客　第一层，我所说关于你后一句的话，以我们对于"话是什么"所立的界说衡量，算是仅合要求的最短的一句。

泰　无论如何，这一层我们刚同意过。

客　其次：它是关于某人或某物的。

泰　是这样。

客　如不是关于你的，便是不关于任何其他的。

泰　可不是？

客　如不关于任何东西的，就完全不成话；因为我们声明过：不关于任何东西的话而成话，这是一件不可能的事。

泰　对极了。

客　关于你的话，如以"异"为"同"、以"非存在"为"存在"，这种谓字与名字的配合，似乎千真万确地是假话。

泰　千真万确。

客　那么，思想、意见、幻象，这三种东西发生于我们的心里，统是有真有假，——这不是已经明显的事实吗？

泰　何以见得？

客　这一点比较容易见到，如果你先了解：它们究竟是什么，每个彼此互异的地方在哪里。

泰　只好请你指点吧。

客　思想和言语不是同一东西吗？内心自己无声的谈话，我们起个名称，叫作思想。

泰　完全对的。

客　从心里、由嘴上、出来有声的流，叫作话？

泰　对的。

客　在话里我们知道有……

泰　有什么？

客　有肯定和否定。

泰　知道。

客　在心的思想无声而起的肯定和否定，除了"意见"以外，还能叫作什么？

泰　怎能？

客　非自然而然，乃由感觉而起的[类似意见的]那种心理状态，除了幻象以外，还有什么别的妥当名称？

泰　没有别的名称了。

客　话既有真有假；而且，思想不过内心自己谈话，意见不过思想的结果，所谓"幻然"不过感觉和意见的混合，——那么，它们与话既是一丘之貉，便也必然有的有时会假。

泰　可不是？

客　你瞧，假意见和假言语倒比所预料的早发见了；——我们以前唯恐白费气力、永远找不到呢。

泰　知道了。

客　我们对于其余的不要灰心。这几点已经弄明白了，可以 C 回到以前的分类。

泰　什么分类？

客　我们以前把造像术分为两类，一类是肖像术，一类是幻象术。

泰　是的。

客　我们说茫然不知应把智术之师归哪一类。

泰　是这样说过。

客　我们正在彷徨失路的时候，一个更大的风云又滚来了。是一种和大家立异的主张，据说：肖像、形象、幻象等等全不存 D 在，因为无论何时、何地、何种情况，都没有假这东西。

泰　你说得对。

客　现在呢，假言语和假意见既已发现，"实在"的摹本便能存在，在此情况下，欺诈的技术也能产生。

泰　可能。

客　我椚以前同意说：智术之师是属于那两类[造像术]中的一类。

泰　是的。

客　我们再来努力一下。把方才所提的那一类分为两部，总

220　严群哲学译文集

E　是向右边所分的部分进行；抓住智术之师的伴侣，等到把他和同伴们所共有的性质剔开，只留下他自己的本性，清清楚楚地指给咱们自己看，也指给方法上的同志们看。

　　泰　对。

　　客　我们起头不是把技术分为生产的和聚敛的？

　　泰　是的。

　　客　我们以前不是发觉了，智术之师①躲在聚敛之术的猎取，争胜，行商以及类似的各部分中吗？

　　泰　满对的。

　　客　现在呢，摹仿术既把他接过去，显然必须先分生产术为
B　二。摹仿术是生产术的一种；只是，据我们看，它所产的只是物像，并非各物本身。对不对？

　　泰　完全对。

　　客　第一步，先假定生产术有两部分。

　　泰　什么两部分？

　　客　一部分属神的，一部分属人的。

　　泰　我还不懂。

　　客　记得起头的话吧？我们以前说：生产术无非一种能力——凡物由无致有的原因。

　　泰　记得。

C　　客　由种子根蒂生长在地上的动植物，以及积藏于地下熔化不熔化的死物质——这些由无致有的东西，除了神功以外，能说

---

① 补翁本把此处以下的主词认为是"聚敛之术"，译曰"聚敛之术……"云云，显然有误。

别有来源吗？或者我们接受那大众的主张和说法？

泰　什么主张，怎样说法？

客　就是：自然界自发的原因产生这些，并非出于创造的智能。或者我们承认这些是理性的安排，成于神的意匠？

泰　也许年轻的关系，我的意见时常犹豫不定。此刻我瞧着你，觉得你认为这些东西成于神的意旨，因此我也这样想。

客　说得妙，泰阿泰德。如果我们[①]觉得你是将来会转念的人，此刻就要用论据说服，使你必得同意。现在呢，既了解你的性格，明知无需游说，自然会倾向于你方才所谓对你有吸引力的主张；为节省时间，不必多此一举了。可是我要认定，寻常所请自然的东西，是神的技巧所创造的；另一方面，神所造而经过人工布置的，算是出于人的技术。按这么说，生产术[②]有两种，一种是人的，一种是神的。

泰　对。

客　既有两种，再把每种各分为二。

泰　怎么分？

客　像方才那样把全部生产术拿来横分，现在再直分一下。

泰　就这么分吧。

客　这样，它共有四部：两部属于我们，是人的；两部属于

[①] 补翁本以外，周厄提、娄卜、康复尔德各本都把"我们"译成"我"。鄙意以为不如按原文仍译"我们"。原文的"我们"和"我"的用意不同，盖指同时在座的苏格拉底虽不发言，却和这位客人同一见解。　爱利亚的客的意见即代表苏格拉底的意见，这一点在柏拉图的著作里算是成例。请参看拙著《柏拉图》（世界书局，1931 年版）第 26 页的表解。

[②] 娄卜本把"生产术"只译为"术"，似有误。

上帝，是神的。

泰 对了。

客 按这另一种的分法[1]，[那种横分而成的属神与属人的两部]，每部之中各有一部[2]是创造原物的；把其余两部[3]叫作创造物像的，似乎最妥当了。这么一来，生产术又分为二。

泰 再告诉我，[属神与属人的两部]，每一部是怎么样的。

客 我们人和其他动物，以及造成自然界东西的元素，如水火及其他类似的，我们知道，全是上帝的产品，每件都是他所造的原物。是不是？

泰 是。

客 这些东西，每个都有影像——可不是原物——相随，影像也是出于神功。

泰 它们是怎么样的？

客 所谓自然而起的梦中和白日里的幻象；白日里的幻象，如不透明的东西挡住火光所发生的影子，如眼里发出的光与外物的光两两[4]遇合在光滑的平面上所造成的印象——这种印象和眼睛寻常直接对面看东西时所感觉者相反[5]。

---

[1] 指直分。
[2] 各有两部，共成四部。
[3] 各余一部，共余两部。
[4] 此处康复尔德本和娄卜提、娄卜二本不同（娄卜本较胜于周厄提本）。娄卜和周厄提二本认为是一物的光和另一物的光相遇合，不如康复尔德之说有根据。康复尔德引柏拉图的《蒂迈欧》43C1、45B 等节相比以证其说，并画图解释（见《柏拉图的知识论》第 329 页），甚精审。故本译文参采其说。
[5] 此节补翁本译得一塌糊涂。

泰　这两种是上帝的创造品：原物及其各自相随的物像。

客　咱们人的技术呢？咱们不是以建筑术造房子，以画工画另一所房子，好比给清醒的人构成一个梦吗？

泰　满对。

客　其他一切我们的创造品也同样两两成对：原物，造物术所造的；物像，造像术所造的。

泰　此刻我懂得比较清楚了。我承认有两类各分为二的生产术：按一个分法，其一是神的，其二是人的；按另一个分法，其一是原物的，其二是像原物的。

客　我们要记住，"假"若是真的以假存在着，而且本是"存在"之一，那么，造像术就有肖像的和幻象的两种。

泰　是这样。

客　这一点已经弄明白了，现在不是无疑地可以根据这一点，把造像术算作两类吗？

泰　是可以。

客　咱们再分幻象术为二。

泰　怎么分？

客　其一是用工具的，其二是创造者以本身为工具的。

泰　怎么讲？

客　如有人把自己的声音体态学成像你的，我想，这种幻象术最好叫作摹仿术。

泰　是的。

客　咱们就把这一部分归于摹仿术一名之下。偷懒些，其余的不管了，留给别人去汇成一起，取个适当名称。

泰 就这样归类的归类、放下的放下吧。

客 泰阿泰德，摹仿术也是有二，还值得考究一下。看看其所以然吧。

泰 说吧。

客 有的摹仿者知道了所摹仿的而摹仿，有的不然。除了知与不知以外，还有什么更大的分界？

泰 没有了。

客 方才所说的摹仿不是出于知的吗？因为，仿你的人须要了解你和你的体态。

泰 可不是。

客 公义，或者统括一句，品德的全部形态，是什么样子？不是有好多人，一方面不知，一方面臆度，极力设法在言语行动上摹仿自己所认为美德的，使其表现于自己身上吗？

泰 多极了。

客 个个求似义人，其实丝毫也不义，他们岂不全失败了，岂不适得其反？

泰 全是适得其反。

客 那么，我想必须认清，这一流摹仿者异于那一流的，就是，有知识和无知识的要分清。

泰 对的。

客 如何给他们各取一个适当的名称呢？显然这是难事，因为前人似乎懒怠成习，对于分类立别欠考究，就没有人在这方面尝试过；于是名称缺乏是必然的结果。然而为分别起见，不妨把逞臆的摹仿叫作摹仿，用知的摹仿叫作知仿——虽然显得大胆些。

泰　就这样吧。

客　我们必须用摹仿一名,因为智术之师不是知者之流,是效者之流。

泰　很对。

客　咱们把这位摹仿专家检查一下,像检查一块铁,看它是坚固的呢,或者中间尚有拼痕。

泰　咱们检查吧。

客　实在他们有很大的裂痕。他们之中有的头脑简单,把自己所臆的认为知。另外一班,经过了辩论的磨炼,便怀着许多猜忌与恐慌,唯恐一向在他人面前所装作知的,其实是不知。

泰　你所说的两种都存在。

客　我们是否把其一叫作简单的摹仿者,其二叫作装作的摹仿者?

泰　这无论如何是妥当的。

客　我扪说装作的只是一类,或者有两类?

泰　你看看吧。

客　我正看着。我发现有两类:一类是能在大庭广众中,用长篇大论装作的,一类是在私人场合以只言片语逼使对谈者自相矛盾的。

泰　你说得对极了。

客　这位发表长篇大论的,我们说他是什么人?是政客呢,还是说士?

泰　说士。

客　其他那个叫作什么?智者呢,或者智术之师?

泰 当然不能叫作智者，因为我们已经把他列入无知之流。然而，他是摹仿智者的，显然可以取个与"智者"同一字源的名称①。我已经看得很清楚，他应当叫作一位真正不含糊的智术之师。

客 我们要不要像以前那样，把他的名号从头到尾联成一串？

泰 一定要的。

客 生产术之属人而不属神的，属人者的造像部分，造像部分的幻象部分，幻象部分的摹仿部分，摹仿部分的装作部分，装作部分的致矛盾部分，只在言语上耍把戏的，就是智术之师；——如有人说他的世系血统是这样下来的，似乎说得再对没有了。②

泰 再对没有了。

---

① 所谓与"智者"同一字源的名称，即 σοφιστικός 或 σοφιστής（智术之师）；"智者"原文是 σοφός。此三字希腊文的前三个字母是相同的字源或字根。

希腊文中有几个字须要解释一下：（一）σοφίζω——谓字：教导；（二）σοφία——名字：所教的、引申为智；（三）σοφός, σοφιστικός——状字：原来意义无别，以后第二字用以代表假智慧，便与第一字用途不同，而第一字也变成专指真智慧了；（四）φιλοσοφία——名字：智慧的嗜好，引申为爱智之学，即哲学；（五）φιλόσοφος——状字：爱智，引申而成名字：爱智者，即哲学家。σοφός——智者、φιλόσοφος——爱智者，同是哲学家。哲学家是真正的智者，即为智慧而求智慧的（这是苏格拉底、柏拉图、师弟子们传统的错误看法）。智术之师是假智者，是吃智慧的、贩卖智慧的、以智慧为职业的，——这流人是苏格拉底和柏拉图所最轻视的。

② 此节原文次序颠倒错乱，直译不可解，故从全篇前后文的意思找出次序来，译成这样；——意思一依原文、不增不减。周厄提和娄卜二本按此节原文的次序译，不好懂；补翁和康复尔德二本按应有的次序译，明了得多。可参阅康复尔德的表解。

《泰阿泰德·智术之师》人名索引[①]

A

阿登密士（Ἄρτεμις 或 Ἄρταμις，Artomis）：149B。
　　——希腊神话人物，相当于罗马神话中的 Diana。宙斯和拉托那 (Latona) 的女儿。狩猎女神，兼管分娩等事。

埃勒德拉（Ἠλέκτρα，Electra）：193C。
　　——希腊传说人物，克吕泰愚斯特拉（Κλυταιμιήστρα，Clytaemnestra）的女儿。在她父亲阿伽曼侬（Ἀγαμέμνων，Agamomnon）坟头发现一束头发，又在坟地周围看到和自己相仿的脚印，由此推断她的哥哥奥瑞斯忒斯（Ὀρέστης，Orestes）报杀父之仇来了。（见埃斯库罗斯：《奠酒人》，第 205 行）柏拉图把她验证脚印比喻为人们以心版印象检验视官知觉。

阿弗洛地提士（Ἀφροδίτη，Aphrodita）：243。
　　——希腊神话人物，恋爱和丰收的女神。希腊哲学家恩培多克勒认为"爱"、"惧"是世界变化的原因。"阿弗洛地提士的影响"即指前一种力量所产生的影响。

[①] 本索引是商务印书馆编辑部编制的。

阿历士太底士（Ἀριστείδης, aristeides）：151。
　　——吕信麻恪士的儿子。苏格拉底的学生。通译阿立斯泰提。
安非图吕翁（Ἀμφιτρύων, Amphitryon）：175B。
　　——希腊神话人物，Alcaeus 和 Hipponome 的儿子，Alemaene 的丈夫，提任斯国王。
安台恶士（Ἀνταῖος, Antaeus）：169B。
　　——希腊神话人物，Libya 的巨人，海神 Poseidon 和地神 Gē 的儿子。海拉克类士在安台恶士要重新着地，从他的母亲地神那里汲取力量之前，把他举起来掐死了。通常译作安泰。
安提西尼（Ἀντισθένης, Antisthenes, 约公元前 435—370）：201E。
　　——希腊哲学家，昔尼克（犬儒）学派创立者，苏格拉底的学生。一说他是苏格拉底的"梦"说的提出者。

B

巴门尼德（潘门匿底士[①]）（Παρμενίδης, Parmenides, 公元前 6 世纪末至 5 世纪）：152E；主张万有混一 180E，少年苏格拉底见~183E；217C；216；引言 237；241D；242；整体像均匀的圆球 244E；258C。
　　——希腊哲学家，埃利亚人。

[①] 括弧内是又译，下同。它们原是译者所采用的。出现较多的，为了与通译的一致，改用现名。但考虑到它们是根据希腊文直接译出的，更接近原音，特列出供参考，其他未改的，通译见各条之尾。

D

德奥多罗（提坞多洛士）（Θεόδωρος，Theodorus，生于公元前460）：143；《泰阿泰德》各处。
——居勒尼几何学家，柏拉图和泰阿泰德的老师。

德谟克利特（Δημόκριτος，Domocritus，公元前460—370）：246。
——希腊哲学家，原子论创立者之一，留基伯（Λεύκιππος，Leucippus）的学生。

E

恩培多克勒（恩培铎克类士）（Ἐμπεδοκλῆς，Empedocles，约公元前490—430）：152E，242D，245E。
——希腊自然科学家、医生、唯物主义哲学家。

F

费雷尼德（Φερεκύδης，Pherecydes，鼎盛年：公元前550）：242D。
——希腊哲学家，毕达戈拉（Πυθαγόρας，Pythagoras）的老师。

费纳类太士（Φαιναρέτη，Phaonarete）：149。
——雅典城 Alopece 区人，产婆，Sophroniseus 的妻子，苏格拉底的母亲。

H

哈利女神（αἱ Χάριτες, Gratise）：152C。
——希腊神话人物，三个女神——主温雅的欧佛洛绪涅、主快乐的塔利亚和主美丽的阿格莱亚（Euphrosyne, Thalia, Aglaie）的合称，都是宙斯和欧律诺墨的女儿，Aphrodite 的扈从。

海拉女神（Ἥρά, Hera）：154D。
——希腊神话人物，天后。黄金时代的克洛诺斯（Cronus）和瑞亚（Ῥέα, Rhea）的长女，宙斯的姊姊和妻子。掌管妇女和婚嫁。

海拉克类士（Ἡρακλεες, Ἡρακλῆς, Heracles）：169B，175。
——希望神话人物，罗马称为海克力斯（Hercules）。宙斯和凡人阿尔克墨涅（Ἀλκμήνη）的儿子。以勇猛著称，建立过十二件功勋，被认为是斯巴达系英雄的代表。

荷马（候梅洛士）（Ὅμηρος, Homerus）：152E，153，153D，160D，170E，179E，183E，194C，216。
——希腊史诗作家。相传是《伊利亚特》（Ἰλιάς, Ilias）和《奥德赛》（Ὀδύσσεια, Odyssea）的作者。

赫拉克里特（海辣克垒托士）（Ἡράκλειτος, Heracleitus, 约公元前 530—470）：变动说 152D，152E，160D，179C，179E，242D、E，245E。
——希腊哲学家，辩证论者。

K

卡德摩斯（Καδμός，Cadmus）：247C。

——希腊神话人物，腓尼基国王阿革诺耳（Ἀγήνωρ，Agenor）的儿子。忒拜城的建邦者。

卡利亚士（Καλλίας，Callias 约公元前 450—370）：165。

——希彭尼恪士的儿子，雅典贵族，以奢侈著称。克塞诺封（Ξενοφῶν）的《欢宴篇》（Symposium）和柏拉图的《普罗塔哥拉》篇的对话地点都是他的家。

L

吕信麻恪士（Λυσίμαχος，Lysimachus）：151。

——雅典人，阿历士太底士的父亲。

M

买类托士（Μέλητος，Moletus，公元前 5 世纪人）：210D。

——希腊悲剧诗人，据传诗句晦涩。和阿泥图斯（Ἄνυτος，Anytas，政治家）、李康（Lycon，修辞学家）等在公元前 399 年控告苏格拉底。

穆萨（Μοῦσα，Musa）191D，242D。

——希腊神话人物，一般讲九位，是掌管文艺的女神

（Καλλιόπη, Ευτέρπη, Ἐρατώ, Μελπομένη, Θάλεια, Πολύμνια, Τερψιχορή, Κλειώ, Οὐρανία；Calliope, Euterpe, Erato, Melpomene, Thalia, Polyhymnia, Terpsichore, Clio, Urania)、分别掌管史诗、抒情诗、爱情诗、悲剧、喜剧、赞美诗、舞蹈、历史、天文。她们是阿波罗的随从。通译缪斯。

O

欧蒂德谟（Εὐθύδημος, Euthydemus）：251C。
——相传是Cbois地方的智术之师。年纪稍大于苏格拉底。文中"年纪大的"，娄卜本《智术之师》的译者福勒（Harold North Fowler）认为即指他。柏拉图有一个对话以他命名。

欧概安诺士（Ὀκεανός, Oceanus）：152E，180D。
——希腊神话人物，环绕大地的一条河流。天神Uranus和地神Gē的儿子，太徐士的丈夫。希罗多德在《历史》上说："欧凯阿诺斯是周流于全世界的"（第二卷第21节）。

欧吕克利士（Εὐρυκλῆς, Eurycles）：252C。
——阿里斯托芬（Ἀριστοφάνης, Aristophanes）《马蜂》（Σφῆκες，公元前422）中一位腹语者。

欧力皮底士（Εὐριπίδης, Euripides，公元前480—406）：154D。
——希腊悲剧诗人，有关的诗句出于《希波吕托斯》（Ἱππόλυτος, Hippolytus）。通译欧里庇得斯。

P

聘达洛士（Πίνδαρος，Pindarus 或 Pindar，公元前 518—438）：173E。
——希腊抒情诗人。通译品达。

波里底斯（Polydeuces）：173E。
——聘达洛士曾把自己的诗篇献给他。译者所引聘达洛士诗句中的"汝"即他。

普罗塔哥拉（普楼塔个拉士）（Πρωταγόρας，Protagoras，公元前 481—411）：152，152E，154C，155D，160C，161；162C，165E，166E—167C，168C，169D—171D，172B，178E，183C。
——阿布德拉人，智术之师。

普洛迪洛士（Πρόδικος，Prodicus，约公元前 480—400）：151B。
——Ceos 地方的智术之师，是柏拉图《普罗塔哥拉》中重要交谈者。

S

赛西务士（Θησεύς，Theseus）：169B。
——希腊神话人物，雅典王。埃勾斯（Αἰγεύς，Aegeus）和埃特拉（Αἴθρα，Aithra）的儿子。在从特洛伊回雅典途中沿途除强铲暴（包括士器伦）。智能双全，被认为雅典派英雄代表。通译忒修斯。

色诺芬尼（克鲁诺放内士）（Ξενοφάνης，Xenophanes，约公元前

565—473）：242D。

——希腊埃利亚派哲学家。

上帝（Διός，Zeus）：154，170E，181E，185D，196，197，207E，253C。

——希腊神话中主神，相当于罗马神话中的朱比特（Jupiter）。黄金时代洛诺斯（Κρόνος，Cronos）和瑞亚的儿子。通译宙斯。

士器伦（Σκείρων 或 Σκειρός，Scriron）：169B。

——希腊神话人物，阿提刻地方的强盗，在海崖拦截过往旅客，迫人给他洗脚，趁机踢人下悬崖。后被赛西务士抛到麦加拉和阿提刻交界的士器伦绝壁。

斯特方（Henri Estienne，拉丁名 Henricus Stephanus，1528—1598）。

——法国出版家、学者，1578 年编辑出版了有 Serranus 拉丁译文的三卷本柏拉图著作，本书以他这个版本的页码和栏次（每页五栏）为栏外页码。

苏格拉底（Σωκράτης，Socrates，公元前 469—399）：《泰阿泰德》各处；同名青年 218B。

——希腊哲学家，唯心主义者，柏拉图的老师。

T

泰阿泰德（替爱台托士）（Θεαίτητος，Theactetus，约公元前 414—389）。

——雅典数学家，对欧几里德的几何学做出了重要贡献。

泰勒斯（塔类士）（Θαλῆς，Thales，约公元前624—547）：174。
——希腊天文学家、唯物主义哲学家。

太徐士（Τηούς，Tethys）：152E，180D。
——希腊神话人物，乌拉诺和盖亚的女儿，欧概安诺士的妻子，世界上主要河流的母亲。

陶马士（Θαύμας，Thaumas）：155D。
——希腊神话人物，地神盖亚的儿子，伊里士和哈耳皮埃（Ἅρπυια，Harpyia）的父亲。

特尔卜细翁（Τερψίον，Terpsion）：142—143C。
——希腊人，尤克累底士的友人。

X

希彭尼恪士（Ἱππονίκος，Hipponions）：165。
——雅典贵族，卡利亚士父亲。他的两位女儿嫁给 Aleibiatles 和 Theodorus(伊苏格拉底的父亲)。

Y

亚里斯提卜（Ἀρίστιππος，Aristippus，生于公元前约430）：246。
——居勒尼学派奠基人，苏格拉底的学生。娄卜本认为客所说的"有人把一切"句指的是他。

伊里士（Ἴρις，Iris）：155D。

——希腊神话人物，天国信差。巨人陶马士（Thaumas）和埃勒德拉（Electra Oceanitis）的女儿（据赫西俄德）。负责给天后海拉女神传递消息，彩虹是她到人间的邮路，因此又是虹神。

伊辟哈儿莫士（Ἐπίχαρμος，Epicharmus）：152E。

——希腊喜剧家。生于Cos岛，公元前485去西西里。毕达哥拉的学生。

尤克累底士（Εὐκλείδης，Euoleides，公元前450—380）：142—143C。

——麦加拉人，苏格拉底的学生，麦加拉学派的创立者。通译欧几里得。

Z

芝诺（德任农（Ζήνων，Zeno，公元前5世纪中叶）：216。

——埃利亚派哲学家。

周厄提（Benjamin Jowett，1817—1893）。

——英国资产阶级学者，古希腊著作翻译家，所译的《柏拉图对话》于1871年出版。1953年，周厄提著作版权托事部出版了第四版，对译文做了修饰，并删除了《分析》中某些主观见解和夹议的文字。本书译出了1892年版第四卷（五卷本）中的《分析》，名为《提要》。

游叙弗伦 苏格拉底的申辩 克力同

【商务印书馆1983年版】

游叙弗伦

《游叙弗伦》译者序

此篇译文覆校脱稿，距拙译柏拉图的《泰阿泰德》与《智术之师》合册出版已足足十五年了。这十五年的光阴于忧患困顿中虚度了，私心窃感可惜，学术界抱同感者恐尚有人在。"悟已往之不谏，知来者之可追"；人虽老而心不老，在国家、民族的光明前途上，在朋友与科研、出版机构的鼓舞、鞭策下，拟将劫余的柏氏对话录旧译稿陆续覆校、整理出来，求教于读者。拙译《泰阿泰德》与《智术之师》合册之译者序末句有云："平生素抱尽译柏氏全书之志，假我十年，容以时日，庶几有以成斯举。"如今十五年过去了，我已七十三岁了，此志不渝，犹盼假我十年至十五年，黾勉从事；斯愿能遂与否，则非我个人精神上的意志所能决定。

春夏之交，商务印书馆二位编辑先生南来，枉过寒斋，面谈出版事宜，曾允立即动手整理旧稿。不料二位刚刚北返，我的旧疾前列腺增生和肠胃功能衰退加剧，新病腰椎增生、左下肢动脉僵化又起，腰痛腿酸，坐、起艰难，步履不便。故人马君时民介绍上海名医刘招金先生之高弟孙玉静女士以粒子点送疗法为我诊治，每周两次以业余时间携仪器就我医疗。女士不惮烦劳，风雨无阻，炎天弗辍，于兹两月有余，诸症或痊愈，或大瘥，始能伏案攒故纸。马君与孙女士高谊隆情极为可感，理合在此一申谢意。目前，我的健康情况大见好转，已与孙女士商妥，秋凉后以此疗法为我医治历时三十年的冠状动脉硬化性心脏病。此症若祛，则上文所重申的志愿也许能达得到。

本篇，我原认为未成熟的旧译之稿，未敢率尔问世，蒙朋友与科研、出版机构的督促，乃覆校娄卜经典丛书（Loeb Classical Library）《柏拉图集》（PLATO）的希腊原文，并参校其对照之 H. N. Fowler 的英文译文，以及补翁丛书（Bohn's Library）柏拉图集之 H. Cary 和牛津大学教授周厄提（B. Jowett）的柏拉图对话之英文译文。还有其他零星的权威英文译本，以及拉丁文译本、法文译本，一则因逼仄之居无专用的书房，所需书籍别庋他处者不能取来利用，再则为时间与精力所限；而前一原因是主要障碍，这可有什么办法呢？！

本篇依《泰阿泰德》与《智术之师》两篇合册的拙译旧例，把周厄提译文之前的《分析》转译作《提要》，本篇译文之后原有《译后话》，似乎尚非赘疣，亦留之。

本篇旧译稿覆校了希腊原文，没有发现有关系的谬误，旧译稿字句删繁以求简洁；原文之意却无遗漏。以中文译西文，最忌带"西文气"，拙译中文极力避免"西文气"，使不识西文者能读得懂。

言、文合一毕竟是空想。言语见诸笔墨，不可能一如口语，必须适当剪裁，加以提炼。文明各国语文莫不如此。我国白话运动之初，有人提出"降低文言、提高白话"的方案。我当时虽在童年，窃认为有见识的方案，嗣后做白话每本此方案秉笔。海内名公或有规其文言气息过浓者，请即以此方案奉答雅意，且亦以此自白。平生素不相信习惯不能改，尤不赞成不必改之说。譬如，鄙人四十年每天吸烟两包四十支的习惯不为不久，烟瘾不为不深，一闻四凶服罪，当天戒去，为振作精神除害。

我国学术界习用之希腊人名、地名，率从现代欧洲字翻音；溯其源流，则由希腊字一转而为拉丁字，二转而为现代欧洲字，再翻为汉字，其音去希腊字原音颇远，似宜重行厘定；沿用已久者如非逼不得已，何尝不可改正？此虽细节，于译事无关宏旨，然学问之道，无论巨细，总以求真求确为贵，不宜苟且因循。

至于名词的一般译法，其欠妥者尤宜改正。例如《智术之师》的篇名，希腊原文为σοφιστής，一般译为"智者"，按字面是对的；然而以译此篇之名，却欠妥，因其不合苏格拉底与柏拉图师弟之意。σοφιστής一词，他们二人以前，无胜义亦无劣义。到了苏、柏二氏，此词便含劣义。当时自命博学多智、称师收费授徒者，苏氏鄙之恶之，他认为这流人好辩、强词夺理。苏氏深有感于"人之患在好为人师"，痛恨收费授徒以知识为交易。他自认不学无术，与人交谈用启发方式，"只开风气不为师"：分析问题，划清概念及其类、别，为概念立定界说，这些是他首先开的风气，本篇对这些方面起示范作用。庄子《天下篇》批评各家各派学说，每以"古之道术有在于是者"发其端，往后便多贬抑之语。σοφιστής一词，拙译为"智术之师"窃拟《天下篇》之"道术"的用法，以示苏氏鄙夷所谓"智者"之以"智术"妄居师席以牟利。

翻译乃为不识原文者效劳。柏拉图的著作，识其古希腊原文者诚少；现代欧洲文的译本则颇多，佳者亦不少。古希腊文为印度欧洲语文系的老祖宗，与梵文相伯仲。以现代欧洲文译柏氏书，较易、较切；通现代欧洲文者，如以英文，或德、法文译本读本读柏氏书，则无须假途于中文译本。吾国能以古希腊原文校中文译本者为数不多，能以现代欧洲文——尤其是英文——译本校中文译本者，则比比皆是。若徒以现代欧洲文译本校中文译本，见其在字面上吻合，便以为可取，而不识西文者读之，或感晦涩费解，甚至成了"天书"。这没有其他原因，逐字逐句紧依原文次序，只求机械地忠实于原文字句，不顾或不晓中西文之不同的习惯、风格罢了。

周厄提之英文译本，文笔最为流利通达（英语谓之 readable），就是因为此公深晓，善用英文与古希腊文之不同的习惯、风格为译。以其译文校古希腊原文，便见此公并不斤斤于字比句次，且有时略有增减，而意义却不背原文。这是他的译才之高明处。鄙人以中文译柏氏著作希腊原文，字句之间的意义谨防遗漏，一一交代清楚，亦复力求流利畅达，免使不识西文的同行读者感晦涩费解，或竟成了"天书"。这是谫陋译书的标准。然而凡事言易行难，此标准果然达到与否，鄙人不自知，也不敢绝对保证。但无论如何，总是向此标准努力。

一九七九年七月十一日午夜
挥汗写于武林道古桥畔杭州大学逼仄之居

《游叙弗伦》提要

2　　　此篇描写游叙弗伦和苏格拉底相遇于王宫前廊，二人各有法律事务在身。苏格拉底是个被告，迈雷托士告他慢神。（此处附带
4　指出，他本人不像会告人的。）游叙弗伦是个杀人案的原告，告自己的父亲。此案的起因如下：一个仆人在纳克索斯杀死另一家奴。游叙弗伦的父亲命将凶手缚住，投入沟中，使人去雅典请示神的意旨应如何处置此凶手，使者未及返而凶手已死于冻饿。

　　　这是游叙弗伦控告他父亲的缘起。苏格拉底相信，他负起控诉的责任之前，一定已经完全了然于敬神与慢神的性质；自己正
5　要受审讯慢神的罪，莫如向游叙弗伦学，什么是敬神、什么是慢神，——游叙弗伦将被人人，包括审判官在内，认为无可非议的权威。

6　　　游叙弗伦，知识横胸，甚愿负起一切责任，他答道：敬神是如我所为，告发自己的父亲，如果他犯杀人罪；正如神之所为，——如楚士之库漏诺士，库漏诺士之于欧兰诺士。

　　　苏格拉底不喜欢这些神话故事，他猜想，此即是他被告慢神的原因。"这些故事确实是真的吗？""是的"；游叙弗伦愿意再讲一些，而苏格拉底先要得个较为满意的答案，关于"什么是敬神的问题"；"如我所为控告父亲杀人"，这是敬神的单一事例，不能当作一个概括的界说。

游叙弗伦答称，"敬神是神之所喜，慢神是神之所不喜。"不是可能有见解之不同？人与人之间有不同的见解，神与神之间不是也有吗？尤其是关于善与恶，没有固定的尺度；正是此类分歧引起纷争。因此，一神之所喜于另一神未必然，同一行为可能又敬神又慢神；例如，你讼父的行为可能是楚士之所喜，因他曾讼其父，却不同样为库漏诺士或欧兰诺士之所喜，因其曾遭逆子之祸。

　　游叙弗伦覆称，杀人之应抵罪，不论神或人，都无异议。苏格拉底答曰，对，如果确知其人是凶犯；可是你从假设论点出发。如果此案的原委面面研究周密，你能指出你父确犯杀人之罪，或者所有的神一致同意对他的控告吗？你是否必须承认，一神之所恶可能是另一神之所喜？既驳此议，苏格拉底建议修正这个界说；凡神之所共喜者是敬神，所共恶者是慢神。对此，游叙弗伦赞同。

　　苏格拉底进而分析这个新型的界说。他指出，有时行为在状态之先。例如被携、见爱等等行为在被携、见爱等等状态之先；与此相似，神之所以喜因其先见喜于神而成为神之所喜，不因其为神之所喜而后见喜于神。可是，敬神因其是敬神乃为神之所喜，这等于说，因其对神是可喜的乃见喜于神。这里便出现一个矛盾，——游叙弗伦对敬神只是提到了其属性或偶性，未曾指出其本质。游叙弗伦自己承认，他对敬神的解说显得离题或兜圈子，如苏格拉底的祖先戴达洛士所制能转动的人像，——戴氏将其术传之子孙。

　　苏格拉底想激励游叙弗伦之惰弱的智力，用另一方式提出问

7

8

9

10

11

12

题:"敬神是否全都公正?""是。""公正是否全都敬神?""不是。""然则公正哪一部分是敬神?"游叙弗伦答称,敬神是公正之事神的部分,有另一部分的公正是伺候人。事神的意义是什么?事或伺字应用于犬、马和人,含有使之受益而变好之义。然则敬神的行为如何裨益于神而使之变好?游叙弗伦解释他所谓敬神行为是服役或奉事的行为。对。然而农人、医生和营造师的服役各有目的。服役于神为何目的,助神成就什么?游叙弗伦说,所有这些困难问题不能在短时间内解决;他宁可简单地说,敬神是懂得如何以言语、行为,即祈祷和献祭,去讨好神。换句话,苏格拉底说,敬神是一门求与供的学问,——求己之所无,供神之所需,简单说,是人与神之间的交易。神是赐予者,人以什么好处报答他们?不,人尊崇神,荣耀归于神。那么,人所供于神无利,只是讨好神或为神所喜;这是已被驳过的。

　　苏格拉底虽为游叙弗伦的遁词所苦,却坚信不移地以为他必然明了敬神的性质,否则决不至于讼其老父。苏氏仍然希望他不吝垂教,游叙弗伦却匆匆然不能逗留。苏格拉底最后的希望在受审慢神之前获悉敬神的性质便落得一场空。

游叙弗伦

（论虔敬）

人物：游叙弗伦　苏格拉底
地点：王宫前廊

〔一〕游　什么新奇的事发生了，苏格拉底？你竟然离开了消磨光阴的绿概安①，此刻逗留在王宫前廊。你不至于像我这样，在御前打官司。　2*

　　苏　我的官司，雅典人不叫作控告，叫作公诉。

　　游　你说什么？仿佛有人对你提出公诉；我不信你会对人提出。　B

　　苏　当然不会。

　　游　别人对你？

　　苏　正是了。

　　游　他是谁？

　　苏　我不甚了解这人，他似乎是个年少无闻的。我知道他名

---

*　1578 年法国古典学者埃蒂安纳（拉丁名：斯特方）所编《柏拉图全集》（三卷）第一卷的页码和栏次（〔A〕BCDE）。

①　古希腊雅典东郊外游技所，与阿波罗（太阳神）庙为邻，故命此名。

叫迈雷托士①，辟赛阿区人。你或许记得辟赛阿有个长发、寡须、钩鼻子的迈雷托士。

游　我不记得，苏格拉底。他对你提出了什么公诉？

苏　什么公诉？据我看非同小可；那么年轻的人注意到了这么重大的事，这非同小可啊。他说他知道青年如何学坏，谁引诱他们学坏。他显得有学识，发觉了我不学无术、引诱与他同年辈的人学坏，就向国家告发，如同小儿遇事诉之于母。我看，他是政治人物中唯一知本识路的人。知本识路，是首先注意青年，使他们尽量学好，如农人首先培植秧苗，然后及于其他。正如迈雷托士自己所说，他恰是首先肃清贻害青青秧苗成长的障碍物；然后转移注意及于较老的人。他将是国家最大最多的造福者，这是与他那样好的开端相联的良效。

〔二〕游　但愿他能如此，苏格拉底；恐怕会来个反面。真的，据我看，他诬告你，是动摇国本，是祸国的开端。告诉我，他说你做什么诱惑青年。

苏　我的朋友！耸人听闻的事。他说我是神的创造者；因我创立新神，不信旧神，他说为了维护旧神而提出公诉。

游　我了解了，苏格拉底；因为你说神时常降临告诫于你，他便指控你革新神道，到法庭诬告你一番，他晓得这一类诬告易入大众之耳。我呢，当我在公庭上说些有关于神的话，或预言未来的

---

① 控诉苏格拉底的三人之一。已见《泰阿泰德》，彼处译为"买类托士"，兹改正。他是古希腊悲剧诗人。

事，他们便讥笑我，说我发疯了。我所预言无不真实，可是他们对你我这类人一概忌妒。我们不必烦恼，要勇猛直前和他们决战。

〔三〕苏　亲爱的游叙弗伦啊，讥笑不起作用。我想，雅典人若是以为某人徒怀智术，不以智术教人，他们并不在意；如果发现某人以其智术启发他人，便怒不可遏，——或者，如你所说，由于忌妒，或者出于其他原因。　D

游　关于此等事，他们如何对待我，我不热衷于察究。

苏　或许你显得谨言慎行，不愿以己之智术授人。至于我，恐怕因我居心仁慈，他们以为我慨然尽其所有以予人，非但不受报酬，而且欣然自出代价以招来听者。如果他们像笑你那样笑我，在庭上只是戏弄嘲笑，那也没有什么难过的。如果他们认真起来，除非你未卜先知，此案伊于胡底莫能测也。　E

游　苏格拉底，这场官司或许无碍，你能得到如意的收场，我想我自己的也会同样称心。

〔四〕苏　你的是什么官司，游叙弗伦？辩诉呢，还是起诉？

游　起诉。

苏　对谁？

游　告那个人，我似乎发疯了。

苏　什么？你告一个有翅能飞的吗？

游　他老得龙钟了，还说什么能飞。

苏　他是谁？

游　我的父亲。

苏　你的父亲？你这个好家伙！

游　的确是他。

苏　什么案件？

游　杀人案，苏格拉底。

苏　海辣克类士①！确实大多数人不知义理何在；我想此事常人不能做得恰如其分，唯有大智高识的人才能。

游　真要大智慧的人，苏格拉底。

苏　被你父亲杀的是你家的一位亲戚吧？一定是的，否则你不会为一个非亲非戚者告发你父亲杀人。

游　可笑，苏格拉底，你也以为被杀者有亲戚与非亲戚的区别，却不想唯一需要厝意的是杀人正当与否；正当，便听之，不正当，虽一家人也要告发。明知某人犯罪而与之共处，不去告发以涤除自己和那人的罪愆，便与他同罪。被杀者是我家的雇佣，我们在纳克索斯耕种时，他在那里为我们做工。这人喝醉了酒，和我们的一个家奴冲突，盛怒之下把他杀死。我父亲缚其手足，投入沟中，同时差人去雅典请教神巫如何处置此人。差人去后，他不曾注意沟里缚着的人，以为既是一个杀人凶犯，死了也不在乎。可不是吗，他果然死了；又饿，又冻，又在缧绁之中，使者未及返，便已呜呼哀哉了。现在我父亲和一家人都怨我，因我为杀人凶手告发父亲杀人。他们说我父未尝杀他，就是杀了，他本是杀人凶犯，我也不应为这种人管闲事，况且为子讼父杀人是慢神的事。苏格拉底，关于敬与慢，他们茫然于神的意旨之所在。

---

①　古希腊神话故事之最著名的英雄。

苏　藉帝士的名义说，游叙弗伦，你是否自以为关于神的意旨和敬神与慢神的知识正确到，事实如你所口述，竟然胆敢告你父杀人，不怕自己做了慢神的事？

游　那我便成了无用的人，苏格拉底；对所有这类事若无正确的知识，游叙弗伦便无以异于众人了。

〔五〕苏　可敬的游叙弗伦啊，最好是我当你的学生。和迈雷托士辩诉以前，先向他声明，我一向认为关于神的知识非常重要，现在他说我贸然犯了革新神道的大罪，因此我当了你的学生。对他说道："迈雷托士啊，如果你承认游叙弗伦关于这类事的知识，那么也要承认我是对的，不要抓我去受审；如果你不承认他的知识，那么告他这个为师者引诱老人，引诱我和自己的父亲，——他是我师，教我即诱我；讼父是惩其怐愗受诱。"他若不听我的话，撤销对我的公诉而转移对你，我在法庭上也要提出同样的话。

游　藉帝士的名义说，苏格拉底，如果他措手对我提出公诉，我想我一定能抓着他的弱点，法庭上对他的争论要比对我的多得多。

苏　至于我，好朋友，因看准了这一点，愿当你的学生；我晓得迈雷托士和任何他人对你似乎全不注意，而对我却敏感易觉如明察秋毫，所以诉我慢神。现在，藉帝士的名义，请告诉我你方才自命有真知灼见的事。你说敬神与慢神的性质如何，无论就杀人一端或其他的事而论？是否就所有的事说，虔敬之为虔敬皆同；亵慢是否所有虔敬的反面，其性质是否无不一致，是否凡亵慢者都有固定的特性？

游　完全一致，苏格拉底。

〔六〕苏　那么请告诉我，你说虔敬是什么，亵慢是什么。

游　我说虔敬就是做我方才所做的事；凡有罪，或杀人，或盗窃神器，或做其他坏事，不论是父母或任何人，都要告发，否则便是亵慢。你瞧，苏格拉底，我给你一个多么确凿的证据，如我曾给过别人，证明神规确是如此：凡慢神者，无论什么人，都不能免于惩罚，这是公平正当的，大家承认帝士①是神之至圣最公者，相信他因其父噬子而缚父，其父也以类似的原因肢解乃父。我父为非作恶，我告发，他们却恼我。他们对神和对我如此相反。

苏　可不是吗，游叙弗伦，我可不是因此被告的，因有人讲这类神话时，我便感厌烦，难于接受？显然因此，有人说我大错特错。现在，在这方面如你之博学，也认为这些故事可信，我不得不让步了。我既自认在这方面毫无所知，还有什么可说的？藉着司友谊之神帝士的名义，请你告诉我，你真信有这些事吗？

游　真有，苏格拉底，还有更新奇的，多数人不知道的呢。

苏　那么，你相信神与神之间结怨相仇，甚至交战，以及许多其他类似故事，如诗人之所叙、大画家在庙宇中之所绘，尤其是护国女神的大节日中陈列在都府卫城以供神的绣袍上绣满了这类故事？这些故事是真的吗，游叙弗伦？

游　不只这些，苏格拉底，如我方才所曾说，你若愿听，我

---

① 古希腊神话宗教之最大的神，即楚士（Zeus）。其父名库漏诺士（Κρόνος），其祖父名欧兰诺士，见下文注。

能对你讲许多关于神的故事，相信你听了会惊讶。

〔七〕苏　我不会惊讶，他日得暇时再讲给我听。此刻详细答复我方才的问题。朋友，方才我请教虔敬是什么，你还没有充分指教我，只告诉我你现在讼父杀人的事是虔敬的。　　D

　　游　我说得对，苏格拉底。

　　苏　也许对。但是，游叙弗伦，你还可以说许多其他的事是虔敬的。

　　游　可不是。

　　苏　请注意，我不是要求你从许多实例中指出一件两件虔敬的事，而是虔敬的本质，一切虔敬的事之所以为虔敬的特性本身。你曾说过，所有虔敬的事之所以为虔敬，亵慢的事之所以为亵慢，　　E
都是由于它们有一个共同的概念。你记得吗？

　　游　记得。

　　苏　那么请指教我，这个概念是什么？你目不转瞬而拳拳服膺的模范，无论是自己或他人的行为，凡合乎此者便是虔敬，不合者便不是虔敬的模范是什么？

　　游　你要我这样说明，我就照办。

　　苏　我要你这样说明。

　　游　神之所喜者是虔敬，所不喜者是不虔敬。　　7

　　苏　好极了，游叙弗伦，现在你可按我的要求答了我的问题。至于答得对不对，尚未能分晓；所答之真实无妄，你当然还会见教。

　　游　当然。

〔八〕苏　来，检查此刻的话。凡人与物，神所喜者是虔敬，神所恶者是亵慢。虔敬与亵慢非但不相同，而且最相反。难道不然？

游　确是如此。

苏　这显得对吧？

B　游　我想是对的，苏格拉底。

苏　游叙弗伦，不是据说，神与神会意见分歧，交恶相争吗？

游　据说如此。

苏　关于什么东西的不同意见能使他们交恶相仇？我们且如此考察：你我关于两数之孰大孰小若有不同意见，会不会交恶相
C　仇，或者诉诸算术，便立即解纷？

游　当然诉之算术。

苏　对于一物之大小长短的不同意见，是否用尺一量，便能立即停止意见分歧？

游　是的。

苏　用秤能确定轻重，是不是？

游　可不是？

苏　关于什么事的意见分歧，我们无法达成一致，而且必定交恶相仇？也许你不能随口提出答案，让我试提以供研讨。那不
D　是关于是非、善恶、贵贱的问题吗？岂不是在这些问题上，人与人之间意见分歧，交恶、纷争，莫衷一是？无论你我或其他人莫不如此吧？

游　是的，苏格拉底，这些问题确是意见分歧之所在。

苏　神呢，游叙弗伦？他们若有意见分歧，是否在这些问

题上？

游　必然的。

苏　那么，高贵的游叙弗伦啊，按你的话，不同的神对于是与非、善与恶、贵与贱，有不同的意见。他们如果对这些事没有意见分歧，便不至于彼此相争。是吗？

游　你说得对。

苏　那么，神皆好其所谓是者、善者、贵者，而恶其相反者。

游　当然。

苏　据你说，同一事物，此神以为是，彼神以为非；因为他们对这些事物有意见分歧，彼此才相争交战。岂不是这样吗？

游　是这样。

苏　那么，似乎同一事物为神所恶，亦为神所好，对神又可好又可恶。

游　似乎如此。

苏　按这么说，游叙弗伦，同一事物又虔敬又亵慢。

游　我想是如此。

〔九〕苏　可敬的朋友，你并没有答复我的问题。我不是问，什么是同时又虔敬又亵慢；然而却像是，神之所好亦是神之所恶。并且，游叙弗伦，你讼父杀人，难怪此举一方面见悦于帝士，另一方面却见恶于库漏诺士和欧兰诺士①，为赫费斯托士②所喜，却为哈

---

① 据古希腊诗人细欧德的神话诗，欧兰诺士（Οὐρανός）、库漏诺士（Κρόνος）、帝士（Δίς）是三世的父、子、孙。
② 古希腊神话司火与金属工艺之神。其父为帝士，母乃哈拉。哈拉为司妇女与婚姻之神。

拉所恶。其他诸神对同此一案,也是各有不同的意见。

游 但是我想,苏格拉底,诸神对此案不至于有意见分歧,不会有主张杀人不必抵罪的。

C **苏** 好了,游叙弗伦,以人论,你曾听说,杀人或做其他错事不必抵罪、受罚吗?

游 啊,他们对这一点到处争辩不休,尤其是在法庭上。他们作恶万端,却尽其能事辩护,以逃避刑罚。

苏 是的,游叙弗伦,他们是否承认做错了事,而硬说不必处罚?

游 不,他们并不这样。

苏 那么他们还是有所不为,有所不说。我想他们不敢说,

D 不敢强辩,做错了事不必处罚,只说自己没有做错事。对不对?

游 你说得对。

苏 那么,有罪应当处罚,这一点他们并不争辩,他们大概争辩这几点:谁犯罪,所犯何罪,何时犯罪。

游 你说得对。

苏 那么如你的说法,神与神之间关于是与非问题有争辩,情形岂不也是如此,有的说其他做错事,有的说没有做?我相信,

E 无论是神是人,没有敢板着脸说犯罪不必处罚的。

游 对,苏格拉底,你说的基本上是实情。

苏 可是我想,游叙弗伦,凡有所争执者,不论是人是神,如果神真有争执,都是关于个别的事。他们对某事有不同意见,有的主张此事做得对,有的认为此事做得不对。是否如此?

游 当然是。

〔十〕苏　来，亲爱的游叙弗伦，现在请指教我，使我益智。你有什么证据，关于一个雇佣成了杀人凶手，被死者的家主所缚，家主未得神巫指示应如何处置此人之前，此人死于缧绁之中，死后家主之子为死者告发己父杀人，——关于此事，你如何证明诸神一致认为此人死得冤枉，为子者为这样一个人告发己父杀人，这做得对？来，请明白指教我，诸神确实一致承认你这举动正当；你指教若能使我满意，我要终身赞美你的大智慧。

游　我能极其明白地指示你；苏格拉底，这可不是一件小事呢。

苏　我了解，你以为我比审判官们笨，难教得懂。可是你总要向他们明白指出，杀人的行为有罪，是全体的神所恶的。

游　很对，苏格拉底，他们如肯听，我要讲明白。

〔十一〕苏　他们一定肯听，如果你显露你的口才。你正说着，我想起了，并自言自语地说："即使游叙弗伦明白指教我，诸神一致认为那人死于非命是冤枉的，究竟关于虔敬是什么、亵慢是什么，这些问题我从游叙弗伦那里学到了什么？此事就算是神之所恶，虔敬与不虔敬的界说仍然不能由此而成立，因为神所恶者也就是神所好者。"游叙弗伦，我让你放弃这一点；依你的心愿吧，就说神一致认为此事是犯罪而痛恶之。现在我们来修改界说，可否说：神一致所恶者是亵慢，一致所好者是虔敬，有好有恶者都不是或两是。现在你接受关于虔敬与亵慢的这个界说吗？

游　有什么障碍不能接受，苏格拉底？

苏　在我没有障碍，游叙弗伦，你可要自己想想，采用这个界说是否最易于指教我你所应允的？

E　　游　好了，我承认神一致所好者是虔敬，反过来，神一致所恶者是褒慢。

　　苏　游叙弗伦，我们要不要再考察这句话是否对，或者只是接受？无论我们自己的话或他人的话，只要有人说得与我们的相合，就完全接受？或者凡所说的话都必须考察一番？

　　游　必须考察，可是我想此刻说得对。

〔十二〕苏　对不对，我们就会晓得更清楚。现在只考虑这一点：虔敬是否因其为虔敬而见喜于神，或者因其见喜于神而为虔敬？

　　游　我不懂得你的意思，苏格拉底。

　　苏　我要设法说清楚些。我们说携与被携、引与被引、见与被见。你知道这两种说法彼此有区别，并且区别何在吗？

　　游　我想我知道。

　　苏　那么，见喜者与喜者有别，二者是两回事吧？

　　游　怎么不是两回事？

B　　苏　请告诉我，被携者是否因有携之者而为被携者，或是别因他故？

　　游　不因他故，乃因被携之故。

　　苏　被引者因有引之者而为被引者；被见者因有见之者而为被见者？

　　游　当然。

　　苏　那么，被见之物不因其为被见之物而有见之者，反过来，却因有见之者而为被见之物；被引之物不因其为被引之物而有引之者，却因有引之者而为被引之物；被携之物不因其为被携之物而有携之者，却因有携之者而为被携之物。我所要说的说得明白了吧，游叙弗伦？我要说的是：成为或遭受者不因其为成为者而成为，乃因其成为而为成为者，不因其为遭受者而遭受，却因其遭受而为遭受者。你同意吗？

游　我同意。

苏　见好之物或是成为或是遭受吧？

游　当然是。

苏　那么是否如上述的情形，也是不因其见好而有好之者，却因有好之者而见好？

游　必然如此。

苏　那么，关于虔敬，我们怎么说，游叙弗伦？按你的话，虔敬不是神一致所喜的事物吗？

游　是的。

苏　因其为虔敬，或因其他缘故？

游　不因其他缘故，因此缘故。

苏　因其为虔敬而为神所喜，不因其为神所喜而为虔敬？

游　似乎如此。

苏　可是神所喜者却因见喜于神而为神所喜者。

游　可不是？

苏　那么，游叙弗伦，据你说，神之所喜不是虔敬，虔敬不是神之所喜，二者彼此各不相等。

游　为什么，苏格拉底？

苏　因为我们同意，虔敬因其为虔敬而为神所喜，不因其为神所喜而为虔敬。是否如此？

游　我们曾同意是如此。

〔十三〕苏　但是，我们也同意，神所喜者因其见喜于神而为神之所喜者，不因其为神之所喜者而见喜于神。

游　你说得对。

苏　但是，可爱的游叙弗伦，虔敬若与神所喜者相等，那么，虔敬若因其虔敬而为神所喜，神所喜者必也因其为神所喜而见喜于神；神所喜者若因其见喜于神而成神所喜者，虔敬必也因其见喜于神而成虔敬。现在你看，情形恰是相反，虔敬（ὅσιον）和神所喜者（θεοφιλές）完全是两回事，因为，一个因其见喜而成所喜，一个因其是所喜而乃见喜。所以，游叙弗伦，问你虔敬是什么，你似乎不愿给我指明虔敬的本质，只举其所遇的一事：为神所喜；至于虔敬究竟是什么，你还没有说到。你如有兴，不要对我隐瞒，请再从头讲起，虔敬是什么，不问其是否为神所喜，或别有所遇，这问题我们没有什么争辩的。切实说，虔敬是什么、亵慢是什么。

游　但是，苏格拉底，我不知道怎样对你说明我所想的，我们提出的话总是会旋转，游移不守其本位。

苏　你的话，游叙弗伦，像我的祖先戴达洛士①的作品；若是我说的，你也许会笑我，因我与他有血统关系，我言语上的作

---

① 古希腊及精巧的艺人，始创圆圈歌舞队。此人见于荷马诗歌。

品也是游移不定的。现在这些话出于你口，需要另给你一种讽刺啊！你自己也觉得，你的话游移不定。

游 喂，苏格拉底，我觉得这讽刺对你的话恰当；我并没有让我的话游移不定，你毕竟对我显得是个戴达洛士，在我这方面，我的话固定不移。

苏 朋友，我显得在技术上比戴达洛士还巧；他只能使自己的作品活动，我却不但能使自己的作品活动，也能使他人的作品活动。我的技术还有最妙的一手，就是，我有违心之智，我宁愿自己的话稳定，不愿有戴达洛士之智、唐他洛士之富[①]。闲话说够了。我觉得你已倦勤了，我与你联步并进，使你知道如何指教我关于虔敬的问题，不至于中途而废。请注意，你是否以为凡虔敬必然都是正当的？

游 我是这样想。

苏 然而凡正当的是否都是虔敬的？或者凡虔敬的都是正当的，凡正当的却不都是虔敬的，——有的是虔敬的，有的是其他？

游 我跟不上你的话，苏格拉底。

苏 你智过于我正如你年轻于我，可是，我说，你因多智而倦勤。努力一点吧，载福的朋友。我的意思并不难懂呀。我的意思正和那诗人相反，他唱道："造物楚士，民莫敢名，既已畏斯，辄以敬斯。"我不赞同那诗人的话。要我说明如何不赞同吗？

游 要的要的。

[①] 古希腊神话中多财之王。为帝士之子，贬下界投之湖，渴欲饮，则水忽退，饥欲摘近悬头上之果以食，则果上升。

苏　我不以为有畏就有敬。许多人畏病、畏贫、畏许多其他类似的东西，他们的确畏了，却对所畏的绝不起敬。你不以为然吗？

游　当然如此。

C　苏　可是，有敬就有畏；持敬、知耻而有所不为的人可不是常存畏心，畏坏名誉？

游　是的，持敬者常存畏心。

苏　那么，有畏就有敬，这句话不对。有敬就有畏，有畏未必就有敬。我想是因为畏范围比敬广，敬是畏的一部分；正如奇数是数的一部分，不能说有数就是有奇数，有奇数却就是有数。你现在跟得上我的话吧？

游　完全跟得上。

D　苏　我以前问你，正当的是否都是虔敬的，或者虔敬的都是正当的；或者正当的不一定都是虔敬的，因为虔敬的只是正当的一部分。我以前问的和方才问的是同一类的问题。你赞同吗，或是别有高见？

游　我无异议，我想你说得对。

〔十四〕苏　且看后文。虔敬若是正当的一部分，显然我们必须求出它是正当的哪一部分。你若问偶数是数的哪一部分、是哪一种数，我就说，"是以二可分得断的，不是以二分不断的。"你赞同吗？

游　我赞同。

E　苏　请你设法指教我，虔敬是正当的哪一部分，使我好叫迈雷托士不要再冤枉我，公诉我慢神，我已饱受你的指教，知道了什么是虔敬、什么不是。

游　据我看，苏格拉底，正当的事之事神的部分是虔敬，其余部分是对人的。

〔十五〕苏　我想你说得对，游叙弗伦；还有一小点我要弄明白：我不了解你所谓"事"是什么意思。我想你不会把事神和服事其他并为一谈。譬如说，不是人人懂得如何服事马，唯有知马的人懂得；对不对？

游　完全对。

苏　那么，知马之术就是识马之术？

游　是的。

苏　同样，不是人人懂得服事犬，唯有猎人？

游　这也是如此。

苏　那么，猎人之术就是事犬之术？

游　是的。

苏　牧人之术就是服事牛羊之术？

游　当然。

苏　同样，虔敬是事神之术；这是你的意思吗，游叙弗伦？

游　是的。

苏　凡服事是否都要达到同一目的？就是，服事的用意在于使被服事者得到好处；例如马，受马夫服事而得益，情况变好了。你想是否这样？

游　我想是这样。

C 苏　犬受猎人服事，牛受牧人服事，各得其益。你想，凡照管或服事的用意在于为害吗？

  游　不，藉着帝士的名义说，我不这么想。

  苏　那么，用意在于使所服事者受益？

  游　可不是。

  苏　按这么说，虔敬既是事神之术，是否有益于神，使神处境更好。当你行一敬神的事，你是否自认为使某位神的处境更好？

  游　不，藉着帝士的名义说。

  苏　我也不以为你是这样想，游叙弗伦，差得远呢。我问你
D 所谓"事神"何义，就是因为不认为你是这样想。

  游　你想的对，苏格拉底，我的意思并非如此。

  苏　好了，对神的何种服事是虔敬？

  游　是奴仆对主人的那种服事，苏格拉底。

  苏　我懂得，似乎是指对神的伺应。

  游　正是了。

〔十六〕苏　你能说明医生之所伺应能致何果？不是健康吗？

  游　是的。

E 苏　造船师之操术能致何果？

  游　当然是致造船之果，苏格拉底。

  苏　同样，建筑师之术致造屋之果？

  游　是的。

  苏　最高明的朋友，请告诉我，事神之术有何成就？你当然

知道，因为你曾说你是圆颅方趾中最娴于神道的人。

游　我说的是实话，苏格拉底。

苏　藉着帝士的名义告诉我，神以我们为奴仆，成就什么尽美尽善的事业？

游　他们成就了许多好事，苏格拉底。

苏　朋友，将军也是如此。你不难举其首要的成就，就是打胜仗。是不是？

游　当然是。

苏　我想农夫也成就了许多好事，同样，举其首要的，是从土地中生产粮食。

游　完全对。

苏　那么，神所成就的许多好事如何？神绩中首要的是什么？

游　苏格拉底，我片刻以前对你说，此等事要学得全而精，需下一番艰巨长久的工夫。好吧，对你简单地说：在祈祷与献祭中，知道说些做些神所喜者，这就是虔敬，就能公私并保，卫国卫家；与此相反就是慢神，一切都要覆亡。

〔十七〕苏　你如情愿，游叙弗伦，尽可用较简的话答我的问题之首要部分。但是显然你并不想指教我，刚要入题，你又转移方向。你如答复了我的问题，我早已从你这里充分学到了关于虔敬的性质。没法子，问者必须跟随答者，任从他指引；我只好重新问起：你说虔敬是什么？你不是说虔敬是祭与祈的知识吗？

游　是的。

苏　祭是送礼给神，祈是有所乞于神？

游　丝毫不差，苏格拉底。

苏　那么，按此说，虔敬是对神乞和与的知识。

游　你完全了解我的话，苏格拉底。

苏　朋友，我是你的智慧的敬爱者，十分用心，使你的话不至于坠地无俚。请告诉我，这种对神的服事是什么？你不是说是对他们的乞和与吗？

游　我是这么说。

〔十八〕苏　乞的正道是否乞己之所需？

游　此外还有什么正道？

苏　同样，与的正道也是应受者之所需？以其所不需的与受者是无谓的。

游　你说得对，苏格拉底。

苏　那么，游叙弗伦，虔敬成了神与人互相交易的技术？

游　是交易的技术，如果你喜欢用此名词。

苏　我并不喜欢用这名词，如果这不是实情。请告诉我，神何所得益于我们的礼物？神所给的尽人皆知，我们得到的好处无一非神所给。可是他们所得益于我们的是什么？或者我们做交易尽占便宜，尽管得神的好处，而他们毫无所得于我们？

游　苏格拉底，你想神能从所受于我们的礼物得到好处吗？

苏　我们送礼物到底于神何干？

游　除崇敬、赞美，如我以前所说，感恩，此外还有什么？

苏　那么，游叙弗伦，虔敬是对神感恩怀德，于神无利，亦无可取？

　　游　我想这是最可贵的。

　　苏　那么，虔敬似乎又是神所视为珍贵者。

　　游　最确。

〔十九〕苏　如此说法，——你的话游移不定，还足以为奇而自感愕然吗？还能责备我扮演戴达洛士的伎俩，使你的话旋转？其实你自己比戴达洛士巧得多，尽使自己的话兜圈子。你不觉得我们 C 的话又绕到原处？你可记得，前一刻我们宣称，虔敬和神所喜者彼此互异，不是一回事；你不记得吗？

　　游　我记得。

　　苏　你瞧，现在你不是说，神所视为珍贵者是虔敬？神所视为珍贵者岂不就是神所喜吗？

　　游　当然是。

　　苏　那么，不是我们以前的话错了，就是现在的话错了。

　　游　像是如此。

〔二十〕苏　我们必须从头研究虔敬是什么。学到之前，我不肯罢 D 休。不要藐视我，现在请你费尽心机说出真理。我相信，如果世上有人明了这道理，那就是你，我绝不放松你，你说出真理以前，就像普娄提务士①，绝不能脱身。你对虔敬与亵慢如没有真知灼见，就不至于为一个庸奴，控告老父杀人；会怕做错了冒犯神谴，无 E

---

①　古希腊神话中变化自在之海神。

颜见人。我深知你自信对什么是虔敬与不虔敬有真知灼见；最亲爱的游叙弗伦啊，请说吧，不要隐瞒自己的知见了。

游　且待来日吧，我此刻匆遽有所趋，就要离开了。

苏　怎么一回事，朋友？你就这样丢开我，飘然而去了，我抱着大希望，想从你学懂什么是虔敬不虔敬，好对迈雷托士说明，关于神道，经过游叙弗伦指授，我已明白了，不会像以前那样愚昧，信口开河，鲁莽行事，今日起重新做人，再也不犯改革神道之过，可以撤销对我的公诉。然而你走了，我的希望全空了！

《游叙弗伦》译后话

这个对话是柏拉图最早的作品之一。其时代背景是苏格拉底被告。有人把此篇和苏格拉底的申辩（The Apology of Socrates）、克力同（Crito）、弗爱冬（Phaedo）等三篇合成一卷，颜曰苏格拉底的审判与处刑（The Trial and Death of Socrates）。

游叙弗伦是人名。他是宗教家和预言家（Sooth-sayer），自信极深，自负关于宗教的知识比任何人都丰富，自居与当时一般社会处反抗地位。他对苏格拉底表同情，自命和苏格拉底同是新人物。

当时苏格拉底被人控告慢神和诱惑青年，他上法庭准备受审，恰巧在走廊上遇见游叙弗伦。彼此各言来意以后，游氏表示自己关于敬神和慢神的知识十分有把握。苏格拉底想向他讨教，请他说明虔敬与亵慢的性质如何，二者究竟是什么；他说，自己想得游氏指教，以便和原告辩驳。此篇对话的缘起如此。

游氏毫不迟疑地答道，"虔敬就是做我此刻所做的事，不虔敬就是不做我此刻所做的事。"苏氏对此答案表示不满。他说问的是虔敬是什么，要的是虔敬的界说，并不要求列举一两件虔敬的实例。

游氏进一步说，虔敬是神所喜欢的事或物，不虔敬是神所不喜欢的事或物。对此界说，苏氏指出神与神之间有意见分歧，一件事尽许见喜于一神，而见恶于另一神；于是神喜与不喜的话不能成为界说。苏氏协助游氏修改此界说，从而变成凡神一致所喜者是虔敬，一致所恶者是亵慢。但苏氏又说，神喜与不喜，这些都是虔敬与不虔敬的赋性，并非其本质，所要的是其本质，构成其界说的基本元素。

游氏再进一步说，虔敬是正当的事之一部分。苏氏也进一步问，虔敬是正当的事的那一部分？游氏说，正当的事有对人者与对神者，对神者谓之"事神"，虔敬就是这一部分。经此一番补充，虔敬的定义变成：正当的事之事神的部分是虔敬。

苏氏再分析"事"的概念："事"字有二义，换句话说，服事有两种，一种是以下事上，一种是以上事下，在上者有所施于在下者，在下者受惠于在上者，如马夫之于马，牧人之于牛羊。人之事神当然不是这种服事，是以下事上的服事，按游氏的话，是奴仆对主人的那种服事。

奴仆服事主人，是替主人做事，换句话说，以下事上的服事，是在下者当在上者的工具，替他成就某种事功。以人事神，为神做了什么事，成就了什么事功？苏氏此问，游氏不能答，却另转方向，说，虔敬是祈祷和献祭的知识。

苏氏再就祈祷和献祭二事加以分析，祈祷无非向神要东西，献祭无非把东西送给神；那么这方面的知识成了取和与的知识，彻底说，成了人与神交易的知识。这话对不对是另一问题，总是从游氏的前言推出的结论。

一提交易，便知是双方的事。我们和神交易，从神所得的好处不胜枚举；神和我们交易，从我们得到什么好处？游氏说没有的，我们如此渺小，能有好处给神吗？神那样伟大，还需要我们给的好处吗？我们给神的只是于神无补的崇敬、赞美、感谢……而已。

　　崇敬、赞美等，虽然于神无补，却是神所视为珍贵的，游氏这样声明。按方才的问答，虔敬的界说，由神所喜者转为正当的事之事神的部分，再由此转为祈祷与献祭的知识，再由此变成人与神的交易，再由此转为人对神的崇敬、赞美……，再由此变成神所视为珍贵者。神所视为珍贵者和神所喜者岂不是一回事？前面已推翻以虔敬为神所喜者之界说，现在却又回到原议。苏氏藉此对游氏开玩笑，向他回敬一炮，说他的话才是游移不定，回旋不休。苏氏仍然孜孜不倦，想再往下讨论，游氏却脱身走了。

　　本篇大意即如上所述，读者不难见其题材（Subject-matter）所在，其题材在于虔敬与不虔敬的问题。此问题并没有讨论出结论；读者不必因此而失望，本篇的价值不在于此问题本身所讨论的结果，倒在于讨论此问题所指示的用思和立言的方法，读者应当由此着眼。

　　用思方面所指示的方法就是所谓的辩证法，教人怎样分析问题，如何由大问题中找小问题，再由小问题中找更小的问题，如剥笋皮，一层一层地剥，以达到最里的笋尖。至于立言方面所指示的方法，第一步，告诉人一两个实例不足以成界说；第二步，指出界说的性质如何；第三步教人如何下界说，——怎样用辩证法求一物的本质，即基本元素，以构成一物的界说。

　　以上阐明的是柏氏在本篇文字上所要达的目的，也可以说是本篇的贡献，——他的目的确实达到，达到了便是他在思想上的贡献。此外，本篇还有言外的用意，这和本篇的时代背景有关。前面说过，本篇的背景是苏格拉底被告，被告的罪状之一是慢神。柏氏在本篇中，特意隐隐约约地描写当时所谓宗教家对敬神和慢神的问题多么隔膜，这方面的知识多么谫陋，藉此反映当时希腊的一般社会，以见得雅典人控告苏氏，甚至判他死刑，都是无理性的举动。

此外还有四点，值得读者注意。四点之中，两点关于伦理学，两点关于方法论（名学或逻辑）。

关于伦理学方面的：（一）苏氏曾提出，"虔敬是否因其为虔敬而见喜于神，或者因其见喜于神而为虔敬？"这问题成了后世伦理学的一个大问题。这问题的含义（implication）引起了道德的价值问题，或道德上行为的标准问题。到底道德本身有其内在的（intrinsic）价值，或者其价值是由外面加上去（imposed from outside）的？到底道德上的行为有天然的标准，或者其标准是人定的？用浅近的话说，譬如一个人做了一件正当的事，是否此事本身就是正当的，或者因为人家都说此事正当、都要他这样做，此事才成为正当的？（二）苏氏把虔敬认为正当的事之一部分，所含意义很重要，就是，把宗教置于伦理的基础上。这可算是苏氏对当时希腊宗教（神话宗教）的一个大革命。

关于名学或逻辑方面的：（一）苏氏指出凡虔敬的都是正当的，却不能转过来说，凡正当的都是虔敬的。此处他所阐明的是名学上的全称正词（universal affirmative proposition）不得随便换位（conversion）的公例。若用画圈法说明，表示虔敬的小圈在表示正当的大圈之内，所以能说凡虔敬的都是正当的；可是不能反过来说凡正当的都是虔敬的,因为表示正当的圈子不在表示虔敬的圈子之内。(二)同时苏氏还说,敬是畏的一部分,奇数是数的一部分。此即后来亚里士多德所谓"别"和"类"的关系,畏与数是类,敬与奇数是别,不过当时还没有这两个名词。

苏格拉底的申辩

《苏格拉底的申辩》提要

《申辩》或《柏拉图为苏格拉底的辩护》分为三部分：第一，真正所谓辩护；第二，关于减轻刑罚较短的陈词；第三，最后之预言性的责备与忠告。

第一部分，首先声明：用世俗谈话口吻，不加修饰；一向敌视修辞，不懂修辞，只知事实真相；不以辞令掩盖自己的性格。然后把原告们分成两批。第一批是无名氏的——大众意见。世人从早年起就听说他是诱惑青年的，都看过阿里司徒放内士的喜剧《云》对他的嘲弄。第二批是公开的，他们只是前一批的代言人。两批所告发的可以概括如下：第一批说，苏格拉底是作恶和好奇的人，追求地以下、天以上的东西；强词夺理、颠倒是非，并以此传授他人。第二批说，苏格拉底是作恶和蛊惑青年的人，不信国教的神，引进新神，后一批的话是实际公诉中的话。前一批的话，大众意见的概括，也成了同样的法律程式。

答辩从澄清混乱的误会下手。喜剧家的表演、大众的意见，都把他混同于自然界学问之师和智者们。这是错误的。……他不是这两类人之一。对自然哲学，他毫无所知；并非藐视这种探讨，事实是对这种探讨完全外行，在这方面从来不曾发过一句言论。另一误会是，他传授学问取酬；他没有东西可传授。他称赞叶卫偌士能以五个命那的廉价传授道德。这里，潜滋着麻醉群众听闻之嘲谑的惯技。

他进而说明得此恶名的原因。恶名起于他承担了一个特派的使命。虔诚的海勒丰曾到带勒弗伊去求谶,问:可有人智过于苏格拉底?谶语答曰:无也。这究竟什么意思,无所知而仅知其无所知者会被谶语宣称为最智的人?凝想着谶语,他下决心去寻智过于己者以反驳之。他先访政客,再访诗家,再访艺人,恒得同样结果:他们或是无所知,或是所知莫能过于他自己;他们在某些方面的小优点远被其自负抵消干净。他无所知,而自知其无所知;他们无所知或所知者微,却幻想无所不知。如此,他一生承担着侦察人间伪装智慧的使命;这个职业吸引着他,使他脱离了公、私事务。富裕的青年以此为消遣,有趣的消遣。于是结了不共戴天之仇;知识的业师对他报复,丑诋他为蛊惑青年的恶棍,并重复陈套的谰言,如智者、无神论者、唯物主义者,——对所有哲学家莫须有的现成的讼词。

对付第二批原告,他质问在场的迈雷托士:"他若是蛊惑青年者,那么谁是使青年进德修业的人?""随地人人都是。"这是多么谬妄,这和事例的比拟多么不相容!他既不得不与国人相处,却使国人变成坏人,这也是多么不可想象的。这必然不是有意的;无意的,就只能受迈雷托士指教,不得被控于法庭。

公诉状另有一部分说他教人不承认国家崇奉的神,而别奉新神。这是否他被认为蛊惑青年之处?"是啊。"他只是崇奉新神,或是不信有神?"不信有神。""什么,甚至不信日和月是神吗?""可不,他说日是一块石,月是一团土。"苏格拉底答道,那是由来已久的与安那克萨哥拉士混为一谈。雅典人不至于无知到，把窜入舞台上戏剧中的想象情节滥归于苏格拉底的影响。苏格拉底着手指出，迈雷托士不合理地在诉状的这个部分造成一谜："无神，而苏格拉底相信有神的子嗣，这是荒谬的。"

既质问了迈雷托士够多的话，撇开他，回到原始的控诉。可以问，他为什么要坚持会送命的职业？为什么？因为他必须坚守神所指定的岗位，正如他曾坚守统帅所指定在波剔泰阿、安弗亦波力斯、戴里恶斯等战场的岗位。此外，他并不过分聪明到能猜想死的境界是好或是坏；但他确信失职是坏事。安匿托士说得对：他们若有放过他的意思，就不会控诉他。因为，他必定服从神而不服从人，他要对千秋万代的人宣传道德和修身的必要，对不听从者他要坚持劝告并责备他们。这是他蛊惑青年的方式，他不会停止服从神的旨意，即使千割万剐等待他。

他希望他们让他活着，不是为自己，是为他们；因为他是天神赠予他们唯一无二的朋友，他用嘲谑的言语把自己说成马虻刺激肥大而迟钝的马使之奔驰。他为什么从不参与公务？因为惯听的神音阻止了他；他若任公职，就要仗义而与众争，便不能生存而做不成好事。曾两次在公务上为正义冒着性命危险：一次在审讯大将时，另一次是抗拒三十寡头的暴命。

他虽然不任公职，却消磨岁月于不取酬地教导邦人，这是他的使命。他的弟子变好变坏，没有理由他负责，因他向不应允传授任何东西。他们愿来便来，不来也罢；他们毕竟来了，因爱看伪装有智慧者被揭穿而以此取乐。他们若是被蛊惑了，本人不出面，其长辈尽可来法庭作证，此刻还有机会呢。可是，他们的父、兄都在法庭（包括在座的柏拉图），却为他作证；他们的子弟被蛊惑，他们本人没有被蛊惑吧，而他们倒是我的证人。这是因为他们确知我是说真话，迈雷托士是扯谎。

　　他须要说的几尽于此了。他不肯恳求审判官保全性命，也不肯排出哭哭啼啼的儿女的可怜相，虽然他并不是铁石心肠。某些审判官对类似的案情或曾允许这样做法，他相信不至于因不如此行事而引起他们发怒。可是，他觉得这种行动有损雅典的名誉：他也晓得审判官曾发誓必须公正；他被控慢神的罪，不能求审判官背誓而自陷于慢神之罪。

　　如他所预料，或是所情愿，他被判定有罪。从此他的语气不但不较为妥协，调子却更多、更像居高临下了。安匿托士提议罚以死刑，他提什么惩罚以代死刑呢？他，雅典人民的恩人，耗其一生的精力造福于邦人，最低应得欧令皮亚体育场上比赛得胜者的酬报，受赡养于普吕坦内安。他为什么要提任何代替的惩罚，既是不知安匿托士所提的死刑究竟是好是坏，而且确信坐牢是坏的、流亡是坏的。花钱却无妨，但他没有钱花。也许出得起一个命那，就认此数吧；或者依朋友们的意愿，认三十命那，他们是极好的担保人。

〔他被判死刑〕

　　他已老了，剥夺他几年的寿命，雅典人毫无所得，唯有不光彩而已。或许他能避死，如果他肯屈膝乞命。但他对于自己申辩的态度毫不后悔；他宁愿按自己的方式而死，不愿按他们的方式而生。不义的惩罚速于死亡，他不久要被处死，原告们的惩罚即将接踵而至。

如人之将死的惯例，他对他们作预言式的赠言。他们把他处死，以免自供其生平的劣迹。但是，他的死对来者撒下了种子，他的许多门徒，因年轻、激进，会逼着他们确实承认自己的罪恶，谴责他们更加严厉。

尚还有余暇，他也想对要赦免他的人说几句话。希望他们晓得神的朕兆在他申辩的过程中从不加以干涉；他想不干涉的原因在于死并非坏的境界。死或是长眠，或是到另一世界，亡过的灵魂集聚的地方，那里能会见古英雄，那里也有公正的审判官；那里是不朽不灭的境界，其中没有因持不同意见而被处死刑的恐怖。无论生前死后，好人总不会遭祸；他的死是神之所许，因为脱离斯世对他更好。所以他原谅他的审判官们，因为他们害不到他，虽然绝不想做任何对他有利的事。 40

他对他们有个最后的要求：以他纠缠他们的办法纠缠他的儿子们，如果儿子们重钱财过于品德，或者毫无出息而自以为有出息。 42

苏格拉底的申辩

〔一〕雅典人啊，你们如何受我的原告们影响，我不得而知；至于我，也几乎自忘其为我，他们的话说得娓娓动听，只是没有一句真话。他们许多假话中，最离奇的是警告你们要提防，免受我骗，因我是个可怕的雄辩家。无耻之极！他们无耻，因为事实就要证明，我丝毫不显得善辩，除非他们以说真话为善辩。他们若是以说真话为善辩，我还自认是演说家——不是他们那种演说家。他们的话全假，我说的句句是真；藉帝士的名义，雅典人啊，不像他们那样雕词琢句、修饰铺张，只是随想随说，未经组织的话。自信我说的全是公道话，你们不必多心，反求节外生枝之意；我这年纪的人绝不至于像小孩那样说谎。可是，雅典人啊，恳切求你们，在我的申辩中，若听到我平素在市场兑换摊旁或其他地方所惯用的言语，你们不要见怪而阻止我。我活了七十岁，这是第一次上法庭，对此地的辞令，我是个门外汉。我若真是一个外邦人，你们就会原谅我，准我说自幼学会的乡腔；现在我也如此要求，似乎不过分：不论辞令之优劣，只问话本身是否公正。这是审判官应有的品德，献词者的本分在于说实话。

〔二〕第一步，雅典人啊，我应当先对第一批原告及其伪词进行答辩，然后再对第二批的。在你们以前，积年累岁，已有许多对我的原告，说些毫无事实根据的假话。安匿托士等固然可怕，这批人更可怕，我怕他们过于安匿托士等，雅典人啊，你们多数人自幼就受他们影响，相信他们对我毫无事实的诬告。他们说："有一个所谓智者苏格拉底，凡天上地下的一切无不钻研，辩才且能强词夺理。"雅典人啊，他们传播这种无稽之谈，他们是我凶恶的原告，因为听其宣传者往往以为，钻研这类事物的人必也不信神。这批原告人数既多，历时又久，他们早在你们幼年最易听信流言蜚语时向你们注入这种诬告之词，当时你们或是尚在孩提，或是方及童年。他们单方挂了案，作为原告，从不到案，因为没有被告的另一造出来答辩。最荒唐的是，他们的姓名不可得而知而指，只知其中有一个喜剧作家。凡挟妒与包藏祸心向你们宣传的人，或本身受宣传再去宣传，这些人最难对付。既不可能传他们到此地来对质，我又不得不申辩，只是对影申辩，向无人处问话。请你们记住，如我所说，有两批原告，一批最近的，一批久远的；再请你们了解，我必须先对第一批答辩，因为他们先告我，并且远比第二批强有力。雅典人啊，我必须申辩，我必须设法以如此短暂的时间消除久据你们胸中的诬告之词。但愿这做得到，如果对你、我更有利；也希望我的申辩能起更大作用。但我认为这是难的，我并不忽视事体之难易。没有别的，听神的旨意吧，现在我必须依法申辩。

〔三〕我们首先提个问题：引起对我攻击、激起迈雷托士对我起诉的诬告之罪是什么？攻击的人说些什么来攻击？他们的话需要重述一遍，仿佛原告自读宣誓过的讼词："苏格拉底是无事忙的为非作恶的人，凡地下天上的一切无不钻研，能强词夺理，还把这些伎俩传授他人。"诬告的罪状如此。你们已于阿里司徒放内士的喜剧中见到一个苏格拉底，自命能排云乘雾，说些我毫不分晓的无稽之谈。我说这话并不是轻蔑那种知识，如有人是那方面的智者；我只是不甘心对迈雷托士诬告的如此大罪申辩，因为，我的雅典人啊，我与那种知识毫无干系。请你们之中的多数人为我作证。在座听我谈话的人很多，凡听过我谈话的人，我要求你们互相质问，究竟曾听多少我关于这方面的言论。你们由此可知，众口纷纷关于我的其他罪状大都是同此莫须有的。

〔四〕这些事无一真实；你们如果听说我教人，并且藉此得钱，这也不是事实。若能教人，对我却是妙事。如赖安庭倨斯的郜吉亚士、凯恶斯的普漏迪恪士、意类恶斯的希皮亚士，他们个个能周游各城，说其青年之能无代价地随意与本城的人同群者，弃其群而追随他们，送他们钱，而且感谢不尽。此地另有一位智者，是巴里安人，听说他还在本城。我偶然遇见一位在智者们身上花钱比所有人都多的，他是希朋匿苦士的公子卡利亚士。他有两个男儿，我问他："卡利亚士，你的二子若是驹或犊，你会为他们雇看管人，使他们各尽其性，成有用之才；看管人不外一个马夫或牧人。然而你子是人，你意中想为他们物色一位什么看管人？关于人的本分和公民的天职，谁有这方面的知识？我想你留意物色，因你有二子。已物色一位，或犹未也？"当然有了，他说。"你所物色的是谁，何地来的，多少束修？"我这样问。他说："从巴里安来的叶卫倨士，他要五个命那。"叶卫倨士煞有福气，如果真有这种技术，真会教得好。我若会这种技术，该多么自豪呢；可是我不会，雅典人啊。

〔五〕也许你们有人会问："你怎么啦，苏格拉底？对你的诬告怎么来的？你如没有哗众骇俗的言行，这类谣传断不至于无端而起。请你原原本本诉说一遍，免得我们对你下鲁莽的判断。"我认为提出这个质问的人是说公道话，我要剖白我得此不虞之誉而致谤的缘由。请听。或者有人以为我说笑话，请相信，我对你们全盘托出事实。雅典人啊，我无非由于某种智慧而得此不虞之誉。何种智慧？也许只不过人的智慧。或者我真有这种智慧。方才我所提的那些人也许有过人的智慧。我不知道如何形容他们的智慧，因我对那种智慧一窍不通。说我有那种智慧的人是说谎，是对我伪作飞扬谤讪之语。雅典人啊，即使我对你们显得说大话，也不要高声阻挠我；我说的不是自己的话，是引证你们认为有分量的言语。我如果真有智慧，什么智慧、何种智慧，有带勒弗伊的神为证。你们认识海勒丰吧，他是我的总角之交，也是你们多数党的同志，和你们同被放逐、同回来的。你们了解他是何如人，对事何等激进热诚。有一次他竟敢去带勒弗伊求谶；诸位，不要截断我的话；他问神，有人智过于我者否？辟提亚的谶答曰"无也。"如今海勒丰已故，他的令弟在此，能对你们作证。

〔六〕你们想，我为什么提起这话，因为要告诉你们，对我的谤讪何从而起。我听了神的话，胸中怀此疑团："神的话究竟何所指，他出了何谜？我自信毫无智慧，他说我最有智慧，究竟何所云？

按其本性，神决不会说谎。"神的话何所云，好久我的疑团不能解。后来用很大气力去探讨他的真意。

C　　我访了一位以智慧著称的人，想在彼处反驳神谶，复谶语曰："此人智过于我，你却说我最智慧。"我见了此人，——不必举其姓名，他是一个政治人物，——我对他的印象如此：和他交谈以后，觉得此人对他人，对许多人，尤其对自己，显得有智慧，可是不然。于是我设法向他指出，他自以为智，其实不智。结果，

D　我被他恨，被在场的许多人恨。我离开后，自己盘算着："我是智过此人，我与他同是一无所知，可是他以不知为知，我以不知为不知。我想，就在这细节上，我确实比他聪明：我不以所不知为

E　知。"再访比他更以智慧著称的人，也发现了同样情况。于是除他以外，我又结怨于许多人。

〔七〕此后，我一一去访，明知会结怨，满腔苦恼、恐惧，可是必

22　须把神的差事放在首要地位。为了探求神谶的真意，我必须出发去访以智慧著称的人。指犬为誓，雅典人啊，我必须对你们说实话；确实，我所得的经验如此：我秉神命出访时，发见名最高的人几乎最缺乏智慧，其他名较低的人却较近于有学识。我要对你们叙述我在出访中所做的苦工，以证明谶语之不可反驳。访政客

B　们以后，访了各体——咏史、颂神以及其他——的诗人，想在现场证明我比他们不学无术。以其精心结构的作品质问他们其中的意义，本想同时能得到一些指教。诸位，我感觉难为情对你们说实话，可又不得不说。几乎所有在场的人讲他们的诗都比他们本

C　人讲得好。因此我发现，诗人作诗不是出于智慧，其作品成于天

机之灵感，如神巫和预言家之流常作机锋语而不自知其所云，我想诗人所感受亦复如此。同时我发现，诗人们因其会作诗，其他方面便自以为智在人人之上，成了出类拔萃人物，其实不然。我离开他们，心想，我超过他们，正如我超过政客们。

〔八〕最后去访手工艺人。自知对这方面一无所知，也相信会发现他们这方面的知识很丰富。确实我没有被欺，这方面我所不知的他们尽知，在这方面，他们智过于我。可是，雅典人啊，好艺人竟和诗人犯同样错误，因有一技之长，个个自以为一切都通，在其他绝大事业并居上智。这种错见反而掩盖了他们固有的智慧。因此，关于神的谶语，我扪心自问：保持自我的操守，不似彼辈之智，亦不似彼辈之愚呢？或是效他们之亦智亦愚？最终我自答并答谶语：还是保持故我好。

〔九〕由于这样的考察，雅典人啊，许多深仇劲敌指向我，对我散布了许多诬蔑宣传，于是我冒了智者的不虞之誉。在场的人见我揭穿了他人的愚昧，便以为他人所不知我知之；其实，诸君啊，唯有神真有智慧。神的谶语是说，人的智慧渺小，不算什么；并不是说苏格拉底最有智慧，不过藉我的名字，以我为例，提醒世人，仿佛是说："世人啊，你们之中，唯有如苏格拉底这样的人最有智慧，因他自知其智实在不算什么。"

甚至如今，我仍然遵循神的旨意，到处察访我所认为有智慧的，不论邦人或异邦人；每见一人不智，便为神添个佐证，指出此人不智。为了这宗事业，我不暇顾及国事、家事；因为神服务，我竟至于一贫如洗。

〔十〕非但如此,有闲青年和富家子弟竟自动追随我。喜见许多人被我考问,时常摹仿我,也去考问人家,我想,他们也发现许多人自以为智,其实寡智或不智。结果,被考问的人不恨他们,却埋怨我,骂道:"苏格拉底最可恶,他把青年引诱坏了。"若有人问:"如何引诱青年,做了什么,教了什么?"他们又说不出,他们茫然不知所以,偏要装明白,便信口说些易于中伤所有爱智求知者的话,如"天上地下无不钻研"啰、"不信神"、"强词夺理"等等。我认为,他们不愿说实话,他们假装有智慧,其实一无所知,——这已成为最明显不过的了。他们野心勃勃,既活跃,人数又多,异口同声协力攻击我,你们两耳久已塞满了对我恶毒诬蔑之词。他们之中出来了迈雷托士、安匿托士、吕康三个攻击我的人:迈雷托士为诗人们出气,安匿托士为艺人和政客们复仇,吕康为说客们抱不平。我起先说过,我若能在这样短时间内把你们之中如此根深蒂固的广泛的流言蜚语消除干净,那才是奇怪呢。雅典人啊,这就是事实,无论大小巨细,一一托出,对你们不欺不瞒。我知道很清楚,我以如此言语行为,结怨于人;他们的怨是我说实话的证据,他们对我的诬告在此,恨我的原因也在此。你们随时去考察,无论现在将来,都会发现同样事实。

〔十一〕关于第一批原告对我的诬告,我已向你们提出了充分的申辩,再则,对自命爱国志士的迈雷托士和其他二人,我要继此而提出申辩。这是另一批的原告,我们也要听其宣誓的颂词。他们的讼词大致如此：苏格拉底犯罪，他蛊惑青年，不信国教，崇奉新神。他们告发的罪状如此，我们逐一考察吧。他说我犯罪，蛊惑青年。雅典人啊，我倒说迈雷托士犯罪，把儿戏当正经事，轻易驱人上法庭，伪装关心向不注意的事。这是事实，我要向你们证明。

〔十二〕来，迈雷托士，请说，你是否认为使青年尽量学好是首要的事？

"是的。"

现在请向在座指出谁使青年学好，显然你知道，因为你关心此事。据你说，你发现了蛊惑青年的人，把我带到在座面前控告我；来向在座说，谁使青年学好，指出他是什么人？瞧，迈雷托士，你倒不作声了，说不出什么了吗？这对你岂不丢脸，岂不是充分证明了我的话：你对此事毫不关心？我的好人，还是请你说吧；谁使青年学好？

"法律。"

这不是我所问的，最好的人；我问的是什么人，什么人首先懂得这一行——法律。

"在座诸公——审判官。"

说什么，迈雷托士？他们能教诲青年，使青年学好？

"当然。"

他们全会，或者有会有不会？

"全会。"

我的哈拉，世上有这许多有利于青年的人。听审的人呢，他们也使青年学学好吗？

"他们也使青年学好。"

元老院的元老们如何？

"他们也同样使青年学好"。

那么，迈雷托士，议会议员蛊惑青年，或者他们全体使青年学好？

"他们也使青年学好。"

这么说，除了我，全雅典人都使青年学好，唯我一人蛊惑青年。你是这么说的吗？

"对了，我确是这么说的。"

你注定我的悲惨命运呀！我问你一句：关于马，你是否这么想，举世的人对马都有益，唯有一人于马有损？或者相反，对马有益的只是一人或极少数人——马术师，而多数用马的人于马有损？不但马，所有其他畜生是否同此情况，迈雷托士？当然是，不管你和安匿托士承认与否。青年们福气真大，如果损他们的只有一人，益他们的举世皆是！迈雷托士，你已充分表明对青年漠不关心，你显然大意，对所控告我的事，自己毫不分晓。

〔十三〕再则，迈雷托士，藉帝士的名义，请告诉我们，和好人在一起好呢，同坏人在一起好？好朋友，请答复啊，我问的并不是难题。坏人是否总会随时为害于与之接近的人，好人是否总会随时使同群者受益？

"当然。"

有人情愿受害于同群者过于受益吗？答复吧，好人，法律要你答复啊。有人宁愿受害吗？

"当然没有。"

好了，你把我拖到此地，因我蛊惑青年、使之堕落。有意的或是无心的？

"我说有心的。"

什么，迈雷托士？你这年纪竟比我这年纪的人智慧得许多，晓得坏人总是为害于与之接近的人，好人总是使同群者受益；而我竟至于蠢到连这个道理都不明白，不知道把所接近的人引诱坏了，自己也有受害的危险，反而如你所云，有意去引诱他们？这一点，我不信你的，迈雷托士，我想世上没有人会信。那么，我或是没有蛊惑青年，或是蛊惑出于无心；两方面你都是说谎。我若是无心地蛊惑了青年，那么，法律不为无心的罪过拖人来此地，只是把犯者私下告诫一番。显然，倘有人背地警告我，我会停止无心所做的事。可是你躲避我，不肯和我交接教导我，偏要拖我到此地；法律只要应当治罪的，不要应受告诫的人到此地。

〔十四〕雅典人啊，我所说的已经明显了：迈雷托士对此等事毫不注意。但是，迈雷托士，告诉我们，你说我是如何蛊惑青年的？按你提出的讼词，我教他们不信国教、崇奉新神，你不说这就是我蛊惑青年吗？

"这确是我所说的。"

现在，迈雷托士，为当前辩论所维护的神，请你对我和在座表白更清楚些。我不能了解：到底你是说我主张有神，自己相信有神，不是无神论者，在这一点上可告无罪；而所信是国教以外的神，这一点是你所控告的，或者说我简直不信有神，并且宣传无神论？

"我说你简直不信有神。"

D 你吓我，迈雷托士；你这话哪里说起？我难道不信日、月是神，如他人所信？

"不，审判官，藉帝士的名义说，他不信，他说日是一块石，月是一团土。"

E 亲爱的迈雷托士，你认识到你是控告安那克萨哥拉士吧？你如此藐视在座，认为他们不学到连克拉德衬门耐的安那克萨哥拉士的书充满着这一类的话也不知道？青年们难道需要跟我学这套话，不会以至多一个都拉马的钱去看戏，听到同样的话，笑苏格拉底剽窃前人如此离奇的学说？藉帝士的名义说，你真以为我不信有神吗？

"对着帝士说，你丝毫不信。"

27 你的话不可信，迈雷托士，我想你自己也信不过。雅典人啊，我觉得此人太轻率、太鲁莽，他的讼词是少年猛闯的表现。他像是造谜来试探我，心想："且看，智者苏格拉底能否察出我故意开玩笑、说矛盾话呢，或者他和在座的听众都被我瞒过了？"他在讼词中的话显得自相矛盾，就像说，"苏格拉底因不信神、因信神犯罪"，这岂不是开玩笑的口吻？

B 〔十五〕诸位，和我一起研究他如何显得是说矛盾话；迈雷托士，你答我们的问。诸位，莫忘我起初的恳求：我按平日习惯的态度说话，请你们不要喧哗。迈雷托士，有任何人相信有人的事物，而不相信有人吗？让他答，诸位，不要骚扰。有没有人不信有马，而信有马具；不信有吹箫的人，而信有吹箫的用具？没有的，我的好人；你不肯答，我对你和在座诸君答。可是你要答下一个问题：有没有人相信有鬼神的踪迹，而不信有鬼神？

"没有。"

难得你金玉之口被在座勉强逼出片言以答。你说我相信并传授有新或旧之鬼神的踪迹，那么，按你宣誓的讼词，我相信有鬼神的踪迹；我既相信有鬼神的踪迹，就必然相信有鬼神，不是吗？是的；你不答，我假设你同意。我们相信鬼神是神，或神的子女，同意不同意？

"当然是的。"

你原先说我不信有神，现在如你所云，承认我相信有鬼神，相信鬼神是神的一种，——这就是我所说的你造谜为谑，说我不信神又信有神。鬼神若是神的私生子，据说是和水仙姑或其他女神所生，世上任何人能信有神的子女而无神吗？其荒谬等于相信有马和驴所生之子——骡——而没有马和驴。迈雷托士，你提这个讼词，不是有意试探我们，便是茫不可得我的其实罪名。然而你想迷惑稍有脑筋的人，相信同一个人会信有鬼神踪迹而不信有神、有鬼、有英灵，世上无此骗人的机关。

〔十六〕雅典人啊，按迈雷托士的讼词，我之无罪，不必多申辩了，这些已经够了。你们尽可相信我前面所说是实话：多数人中有对我的深仇大恨，如果定我的罪，这就是定罪的原因，不是迈雷托士和安匿托士，倒是众人对我的中伤与嫉恨。已经陷害了多

B 数好人，我想将来还要陷害许多，不愁到我为止。或者有人对我说："苏格拉底，你因所从事，如今冒着死刑的危险，还不知惭恶吗？"我就答他一句正当的话："足下说得不巧妙，你以为稍有价值的人只会计较生命的安危，他唯一顾虑的不在于行为之是非、

C 善恶吗？按你的话，图垒阿之役丧生者的英灵皆不足道，尤其是特提士之子之不肯受辱而藐视生命危险的气概也不足贵了。当他迫不及待要杀赫克多拉，他的神母对他说，我记得，大致如下的话：'吾儿，你为你友帕徒娄苦洛士之死复仇，杀了赫克多拉，自己也休想活，因为死的命运，赫克多拉之后，接着就到你！'他

D 听了这话，藐忽性命危险，只怕偷生而不能为友复仇；直截了当地答道：'我宁死以惩作恶者，不愿偷生斯世，贻笑柄于满载苦恼的弓状巨舰之旁，为大地之累。'你想，他把性命和冒险放在心吗？"雅典人啊，这是实情：凡职位所在，无论出于自愿所择，或由于在上者委派，我想都必须坚守岗位，不辞行险，不顾一切，不计性命安危，宁死勿辱。

E 〔十七〕雅典人啊，你们以前选来指挥我的将官派我去浦提戴亚、安非朴里斯，和戴里恶斯等地，当时我能一如同列，冒死守职；现在，我相信，我了解，神派我一个职务，要我一生从事爱智之学，检察自己，检察他人，我却因怕死或顾虑其他，而擅离职守；这才荒谬，真正堪得抓我到法庭，告我不信有神，因我不遵神谕，怕死，无知而自命有知。诸位，怕死非他，只是不智而自命为智，因其以所不知为知。没有人知道死对人是否最好境界，

B 而大家却怕死，一若确知死是最坏境界。以所不知为知，不是最

可耻吗？诸位，这也许是我不同于多数人之处，我如自认智过于人，也就在此：不充分了解阴间情形，我不自命知之。然而我知道，行为不轨，不服从胜于己者，无论是神是人，这些都是坏事和可耻的事。我绝不恐怖、避免好坏尚未分晓的境界过于所明知是坏的境界。方才安匿托士说，不抓我来此地也罢，既抓我来此地，就不得不把我处死，如释放我，你们的子弟学会了我——苏格拉底所传授的，会彻底堕落。现在，你们如不听他的话，释放我，对我说："苏格拉底，这次我们不听安匿托士的话，释放你，可是有个条件：以后不许如此探讨，不得从事爱智之学，如被我们察出依旧从事，你就必须死了"；雅典人啊，如果你们如此条件放我，我可要对你们说："雅典人啊，我敬爱你们，可是我要服从神过于服从你们，我一息尚存而力所能及，总不会放弃爱智之学，总是劝告你们，向所接触到的你们之中的人，以习惯的口吻说：'人中最高贵者，雅典人，最雄伟、最强大、最以智慧著称之城邦的公民，你们专注于尽量积聚钱财、猎取荣誉，而不在意、不想到智慧、真理和性灵的最高修养，你们不觉惭愧吗？'"如果你们有人反唇相稽，还说注意这些，我不轻易放过他，自己也不离开他，必对他接二连三盘问，如果发现他自称有德而实无，就指责他把最有价值的当作轻微的、把微末的视为重要的。我遇人就要这么做，无论对老幼、同胞或异邦人，尤其是对同胞，因为他们和我关系较为切近。你们要明白，这是神命我做的事，我认为，我为神办此差是本邦向所未有的好事。我巡游各处，一无所事，只是谆劝你们老幼不要顾虑身家财产在先而与性灵的最高修养并重；对你们说，德性不出于钱财，钱财以及其他一切公与私的利益却出于德性。说这个道理如果是蛊惑青年，这个道理就是有害的；如有人说我讲的是这个道理以外的什么，他就是说谎。所以，雅典人啊，关于这事，我要声明：你们听或是不听安匿托士的话，放我或是不放，我总不会改行易操，即使要死多次。

〔十八〕雅典人啊，不要骚扰，仍旧遵守我对你们的要求，不要搅乱我的话，请听吧；我相信听我的话能得益。我要对你们说一些别的话，你们听了或许会叫起来，可是千万不要叫。

你们要知道，杀我这样的人，你们害我不如倒害自己之甚。迈雷托士或安匿托士都不能害我，他们不能害我，我相信，坏人害好人，是神所不许。他也许能杀我，或放逐我，或剥夺我的公民权，以为这就是对我的大祸害，他人也许同样想，我却不以为然，我想他谋杀无辜的罪孽重于所加于我的祸害。所以，雅典人啊，我此刻的申辩远不是为我自己，如有人之所想，乃是为你们，使你们不至于因处死我而辜负了神所赠的礼物。因为，你们如果杀了我，不易另找如我之与本邦结不解之缘的人，用粗鄙可笑的话说，像马虻粘在马身上，良种马因肥大而懒惰迟钝，需要马虻刺激；我想神把我绊在此邦，也是同此用意，让我到处追随你们，整天不停对你们个个唤醒、劝告、责备。诸位，这样的人不易并遇，你们若听我劝，留下我吧。像睡眠中被人唤醒，你们尽许会恼我、打我，听安匿托士的话，轻易杀我，从此你们余生可以过着昏昏沉沉的生活，除非神关切你们，另派一个人给你们。我这样的人是神送给此邦的礼物，在这方面你们可以见得：我自己身家的一切事务，多少年来经常抛之脑后，总是为你们忙，分别个个专访，如父兄之于子弟，劝你们修身进德，——这不像一般人情之所为。我若是有所图于此，或以劝善得钱，这还有可说；现在你们亲见，告我的人无耻地诬告了其他一切罪状，却不能无耻到伪造证据，说我要索报酬。我想，我有充分证据证明我说实话，那就是我的贫穷。

〔十九〕我到处巡游，席不暇暖，突不暇黔，私下劝告人家，而不敢上公庭对众讨论国是、发表政见，这也许显得离奇。其原因，你们听我随时随地说过，有神灵降临于我心，就是迈雷托士在讼词上所讽刺的。从幼年起，就有一种声音降临，每临必阻止我所想做的事，总是退我，从不进我。他反对我从事政治。我想反对得极好；雅典人啊，你们应知，我若从事政治，吾之死也久矣，于己于世两无益也。莫怪我说实话。凡真心为国维护法纪、主持公道，而与你们和大众相反对者，曾无一人能保首领。真心为正义而困斗的人，要想苟全性命于须臾，除非在野不可。

〔二十〕我要向你提供强有力的证据，不是空话，是你们所尊重的实际行为。听我的遭遇，便能见得我不肯背义而屈服于任何人，我不怕死，宁死不屈！我要对你们讲一件平凡而有关法律的事，可是真事。

　　雅典人啊，除当过元老院的元老之外，我不曾担任国家的其他官职。当时轮到我族的元老①组织理事团董理院务。你们要集体

---

① 公元前406年，雅典海军战胜腊克带蒙（Λακεδαίμων），因战于阿吉纽西群岛附近，故谓阿吉纽西（arginusae）之役。退兵时，海军十大将未收回阵亡兵士的尸首，雅典

审理十大将海上班师时未收阵亡兵士之尸，——这是不合法的，你们后来都也承认。当时我是理事中唯一的人反对你们违法办事，虽然政论家宣称要弹劾我，拘拿我，你们也喧哗怂恿，我却拿定主意，必须为法律、为公道而冒一切险，不愿因畏缧绁、斧锯而附和你们于不义。这是本邦庶民政治尚存的事。嗣后寡头政体成立，三十巨头召我和其他四人同到圆宫，派去萨冷密斯逮捕当地人赖翁来伏诛；他们还派了多人去执行许多类似的命令，因为他们想加罪于人以多为妙。当时，我不徒以言语，以实际行动，如不嫌用粗鄙的话说，表示丝毫不怕死，可是我万分留心，不做任何背义慢神的事。当时的政府，淫威虽盛，却吓我不倒，不能强我作恶，我们离开圆宫，其他四人去萨冷密斯捉赖翁，我直溜回家。那政府若不是随即倒台，我也许为此事送命了。关于这几件事，有很多能对你们作证的人。

（接上页）人民大怒而控告他们。十大将曾派人在法庭上申诉，曾派人收尸，因狂风突起而收不成。法庭上两造争论不休，法官宣布交元老院（senate）规定审理的程序。元老院人数五百，由十族（the ten tribes）各以抓签方法推举五十人，共成五百人组成元老院。五百人按十族分为十班，每班五十人，轮流当理事团（prytanis），每团任期三十五天。每团理事又分五组，每组十人，谓之主席团（proedri or presidents），每团任期七天。每天一人值班，谓之总主席（epistates）。当时的法庭是民庭（assembly），由人民用抓签方法推举若干人组成。法庭审案由元老院监察，案的文件和手续等等先由院的主席团省查，合法才交法庭付议。案件提交法庭时，由元老院的总局主席在庭上当主席。十大将的案，原告人民提议不必个别审判，要求笼统由人民投票表决，意在必置他们于死地。这不合雅典的法律，苏格拉底那天以元老院总主席的资格在法庭上当主席，他不肯把原告人民这种不合法的提议提交法庭付议，虽然恐吓万端，他全不顾。可惜按规定他只值班一天，第二天由另一人主席，那人屈服了，十大将终于含冤而死。

〔二一〕你想我能活到这年纪吗,如果我在朝任职,为正人君子之所应为,维持公道,并如所应为,以此为首要的事?差得远呢,雅典人;没有任何人具此本事。我一生,无论在朝在野,总是这样一个人,不曾背义而对任何人让步,不论诽谤我的人所指为我的弟子或其他人。我不曾为任何人之师;如有人,无论老少,愿听我谈论并执行使命,我不拒绝,我与人接谈不收费、不取酬,不论贫富,一体效劳;我发问,愿者答,听我讲。其中有人变好与否,不应要我负责,因为我不曾应许传授什么东西给任何人。如有人说从我处私下学会或听到他人所不曾学、不曾听的东西,请认清,他不是说实话。

〔二二〕然则何以有人乐于浪费时间和我相处?雅典人啊,此事的缘起你们早已听见,我把全部事实对你们说过了:他们乐于听我盘问不智而自以为智的人,此事确实有趣。我相信,此事是神之所命,神托梦启示我,用谶语差遣我,以种种神人相感的方式委派我。雅典人啊,此事是真,否则易驳。如果我蛊惑青年,以往受我蛊惑的如今年长了,回忆少年时受我引诱,必然会出来告我,对我报复。若是他们自己不愿出面,他们的父兄和其他亲属,回忆子弟或后辈亲属受我的害,也会把真相揭出。他们此刻在场的很多,我所看见的:第一是克力同在此,他与我同年同区,是这位克力透布洛士之父。其次是斯费托斯的吕桑尼亚士,这位埃斯幸内士之父。再次是开非索斯的安提丰在此,埃比更内士之父。此外还有别人,其兄或弟常和我一起消遣,如:匿寇斯徒拉托士,提坞肘提底士之子,提坞豆托士之兄(提坞豆托士已故,当然不能阻止乃兄告我）；怕拉洛士，邓漠豆恪士之子，过去的提阿盖士之兄；阿逮满托士，阿力斯同之子，其弟柏拉图在此；埃安透都洛士，其弟阿普漏兜洛士也在此。我还能对你们举许多人，其中也有迈雷托士最宜引为其讼词作证的，他若是忘了，现在尚可提出，我避席，让他提，如果他有可提的这类的证人。可是，诸位，你们要发现完全与此相反的情形，他们反而极愿帮我，蛊惑青年者，迈雷托士和安匿托士所告发的，把他们的亲属带坏了的人。受我蛊惑的，本人帮我，犹有可说；至于他们的亲属，既不曾受我蛊惑，又是上了年纪的人，有什么理由帮我，除非那个真确的理由：深知迈雷托士说谎、我说实话？

〔二三〕诸位，这些和其他类似的话大致就是我所要申辩的了。或者你们之中有人会恼羞成怒，回忆自己以往为了一场小官司，涕泪满脸哀求审判官，还带了儿女和许多亲友来乞情；而我不做这种事，虽然明知自己到了极大危险的地步。也许有人怀此恼羞成怒之感，向我发泄，带怒气对我投一票。你们若是有人存此心——我估计不会有；如果真有，我想对他这样说不为过：好朋友，我也有亲属，如贺梅洛士所说的，"我并不是出于木石"，也是人的父母所生；我也有亲属，雅典人啊，我有三个儿子，一个几乎成人了，两个还小，但我不把任何一个带来求你们投票释放我。我为什么不这么做？雅典人啊，我不是有意拗强，也不是藐视你们。我对死有勇与否，是另一问题，为你、我和全国的名誉，我认为这样做无耻，我有这么大年纪、这样声望，——不论名与实相称与否，大家已经公认苏格拉底有过人处。你们之中，以智或勇或任何其他德性著称者，如果也这样做，岂不可耻？可是我常见过有声望的人受审时做出这种怪状，他们以为死是可怕的事，若许他们免死，似乎便能长生。我觉得这种人是邦国之耻，外邦人会议论说，雅典之德高望重，国民所称誉、拥戴而居官职的人，真无以异于妇人女子。雅典人啊，这种行为，我们有些声望的人都不宜做，你们也不可允许我们做；你们要明白表示：凡演这种可怜戏剧，贻邦国以笑柄的人，远比持镇静态度者易于判罪。

〔二四〕诸位，不名誉以外，我想，向审判官求情，乞怜释放，总不是正当的事，只可向他剖白，说服他。审判官坐在法庭上是要判断是非曲直，不能枉法徇情；他发誓不凭自己的好恶施恩报怨，只是依法判断。所以，我们不可使你们背誓成习，你们也不可自己背誓成习，否则你我双方都做了不敬的事。因此，雅典人啊，休想我肯向你们做这种事，我所认为不高尚、不正当、不虔敬的事，藉帝士的名义，姑不论他时，尤其当前迈雷托士正在此告我慢神。显然，我若对你们发过誓的人苦诉哀恳强求你们背誓，那就是教你们不信有神，我的申辩成了无神论者的自供。但是这和事实相差甚远；雅典人啊，我信神非任何告我的人之所能及，我委托你们和神，在最有利于你我双方的情况下，判断我的案。

〔苏格拉底的申辩至此结束，大家投票。结果以二百八十一票对二百二十票宣告有罪。以下他再发言。〕

〔二五〕雅典人啊，对你们投票定我罪，以及其他许多蝉联而发生的事，我并不恼，也不感觉意外；颇感诧异的是正反两方的票数，想不到反对票这么少，我所预料的要多，似乎两方票数只要对调三十，我就可以释放了。我想，就迈雷托士论，我现在已经释放了；不但释放了，对人人都清楚，如果没有安匿托士和吕康上前告我，他要罚款一千都拉马，因他没有得到五分之一的票数。

〔二六〕此人提议以死惩罚我，我要承认什么惩罚以代替死刑呢？显然要提我所应得的，是吗？我应受，应偿什么？我一生未尝宁息，不像众人之只顾家人生产、蓄积钱财，不求武职，不发政论，不做官，不参与国内阴谋和党派之争，自知过于刚直，与世征逐难于保全性命，便避开了对自己和你们都做不成有益之事的纷华之域，专去那对每个私人能得到我所认为最大益处的地方。劝你们个个对己应注意德与智之求全先于身外之物，对国当求立国之本先于谋国之利，对其他事要同样用先本后末的方法。像我这样的人应何所受、何所得？好处，雅典人啊，我应得好处，如果真正据功求赏，好处应是与我相称的。对你们的穷恩主相宜的是什么？他需要有闲劝导你们。雅典人啊，对此种人相宜的莫过于许他在普吕坦内安*就餐。这对我相称远过于对欧令皮亚场上赛马或赛车得胜的人，因为他造福于你们是表面的，我造福于你们是真实的，他生计无所需，我却需要。所以，若须正当依我所应得科罚，就罚我在普吕坦内安就餐吧。

---

* Prytaneum 的译音。雅典的公共食堂，特为元老院的理事、外国使者和有功于国的人所设的。

〔二七〕我说这话，正如以前说不肯啼泣哀求的话，或许对你们显得是有意拗强；其实不然，我说这话却是因为深信自己向不有意害人，可是不能使你们同样相信，因为说话的时间太短；我想，你们若有一条法律，如他邦的人所有，规定凡死刑案件不得一日里判决，必须经过好几天，那就能使你们相信；现在不易在短时间内肃清偌大诬陷蜚语。因我深信不曾害人，我也决不肯害己，我不承认应当吃亏、堪得受罚。我何苦来？怕迈雷托士所提我认为所不知吉或凶的吗？选择所明知是凶的为代吗？我要提议什么惩罚？监禁吗？何苦坐牢过着在职官吏的奴才生活？提议罚款，监禁以待付吗？这和我方才所说的长期监禁相同，因为我没有钱以付罚款。提议放逐吗？或许你们罚我放逐。我可未免过于贪生，甚至迷惑到不能估计：你们，我的邦人，尚且不耐我健谈、多话，厌其烦、恶其冗，要赶我走，异邦人反而易容我这一套吗？差得远呢，雅典人。像我这年纪的人离乡背井而投他邦，入复被逐，轮番更迭以延残喘，如此生涯岂不妙哉！我相信每到一处，青年们必如此地之聚聆我谈天。我若是赶他们走，他们必央其兄长来赶我；我不赶他们，其父和亲属们会为他们赶我。

〔二八〕或者有人说："苏格拉底，你离开我们，不会缄默地过日子吗？"这最难使你们任何人相信：如果说，我不能缄默、缄默就是违背神的意旨，你们不会相信，以为我自我谦抑，如果再说，每日讨论道德与其他问题，你们听我省察自己和别人，是于人最有益的事；未经省察的人生没有价值，这些话你们更不会相信。

诸位，我说，事实确是如此，却不容易使你们相信。此外，我也不惯于设想自己应受任何损害。我若有钱，就自认所能付的罚款，这于我却无伤。可是我没有钱，除非你们肯按我支付的能力定罚款的数目。或者我付得起一个命那银币，我自认此数。雅典人啊，在座的柏拉图、克力同、克力透布洛士、阿普漏兜洛士，他们都劝我承认三十命那，肯为我担保；我就承认此数吧，他们对此款项担保得起。

〔审判官去判决，结果判他死刑。他再发言。〕

〔二九〕雅典人啊，过不多时，有意辱国之徒要骂你们，奉送戕杀智者苏格拉底之名；他们存心责难你们，称我智者，其实我并非智者。你们稍等些时，所期望的自然就会达到，瞧，我的年纪，生命途程已经走多远了，多么接近于死了。我说这话不是对你们全体，是对投票判我死刑的人说。我还对同一批人说：诸位，你们或许以为，我被定罪，乃因我的辞令缺乏对你们的说服力，我若肯无所不说、不为，仅求一赦，那也不至于定罪。不，远非因此。我所缺的不是辞令，缺的是厚颜无耻和不肯说你们最爱听的话。你们或许喜欢我哭哭啼啼，说许多可怜话，做许多可怜状，我所认为不值得我说我做、而在他人却是你们所惯闻、习见的。我当初在危险中决不想做出卑躬屈膝的奴才相，现在也不追悔方才申辩的措辞，我宁愿因那样措辞而死，不愿以失节的言行而苟活。无论在法庭或战场，我或任何人都不应当不择手段以求免死。在战场上，往往弃甲曳兵而走，或向追者哀求，每当危险时，若肯无所不说、无所不为，其他逃死的方法还多着呢。诸位，逃死不难，逃罪恶却难得多，因为罪恶追人比死快。我又钝又老，所以被跑慢的追上，控我者既敏且捷，所以被跑快的——罪恶——追上。现在我被你们判处死刑，行将离世，控我者却被事实判明不公不义，欠下罪孽的债；我受我的惩罚，他们受他们的惩罚。或许这是合当如此，我想如此安排倒也妥当。

〔三十〕投票判我死刑的人们，我要对你们作预言，人之将死时最会预言，我已到其时了。我对你们说，杀我的人啊，帝士为证，我死之后，惩罚将立即及于你们，其惨酷将远过于你们之处我死刑。现在你们行此事，以为借此可免暴露生平的隐慝，可是，我说，效果适得其反。将来强迫你们自供的人更要多，目前被我弹压住，你们还不知道呢。他们年轻，更苛刻，更使你们难堪。你们以为杀人能禁人指摘你们生平的过失，可想错了。这种止谤的方法绝不可能，又不光彩；最光彩、最容易的不在于禁止，却在于自己尽量做好人。这就是我临行对你们投票判我死刑者的预言。

〔三一〕趁官吏们正忙着、我尚未赴死所之前，愿和投票赦免我的人们谈谈此事的经过。朋友们，请等我，不会有人禁止，我们不妨尽所有时间彼此谈谈。你们是吾友，我想把此刻所感觉之意义揭示给你们。我的审判官啊，我称你们审判官，你们无愧此称呼；我遇一件灵异的事。经常降临的神的音旨以往每对我警告，甚至极小的事如不应做，都要阻止我做。你们眼见，当前发生于我的事，可以认为，任何人都认为最凶的；可是这次，我清晨离家，到法庭来，发言将要有所诉说，神的朕兆全不反对。可是，在其他场合我说话时，往往中途截断我的话。在当前场合，我的言语、行动，概不干涉；我想这是什么原因呢？告诉你们：神暗示所发生于我的好事，以死为苦境的人想错了。神已给我强

C 有力的证据，我将要去的若不是好境界，经常暗示于我的朕兆必会阻我。

〔三二〕我们可如此着想，大有希望我此去是好境界。死的境界二者必居其一：或是全空，死者毫无知觉；或是，如世俗所云，灵

D 魂由此界迁居彼界。死者若无知觉，如睡眠无梦，死之所得不亦妙哉！我想，任何人若记取酣睡无梦之夜，以与生平其他日夜比

E 较一番，计算此生有几个日夜比无梦之夜过得痛快，我想非但平民，甚至大王陛下也感易于屈指；为数无几。死若是如此，我认为有所得，因为死后绵绵的岁月不过一夜而已。

另一方面，死若是由此界迁居他界，如果传说可靠，所有亡过者全在彼处，那么何处能胜于彼，审判官啊？到阴间，脱离了

41 此地伪装为审判官者，遇见真正的审判官，据说，在彼审理案件，如命诺士、呼拉大蛮叙士、埃阿恪士、徒力普透冷莫士，以及其他生前正直、死而神者，——这么这个转界岂同小可？

你们如有人得与欧尔费务士、母赛恶士、赫细欧铎士、贺梅

B 洛士诸公相会，什么价值能过于此？我宁愿死几次；在那里过日子对我绝妙，能遇怕阐昧底士、泰拉孟之子爱伊阿士，以及其他死于不公平之判断的古人，把我的遭遇和他们相比，我想不至于无聊吧。最有趣的是，在那里，如在此处世，消磨光阴省察他人，

看谁智、谁不智而自以为智。审判官啊，你们如有人能去省察图垒阿之役大军的统帅，或欧迪细务士，或薛叙弗恶士，或任何人所能举的无数男男女女，他将愿出多大代价？和他们相处，和他们交谈，向他们发问题，都是无限幸福。无论如何，那里的人绝不为这种事杀人；所传说的若是实情，那里的人在其他方面福气更大以外，他们岁月无穷，是永生的。

〔三三〕诸位审判官，你们也要对死抱着乐观的希望，并切记这个道理：好人无论生前死后都不至于受亏，神总是关怀他。所以，我的遭遇绝非偶然，这对我明显得很，此刻死去，摆脱俗累，是较好的事。神没有朕兆阻止我，原因在此。我并不恨告我和投票判我死刑的人。然而他们不是存心加惠于我，只是想害我，因此他们堪得谴责。我却要重托他们一件事：诸位，我子长大时，以我之道还治我子之身，如果发现他们注意钱财或其他东西先于德性，没有出息而自以为有出息，责备他们如我之责备你们，责备他们不注意所当注意的事、不成器而自以为成器。你们如果这样做，我父子算是得到了你们的公平待遇。

　　分手的时候到了，我去死，你们去活，谁的去路好，唯有神知道。

《苏格拉底的申辩》译后话

西元前 399 年春，苏格拉底七十岁那年，被人控告。原告三人：迈雷托士、赖垦、安匿托士。迈氏在《游叙弗伦篇》曾提过，似乎就是阿里司徒放内士（Aristophanes）的《蛙》（Frog）中所说的斯叩里亚地方的诗人（Poet of skolia），因苏格拉底在本篇指出他是为诗人出气的。赖垦是修辞学家，并没有大名望。三人中，还是安匿托士最出风头，他的职业虽然是皮匠，在政治上却很活动，西元前 403 年，雅典庶民政体光复，他很有功，据说还带过大兵。这场官司，名义上是迈雷托士带头，其实是安匿托士从中怂恿，苏格拉底在当时有智者（Sophists）嫌疑，其实他最恨智者，相传智者和他有私隙。

他们所告的罪状有二：（一）慢神；（二）蛊惑青年。二者是当时社会攻击一般哲学家的普遍口号，——第一是对自然哲学家（Physical Philosophers）的，第二是对智者的。他们极恨苏格拉底，却找不出什么特殊罪状，只好笼统地举出两条，真是"欲加之罪，何患无辞"。

他们恨苏格拉底，却也不能无因；有远因和近因。远因代表当时一般社会的观感。苏氏是个思想家，思想家的惯技是批评现状。他虽不如前人之天上地下无所不谈，对人事方面的观察与批评，却非常敏锐。上自国家的政治法律，下及人民的道德宗教，

——重新评价,有流弊处,很不客气地指摘出来。雅典的国民性素来狭窄,他们把庶民政体视为天经地义,不许人批评。至于流行的道德、宗教,都是祖宗世世相传的衣钵,其威权和不成文法(unwritten law)相等,也是不许批评的。苏氏竟敢批评,真是以蛋触石。此外,当时的社会对他还有误会:(一)把他误认为智者一流。他是思想家,智者们也是思想家,只这一点已足以使一般群众分别不清。(二)苏氏常说有一种神的朕兆在心里监督他的行动,他也经常攻击当时的宗教神话,群众因此产生误会,以为他是引进新神,从事宗教革命。其实他虽然不满于当时的宗教太不道德化,却没有创立新教;他毕竟是哲学家,不是宗教家,对宗教只有消极的批评,不做积极的建设。至于"神兆"一语,只是一种"隐喻",借以形容良知的作用。柏氏著书爱用神话比衬正辞,好处在于生动,但也有和神话分不清的缺点;这些地方,读者不可拘泥词句,否则反而以词害意。至于说苏格拉底是智者一流,以下事实足以证明他并不是:(一)不收费授徒;(二)不设科讲授;(三)不巡游卖技;(四)不做学业上的保证。这些事实证明他不以教授为生,他另有职业,就是家传的雕刻技术。得暇便在市井之间和大众闲谈,——不拘时,不择地,不论人。闲谈是他的嗜好,目的并不在于教人,只是与人共同寻求真理;有结论也罢,无结论也罢,于他都是津津有味。他与大众闲谈,若可称为聚徒讲学,也是出于纯粹"爱智"的动机,和智者们之以智慧为货物出卖迥然不同。

苏氏所以被控的远因既如上述,现在再看近因何在:前面说过,苏氏极爱批评现状,当时的政治和学术是当时现状的一部分,三个原告是当时政、学两界的人物，平日受过苏氏批评，怀恨刺骨，他们控告是报复的手段。他们非但不愿受苏氏批评，苏氏批评的方法，他们最恨不过。那种方法实在厉害得很。他并不直指人家的错处，他的态度很谦和，像是自己毫无成见，只是一步一步地向你请教，结果你的错误自己暴露出来，——这种情形最为狼狈难堪。

苏氏被控的始末，我们已知其大概了，以下再谈他受审的经过。按法律，凡关于宗教的案件都要提讼于国王，迈雷托士告苏格拉底的状就是送到王宫（见《游叙弗伦篇》首），然后交法庭审理。法庭的审判官人数六千，由公民抓签选出，当时雅典人民共有十族，每族选六百人。但审判时，审判官未必全体出席。出席人数自四五百以至上千不等；出席若是偶数，就要另加一人使成奇数，以免投票不能表决。审苏格拉底案件的共五百零一人。审理程序分为三段：第一段由原告提出讼词。第二段由被告提出辩护，然后审判官投票表决有罪无罪。第三段先由原告提议他所认为相当的刑罚，并说明理由；然后由被告提议所愿受的较轻刑罚，也说明理由，同时，按惯例，被告的妻子以及其他亲属出来哀求审判官从轻定罪。双方提议了以后，审判官必须由所提的两种刑罚任择其一，也是用投票决定。这次以二八一票对二二〇票表决苏格拉底有罪。原告所提的是死刑，苏氏所提的是罚款，一起先认罚一个命那，后来受在场朋友的怂恿，加到三十命那。结果审判官决定用原告的提议，判他死刑。其实他本可免死，免死的方法很多，如（一）未审之前逃亡境外，这是当时常见的事；（二）辩护措辞稍软，说些悔改的话，或追述以往战功，请求将功赎罪;(三)自认充分的罚款;(四)坐监一个月之间设法逃亡。罚款或逃监所需款项很大,非他本人所能办,然而许多富裕的朋友情愿为他负担一切,前后都有人苦劝他承认充分的罚款或逃监,他始终不依。况且审判官们并不一定要判他死刑,正反两面的票数相差那么少,便可见得。再忖度原告的心理,他们虽然提议死刑,其实目的在报复,报复心理最痛快的是眼见对方屈服;他们故意造成紧张形势,要逼得苏氏向他们乞命,这就满足了他们的报复心理,无奈苏氏偏不肯屈服。其次,他们实际上只要拔去眼中钉,苏氏若离雅典,他们目的便已达到,并不一定要他死。至于审判官,他们也不过故装威风、执法森严,等你再三苦求,然后放松,以显恩威并济;这是作伪的心理,苏氏早已看穿(本篇38D—39B),偏不给他们机会作伪。苏氏这种行为纯出于烈士气概,烈士之所以为烈士,就是临难之际,生路排在面前,只要稍屈,尽可免死,然而烈士宁死不屈。

本篇内容天然分成三段:第一段,辩护;第二段,宣布有罪之后,提议以罚款代死刑的话;第三段,定死刑以后,向审判官与听众留别之辞。前两段是依法律所应说的,后一段或许是特准说的。

第一段的辩护又分三段:(一)声明自己说话的态度与习惯,解释一向大家对他的成见与误解(17 A—24 B);(二)直接答驳迈雷托士的讼词(24 C—27 E);(三)剖白自己生平的事迹与行为(28 A—35 D)。一、二两段是绪论,答驳所谓两批原告,第三段才是正面的辩护。他驳答原告时,态度不大认真,略带滑稽口吻;驳迈雷托士的话固然滑稽,就是叙述神谶的一段也带滑稽风趣。总而言之，原告不值得驳，他早晓得自己的致命伤乃在平时做人的方式，所以极力在这方面剖白。

第一段的第一小段：（一）声明自己不是老于官司的人，不习惯于法庭上的言语，请求审判官允许他按平日的口气说朴质的话。（二）解释大家对他两层的误解；（甲）把他误认为自然哲学家，（乙）把他误认为智者之流。关于第一层，他并没有这方面的知识，大家只是把他和安那克萨哥拉士（Anaxagoras）等人混为一谈；关于第二层，他并不会传授什么，自然不敢以教授为业；智者却一切都能教，他们以教授为业。他更进一步而叙述带勒弗伊神谶的故事，以说明他所以招怨的原因：他因为要了解谶语的真意，才去考察人家，结果被人家恨；非但如此，还有许多青年看见觉得有趣，便学他的办法，也去考察人家，结果大家一概归怨于他。

第一段的第二小段专门答驳迈雷托士的话。苏氏发三问把他驳倒：（一）你说我蛊惑青年，然则谁辅益青年？他答道：除你以外，人人都会辅益青年。苏氏用马夫与马的比喻指出他的话荒谬，因为教育是一种专门技术，不能人人都有这种技术，正如不能人人都当马夫。（二）你说我蛊惑青年是有意的，或是无意的？答道：有意。人人晓得和坏人接近会受害，那么，把自己所接近的人引诱坏了，岂不等于自己情愿受害？世上没有这种人，那么，我若蛊惑青年，也是无意的过错；无意的过错，法律不治罪，只是警戒一番。（三）我如何蛊惑青年？不信国教，引进新神。这是什么意思？这表明你是无神论者。无神论者任何神都不信，你说我引进新神，岂不是矛盾？

第一段的第三小段可分八层：（一）宣布自己立身的规则，简约来说，只是"忠于所业"四个字。（二）表白以前当兵时，曾按这条规则做长官所指派的职事。现在神也派他一个职事，就是考究哲学，难道可以不守这条规则吗？不守就是不服从神的命令，这才是无神论者的行为呢！（三）不服从神的命令是可见的罪恶，死是不可知的痛苦，躲避可见的罪恶比不可知的痛苦迫切得多。（四）声明法庭若以抛弃哲学为条件赦他的罪，他绝不干；神的命令重于法庭的命令，他不得不服从。所以郑重声明：他一息尚存，必是仍旧做他的工作。（五）声明他此刻的申辩不是为己，是为雅典的群众；保全他，就是保全神所送给雅典的礼物，一不可再得的礼物。（六）说明他所以不当公务员的理由：因为神的朕兆在他心中禁止他。看来神的旨意是对的，因为做官和做正人君子两不相容，结果必把性命送掉，于己于世俱无益处。（七）解释他一向对青年的态度：不收青年为弟子，也不拒绝和他们谈话；不用什么教他们，和他们谈话也不取酬。所以对他们的行为无责可负。（八）说明他何以不带妻子和亲属向法官求情：（甲）这种行为不是他这种人所应做的，非但自己丢脸，也是国家的耻辱；（乙）向法官求情就是让法官徇私，这是不虔敬的行为。

第二段的话可分以下三层：（一）严格说，他不必认罚，倒要请赏，因为他有功于国。（二）坐监和流放都是他所不愿的，因为，一则犯不着受点狱吏的臭气，二则"滔滔者天下皆是"，到其他地方恐怕也是和雅典一样。（三）罚款倒是于他无伤，可是他没有钱，他只出得起一个命那；在场朋友劝他认三十命那，就认此数吧，好在他们肯作保。

第三段：(一)对判他死刑的人，(甲)声明他原有很多免死的方法，他都不肯用，因为他不肯不择手段以求生；(乙)发个预言。(二)对投票赦免他的人，(甲)说明这次的遭遇是神的意旨；(乙)安慰他们，说明死不见得可怕，还许是极乐境界；(丙)赠言：做好人总不至于吃亏。(三)托孤。他托孤的方法也怪得很：不托朋友，反托仇人；不托他们加惠孤儿，倒托他们处罚孤儿，如果孤儿没有出息。

本篇的史实与内容既如上述，我们也要注意其价值如何。本篇在历史上，是人类最光荣的历史一页；在艺术上，是一幅绝技的烈士图像；在文学上，是一篇第一流的传记；在伦理学上，是一种道德的基型（moral form）。

最后有个问题，是本篇忠实程度的问题，换句话说，本篇的话有多少成分是出于苏氏之口，有多少成分是作者所加的？这个问题，西洋学者讨论不休，至今没有一个定论。他们的论调大约可分两极端与中和三种：第一极端是主张本篇十分忠实，至少也有八九分忠实，有人甚至认为是当场记下来的。这一派的理由是：作者目的既在为老师留下万世不磨的事迹，当然不能捏造事实、杜撰言辞，因为，倘若如此，立即会被当时明了真相的人揭穿。这话固然是纯粹的揣度，然而还有几分理由；至于说本篇是当场记下来的，未免太无根据了。第二极端是把本篇看作纯粹的艺术作品，是作者根据苏氏的精神所构造的。他们的理由是：克任诺冯（Xenophon）的苏格拉底回忆录（Memorabilia of Socrates）说苏氏不曾事前预备一篇诉词，然而从本篇的文字上看，却是精心结构，可见全是作者所杜撰的。

其实未必然，本篇开端也有一段苏氏自己声明不娴熟辞令的话，然而不娴辞令未必就要东扯西拉，语无伦次。苏氏脑筋那样清楚，问答本领那么大，难道在这么关键时刻，叙述自己生平事迹，反而不会说得有条有理？况且他的生平事迹本是有条理的，只要说老实话，条理自在，何必事前预备？中和派的主张是：本篇确是记录苏氏的话，只是经过了记录者润色。其理由有二：（一）本篇发表的年月虽不能确定，距苏氏死后总是不远，当时在场的人关于此事的记忆尚未泯灭，万不能容作者杜撰一切。（二）引文的惯例，口语写成文字，必须经过润色，不能因此就说是杜撰、是不忠实。译者认为此派的主张比较近理。还有一点，这三派主张无论如何不同，最低限度都要承认本篇是代表苏氏的精神，柏拉图的艺术无论怎么高，总不能不根据苏氏的精神来写，他当时的心愿至少要办到这一步，这是可以相信的。

克力同

《克力同》译者序

  本篇是柏拉图对话录最早的作品之一。柏氏最早的作品，西方哲学史家一致认为他忠实地叙述了苏格拉底的思想，并以高度艺术技巧描绘了他生平最崇拜的老师之高尚品德，尤其是此篇与《苏格拉底的申辩》，写得有声有色，可歌可泣，读之不禁油然生敬畏之心。无怪柏氏在西方文学史上占应有的地位，历代誉为哲学诗人。

  本篇是几十年前留学美国时旧译稿，兹覆校娄卜经典丛书（Loeb Classical Library）的希腊原文，并参校其对照的英文译文、补翁丛书（Bohn's Library）以及周厄提（B. Jowett）柏拉图对话的英文译文。旧译复校了原文，没有发现内容上的错误；文字删繁就简，尤重润色，深惭译笔谫陋，艺术性远逊于原文，不能间接为苏格拉底传神。黔驴之技，技止于此，为之奈何？

  译文每页每面的左边或右边都注明巴黎版斯特方努士（Stephanus）编的《柏拉图全集》卷数之下的标准页、面的阿拉伯数字和字母 A、B、C、D、E 的栏码，俾读者便于随处检查原文以复校译文。娄卜丛书希腊原文与英文译文的对照本、周厄提英文译本，皆用此办法，兹依其例为之。凡拙译柏氏著作皆依此例注明，特此补向读者声明。

一九七九年八月二日
挥汗写于武林道古桥
畔杭州大学逼仄之居

《克力同》提要

苏格拉底的岁月逼近结束了,有人看见那只催命船开过了宋尼安。与他同时的上年纪的朋友克力同尚未黎明就来报此信息,他自己却在梦中得到启示,第三天必须辞世。时间宝贵,克力同早来,为的是要得他应允逃监的计谋。这是他的朋友们轻而易举的事,救他的命并不冒险,听其丧生则是耻辱。他应虑及为父之责,毋陷于冤家之手。所需钱财,克力同、新谜亚士和其他朋友皆已备齐,他在啬他利亚等地不难找到朋友。

苏格拉底唯恐克力同只是强以常人之见,而他一生却独听命于理性和明智的一人之见。克力同曾一度承认此操守正当。尽管有人会说"人众能杀",此语无足轻重。好的生活,换句话,惟光明正大的生活有价值。物议与儿子无依之虑都要置之度外,唯一问题乃在企图逃监是否正当。公正、不怕死的克力同自能答此问题。苏格拉底宣判死罪之前,大家时常聚谈,一致同意为人不可作恶、不可以恶报恶、不可害义伤理。这些原则是否因苏格拉底处境之变而变?克力同承认这些原则不变。那么,逃监与不变的原则相调协吗?对此质问,克力同不能答或不愿答。

苏格拉底继续往下说:假设雅典法律来告诫说,为什么违法背律?如答称,伤害我,法律将复曰,合约何在?以什么反对的理由为口实而推翻法律？你不是凭借法律以生、养、教育，法律不是你的父母吗？你尽可离雅典、往所欲往之地，可是你比其他公民经常留居此土，于今七十年了。由此可知，我显然承认合约，如今弗能背约而不辱身且危及朋辈。况且在审讯中，我原可提出流寓他乡的处分，却自称宁死毋流。我将何所往？凡治理之邦，其律都要敌视我。或许不治之邦，如啬他利亚，先是欢迎我，随后不光彩的逃奔将传为笑柄。我若开罪于其民，便须重受别种教训。可要继而宣讲道德吗？这在异邦不得体。若把儿子带到啬他利亚，他们将何所得于避难生涯，失去了雅典的公民权？如把他们留在雅典，能期望朋友们因乃父流亡在啬他利亚而更优待他们吗？真实的朋友之于孤儿岂因乃父之存殁而异其操？最后，法律谆诰，先虑义不义，后及于性命与嗣续，于是，可以宁静而清白地辞世，成个无辜的蒙祸者。如果背约、以恶报恶，则有生之年为法矢之的，地下之律亦将以敌待之。这是神秘的语声在我耳边经常告诫如此。

克力同

（或论义务——关于伦理的）

人物：苏格拉底　克力同

地点：监牢

〔一〕苏　你为什么这时候来，克力同？不是还早吗？

克　是早得很。

苏　大约什么时候了？

克　才黎明。

苏　可怪，守监的竟许你进来？

克　他和我熟悉了，苏格拉底；因我常来这里，同时他也对我留点情。

苏　你刚到，或是来些时了？

克　来些时了。

苏　为什么不即刻叫醒我，却坐在旁边不作声？

克　藉帝士的名义，苏格拉底，我自己正想不要这样悲伤失眠。方才对着你叹异了半晌，看你睡得那么酣。我特意不把你叫醒，让你尽量过着快活的时间。我时常感觉你生平尽是乐观，现在愈觉得，当前你大祸临头，还是如此宁静，泰然处之。

苏　好，克力同；像我这年纪的人，因无可避免的死期来临而苦恼悲戚，那就不成话了。

克　其他上年纪的人遭同样无望之祸，年纪丝毫不能使他们面对来临的命运减轻苦恼。

苏　这倒是事实。你为什么来得这么早？

克　报告你悲惨的消息，苏格拉底；在你不觉悲惨，在我和所有你的朋友却是悲惨沉痛，在我最难忍受。

苏　什么消息？是否那只船已开出带洛斯，船到，我就要死吧？

克　此刻还没到，我想今天必到；有人从宋尼安下船的已经到了。显然，据他们说，船今天要到，明天，你的性命必然要结束了，苏格拉底。

〔二〕苏　好命运啊，克力同；若是神的意旨如此，即便如此吧。我却想今天到不了。

克　有什么朕兆？

苏　我就要告诉你。船到后一天，我就必须死。

克　主管这些事的人这么说。

苏　我想船今天到不了，明天到。夜间片刻以前，我见兆于梦中；你方才不把我叫醒正及时。

克　是什么梦？

苏　一个白衣丽人示现于我，来我处叫我，对我说："苏格拉底，今后第三天，你就来到肥沃的弗替亚。"

克　怪梦，苏格拉底。

苏　不，对我显现明白得很，克力同。

〔三〕克　太明白了。但是，亲爱的苏格拉底，最后接受我央告，留下你的性命吧。你死，在我不只是一种灾难：非但失去一位不可再得的朋友，许多不深知你我的人要认为我能花钱保全你，只是不肯尽心。重钱财过于朋友，可耻的名誉有甚于此者乎？多数人不相信我们殷勤央你离开此地，你自己坚决不依。

苏　万福的克力同，我们何必如此关注大众的意见？最富理性的人的意见更值得考虑，他们会相信事实的真相。

克　但是你瞧，苏格拉底，大众的意见也不得不顾。当前的境遇显然证明，他们能为崇，匪小极大，如蒙他们光顾一下。

苏　但愿大众既能作大恶，也会行大善，这还是有出息的。可是他们两不能；他们既不能使人智，又不能使人愚，他们一切都是出于偶然的冲动。

〔四〕克　随他们去。苏格拉底，请告诉我，你是否为我和其他朋友顾虑，唯恐离开此地，告发的人要和我们过不去，说我们把你劫逃，逼使我们破产或损失大量钱财，此外还要遭受其他不幸？若是怕这一层，请置之度外；为了保全你，我们道义上应该冒此险，如必要，冒更大的险。请受我劝，勿偏执。

苏　我顾虑这一层，克力同，也顾虑许多其他方面。

克　这一层不要怕。花钱无多，有人情愿救你，带你离开此地。你晓得吗，那些告发的人多么贱，只需小数目就能买足他们？我的钱听你支配，我想够了。你如果体恤我，不肯用我的钱，还有外邦朋友在此准备慨然解囊。台拜坞斯的新谜亚士特为这事带来了充分银两，此外还有恺背士和许许多多别人，他们都准备齐了。我说，你不要为这一层畏缩而不想保全自己；也无需顾虑在法庭上所说的话：挪动便不知何以自处。外邦有好多地方，你去，都会欢迎你；你如愿去啬他利亚，那里我有朋友，你会受尽青眼、得到保护，没有人与你为难。

〔五〕并且，苏格拉底，你此事处得不当，能保全自己，不保全而委之于仇人。你如此自处，正促进着仇家实现其志愿，他们正处心积虑、迫不及待地要毁灭你。此外，我觉得你是抛弃你子，你能教、养他们，却弃家与世长辞。你如此自处，让他们听造化之迁流，遭其所遇，备尝孤儿苦趣，形影相吊。人不生子则已，既生，就要教、养，甘苦与共。你显得是选择最偷懒的道路，其实你应当选择君子和大丈夫的道路，因为你一生尽说尊德性的话。

我为你耻之，为我们——你的朋友耻之。你这全盘的事都显得因为我们应付得怯懦而至于此：你的案件原可不上法庭而竟然上了；再则审判的情况原不至于如此；最后，事态进展的绝大笑话：由于我们卑劣畏葸，交臂放过机会，我们不救你，你也不自救，救你和你自救，可能性俱在，只要我们稍微有出息。虑端详，苏格拉底，此事对于你和我们，不是又可耻又卑劣吗？快决定，没有时间再容你考虑，熟虑速决吧。一计！今夜一切必须举行。再踌躇，休想办。苏格拉底，必定受我劝，不要再执拗了。

〔六〕苏　亲爱的克力同，你的热肠很可贵，如果是根据正当的原则，否则愈是热肠，愈难遵命。我们必须考虑此事该做不该做；我为人不但现在，并且经常，只是服从理智，此外其他一切都不能牵制我，经过深思熟虑。唯有理智最为可贵。我不能因目前的遭遇，放弃以往的言论，以往的言论在我依然如故，我还是尊重它。在当前的处境中，如不可得胜于以往的原则，请认清，我不会对你让步，即使大众的淫威恐吓我们如小儿，加以比当前更强烈的恐怖，如坐监、杀头、籍没等等。我们如何思索这问题最合理？是否先把你关于意见的言论提出检查：每次都说有的意见必须注意，有的意见不必，这话究竟对不对？或者在我必须就刑以前，这话说得好，现在显然成了空言，儿戏的废话？克力同，我恳切要同你一起考察：我们以往的言论在我当前的境遇中，是否显得两样了，或者依然如故？我们辞而退之，或者延之上座，唯其命是听？我相信，言论被公认为有意义的人经常说，有人的意见必须重视，有的不必，正如我方才所指出的。藉神的名义，克力同，你不承认这话说得好吗？就人的常情论，你没有明天死的恐怖，目前的不幸应不至于使你的心思惛瞀错乱。不是所有人的意见必须尊重，有的要尊重，有的不必，不是所有的意见都有价值，有的有价值，有的没有；——请检查，这话是否对你显得有充分理由，是否说得好？你怎么想？

克　这话说得好。

苏　那么，我们要尊重好的意见，不尊重坏意见？

克　是的。

苏　好意见是慎思审虑者的意见，坏意见是愚夫愚妇的意见？

克　可不是。

〔七〕苏　来，对这事件我们可怎么说：做身体锻炼并从事体育的人注意所有人的意见和毁誉呢，或者只听唯一的人，医生或教练员的话？

克　只听一人的话。

苏　那么，唯有一人的毁誉能动他的休戚，大众的毁誉则置若罔闻？

克　显然。

苏　动作、锻炼和饮食起居，必须服从那唯一专门导师的意向，他人的意见统统不必理睬。

克　是这样。

苏　好了，如果不服从那一个人，藐视他的意见之赞许与否，反而尊重非行家之大众的话，难道不会受害？

克　可不受害？

苏　什么害？害及何处，及于不服从者的什么部位？

克　显然害及身体，毁坏身体。

苏　你说得对。那么，克力同，其他不必全部细说，我们此刻所关注的是非、善恶、荣辱等问题，是否应当惕息，倾听大众的意见，或者必须敬畏一人在行的意见过于所有其他的人？如果我们不听从内行人的意见，就会贻害那利于正、毁于邪的部分。或者毫不相干？

克　我想确有干系的部分，苏格拉底。

〔八〕苏　来，听从外行人的意见，毁了那个利于健康、不利于疾

E 病的部分，生命还有价值吗？那利于健康，不利于疾病的部分就是身体，是不是？

克　是的。

苏　身体既毁，既成了废物，生命还有价值吗？

克　毫无价值。

苏　但是，毁了利于正、不利于邪的部分，生命是否有价值？凡有关于邪与正，不论是我们的那一部分，你想这一部分不及身体重要吗？

克　毫不比身体轻。

苏　比身体更有价值、更可贵？

克　远过于身体。

苏　那么，最可贵的朋友，我们丝毫不必考虑大众怎么质问我们，只要注意那明辨是非邪正的一人和真理本身是怎么说的。所以，你开端指错了方向：引进了大众的意见，认为关于是非、善恶、荣辱的问题，要考虑大众的意见；固然可以说，大众能置人于死地。

克　这是显然的，可以这么说，苏格拉底。

苏　你说的是实话。但是，可敬的朋友，我们此刻的结论对我显得仍然和以往的相同。且看，我们是否依旧服膺这句话：必须追求好的生活远过于生活。

克　服膺这句话。

苏　生活得好、生活得美、生活得正当是同一回事，我们服膺不服膺这句话。

克　服膺这句话。

〔九〕苏　那么，根据我们所同意的，必须研究，未经雅典人释放，企图离开此地是否正当，正当，我们尽管做去，否则只好罢论。你所提关于花钱、损誉、儿子无依等等，确实只是大众的想法；他们易于置人死地，若是能做，也易于起死回生，不动思虑，随兴所之。至于我们，在理性的约束下，除方才所同意的结论之外，不得虑及其他，请问：赂人带领离开此地，或行贿得人之助以自逃，此举是否正当，或者做这些事确实是悖理枉法。行这些事若是不正当，我们就不得计较留在此地静候死期以及其他任何悲惨遭遇，应当念念在于免行不义。

克　我觉得你说得对，苏格拉底；我们应当怎么办呢？

苏　好朋友，我们一起检查。你如有理由能驳我的话，就请说，我肯接受你的；否则，载福的朋友，请你即刻停止累次对我重复的一套老话，力劝我背雅典人的意旨而擅离此地。我甚愿遵命行事，可是我不能做违心的事。且看，我们检查的起点对你是否说得透彻了？请尽你的能事试答我的问题。

克　我要试。

〔十〕苏　我们是否说，无论如何都不许有意做错事，或者在某种情况下可做、某种情况下不可做？或者如我们以前多次所同意，绝不可做错事，既不正当，又不光彩？或者我们以前所同意的在这短短几天之内一概推翻；唉，克力同，我们老年人以往长时间交谈，却不理会我们自己无以异于儿童吗？或者我们以往所说的最有力，不管世人赞许与否，不论我们必须受苦更重或较轻，做错事无论如何总是坏的、可耻的？我们是否这么说？

克　是这么说。

苏　那么，我们无论如何都不可做错事。

克　当然不可。

苏　既是无论如何不可做错事儿，那么，世人所共许的以错还错也不可行。

C　克　显然不可行。

苏　好了，克力同，作恶可不可？

克　哪可，苏格拉底。

苏　那么世人所许的以恶报恶是否正当？

克　决非正当。

苏　以恶待人和错待人没有差别。

克　你说实话。

苏　那么我们对人不可以错还错，以恶报恶，无论所遭受于
D 人者如何。注意，克力同，你承认这话，不要违背本心；我知道只有少数人相信、能信这话。信与不信的人没有共同立场，他们只是各执己见，互相轻蔑。所以，你要端详审度，到底你是否与我共此见解，从此出发，即无论如何，做错事、以错还错和将恶
E 报恶以求免受害于恶，统统是不对的；或者你不与我共此见解，不从此出发？我以前相信这见解，如今仍然服膺这见解；你如果别有想法，请说，请见教。若是依旧保持我们以往的见解，请听下文的话。

克　我保持我们以往共同的见解，请往下说。

苏　我往下说，毋宁问：曾同意做，而又是正当的事，是否

必须做，或者可以背信负诺？

克　必须做。

〔十一〕苏　从这些方面考虑：未得国家许可而擅离此地，我们是否负了最不应负的人——以恶对待他们了？我们践诺守信留在此地是否正当？

克　我不能答你的问，苏格拉底，我不明白。

苏　请由此着想：我正要逃出，或者用别的什么名目离开此地时，国家与法律来立我身旁，问我："苏格拉底，告诉我们，你心想做什么？你所图谋的事不是有意竭力毁坏我们——国家和法律——吗？你想国家还能存在、还不至于天翻地覆，如果法庭的判决不生效力，可以被私人废弃、取消？"克力同，我们怎么答复这话以及其他类似的话？有人，尤其是演说家，有许多话好说，关于违法——保证判决生效的法，他有的说的。或者我们质问他们说，国家冤我，对我判决不公；我们可以这样质问吗？

克　藉帝士的名义，这正是我们所要说的，苏格拉底。

〔十二〕苏　怎么好，假如法律说："苏格拉底，这岂不是你和我所同意的，同意遵守国家的裁判？"我若对他的话表示惊讶，也许他会继续说："对这话不必惊讶，苏格拉底，请答复，因为你惯于问答。来，请问你对国家和我们有何不满，竟至于想毁灭我们？首先，你身不是由我们来的？你父不是通过我们娶了你母、生了你吗？请说，你对我们管理婚姻的婚姻法有什么不良处可指摘的？"

我说，没有什么可指摘的。"请说，关于诞生后的鞠养与教育，你所受过的，我们管理这些事的法律指示你父教你音乐与体育，制定得不好，指示错了吗？""不错"，我答复。"好了，你既是我们所生、所养、所教，首先你能说你本身和你祖先不是我们的子息与奴才吗？既是如此，你想你我应当平等，我们如何对待你，你就应当如何报复我们吗？你和你父、你主（如果你有主）没有平等，不得以所受的还报他们，不得以恶言语还恶言语，以拷打还拷打，以及所有其他此类的报复。你想可以这样对待祖国和法律，如果我们认为应当处你死刑，你就竭力企图毁坏、颠覆我们——国家和法律，还要说这种行为正当，——你这真正尊德性的人竟至于此吗？你难道智不及见：国之高贵、庄严、神圣，神所尊重，有识者所不敢犯，远过于父母和世世代代祖先？国家赫然一怒，你必须畏惧，对他愈益谦让、愈益奉承，过于对父母；能谏则谏，否则遵命，命之受苦便受苦，毫无怨言，——或鞭笞，或监禁，甚至负伤或效死疆场。令则必行，无不正当，不得退避，不许弃职。不论临阵与上法庭，必须全部遵行邦国之命。可谏诤以促进公议，不许强违意旨；如此对待父母已是不敬，何况对待国家，更是大不敬了！"我们应当怎么答复，克力同？法律所说是否实话？

克　我想是的。

〔十三〕苏　注意，苏格拉底，法律也许还要说："如果我们说，这些话是真实的，你此刻企图要对我们做的事就是不正当的。我们生你、养你、教你，凡所能给其他公民的利益，都给你一份。

此外我们还预先声明给雅典人所欲得的权利：成年以后，看清了国家行政和我们——法律，对我们不满，可带自己的财物往所欲往之地。国家和我们不合你们的意，你们要走，我们没人拦阻，不会禁止你们带自己的财物到所要去的地方，——或去殖民地，或移居外邦。可是我们默认，凡亲见我们如何行政、立法、依然居留的人，事实上就是和我们订下合同，情愿服从我们的法令。不服从者，我们认为犯三重罪：一、不服从所自生的父母；二、不服从教养恩人；三、不守契约，既不遵命，又不几谏我们的过失，虽然我们广开言路，并不强制执行，——既不能谏，又不受命，两失其所当为。"

〔十四〕"我们认为，苏格拉底，你如果实行意中所图的事，便无所逃于这几层罪责，你的罪名不轻于，实际上重于所有雅典人。"我若问何以然，他们也许就证实我和他们订约比所有雅典人都紧。他们要说："苏格拉底，我们掌握着强有力的凭据，证明国家和我们合你的意。你若不是喜欢我们过于所有其他雅典人，断不至于与此邦结不解之缘：除从军外，你一向不曾出国参观，无意了解他邦及其法律，不像他人，你从不旅行；我们和我国在你为意已足。你对我们极其信任，同意作我国公民，受约束于我们。你生子于此，你对本国是满意的。你受审时，原可自认放逐的处分，今天也许如愿邀准去做此刻不许偷做的事。当时你却装面子，说当死则不忧不惧，宁死莫放逐。你不以当时的话为耻吗？你蔑视我们——法律，要毁坏我们——法律；你想逃，不顾和我们所订甘为守法公民的契约，做最下贱的奴才所做的事。首先答复这问题：我们说，你言语与行为都和我们订下了甘为守法公民的契约，这是否实话？"我们应当怎么答，克力同？表示同意，或是振振有词？

克　必须表示同意，苏格拉底。

苏　他们要说："你此刻做的不是践踏和我们所订的约吗？你我定约时，我们对你不强、不欺，不逼你于短时间内决定，七十年之间，你尽可以走，如果我们不合你的意，或者合约对你显得不公平。你经常称赞政、法修明的腊克戴蒙和克累提，以及希腊境内境外的各邦，你都不想去，你比盲与跛和其他残废的人尚且更少出境。本国合你的意过于其他雅典人，显然我们——法律——也合你的意，法律以外，对于一国还有什么可满意的？你如今不想守约了？苏格拉底，你受我们劝，就不至于逃亡而闹一场笑话。"

〔十五〕"仔细想，你行此犯法的错事，对己对友有何益处？很明显，你的朋友也要冒放逐的危险，剥夺公民权，乃至亡家破产。首先你自己，若去一个最近的邦，如政、法修明的台拜坞斯或麦加拉，苏格拉底，其英明政府视你如敌，其卫国人民加你白眼，认为你是法律破坏者；况且你的行为愈足以加强审判官们的自信心，坚信对你判断公允，因为毁坏法律者当然会被指为诱惑青年和惛督的人。你是否不奔政、法修明的国家，不投最治理的人民；因失其亲，你的生活还有价值吗？你仍去接近他们，厚颜同他们谈话吗，苏格拉底？正如在此地与人谈谈尊德性、重公义、法律至宝、法制为贵，人生价值莫过于此？你不觉得苏格拉底的事迹显得可耻？必然会觉得。或者你漂泊远举，只奔啬他利亚去投克力同的朋友；那里乱无法纪，也许有人爱听你逃监的笑谈，——化装，或披羊皮，或作逃亡者其他打扮，以隐形变态，然而不会有人说你年老尽许余日无几，还是如此贪生，贸然丧尽廉耻行此滔天犯法的事？或许没有人说，如果你不得罪人；你若得罪人，苏格拉底，管保你要听许多扯你脸皮的话。你只好依人偷生，趋趄嗫嚅，自齿于仆从之列。你到啬他利亚，吃喝以外，有何作为？像是混酒肉去的。我们以前关于公义以及其他德性的言论哪里去了？或者你为儿子想活，要把他们教、养成人。这怎么办？把他们带到啬他利亚去教养，为异邦之宾，分享你的福气？或者不把他们带去，你以为，他们不在你身边，有你活着，所受教养总比你死去好？固然，你的朋友会照顾他们。难道你去啬他利亚，他们为你照管，你去阴间，他们不为你照管？只要那些自命为你友者稍有出息，我相信他们一定会为你照管。"

〔十六〕"苏格拉底啊，听从我们抚养你的人吧。不要顾惜儿子、性命，以及其他一切，过于公义，使你到阴间时理直气壮，有辞以对官府。很明显，你做这事，无论在此界、彼界，对你与你友，都没有好处，不会变为更正直、更圣洁。你去世，如是去世，总算含冤，不是死于我们——法律，是死于人；你若无耻图亡，以错还错，以恶报恶，践踏自己所订的合约，毁伤最不应该毁伤的人——你自己、你的朋友、你的国家和我们，我们可要终汝之身对你怀恨；我们的弟兄——阴府的法律——也不欢迎你，因为他们知道你想尽方法毁灭我们。不要听克力同的话，受我们劝吧，苏格拉底。"

〔十七〕亲爱的朋友克力同,我仿佛真听见这些话,像崇奉渠贝垒女神的人在狂热中如闻笛声;这些语音在我心中不断回响,使我不闻其他的话。你要明白,此刻我方坚信这番话,你从旁聒聒,也是徒然。你如自信有能为力之处,就请说。

克　苏格拉底,我没有可说的了。

苏　那么,克力同,就这样吧,就这样办吧,这是神所指引的路。

《克力同》译后话

本篇以人名为篇名。克力同是苏格拉底的老友,在当时社会上有财力与地位的人。他是苏氏生平忠实的朋友,对哲学感兴趣,常和苏氏一起讨论,柏氏却把他描写成和蔼平庸、缺乏创造力的人。苏氏受审和受刑,他都在场,受审时力劝苏氏承认罚款,自己情愿出钱;受刑时自承为苏氏料理后事,还为他还一笔小债。

苏氏判决死刑以后,巧遇雅典宗教上的拜香(pilgrimage)时期,所以缓刑一个月,监候处决。相传每年政府派船载人去带洛斯(Delos)地方的阿波罗(Apollo)庙进香。向例,船开往与返期内不得行刑,如航程中遇风,行船慢,戒杀时期会拖得很长。苏氏是船开后一天判决的,所以必须等候船到方能执行。

这三十天内,苏氏的朋友常来探监,和他讨论问题,当然少不了克力同。一天清早,天还没亮,他提前来了,得了狱卒的特许,进苏氏牢中,看他睡得很酣,坐在旁边等候着。苏氏醒来,他才把船要到的消息说了。他此来目的非但报告消息,曾经几度劝苏氏逃监,苏氏不肯,现在时期已迫,所以赶早来再劝一遍,这是最后一次的劝。本篇就是他劝的话和苏氏说明不应逃的理由。

本篇目的在于描写苏氏的公民道德,虽受不公的判断,为了维护国法的尊严,情愿牺牲自己的性命。他的主要论点:第一步,在个人的道德上,必须纠正寻常以怨报怨的见解。假设国家是个人，于他有怨，他也不得以怨报之，换句话说，国家对他的判断虽然不公，他总不得以逃亡的手段报复。第二步，在公民的责任上，国家对个人即使有不公处，个人也要忍受，不得随便反抗。国家的威信重于个人的曲直，国家行政与司法必须维持一致的效力，只好以个人迁就国家，不得以国家迁就个人。

本篇可分四段：（一）绪论（43 A—44 B）；（二）克力同劝苏氏逃亡的话（44 C—46 A）；（三）苏氏初步的答复（46 B—49 E）；（四）苏氏进一步的答复（50 A—54 E）。

第一段可分两层：（一）克力同报告船要到的消息；（二）苏氏述梦，断定今天船到不了，明天才到。

第二段可分三层：（一）苏氏含冤死去，旁人要笑克力同重财轻友，舍不得花钱救友的命。（二）克力同为苏氏解决疑难问题：（甲）不必顾虑累朋友破财与冒险，钱有的是，冒险是应该的；（乙）不必愁无处可去，蔷他利亚等地都有克力同的朋友，能招待他。（三）死去就是抛弃儿子，有亏父职。

第三段可分六层：（一）关于一切事都有两种意见，大众的意见和内行人的见解。（二）内行人的见解值得听从，大众的不值得听从，前者有益，后者有损。（三）关于生活的事，听大众的意见，必定受害。（以上三层是答复克力同怕大众讥笑重财轻友的话。）（四）生活非紧要，生活得好最紧要；生活得好就是生活得正当；不正当的生活不值得。（五）我们的问题在于逃亡是否正当，其他物议可以不顾。（六）以恶报恶是不对的，因为无论在何种情况下，恶总是恶，作恶绝对不可。（以上三层说明：（甲）逃亡以后的生活没有价值，（乙）不得以逃亡的手段报复国家对他不公的判断。)

　　第四段发挥公民的本分，借法律的口气说出，可分七层：(一)公民是国家所生、所养、所教，国家之于公民等于父母之于子女。(二)国家的地位高于父母，对父母不可用报复的手段，对国家更不可。(三)公民对国家有履行契约的责任。苏氏和国家所订的契约最紧，因为他一生不曾离开雅典，在七十年的长时期内，对雅典并没有不满的表示（若有不满，原有脱籍他徙的自由），一旦背约窃逃，实在不可。况且在法庭上已承认审判的结果，这又是定约的证据；订约后转瞬背约，更是荒谬。(四)若论利害，逃亡于己于友都无益处，害友犯罪，乃至亡家破产，而自己所去处，唯有受人奚落，余生永无扬眉吐气之日。(五)逃亡中也不能教养儿子，况且死后朋友们自能为他照管。(四、五两层是补答第一段克力同的话。)(六)这样死去总算含冤，到阴闻见审判官有话可说；假若逃亡，他日入地，也成一个犯法的鬼囚。(七)声明心中只听见法律所说的这些话，谢绝克力同的劝。

《游叙弗伦·苏格拉底的申辩·克力同》译名对照表

本表收译音词人名、地名（全部）和译义词术语、一般词语（小部分），按汉语拼音顺序排列。圆括弧内，/号前后为希腊文、英文，//号后酌附俄文、法文（巴斯蒂安本）；英译不尽相同，分别附出处，J. 指周厄提本，C. 指丘奇本，F. 指福勒本，L. 指利文斯顿本，W. 指伍德海德本。括弧后是词目出处，指斯特方版页码和栏次，见正文外侧。

A

阿力斯同之子阿逮满托士（Ἀδείμαντος ὁ Ἀρίστωγος / Adimantus, son of Aristo // Адимант, сын Аристона / Adimante, fils d'Ariston［B. 38］）34A 柏拉图的哥哥。

又译：阿德曼特，见朱光潜译《文艺对话集》（柏拉图著）第 367 页，北京人民文学出版社，1980 年；哀地孟德，见吴献书译《理想国》（柏拉图著）第 1 页，商务印书馆，1929/57 年；爱登曼图，见严群《柏拉图》（全 274 页）第 220 页，上海世界书局，1934 年。

阿里司徒放内士的喜剧（Ἀριστοφάγονς κωμῳδία / the Comedy of

Aristophanes // KoMедия Аристофана/la comédie d'Aristophane [B. 10]）19 C 剧本《云》。

又译：阿里斯托芬。

阿普漏兜洛士（Ἀπολλόδωρος / Apollodorus）34A，38B 埃安透都洛士的弟弟，出席苏格拉底审判会。

又译：阿波罗杜罗，见吴寿彭译《政治学》（亚里士多德著）第 470 页，商务印书馆，1981 年。

阿伽门农（Ἀγαμίμνων / Agamemnon）41B 图垒阿之役希腊大军的统帅。

埃安透都洛士（Αἰαντόδωρος / Aeantodorus）34A。

埃比更内士（Ἐπιγέγης / Epigenes）33E。

埃斯幸内士（Αἰσχίνης / Aeschines）33E 安提丰之子。

又译：艾斯其纳，见贺麟、王太庆等译《哲学史讲演录》（黑格尔著）2：392。

埃阿恪士（Αἰακὸς / Aeacus）41A。

爱伊阿士（Αἴας / Ajax）41B 荷马《伊利亚特》希腊方面的英雄。图垒阿战争参加者。凯旋归途，船沉遇难，为海神波塞冬所救。但他抱住岩石，夸口要自己挣扎逃生。波塞冬一怒之下，以三叉戟把他连人带石粉碎掉，所以苏格拉底说他屈死。

爱国志士（φιλόπολις / patriot；the patriotic [F. 91]，true lover of his country [L. 16]）24B。

又译：爱国者，见张师竹、张东荪译《柏拉图对话集六种》第 43 页，商务印书馆，1933 年；郭斌和、景昌极译《柏拉图五大对话集》第 12 页，商务印书馆，1934 年。

爱智之学（φιλοσοφία / philosophy）28E，29C。又译：哲学。

爱智求知者（φιλοσοφούντων / the philosophers）23D。又译：哲学家。

安非朴里斯（Ἀμφιπολις / AmphipoIis）28E。

   又译：安菲波利斯，见《世界通史》2：1270；安菲玻里，见谢德风《伯罗奔尼撒战争史》（修昔底德斯著）地图 1。

安匿托士（Ἄνυτος / Anytus）18E 苏格拉底案原告。

   又译：安尼士，见郭译 15；安尼陀，见张译 53。

安那克萨哥拉士（Ἀναξαγόρας / Anaxagoras）26D 苏格拉底的老师。

   又译：阿那克萨哥拉斯。

安提丰（Ἀντιφῶν / Antiphon）33E。

B

巴里安人（Πάριος / Parian）20A 巴洛斯岛（Πάρος / Paros）人，该岛位于爱琴海。

   又译：巴罗人，见何宁译《西方名著提要。哲学社会科学部分》（汉默顿编，416 页）第 7 页，商务印书馆，1963 年。

柏拉图（Πλάτων / Plato）34A，38B 苏格拉底审判会旁听者。

邦人（ἀστός / citizen）23B。

背誓（ἐπιορκος / breaking the oath）35C。

本质[1]（εἶδος / essential form [C. 11], essential aspect [F. 23]）6D。

本质[2]（οὐσια / essence [F. 41], true nature [W. 18]）11A。

辩诉（δίκη / defending）3E。

不敬虔 / 慢（ἀνόσιος / unholiness）4E，8A。

又译：不敬，见张译 7。

不信神（Θεοὺς μὴ νομίζειν / not to believe in the gods [F. 89] having no gods [L. 15] // богов не признает）23D，27A 苏格拉底受控的一条罪状。

C

残废的人（ἀνάπηρος / the cripple [F. 185], the maimed [L. 67]）53A。

又译：残疾之徒，见郭译 55。

成年以后（ἐπειδὰν δοκιμασθῇ /when he has become a man [F. 181], when he shall have passed the examination [Kitchel，159], after a mature examination [Johnson，30]）52D 雅典青年十八岁后接受考核，二十岁上载入本区户籍才算公民，所谓"成年"即指此。

谶语（μαντεῖος / oracles）33C，神谶 21C。

崇奉渠贝垒女神的人（κορύβας / corybantic worshipper；the worshipper of Cybele；the priests of Cybele [Johnson，37]）54D。

又译：开比耳祭场上之人，见张译 96。

崇奉新神（νομίζει ἕτερα δὲ δαιμόνια καινὰ / to believe in other new spiritual beings [F. 9] // признает другие, новые божества / d'introduire de nouvelles divinités [B. 19]）24C，26B。

创造者（ποιητής / a maker）3B 迈雷托士控告苏格拉底引进外邦人

所信仰的神，制造新神（καινοὶ θεοί / strange gods [J. Burnet, 105]），是神的创造者。

楚士（Ζήν，诗歌用语，即 Ζεύς）12A。

D

答辩（ἀπολογεῖσθαι / to defend）18A。

大王（μέγαν Βασιλέα / the great King of Persia // велнкий царь / le grand roi [B. 52]）40D。

大众的意见（τῆς τῶν πολλῶν δόξης / the opinion of the public）44D，47D。

戴里恶斯（Δηλίον / Delium）28E 地名，在维奥蒂亚（Boeotia / Voiotia）。

又译：德里阿木，见翦伯赞编《中外历史年表》69；德利欧，见《哲学史讲演录》2：47；狄利俄斯，见《世界通史》2 地图 4。

戴达洛士（Δαίδαλος / DaedahJS）11C 神名，巧匠。苏格拉底本是雕刻匠附神话传说上的这位能工巧匠为自己的祖先。

又译：代达罗斯。

带洛斯（Δήλος / Delos // Аелос）43D 爱琴海上基克拉迪群岛（the Cyclades）一岛名，位于希腊东南。公元前478年，雅典在这里召集希腊各国组成同盟以对抗波斯。雅典城邦每年派人到此献祭，"圣船"航期为斋期，禁止施刑。苏格拉底判刑时正值圣船航期。

又译：提洛，见《世界通史》2；底罗岛，见《中外历史年表》61；提诺斯，见《世界地图册》第 34 页，1972 年。

带勒弗伊（Δελφοί / Delphi // Дельфы）20E 地名，位于希腊中部巴纳斯山脚的 Phocis，有著名的阿波罗神庙。庙匾即名句：认识你自己。海勒丰到此求谶问圣。

又译：特尔斐，见何译 7。

担保人（ἐγγυητής / surety）38B。

德 性 / 德（ἀρετή / virtue // Добпесть / la vertu〔B. 46〕）35A，38A，45D，品德 18A。

邓漠豆恪士（Δημοδόκος / Demodocus）33E。

笛（αὐλός / flute）54D。

吹箫的人（αὐλητήρ / a flute-player // флейтист / joueur de flute）27B。

帝士（Δίς，Ζευς / Dis）8B，43B，50C 希腊神话上的主神。

都拉马（δραχμή / a drachma）26E 希腊货币单位，约等于银四钱，合六个欧布尔（ὀβολός）。

又译：德拉克马，见《各国货币手册》第 230 页，财政经济出版社，1975 年。

都府卫城（ἀκρόπολις / the Acropolis）6C 即雅典卫城，原意指高地城阁。

多数党的同志（πλήθει ἑταῖρος / comrade of〔your〕democratic party〔F. 81〕，...partisan...democracy〔W. 36〕// ami de la plupart〔B. 137〕）21A。

兑换摊（τράπεζα / the bankers' tables〔F. 71〕，the counters〔Tyler，

101］the tables of the money-changers［Burnet，71］）17C。

又译：钱铺，郭译4；钱店，张译35。

E

恩主（εὐεργέτης /a benefactor［F. 129］// bienfaiteur［B. 44］）36D。

F

罚款（χρήματα / fine）37C，38B。

犯罪者（ἄδικος / a wrongdoer）8D。

法庭（δικαστήριον / court // суд / un tribunal）5C，17D 苏案由陪审法庭（ἡ ἡλιαία / Heliaea / the heliastic court）审理。梭伦改革后，公民大会有权召开这样的会。

法律（νόμοι / law）54C。

反驳（ἔλεγξις / a refutation）21C，暴露（ἐλέγχω）39C 柏拉图早期对话中苏格拉底所使用的手段，柏拉图早期辩证法的内容，名词为 ἔλεγχος / elenchus。

又译：提出异议（21C），见《西方哲学原著选读》上66；揞（39C），见郭译32。

父（πάτηρ / father // отец /père）33D。

弗替亚（Φθία / Phthia）44B 肥沃的弗替亚，引自荷马《伊利亚得》

9∶363。

G

概念（ἰδέα / form［W. 10；C. 11］，aspect［F. 23］）6E。
郜吉亚士（Γοργίας / Gorgias）19E 修辞学家，唯心论哲学家。
　　　又译：高尔吉亚；高吉阿斯，见朱译 368；哥期亚，见何译 7。
公民（πολίτης / citizen）20B。
寡头政体（ὀλιγαχία / the oligarchy // олигархия / oligarchie［B. 35］）32C 公元前 404 年，三十僭主建立寡头政府，派五人，包括苏格拉底、迈雷托士等前去抓赖翁。
鬼神（δαίμων / divine being；spiritual being）27C。
贵与贱（καλός και αιαχρός / noble and base［W. 12］n. and disgraceful［F. 27］）7DE。
国家（πόλις / the state）50B。
雇佣（θητεία / a servant［J. 317，F. 31］）9A，（ἐθήτευεν / a hired workman［F. 15］）4C。
蛊惑（διαφθείρει τοὺς νέους / to corrupt）23D，24B，26B，33A。

H

哈拉（Ἥρα / Hera）8B 神名，宙斯之妻，即神后、天后、诸神之母。
　　　又译：赫拉，见楚图南《希腊的神话和传说》（斯威布著）1∶27，北京人民文学出版社，1978年；海拉，见严群《泰阿泰德·智术之师》（柏拉图著）第218页，商务印书馆，1963年。

海辣克类士（Ἡρακλεις / Heracles）4A 希腊神话故事人物。罗马神话称为 Hercules 海格立斯。

  又译：海拉克类士，见严译218；赫剌克勒斯，见楚译840。

海勒丰（Χαιρεφών / Chaerephon // Херефонт / Chéréphon）20E 雅典政治家，属多数党（民主派），反对三十僭主寡头政府。

  又译：查烈芬，见张译39；齐莱芳，见邦译8。这一句张译作：意者公等必知有查烈芬其人者，幼年即与吾相识，亦属公等之党，且与公等同时亡命而又同得归国；郭译作：齐莱芳者，尝与君等同被迁谪。余之故人亦君等之友也。

海战（ναυμαχία / the naval battle // combat naval des Arginuses [B. 55]）32B 公元前406年，雅典海军由十大将指挥，大败斯巴达舰队于阿吉纽西群岛之役。

好人（ἀγαθός / the good）25C。

好艺人（οἱ ἀγαθοὶ δημιουργοί / the good artisans // les artistes [B. 17]）22D。

贺梅洛士（Ὅμηρος / Homer）34D，41A 引句见《奥德修纪》19∶163。

  又译：荷马；侯梅洛士，见严译218。

赫细欧铎士（Ἡσίοδος / Hesiod）41A 希腊诗人，稍后于荷马，著长诗《农作与日子》、《神谱》。

又译：赫西俄德，见《辞海》。

赫克多拉（Ἥκτωρ / Hector）28C 荷马《伊利亚得》英雄。为阿基利（Ἀκιλλεῦς / Achilles）所杀。众神分为两派，各支持一方，勒托（Λετο / Leto）和阿波罗母子俩支持特洛伊城赫克多拉一方，因此，赫克多拉临死时预言阿波罗会为他之死复仇，后来果然应验。

又译：赫克托耳，见楚译 840、494。

赫费斯托士（Ἡφαίστος / Hephaestus）8B 火神，铁匠。

又译：赫淮斯托斯，见楚译 840、419。

呼拉大蛮叙士（Ῥαδαμανθυς / Rhadamanthys）41A 希腊神话故事人物，阴间判官，以判案公正闻名。他制定法律，凡正当防卫致人死命者可免死刑。

又译：剌达曼堤斯，见楚译 147。

护国女神大节日（μεγάλοις Παναθηναίοις / the great Panathenaea；the Panathenaic festival［C. 11］）6C 希腊智慧女神雅典娜是雅典城的守护神，祭祀雅典娜的节日即护国女神大节日，每四年举行一次。

J

家奴（οἰκέτης / a house-slave, a domestic servant［J. 311］）4C。

将军（οἱ στρατηγοί / generals）14A。

教练员（παιδοτρίβης / a trainer // учитещ гимнастики / bien maitre de gymnastique［B. 68］）47B。

教人（παιδεία / to teach people）19E。

经常暗示于我的朕兆（εἰωθηὸς σημεῖον / the accustomed sign // привычное знамение / le signe accoutumè ［B. 52］）40C。

经常降临的神的音旨（ἡ τοῦ δαιμονίου / the customary prophetic monitor ［F. 139］the divine faculty of which the internal oracle ［L. 45］// голос / la voix prophétique du démon ［B. 51］）40A。

  又译：灵机，见贺译 2∶85。

监牢（τό δεσμωτήριον / prison）43A，逃监 53D 凿山岩而成的牢房，位于普倪克斯（Πνύξ / Pnyx）和市场附近。苏格拉底被囚于单人室，后称"苏格拉底囚室"（见北京《文物天地》月刊 1982 年 6 月号第 22 页），陶行知参观后赋诗纪念，他称为"石牢"。

居心仁慈（Φιλανθρωπὶα / love of men）3D。

K

卡利亚士（Καλλιας / Callias）20A。

开非索斯的安提丰（Ἀντιφῶν ὁ Κηφισιεὺς / Antiphon of Cephisus）33E。

  又译：安提芳，见郭译 26。

凯恶斯的普漏迪恪士（Πρόδικος ὁ Κεῖος / Prodicus of Ceos）19E。

  又译：克屋之波罗第扣斯，见张译 38。

恺背士（Κέβης / Cebes）45B。

克累提（Κρήτη / Crete）52E 地中海一岛名，位于爱琴海南，著名古国。

  又译：克里特，见《世界地图册》；克瑞忒，见楚译 826。

克力同（Κρίτων / Crito）33D，38B 雅典富裕公民，苏格拉底友人。

  又译：克利托，见张译 77；克利陀，见郭译 43；克里托，见何译 12。

克力透布洛士（Κριτοβούλος / Critobulus）33E，38B。

克拉德衬门耐的安那克萨哥拉士的书（Ἀναξαγόρου Βίβλος τοῦ Κλαζομενίου / the books of Anaxagoras the Clazomenian / the rolls of...）26D。

  又译：纳沙戈氏所著书，见郭译 17。安书只有一种。辛普里丘（Simplicius）提到见过该书单独第一部分。此处书（B.）是多数，有人认为宜译为卷轴（roll）以相应，见柯克等（G. S. Kirk and J. E. Raven）编《苏格拉底前哲学家》（The Presocratic Philosophers，第 365 页，剑桥大学出版社，1957/81）北京大学（1981）上海复旦大学（1957）图书馆藏。

库漏诺士（Κρόνος / Cronus）8B 希腊神话人物，宙斯的父亲。

  又译：克洛诺斯。

苦工（πόνος / Herculean labours［F. 85］pilgrimage［Tredennick, 25］）22A。

考察（ἐξάτασις / inquisition［J.］investigation［F. 87］）22E，考问 23C，省察 41B 苏格拉底的活动方式。

  又译：查访活动，见《西方哲学原著选读》上 67。

L

腊克戴蒙（Λακεδαιμων / Lacedaemon）52E 伯罗奔尼撒岛上的城市，又称斯巴达。

    又译：拉栖第梦，见《世界通史》2：1288。

老师（δῐῐδάσκᾰλος / teacher）5B。

赖翁（Λέον / Leon）32C。

赖安庭偌斯的郜吉亚士（Γοργίας ὁΛεοντίνος/Gorgias of Leontini）19E 西西里岛修辞学家。

灵异的事（θαυμάσιος / a wonderful thing ［F. 40］, a w. circumstance ［45］// поразительное / chose d'extraordinaire ［B. 51］）40B，更新奇的事（θαυμασιώτερα / more w. things）6B。

理智（λόγος / reason）46B。

理事团（πρυτανεία / the prytaneia; presidency // пританы / les prytanes ［B. 55］）32B 雅典城邦政权组织，由每族（φυλή / tribus）选出的五百人元老院轮流组成，每团五十人，任期 35 天。

吕康（λύκων / Lycon）23E，36A 苏案原告，政治家，反对三十僭主。

吕桑尼亚士（Λυσανίας / Lysanias）33E。

绿概安（Λύκειον / Lyceum）2A 苏格拉底常去的日神庙、体育场。

    又译：吕克昂，见吴寿彭：亚里士多德传，收于《社会科学战线丛书·哲学史论丛》433。

伦理的（ἠθικός / ethical）43A。

M

马虻 / 马绳（μύωπος, μύωψ /gadfly, horse-fly // овод / un éperon［B. 32］马刺）30E 苏格拉底自譬他之于雅典城邦犹如马虻之于马，刺激马，不使之怠惰。

  又译：马背上之虻蝇，见张译 53；飞蝇，见郭译 22；牛虻，见陈修斋译《西方哲学原著选读》上 69。

马术师（ἱππικός / the horse-trainer）25B，知马的人 13A。

麦加拉（Μέγαρα / Megara）53B 距雅典不远的城邦，位于希腊本部和伯罗奔尼撒半岛间的地峡东侧。

迈雷托士（Μέλητος / Meletus）2C 苏案原告，诗人。其名，按词义，源于μελητε（注意，关心）。苏格拉底借此双关，指出并证明："关心"君实不过伪装关心青年、信仰这类事（见 24C）。

  又译：买类托士，见严译 219；梅勒士，见郭译 15，梅赖陀，见张译 44。

慢 / 不敬虔（ἀνόσιον / unholiness）4E。

盲（τυφλός / the blind）53A。

梦（ἐνύπνιον / dream）33C，44B。

谜（αἰνίττορμαι；αἴνιγμα / riddle）21B。

弥诺士（Μίνως / Minos）41A 克累提国王，死后在阴间任法官。

  又译：弥诺斯，见楚译 826。

弥那（μνᾶ / mina）20B 希腊货币单位，合一百个都拉马。叶卫诺士收学费五命那。苏格拉底只能支付罚款一命那（38B）。他一贫如洗（23C）。他说过：我想我的全部财货和牲畜，包括房子在内，可能不难卖上五命那（见色诺芬《经济论》第二章）。

又译：敏纳，见《西方名著提要》12。

母（μήτηρ μάτηρ/ mother）神母 28C 阿基里的母亲是海洋女神特提士，文中称他有神母，英译一作 his m., a goddess（W. 48）。

又译：仙母，见郭译 19，称为"其仙母"。

母赛恶士（Μουσαί / Musaeus）41A 希腊传说上最早的吟游诗人，今传其诗皆后世所附会。

又译：缪撒欧。

N

纳克索斯（Νάξος / Naxos）4C 岛名，属于爱琴海中基克拉迪群岛。

匿寇斯徒拉托士（Νικόστρατος / Nicostratus）33E。

农夫 / 农人（γεωργός / farmer; husbandman）14A, 2D。

奴仆 / 奴才（δοῦλος / servant; slave）13D, 50E。

又译：奴隶，见《政治学》494。

O

欧迪细务士（Ὀδυσσευς / Odysseus）41C 希腊传说人物，英雄。

罗马神话中称为尤利西斯（Ulysses）。

  又译：奥德修，见杨宪益《奥德修纪》，上海译文出版社，1979年；奥德修斯，见《辞海》。

欧尔费务士（Ὀρφεύς / Orpheus）41A。

  又译：俄耳甫斯，见《辞海》；奥菲士。

欧令皮亚场（Ὀλυμπῖα / the Olympic games, Olympia）36D。

  又译：奥林匹克运动会。

欧兰诺士（Οὐρανός / Uranus）8B 希腊神话上的天神，词义是天穹；他的妻子该亚（地）是他自己的生身母亲，生下提坦神族。

  又译：乌拉纽斯，见《辞海》；乌拉诺斯。

P

怕阑昧底士（Παλαμήδες / Palamedes）41B 希腊传说故事人物，瑙普利俄斯的儿子，以智慧著称，奥德修挟私仇陷害他，苏格拉底说他屈死。

  又译：帕拉墨得斯，见楚译826、594。

怕拉洛士（Πάραλος / Paralus）33E。

帕徒娄苦洛士（Πατρόλος / Patroclus）28C 荷马《伊利亚得》中希腊方面的英雄，阿基里斯的密友，死于赫克多拉手下，阿基里斯为之报仇。

  又译：帕特洛克罗斯，见楚译826、441。

平民（ὁ ἰδιώτης / a private person [F. 141], a private man [L. 46] //

простой человек / un simple particulier［B. 52］）40D。私人（οἱ ἰδιωταί / individuals，private persons［Tredennick 64］// частное лицо / simples particuliers［B. 74］）50B。

朋友（φίλος / friend）14A。

辟提亚（πυθία / the Pythia［F. 81］，the Pythian priestress［W. 36］，thepriestress［C. 42］）21A 阿波罗神庙女巫。Δελφοὶ 这地方旧名辟托（Πυθώ / Pytho），本是一条蛇的名字。阿波罗杀死这条蛇后，此地立庙祭祀阿波罗，庙里的女巫即称辟提亚。

  又译：培仙庵之女巫，见郭译 9；毕地亚之女巫，见张译 40。

普吕坦内安（πρυτανεῖον / the prytaneum // Пританей / prytanée）36D 雅典城中心一建筑，有功于城邦的将领，赢得荣誉的体育健将等在这里受接待。

  又译：公馆，见郭译 29；优待馆，见张译 60；迎宾馆，见《西方名著提要》12。

普娄提务士（Πρωτεύς / Proteus）15D 希腊神话故事中海上老人，善变。

  又译：普洛透斯，见楚译 837。

普漏迪恪士（Πρόδικος / Prodicus）19E。

  又译：普若第库斯，见朱译 369；普罗蒂克，见何译 7。

浦提戴亚（Ποτιδαία / Potidea）28E 地名，在哈尔基迪（Chalcidice），苏格拉底在伯罗奔尼撒战争开始时，参加了在这里的战役。

  又译：波提代亚，见《哲学史讲演录》2，46，波替底亚，见何译 10。

Q

起诉（Διώκω / prosecuting）3E，4A 本字原义有追赶（禽兽）的意思。苏格拉底听游叙弗伦说他起诉、告状、追赶，就语带双关，问他追赶能走的兽，还是追赶会飞的禽。有的译为：你追赶不能抓到的吗？他有翅膀吗？（见《柏拉图神学对话集》119）

契约（ἡ ὁμολογία / compacts and agreements）52A，52D。

虔敬（ὅσις / holiness）4E，8A。

亲戚 / 亲属（οἱ οἰκεῖοι / a relative；οἱ προσήκοντες / kinsfolk［F. 121］，kinsmen［L. 33］// родственник / parents［B. 37］）3B，33D。

青年（νέος / the young）24B，青年们（οἱ νέοι / the young men）福气大 25B，有闲青年 23C。

渠贝垒女神（Κυβέλη / Cybele）54D。

犬（Κύων / the Dog；the dog-star）21E 指犬为誓，指天狗星为誓。猎户星座中的天狗星（ὁ Σείριος），拉丁文为 Sirius，希腊文为 Κύων σείριος，或简写为 Κύων，冬夜特别明亮。

R

人（ὁ ἄνθρωπος；οἱ ἄνθραποι / man；menkind）8E，世人（human beings）23B。仇人（οἱ ἐχθροί / enemies // враги / les ennemis［B.

65]）45C。

S

萨冷密斯人赖翁（Λέον ὁ Σαλαμίνιον / Leon the Salaminian // Саламинец Леонт / Léon le Salaminien［B. 35］）32C 萨冷密斯是岛名，距雅典不远。

  又译：萨拉密岛（地名）里翁（人名）。

三十巨头（οἱ τριάκοντα / the Thirty // тридцать тиранов / Jes Trente［B. 35］）32C。

  又译：三十政客，见郭译24。

声望（τιμή / honour）35B。

啬他利亚（Θετταλία / Thessaly）53D。

  又译：帖撒利亚。

杀人凶犯（φόνος / murder）4D，（ἀνδροφόνος）9A。

善与恶（καί ἀγαθος καί κακός / good and bad）7DE。

神[1]（Θεός / god）3B，5A，16A，54E。

  又译：天意，见郭译57（即54E处）。

神[2]（δαίμων / the divine monitor; prophetic monitor）3B，31CD，40AB 苏格拉底指降临于他，给他指示的神。

  又译：魔鬼，见何译9。

神之所恶（θεομισής / hated of the gods）9C。

神之所命（Θεία μοῖρα / a divine dispensation［W. 55］, the divine will［C.64］）33C。

神所喜者 / 神所好者（Θεοφιλὲς / One what is dear to the gods）9C,

11A。

神巫（Θεόμαντις / the prophets）22C。

神的朕兆（Θεοῦ σημεῖον / divine sign）40B。

神的子女（Θεῶν παῖδες / children of gods // дети богов / des enfants des dieux［B. 26］）27CD。

省察（ἐξετάζω, ἐρευνῶ; ἐξετάζοντα καὶ ἐρευνῶντα / questioning and cross-examining［W. 65］, examining and investigating［F. 143］）省察他人41C，省察自己和他人38A，检察自己，检察他人29A 苏格拉底认为最有趣有益的活动，也即哲学爱智的活动。

又译：察考，见张译65。

审判官（δικαστής / judge）18A，35C，53B。

诗人（ὁ ποιητής / the poet）12B 阿里司徒放内士。

手工艺人（Χειροτέχνης / the hand-workers［F. 85］, a handicraftsman; the craftsmen［W. 38］）22D。

又译：美术家，见郭译10；工技家，见张译41；手艺人，见何译7。

艺人（ὁ δημιουργός / the artisans［L. 15］// ремесленик / les artistes［B. 19］）23E。

十大将（δεκά στρατηγός / the ten generals）32B 负责雅典舰队，指挥阿吉纽西群岛之役海战，大胜斯巴达的十大将领。后，六个将军被判处死刑。

市场（ἡ ἀγορά / the agora; the marketplace［F. 71］the Market［J. ］）17C 在卫城西北脚。

是与非（δίκαιος καί ἀδικία / just and wrong）7DE。

庶民政治（δημοκρατία / the democracy // le gouvernement démocratique［B. 35］）32C。

  又译：民主政治。

守监者（ὁ τοῦ δεσμωτηρίου φύλαξ / the warder［B. 175］）43A。

  又译：狱吏，郭译 38；狱卒，见张译 77。

数（ὁ ἀριθμός / a. number）12C。

死刑（Θάνατος / death）39C，32C，36B。

宋尼安（Σουνίον / Sunium）43D 地名，位于希腊南部阿提刻最南端。

水仙姑（ἡ νύμφη / nymphs // нимфа / nymphe）27D。

  又译：宁芙，山林水泽女神。

T

泰拉孟（Τελαμῶν / Telamon）41B 荷马《伊利亚得》希腊方面的英雄，萨冷密斯国王。

唐他洛士（Τάνταλος / Tantalus）11E 希腊神话人物，国王，拥有巨额财富。受到宙斯惩罚。

  又译：坦塔罗斯，见《辞海》。

体育（课）（ἡ γυμναστική / gymnastics // гимнастика / la gymnastique［B. 75］）50E。

特提斯（Θέτις / Thetis）28C 希腊神话中海洋女神。

  又译：忒提斯。

提坞豆托士（Θεόδοτος / Theodotus）33E 他的兄弟出席苏案公审

大会。

  又译：忒俄多特。

提坞时提底士（Θεοζοτίδης / Theozotides）33E 他的儿子出席苏案公审大会。

台拜坞斯（Θηβαίς / Thebes）45B，53B 希腊中部地区，南与阿提刻相邻。

  又译：忒拜，见楚译238；底比斯；提佛，见《世界地图册》。

同志（ἑταῖρος / comrade [F. 81], friend [L. 10], partisan [W. 36] // друг / ami [B. 13]）21A。

  又译：友，见郭译8。

徒力普透冷莫士（Τριπτόλεμος / Triptolemus）41A 希腊神话故事人物。

图垒阿（Τροία / Troy / Троя）41B 城名，位于小亚细亚西北角，著名战场，毁于希腊联军的征伐。建城者是国王 Tros（特洛斯），城因名 Troad，Troy（特洛斯之城：特洛亚、特洛伊）。后，其子 Ilus / Ilos（伊罗斯），增筑城堡，地因名 Ἴλιος，Ἴλιος / Ilios，Ilium（伊罗斯之城：伊利翁）。两名实指一地。荷马史诗 Ἰλιάς / Ilias 利亚特：伊利翁城之歌）描写当年著名战争。

  又译：特洛亚。

W

外邦人（ξένος / foreigner, stranger）23B，35B 没有雅典公民权的人。

王（βασιλεύς / the King, the king archon）2A 希腊官员职称，雅典九执政官之一，负责宗教事务。位居首席执政官（ὁ Πολέμαρχος）之下，军事执政官（ὁ Πολέμαρχος）之上，三者又高于余下六位司法执政官（οἱ Θεσμοθέται）。

王宫（ἡ Βασίλειος στοά / the archon's porch; the King's Portico）2A 负责宗教事务的祭仪执政官办公地方。

未经省察的人生（Βίος ἀνεξέταστος / the unexamined life; a life which is not questioned [Dover, 114] // без исследования и жизнь / une vie sans examen n'est pas [B. 46]）38A。

  又译：人生而不加省察，见郭译30；不经省察之生活，见张译62。

未卜先知者（μάντις / soothsayer [F. 11], seer [W. 5]）3E 苏格拉底指游叙弗伦。

  又译：预言家，见张译4。

无知（ἀμαθία / ignorance）29B。

无神论（ἄθεος / godless）26C。

无心地（ἄκοντι, ἀέκοντι / involuntarily）25D。

X

希朋匿苦士（Ἱππονίκος / Hipponicus）20A。

希皮亚士（Ἱππίας / Hippias）19E。

  又译：喜皮亚，见何译7。

喜剧作家（ὁ κωμῳδοποιος / the comic poet）18D。

第一部分　柏拉图对话录　359

闲暇（ἡ σχολή / otium / leisure // досyr / losir）23C，36D。

亵慢（Tò ἀνόσιον / unholiness）8A。

新谜亚士（Σιμμίας ὁ Θηβαῖος / Simmias of Thebes）45B 苏格拉底的学生。替拜恶斯不在雅典所属阿提刻区，所以克力同说他是外邦朋友。

性灵（ψυχή / soul）29E，30B。

性命（βίος / Iive // жизнь / la vie）36B，43D，44B，生平 43B，余生（βίος καθευδοντος / the rest of〔your〕lives）31A。

兄弟（ὁ ἀδελφός / a brother）21A，33D。

薛叙弗恶士（Σίσυφος / Sisyphus）41B。

Y

野心勃勃的（Φιλότιμος / ambitious；loving honour）23E。

演说家（ὁ ῥήτωρ / orator，eloquent）17B，献辞者 18A，政论家 32B，说客们（οἱ ῥήτορες）24。

叶卫偌士（Εὔηνος / Evenus）20B。
　　又译：厄文努斯，见朱译 367。

以智慧著称的人（τῶν δοκούντων σοφῶν / a man with a high reputation for wisdom）21C。

意类恶斯的希皮亚士（Ἱππίας ὁ Ἠλεῖο / Hippias of Elis）19E 意类恶斯位于希腊南部。
　　又译：厄利斯（地名），见朱译 227。

意见（δόξα / opinion）44C。

义务（πρακτέος / duty）43A。

议会、议员（ἐκκλησία, ἐκκλησίασται / the assembly, the assemblymen）25A。

  又译：公民大会、公民大会会员，见《政治学》477。

阴间（Ἅιδης / the other world［F. 143］, the world below［L. 46］// Аид / enfers［B. 53］）41A。

阴府的法律（Ἅιδου νομοι / the laws in Hades' realm）54C。

英灵（ἡμίθεος / demigod［F. 105］, the heroes［L. 23］// полубоги / demidieux［B. 27］28C，（ἥρως / heroes // héros［B. 26］）28A。

游叙弗伦（Εὐθύφρον / Euthyphro）2A 苏格拉底的友人。

诱惑（διαφθείρω / to corrupt）3A 苏格拉底的一个罪名是诱惑青年。

庸奴（θης; θητος / a hired labourer；a servant）15D。

预言家（χρησμῳδός / givers of oracles［F. 85，W. 38］, soothsayers［L.13］）22C。

圆宫（Θολός / the rotunda；Round Chamber［Tredennick, 39］// круглая палата / tholos）32C 理事团（prytanes，五十人）聚会办公、用餐处。

元老院元老（Βουλευτής / the senators［F, 93］, the councillors［W. 42］// Члены совета / les sénateurs［B. 21］）25A，32B。

  又译：参议院参议员，见郭译 14、23。

原告（κατηγορία / accuser）12A，35D。

Z

在职官吏（ἀρχή / authority [F. 37], the magistrates of the year—of the Eleven [J.], the successive officials [C. 70], the eleven magistrates [《柏拉图神学对话集》405]）37C 福勒本据山茨（Schanz）版，ἀρχή 之后为分号。有的据斯塔鲍姆（Stallbaum）、沃尔拉布（Wohlrab）或伯尔纳（J. Burnet）版，分号前还有"τοῖς ἕνδεκα"。οἱ ἕνδεκα 是十一人，即雅典法警，由十区各选一人，加上秘书组成。监牢的在职官吏即雅典法警十一人。

又译：余何为而居于狱，以供狱吏驱使也，见郭译 30；吾何为而居于狱中为十一人之奴隶耶？见张译 61。两译都未交代版本根据，由译文推断，所据不一。

真理（ἀλήθεια / truth）29E。

朕兆（σημεῖον / sign）41D。

正义（δίκαιος / the right）32A，正 47E，公义（δικαιοσύνη / justice [Johnson，36]）54A。

政治人物（πολιτικός / politician）21C 此处，苏格拉底可能指安匿托士。

又译：政治家，见张译 40；政客，见郭译 9。

政客（πολιτικός / the public men [F. 85], the politicians [W. 38, L. 13]）22C。

证人（μάρτυς / witness）32E。

证言（μαρτυρεῖν / witness）21A。

殖民地（ἀποικία / colony）51D。

智者（σοφός / a wise man）19C，38C。

智者苏格拉底（Σωκράτης ὁ σοφὸς / Socrates，the wise man [F. 99]，the wise S. [L. 21] // Сократ，наш мудрец / Socrate cei homme si sage [B. 25]）27A。

智术（σοφία / wisdom）3D。

治罪（κολάσις, κολάζειν / punishment）26A。

追悔（μεταμέλεια / to repent）38E。

主人（δεσπότας / master）13D，主 50E。

  又译：家主、奴隶主，见《政治学》494。

自我谦抑（εἰρωνευομένῳ / jesting [F. 133]，ironie [West] / pretending [Dover，114] / a sly evasion [Burnet，159] / a mysterious irony）37E。

钻研（者）（φροντιστὴς / a ponderer [F. 73]，a thinker [West]）18B 阿里司徒放内士在《云》剧中称苏格拉底的学校为 τό φροντιστήριον。

赖锡斯 拉哈斯 弗雷泊士

【商务印书馆1993年版】

赖锡斯

《赖锡斯》译者序

译者译完此篇，觉得有几点应和读者申述一下，就是（一）关于柏拉图的生平；（二）关于柏拉图的著作；（三）关于本篇的性质与内容。现在且用极简括的办法，把这几点写在下面，作为本篇的小引。

（一）柏拉图的生平

柏氏生于西元前428—427年，死于西元前384—387年，活到八十岁。他是希腊雅典人，他的父母俱出望族，据说父族还是雅典古代帝王之后。他有兄二人，妹一人。

柏氏早孤，母亲改嫁，他是在后父家里养大的。他幼年跟上三个先生——一个教文法，一个教体育，一个教音乐。相传柏拉图这名字还是那位体育教师给他起的，为的是他的额宽、肩阔、胸大，至于他本来的名字，却是亚力斯托克里斯（Aristocles）。他幼年时候就有相当的艺术的培养，除那三门主要功课以外，他还学些绘画和作诗。

以上所述是柏氏的幼年时期，截至西元前407年止。为明了起见，以下把他的生平分成三个时期：（一）求学时期（从西元前408—407年，二十岁到西元前399年，二十八—九岁），（二）出游时期（从西元前399年，二十七一八岁到西元前387—386年，四十一岁），（三）讲学时期（从西元前387—386年，四十一岁到西元前348—347年，八十岁）。

（一）求学时期　他二十岁那年才去跟苏格拉底，至此把以前的文学作品全部烧掉，表示尽弃前功，以专心一志于苏氏之学。他跟苏氏一直到二十八岁，苏氏被处死刑为止。苏氏一死，他就离开雅典，到各地游历。

（二）出游时期　这时期住了十三年之久。他所到的地方有默加拉（Megara）、爱安尼亚（Ionia）、赛令尼（Cyrené）、埃及、小亚细亚、意大利、西西里（Sicily）等处。他到西西里是因为政治的活动，他有一个门生和那里的西拉鸠斯（Syracuse）国的国王有联系，把他荐去，意在实现他的政治理想。谁想此行遭个大失败，几乎把命送掉——先是被那国王卖到伊井拿（Aegina）当奴隶，一到那里几乎遇害。后来被一位赛令尼的旅客赎去，送回雅典。

（三）讲学时期　这时期最长，差不多有四十年。他四十一岁那年从西西里脱险而归，便在雅典设立学校，专心讲学；他的学校叫作埃克当美（Academy）。其实这并不是他的第一次讲学，他三十二岁那年（西元前396—395年）起，曾一度在雅典讲过四五年的学，不过还没有设立学校，只是在出游时期中——未去西西里之前——利用空闲时间来讲。这四十年的讲学，成功最大，他的学派自此成立，他的大部分的著作都是成于此时。不过这四十年中间，他曾两次重做政治活动的梦：第一次在六十一岁那年（西元前367年），第二次在六十七一六岁那年（西元前361年），两次都是重到西拉鸠斯去，两次全遭失败，第二次尚且有性命的危险。他经过这两次的失败，对于政治活动可灰了心，唯有在学问方面做他的口耕和笔耕的工作吧！

他八十岁那年（西元前348—347年）死的，据说一天正在朋友家里吃结婚的喜酒，忽然宴然而长逝的。他死后，雅典人以厚礼葬他，还有一个波斯人在他的学校里替他立个纪念碑。

据说柏拉图这人，从其外貌看，则魁梧可敬，自其性情说，则和蔼可亲。行事极有条理，循规蹈矩，甚至谈笑之间，也是有节制的。有一件奇事，就是他毕生未尝一近女色——纯洁乃至于此！他是富于理想的人，而一方面不忘实行，所以处处想把他的理想国推诸实现。他原来的愿望是要做个政治社会的改进者，科学家与哲学家还在其次，但有一点必须明白，就是他的救世方法是从科哲二学出发，所以他的学术理想是个理性主义，政治理想是个尚贤政治。后来他失意于政治活动，置身教育，也是为的要实现他的理想：先替国家培养人才，这些人才将来秉政，便是他理想中的人物——所说"哲人帝王"（Philosopher King）者是。他最反对的是庶民政治（Democracy），以为在此种政治之下，一切所设施的都不过盲动，理性的成分极少，无往而非感情用事。

（二）柏拉图的著作

柏氏是古代著书最多的人，他的著作生涯总在五十年以上。

最可庆的，他的著作全部留传。可是这些著作都是为一般人写，至于对门弟子们的说法，自己不曾打稿，听者的笔记一概不传，我们只能在亚里士多德和与他并世的人的著作中，窥其一鳞半爪而已。

柏氏的全部著作计有对话录四十三，书札十三，和一些零条的界说。界说都是假的，书札大部分可靠，不过后人伪托的也不少。至于对话录，则西元后第 2 世纪的 Diogenes Laertius 所著之《著名哲学家的生平与学说》（Lives and Doctrines of Famous Philosophers）里面，只举三十五个，其余的认为绝对假的。后世研究柏氏著作的人，就这三十五种之中，还分出许多真假，甚至有人只认其中的九种是真的。这种剔疑去伪的风气，在 19 世纪中叶的德国最盛，以后又转过来。总之，关于柏氏的对话录，除却真伪的问题以外，还有次序的问题：（一）讨论问题的次序；（二）写成年代的次序。此处不能讨论，读者如果关心这些问题，请参考拙著《柏拉图》（世界书局版），那里引述各家之说比较详细。

柏氏的对话录，表面上属于笔记的体裁——把苏格拉底和一些人的谈话记录下来。但是，实质上不见得只是纯粹的笔记而已，大部分是他自己有心的著作。不过他发表自己的意见时候，不肯用自己的姓名，总是托诸苏氏之口；至于他所不赞成或所反驳的学说，也是借几个人的口吻说出。现在把各对话录中代表正反两面意见的重要角色制表如下，或者对于初读柏书的人有些帮助；

代表正面学说的人 （他自己的或所赞成的意见）	Socrates
	Timaeus
	Stranger from Athens
	Stranger from Elea
代表反面意见的人 （他人之说或她所不赞成之说）	Thrasymachus
	Callicles
	Pollus
	Gorgias
	Protagoras
	Hippias
	Euthydemus

至于柏氏著作的英文译本，据谢陋所知，旧一点的有 Bohn's Library 的本子（London：George Bell Sons 出版）柏氏的全部著作都译完了，共有七本，末后两本是提要与附录；现时所通行而且被认为标准的有 Jowett 的译本（Oxford University Press 出版），一共五本，不曾译完；最新的有 Loeb Library 的希腊英文对照的本子（London：William Heinemann；New York：G. P. Putnam's Sons 出版），尚未出全，现在已出十二三本——似乎快全了。第一种比较是直译，文字有时不好懂；第二种稍微近于意译，文字很美，但有时意思很晦；第三种最好，文字浅显准确。本篇是根据第二种、参考第三种译成的，但是仓促脱稿，未及复校，错误之处恐怕难免，且待日后改正罢了。

（三）赖锡斯

柏氏的对话录有两种体裁：（一）直接的对话；（二）间接的叙述。前者是记当时的谈话，后者是记事后一个人的追述。本篇体裁属于后者，叙述的人是苏格拉底，他追述自己某日和赖锡斯们的谈话。

若论内容，则本篇所讨论的是伦理上友谊的问题。最后没有结论。这是柏氏对话录中所常见的事，有时结论隐隐约约见于别篇里面，有时简直没有，只作后起学说的基础。例如本篇，便是 Phaedrus 与 Symposium 二篇，以及他的弟子亚里士多德的伦理学的准备。但是，这种没有结论的东西自有它的价值，我们藉此可见他对某种问题应付的方法与精神——问题怎样发生、怎样提出，一层一层的理论怎样推进、怎样演变。我们几千年后读这种作品，能够见得古代希腊民族在名学上的训练，就这一点上我们的先民和他们一比，真要惭愧到万分！

若论性质，本篇比较近于纯粹的笔记，换句话说，其中所记，大概都是苏格拉底的话。前面提过，对话录中的学说，有一部分是苏格拉底的，有一部分是他自己的。本篇纯粹表示苏格拉底的精神，柏氏写成它的时候，大概还早（似乎在壮年时代），那时他自己没有独立的主张，还是在苏氏的影响之中。柏氏三四十岁的作品，戏剧的艺术最高，大都用传神的笔法画出苏氏那种不朽的人格。本篇便能见其一斑——苏氏那种人老心未老的精神与态度真能活跃在纸上，他真不愧自称为"老孩子"啊！

赖锡斯

人物：苏格拉底——叙述的人

孟纳曾奴
希朴太里 ⎫
赖锡斯   ⎬ 叙述中的人
特屑普   ⎭

景地：雅典城外一个新建的屋内体育场

那时我正从爱克当美一直到赖锡安去，顺着靠围墙的一条路走。当我走到附近潘奴喷泉的那个小城门的时候，我碰见希朴太里——希尔宁牧的儿子，和特屑普——一个比亚地方的人，此外还有一班青年和他们站在一处。希朴太里看见我来，便问我几时来的，现在想到那儿去。

"我从爱克当美一直到赖锡安去"，我答应着。他说："何妨加入我们这里来。"

我说："你们都是谁，我要跟你们到那里去？"

他指着一块空地，和对墙开着的一个门，便说："这里有一座房子，我们常在那儿相聚；我们成个很好的伴侣。"

"那是一所什么房子，你们在那里做什么玩意儿？"我问。

他答应道："那房子是一所新建的屋内体育场，我们在那里只是谈天——你平常所高兴的。"

"谢谢你们",我说,"那里还有教师不曾?"

"有,就是你所敬重的老友米卡",他答应。

我说:"真不错,他是个有名的教授。"

"你要同我们一起去见他么?"他说。

"好吧",我说,"但是我要先知道你们对我有什么要求,其次就是你们当中谁和谁好。"

"各有各的相好",他说。

我说:"谁是你的相好?请告诉我,希朴太里。"

他听这话便红了脸,我就对他说:"啊!希朴太里,你关于爱情的事,现在不必说有,也无须说无,这都是太晚了;因为我察出你非但在爱恋之中,并且已经达到很深的程度。像我这样蠢的人,上帝还赋予他对于这类情感的觉察力呢。"

他听了这话脸愈红起来。

特屑普说道:"希朴太里,我愿意看你红着脸、跨躇着把情人的名字告诉苏格拉底,他如果和你同在一起一些时候,恐怕要被你那一套话闷死。苏格拉底,他真把我们的耳朵塞满了称赞赖锡斯的话,我们的耳朵几乎没聋了。当他的情感有些提高的时候,便哼着赖锡斯的名字来催我们入梦。他的散文写得并不高明,可是他的韵文真是无匹,当我们被他的诗歌浸透的时候,那可真受不了。最难堪的就是他在情人面前唱的时候,他有那种颤动的嗓子,唱出声音叫人不得不听。你瞧,现在被你这么一问,便红了脸。"

"赖锡斯是谁啊?"我问道,"我想他一定很年轻,因为他的名字在我很不熟悉。"

"怎么？"他说，"他的父亲是个名人！他承袭了父亲的名字，自己的名字却不大通行。可是，你虽然不知道他的名，必也见过他的脸，这就很够认出他是谁。"

"告诉我他是谁的儿子"，我说。

"他是意尊地方登牧克拉提的长子。"

"啊，希朴太里，多么可贵、多么美满的爱！请你对我也表演些对他们所表演过的故事，让我看看你到底懂得怎样谈爱不懂——无论对情人或旁观者。"我这样对他说。

"苏格拉底"，他叫我，"你可不把这人（指特屑普）的话当真。"

"什么？"我说，"你的意思是要否认你对伊人用爱么？"

"不"，他说，"我只否认作诗赞颂情人。"

"他有些变态"，特屑普说，"他可疯了，尽说些废话。"

"希朴太里呀，你就做些诗歌赞颂情人，我也未必要听；只是愿意知道作诗的用意，使得我明白你对情人怎样进行。"我对他说。

"特屑普能够告诉你"，他说，"因为他既说我的歌声不绝于耳，他必能记得清清楚楚。"

"果然不错"，特屑普答应着，"我知道得真清楚，他的故事可笑得很。他虽然是用情的人，对于所爱极其诚挚，可是并没有什么贴切的话对情人说，这不可笑么？他尽叙些举邑皆知的他的情人家里的盛事：乃父、乃祖以至其他先人——他们的财富、他们的良马、他们在毕达比武会的胜利，以及其他种种文勋武绩。这些就是他所写给情人听的故事。还有可笑的呢，前两天他曾做一首诗描写他祖先怎样欢宴他的亲戚哈拉克里——这位祖先据说是意尊地方开辟始祖的女儿和楚士同居所生的。这都是些啰啰唆唆的老太婆的故事，他唱着叫我们听，我们也不得不听呢！"

我听了这话，便说："可笑啊，希朴太里！你在情场上还没胜利之前，竟然做起诗来赞美自己？"

他说："我的诗并不是赞美自己的，苏格拉底。"

"你想不是？"我说。

"你怎么想？"他答应着。

"毫无疑问"，我说，"这些诗歌都是赞颂你自己。假如你在爱情上已经成功了，那么这些诗歌才是你的光荣，才能夸耀你自己，因为你得着这么一个情侣；但是，一旦他和你离异，那么你以前愈称赞他，便愈显得可笑，为的是你遭了一场失败。所以，知趣的人，在没有十分胜利之前，从不赞颂所爱的人，以防意外的离异。还有一个危险：那些姣好的童子们一受人称赞，便充满着虚荣和自大的心。"

"不错"，他说。

"他们的虚荣心愈大，便愈难抓住他们？"

"我相信你的话。"

"假如一个猎人把他所要打的禽兽反而惊跑了，使得它愈不容易打着，你说这猎人怎么样？"

"毫无疑问，他是个蠢的猎人。"

"对了。假如作诗不能羁縻情人，反而使他狂得满天飞，那也是一样的蠢，你说是不是？"

"是的。"

"现在请回头想想,希朴太里,你以前写诗犯了这些毛病没有。我想你总不会把以诗自逸的人认为好诗人。"

"绝对不会",他说,"这样的诗人必是一个傻子。就为的是这个缘故,我才请教你,苏格拉底;你如果还有别的劝告,我很欢喜接受。你可以告诉我,用什么言语或什么行为才能讨好情人?"

"这可难说",我答应他,"假如你把情人带到我跟前,让我和他谈谈,或许我能指示你应当怎样同他谈笑——免掉以前那样无聊的歌唱。"

"把他带到你跟前来并不难",他答应着,"假如你同特屑普到那新建的屋内体育场里去,我想他自己会来,因为他最欢喜听人闲谈。今天是哈米亚的节期,向例青年和童子们都一起聚在那里。他一定会来,假如不来,特屑普是他所认识的,孟纳曾奴是他的亲戚兼朋友,这两个人可以去找他来。"

"这是很好的办法",我说。于是我就带了特屑普一同进了那新建的屋内体育场,其余的人都跟着我们来。

我们进门便遇见那些童子们在那里献祭,差不多快祭完了。他们尽穿白的衣裳。那时掷骰子的游戏将要开始,他们大多数在门外的露天场上嬉笑,有一部分在更衣室的基角上从小篮中掏出骰子来掷着玩。此外还有一群旁观的人,赖锡斯也在内。他头上戴着花冠像个仙童,非但长得美,而且性情也好——果然名不虚传。我们从他们旁边走过,到对面一块安静的地方,便坐下谈起来。果然引起赖锡斯的注意,他尽回头看我们——看那样子很想过来。有时他踌躇着,仿佛单身不敢过来。一会儿,他的朋友孟纳曾奴斗完骰子,从外场走进来,看见特屑普和我,便要挨着我们坐下;赖锡斯也跟他来,坐在他旁边,还有其他童子。这里要补充一句,就是:希朴太里瞧见这一群童子,便故意躲在他们背后,生怕被赖锡斯瞥见了向他发嗔;他就站在背后听我们谈天。

我回过头对孟纳曾奴说:"登奴冯的公子呀,你们二位孩子谁比谁大?"

"这正是我们所争论的",他答应着。

"谁比谁尊贵?难道这也是你们所争论的?"

"那自然喏。"

"还有一个争论之点,就是谁比谁美。"

他们都笑起来。

"我不问你们俩谁比谁富足,因为你们是朋友,是么?"我说着。

"自然",他们答应。

"朋友一切都是共有的,假如你们真是朋友,那就不能说谁比谁富足。"

他们一起承认。我正要问他们谁比谁公正、谁比谁智慧,恰好孟纳曾奴被一个人叫走,说是他的体育教师找他。我想他是上祭去。他走了以后,我问赖锡斯一些话。我说:"赖锡斯,我猜你的父母顶爱你。"

"自然",他说。

"他们希望你快乐。"

"是的。"

"但是,假如一个人处于奴隶状态之中,不能率意行事,你想他快乐么？"

"我想不"，他说。

"假如你的父母爱你，那么就希望你快乐，不消说，他们极愿意促进你的快乐。"

"自然"，他说。

"他们是不是允许你做所爱做的事，从来不曾拦阻你？"

"不！苏格拉底，有许多事他们禁止我做。"

"怎么说的？"我叫道，"他们希望你快乐，一方面却阻止你做所爱做的事？譬如你要坐你父亲的马车，自己拿起马缰来赶马，他们便阻止你，不叫你做？"

"自然"，他说，"他们一定不许我做。"

"他们许谁做？"

"有个马车夫，我父亲雇的。"

"那么他们信任一个雇来的人过于信任你？他不是对那只马有支配一切的权柄？并且以此赚你父母的钱？"

"是的。"

"我想你可以拿起鞭来赶马车，他们允许你吧？"

"允许我！可不。"

"那么没有一个人可以赶马车么？"我说。

"有呀，马夫可以"，他答应着。

"他是个奴隶，或者是个自由人？"

"是个奴隶"，他说。

"他们看奴隶还比你——自己的儿子——重？他们把财物信托奴隶，反而不信托你？允许他做所爱做的事，一方面却禁止你？"

答应我这句话：到底你能自主不能，或者他们连这个也不许你？"

"不"，他说，"他们当然不许我。"

"那么有个管束你的人？"

"有的，我的保护者；呶，就在那里。"

"他是个奴隶么？"

"那是一定的，他是我们家里的奴隶"，他答应。

"这真是一件怪事"，我说，"一个自由人反而被一个奴隶管辖。他对你怎样？"

"他带我上学去。"

"你的先生们可不管束你？"

"他们自然管束我。"

"你的父亲尽爱找许多管束你的人加在你身上。但是无论如何，你在母亲跟前可能自由吧？她不至于妨碍你的快乐？她的羊毛、她织的布，这些东西你可有权柄支配？梭子以及其他织布的家具，她可许你动？"

"不，不，苏格拉底"，他笑着答应，"非但禁止我动，并且我一动便要挨打。"

"喂，这真希奇"，我说。"你曾对你父母作恶过么？"

"实在不曾"，他答应。

"那为什么他们这样妨碍你的快乐，不许你率意行事，把你成天放在他人的管束之下？他们虽然有那些家财，仿佛于你毫无好处，反而付托别人管理，把你置于无用之地，甚至连自己一身也不能做主？"

"苏格拉底"，他叫道，"恐怕因为我还没到岁数。"

"那不见得",我说,"我想你的父母也曾许你做些其他的事,这到不必等你到了岁数。譬如他们要念什么,或是要写什么,我想在全家之中,他们一定先来找你。"

"果然不错。"

"那么他们许你随便怎么写,或是随便怎么念。此外,还许你拿起琴来调音,用手指或用琴拨来弹——随你爱怎样就怎样,丝毫不加干涉。"

"这是对的",他说。

"那么,赖锡斯,到底为什么理由,他们许你做这个,不许你做那个?"我说。

他说:"我想因为我对这个内行,对那个不内行。"

"是了,我的好孩子,理由不在你的岁数没到,却在你对那方面的知识太差。一旦你父亲觉得你比他更有本事,他一定立刻把财产交你管理。"我这样说。

"我也这么想。"

"再说你的邻家翁,他对你是否同你父亲一样?假如你对于管家的知识比他还强,他是自己继续管着,或是付托你管?"我问。

"我想他要托付我管。"

"就说雅典城的人们,他们会不会把市政交你主持,一旦他们发见你的智慧够做这个?"

"会的。"

"让我再举一个例子",我说,"那位国王有个长子封于亚洲。假定你我一同到那王跟前,想法子使他相信我们烹饪的本事在他的长子之上,他不会把这些事全盘付托我们么?或是情愿付托他的长子？"

"很明显地，要付托我们。"

"他许我们任意使盐，我们使一把不嫌多，那位王子使一点点也被禁止？"

"当然。"

"再假定那位王子的眼睛生病，他父亲会不会允许他自己医治，假如晓得他没有医药的知识？"

"不许他。"

"假如他知道我们有医药的知识，他一定会许我们对那王子方便行事——例如撑开眼皮，敷上药粉——因为他相信我们知道对这病怎做是好。"

"这话不错。"

"无论什么事，只要我们显得比他自己或他的儿子内行，他都会交我们做。"

"这话实在不错，苏格拉底"，他答应。

"现在，亲爱的赖锡斯，你可明白：凡是我们所内行的事，人家会都付托我们——不论男女，不论本国人、外国人。我们可以率意行事，没有人来干涉；我们可得自由，可以管束别人。这些事是我们的事，因为我们能够由此得着好处。但是我们所不内行的事，就是自己以为相宜，也没有人托付我们，他们必定尽量阻止我们去做——非但外人，甚至父母，或是更亲昵的，假如有这么一个人。我们要受人家管束；那些事和我们无干，因为我们不能藉它得点好处。你赞成这话么？"

他说赞成。

"那么，我们能够做人家的朋友，讨得人家的爱，假如我们对人家毫无益处？"

"一定不能。"

"如果我们无用，谁也不能爱谁，乃至你的父母也不能爱你。"

"不能。"

"所以，我的孩子，如果你有智慧，谁都是你的亲戚朋友，因为你好、你有用。但是，如果你没有智慧，父母、亲戚，以至任何人，都不是你的朋友。并且，你对于某事假如没有相当的知识，你能够自负有知么？"

"这是不可能的"，他答应着。

"赖锡斯，假如你此时还得跟老师，那么你还没到十分智慧的地步。"

"是的。"

"所以你是不自负的，因为你有什么堪得自负？"

"一点不错，苏格拉底，我自信不自负。"

我听他这话，回过头来看希朴太里，那时差一点做一件不知趣的事，因为我几乎要说："希朴太里，这才是你对情人所应当说的，使他自谦自卑，不要像你以前那样捧他、误他"。登时我觉得希朴太里大张皇起来，我才想起他虽然在此，却不愿意被赖锡斯知道，因此我就止住。

那时孟纳曾奴又回来，坐在原来的位子靠近赖锡斯。同时赖锡斯，顶天真地，顶热情地，向我耳边低声私语，不叫孟纳曾奴听见；他说道："苏格拉底，把方才和我说的告诉孟纳曾奴。"

"你自己可以告诉他"，我说，"因为你方才听得很仔细。"

"我是听得很仔细",他答应。

"想法子去记方才的话,说给他听要十分准确,假如忘些什么,下次见着我的时候再问我。"

"我一定这么做,苏格拉底,但是请你继续下去,告诉他一些新的东西,使我未走之前也能听听。"

"你既请我,我自然不能推辞,但是你知道,孟纳曾奴最俏皮,他如果要推倒我,你可得来救我一阵。"我说,

"不错",他说,"孟纳曾奴果然俏皮得很,所以我才要你和他辩论。"

"使得我自己暴露自己的丑状?"

"不,实在不是这样存心",他说,"我希望你把他压倒。"

"那不是一件容易的事",我答应,"因为他是一个厉害人——特屑普的弟子。特屑普就在那里,你看见他么?"

"不要紧,苏格拉底,你尽管和他辩论。"

"好吧,我来",我这样答应他。

这会子特屑普喊道:"你们到底说些什么秘密的话,不让我们分羹?"

"我并不是要瞒你们",我说,"我方才所说的话,赖锡斯有点不明白,要我也把那些问题问问孟纳曾奴,他想孟纳曾奴应当懂得。"

"那你为什么不问他?"他说。

"很好,我就来",我说,"孟纳曾奴,请你答应我的话。但是第一步我要先告诉你,我从小就甚爱一件东西。人人都有所爱,有人爱马,有人爱狗,有人爱金钱,有人爱名誉。这些东西

我都不爱，只是爱朋友如饥渴。我宁要一个好朋友，不要全世界最美的雀子、最有名的马或最灵的狗。且指埃及的狗打个誓，我宁愿有个真的朋友，不愿得着大里亚士所有的金子。我是这么好友的人。所以，我一旦看见你和赖锡斯在年青时代就得到这个宝贝——这样早，这样容易，他得着你，你得着他——我心里非常钦羡，非常高兴，自己觉得虽然上了年纪，却不曾得着这样一个宝贝，因此在这方面毫无经验。现在我要问你一句，因为你有了经验，请你告诉我：譬如某甲爱某乙，谁是谁的朋友，到底甲是乙的朋友，还是乙是甲的朋友？或者彼此都是朋友？"

"应当彼此都是朋友。"

"你的意思是否在单方面的爱恋之下彼此互相是朋友？"我问。

"不错，这是我的意思"，他说。

"有时爱人的自己未必见爱，这不是很平常的事？"

"是的。"

"或者反而见恨，这是用情的人对于所欢所时常忖度的。他用情达于极点，可是时常疑心自己不见爱于所欢，或者反而见恨。有这种情形么？"

"有的"，他说。

"在这种情形之下，二人之中，一个用爱，一个见爱。是不是这样？"

"是的。"

"那么，谁是谁的朋友？不论见爱于所欢，或见恶于所欢，用情的人总是所欢的朋友；或者所欢是用情的人的朋友？或者除非彼此互爱，彼此都不算朋友？"

"似乎都不算朋友，除非彼此互爱。"

"那么，这个见解和我们以前的不同。我们以前说，只要一人用爱，爱人和所爱的彼此都是朋友；但是现在又说，除非彼此互爱，彼此都不算朋友。"

"现在的见解似乎近理。"

"那么，凡不能以爱相报答的都不会见爱？"

"我想不会。"

"按这样说，世上没有马的爱人，因为马不能以爱相报答；更没有雀的爱人、狗的爱人、酒的爱人，体操的爱人，因为这些都不能以爱相报答；智慧也没有爱人，除非智慧能报人以爱。我们不能说，虽然得不着报答，却有人爱这些东西。所以以前的那个诗人错了，他有这几句诗：乐哉伊人：交于婴儿，友于鹿麑，猎犬穿户，远人叩扉。"

"我想他不曾错。"

"你想他对么？"

"是的。"

"那么，孟纳曾奴，我们的结论是：所爱无论如何——不管他懂得报答不懂——总是爱人的朋友。例如小小的孩子，虽然不懂得爱慕父母，或是懂得，因为挨打而反恨父母，他在父母心里，无时不是可爱，无时不是朋友。"

"我想你所说得很对。"

"假如这样，爱人未必是所爱的朋友，所爱却是爱人的朋友。"

"是的。"

"被恨者是恨者的仇人，恨者不是被恨者的仇人？"

"这是这明显的。"

"那么，有人见爱于仇人，见恶于朋友，同时是仇人的朋友、朋友的仇人。但是做朋友的仇人或仇人的朋友，这是多么离奇而且不可能的事！"

"我很赞成你的话，苏格拉底。"

"但是，这个如果不对，爱人又是所爱的朋友了。"

"是的。"

"同样，恨者是被恨的仇人？"

"自然。"

"可是你要承认这个，某甲尽许是某乙的朋友，某乙未必是某甲的朋友，或者竟是他的仇人，因为某甲尽许爱个不爱他或恨他的人。同时某甲尽许是某乙的仇人，而某乙不是某甲的仇人，甚至是他的朋友，假如某甲恨个不恨他——甚至爱他——的人。"

"这似乎是对的。"

"但是，根据以前的几个结论，爱人不是所爱的朋友，所爱也不是爱人的朋友，二人彼此又都不算朋友，那么我们应当怎么说？什么样的人我们才管叫作朋友？除了这几个关系以外，还有所谓朋友没有？"

"实在我找不出所谓朋友来，苏格拉底。"

"喂，孟纳曾奴！"我叫道，"我们以前的结论也许全错了吧？"

"我相信我们错了，苏格拉底"，赖锡斯说。他说完这话脸红起来，这话似乎是无意说出，因为他全部心思被方才的辩论占领了去——他那样注意的视线可以证明。

赖锡斯对于我们的辩论那样感觉兴趣,我心里很高兴,同时我想给孟纳曾奴一个休息,所以我回过头来对赖锡斯说道:"赖锡斯,我想你所说得很对,假如我们以前不曾错,现在就不会糟到这地步。我们可以换个方向,因为这条路似乎越走越不通。我们先看看以前的诗人怎样说,他们是我们的父兄,是我们的师长。他们把朋友的交合看作非同小可的事,他们以为朋友之交是上帝所撮合的;他们这样说,假如我没有记错:'惟尔同心,帝作之合,命之为友'。我敢说你一定听见过这几句诗。"

"是的,我听见过",他说。

"你还见过那一班主张以同爱同的哲学家们的著作罢?他们尽讨论,并且尽写些,关于自然和宇宙的问题。"

"是的",他答应。

"他们所说得对么?"

"或许对。"

"假如我们果然抓住他们的意思,我想他们也许全对,也许只对一半。在我们看,坏人和坏人愈接近、关系愈密切,他们便愈会相恶、愈能相害。像这样的两个人不能成朋友,你看对不对?"

"对的",他说。

"那么他们所说的有一半不对,假如他们所谓同者也包含坏人在内。"

"这话不错。"

"但是我想那句话的真意如此:唯有好人才能同,他们彼此可以做朋友,坏人不能,坏人自己的人格就不统一,因为他们钻营不息，情感过于理性。世界上自己变化，自己冲突的东西总不会和其他的相投合、相和谐，你赞成这话么？"

"赞成。"

"那么，我的朋友，主张以同爱同的人们言外有个深意，就是：好人只能与好人为友，坏人谈不上真正交友的事，坏人彼此之间没有友谊，也不能与好人交。"

他点头。

"现在你可能回答'何等的人才算是朋友'这个问题，因为方才的讨论告诉我们'好人彼此是朋友'。"

"是的，这话不错"，他说。

"是的"，我也这样答应，"然而我对于这个答案还是不大满意，现在请提出我的疑问来。假定相同的人，因为相同，交为朋友，而且彼此都有益处……或者让我换个方法来说：两个相同的人，因为是相同，所以有则俱有、无则俱无；以甲所有的施于乙，在乙仍是有用，不显得疣赘么？乙所无的，甲可能供给他，自己不会也感到同样的缺乏么？无论何方，此方所无可奈何的，还能替彼方出力么？彼方所不能为力的，还能责望于此方么？假如彼此毫无益处，怎能相恋？怎能？"

"不能。"

"不相恋的会做朋友么？"

"自然不会。"

"但是，就说相同的人不能以其相同而成朋友，毕竟好人可以因为彼此都好而相交？"

"是的。"

"好人是否以好而自足？"

"是的。"

"凡自足的人不需什么——自足的含义如此。"

"自然不需。"

"无所需的便无所欲。"

"无所欲。"

"他所不欲的，他不会眷恋吧？"

"他不会。"

"不眷恋任何人的，不会做任何人的朋友？"

"不会。"

"假如好人之中，独居时候能够自足，无需对方的帮助，相处时候彼此又不相为用，那么友谊究竟在那里？像这种人，彼此怎能互相藉重？"

"他们不能。"

"如果他们不相藉重，他们便不会成朋友？"

"的确。"

"现在请瞧，赖锡斯，到底我们是不是全懵住了？何以错到这个田地？"

"怎样？"他答道。

"我可不听见人说——此刻我想起来——相同的人彼此是大敌，好人彼此也是大敌？不错，这人的确这么说，并且他还引希西务德的话，道：'陶人与陶人争，骚客与骚客争，乞丐与乞丐争'。此外，他还同样地说：'相同的人彼此最会妒忌、最会仇视、最会竞争，不相同的人倒能做朋友，因为穷人不得不结交于富人，弱者必需强者帮助，愚者有待智者开导，病人要求医生治疗'。他继续着高谈阔论地说：'说友谊存于相同者之间，这话不是真理，它的反面倒是真理。其实最相反者最相亲，因为凡物所要的是异不是同，例如干要湿，冷要热，苦要甜，利要钝，虚要盈，盈要虚，……其他一切莫不如此。异者是异者的粮食，同者之中彼此得不到什么'。我想说这话的人很妙，他说得好。你们其余的人怎么想？"

"我一听见这话就觉得他对"，孟纳曾奴说。

"那么我们是说，最深的友谊存于相反者之中？"

"正是如此。"

"不错，孟纳曾奴；可是，这个答案不是一句怪话？好辩的人不会对我们开玩笑，而问，到底爱是不是恶的反面？我们应当怎样回答他们？我们能够不承认他们这话么？"

"不能够。"

"他们必定继续问：到底恶人者是爱人者的朋友，或是爱人者是恶人者的朋友？"

"我想两方面都不是的"，他答道。

"好。那么公正的人是不是不公正的人的朋友？节制的人是不是淫侈的人的朋友？好人是不是坏人的朋友？"

"我看不出这怎样可能。"

"但是"，我声明道，"假如友谊存于相反者之间，那么这些人都成了朋友。现在我们不承认他们能成朋友。"

"不承认。"

"那么，无论相同的人或相异的人，他们都不能成朋友。"

"我想不能。"

"还有一点应当考虑：这些关于友谊的观念都不会错么？不好不坏的人也不能有时和好人相交么？"

"你的意思何在？"他问。

"其实我自己也莫名其妙，我被这些辩论搅得头昏。我且试想，'美的人可以当朋友'，正如老俗语所说的。美当然是温柔、齐整，而且和顺的，因此容易入我们的心。同时我还想，好的就是美的。你赞成不赞成？"

"赞成。"

"那么，我要逞臆地说，不好不坏的是美与好的朋友。我要说明我何以会这样想。我假定有三类的人：好的，坏的，不好不坏的。你应当同意不？"

"我同意。"

"好人不是好人的朋友，坏人不是坏人的朋友，好人也不是坏人的朋友——这几条路都被以前的理论证明是不可通的了。所以，如果有友谊之可言，我们必得承认，不好不坏的人能做好人或其他不好不坏的人的朋友。坏人不能有朋友，这话不用提了。"

"不错。"

"但是我们方才说过，相同的人彼此不能做朋友。"

"是的。"

"假如这样，不好不坏的人也不能做其他不好不坏的人的朋友。"

"自然不能。"

"那么，不好不坏的人只能和好人相交。"

"这话可以认为确实。"

"这可不像把我们的理论送到正路上去了？我们只看，凡身体健康的人无需医药和其他补剂，他已经够好了，他和医生无缘。"

"病人和医生有缘，因为他有病？"

"自然。"

"病是坏的，医道是好的、有用的？"

"对。"

"但是，人的身体，就它的本身说，无所谓好坏。"

"是的。"

"身体只是被疾病所压迫而去央求医术，和它为友？"

"不错。"

"那么，因为坏者侵入，不好不坏者才想和好者为友？"

"我们可以这样说。"

"这个要求必在不好不坏的尚未完全变坏之前，假如它已经和坏的一般，它便不会眷恋好的而去央求它，因为，我们以前提过，坏的不能和好的交友。"

"不能。"

"进一步，我们应当分别，有些东西被其他的消受了，有些只是附在其他的上面，并不曾真正变成其他的一部分，例如上油和着色，只是附在一物的上面。"

"极对。"

"所附着的本质和附着的——如油与色——相同么？"

"你的意思是什么？"他问。

"这是我的意思：假定你把你的赭色的头发敷上白粉，你的头发是否真白，或者仅仅显得白？"

"仅仅显得白。"

"但是，白色的确附在它上面。"

"是的。"

"白粉虽然敷在你的头发上，你的头发的本质不曾加白？"

"不曾。"

"假如年纪把白送到你的头发上，那你的头发真白了——白非但附在上面，并且切切实实地被消受了。"

"自然。"

"现在我要弄个明白，假如一物上面加上另外一物，所加之物是否都被消受？或者有时只是附在上面——所加之物存，则原物稍微改样，不存，则原物便恢复它的本状？"

"我想不见得都被消受，有时只是暂时附在上面。"

"那么，坏的分子有时夹杂在不好不坏的里面，而不好不坏的本身却不曾完全变坏——这种例子以前见过吧？"

"是的。"

"假如一物之中夹有坏的分子，而本身却未尝坏，那么一见好的，它便生起要好的心。但是，坏的分子往往把这点要好的心夺去，所以一物之中，如果同时有好的成分和坏的成分，那坏的便把好的挤去，必至那物全坏而后已，因为坏同好绝不相容。"

"绝不相容。"

"因此我们说，已经有智慧的——无论是神是人——都不希冀智慧；同时，蠢到极点的也不会希冀智慧，因为没有蠢人或坏人能够爱慕智慧。只有一种人——有蠢的恐吓，而不曾被蠢捆住，未至于麻木不仁,同时还有些自知之明的——能够爱慕智慧。因此,爱智者倒是那般不好不坏的人。坏人不会爱智,好人无须爱智,因为,我们已经知道,相异者不能相亲,相同者无须相亲。你还记得吧?"

"记得",他们俩异口同声地应着。

"然则,赖锡斯和孟纳曾奴啊,我们已经找着友谊的性质。毫不容疑,友谊是不好不坏的人,在坏的恐吓之下,对于好人所表示的一种爱慕之情。"

他们俩同声赞同,一时我喝彩起来,好像猎人得着野兽一样。但是过了一会儿工夫,我心里忽然怀疑起来,觉得方才的结论不对。我又发闷,说道:"喂!赖锡斯和孟纳曾奴,恐怕我们方才只捉着影吧"。

"你为什么又说起这话?"孟纳曾奴答应道。

"我恐怕",我说,"方才的理论不对,理论这东西也像人,往往会假装。"

"你的意思是什么?"他问。

"好吧",我说,"请从这里说起:凡称为朋友者必是某人的朋友,是不是?"

"他自然是的。"

"他去做一个人的朋友,他有一个动机与目的,或是没有?"

"他有一个动机与目的。"

"使得他去做一个人的朋友的动机,在他是认为可爱的,或者也不可爱,也不可恶?"

"我不大懂得你的意思",他说,

"这不能怪你",我说,"或者我用别的方法来讲,你就可以懂,并且也把我自己的意思弄个明白。我前刻刚说,病人是医生的朋友,是不是?"

"是的。"

"他去做医生的朋友,因为他有病,因为要得健康?"

"是的。"

"病是坏的东西?"

"自然。"

"健康如何?"我说,"是好是坏,或是不好不坏?"

"是好",他答应。

"我记得,我们以前曾说,自身无好无坏的身体,因为病,换句话,因为坏的东西,才去做医药的朋友,医药是好的;他所以会和医药交友,为的是要得健康,而健康是好的东西。"

"不错。"

"健康是朋友,或者不是?"

"是朋友。"

"病痛是不是仇敌?"

"是的。"

"那么,不好不坏者去做好者的朋友,因为坏者、可恶者同它相随,它想去掉它们而求好者,就是,而求朋友?"

"很显明。"

"然则,一人之所以成为其他的人的朋友,是因为要得朋友以制仇敌?"

"这是应有的推论。"

"到这里，我的孩子，我们要小心，不要再被蒙了。我不愿意重提那些话，如朋友是朋友的朋友，相同者是相同者的朋友，……这我们以前都批驳过了。但是，要使这层新的理论不至于蒙我们，我们就要详细考察一点，这一点我往后要加解释，就是：医药之可爱，之为吾友，是否因为它能给我们健康？"

"是的。"

"那么健康也是可爱的。"

"自然。"

"假如可爱，为的是另外的一件东西而可爱？"

"不错。"

"所为的那另外的一件东西，必也是可爱的？我们以前的推论应得这个结果。"

"是的。"

"那个可爱的另外一物的背后，又有一个可爱的某物？"

"有的。"

"如此类推下去，我们不是终究要到一个友谊的最后元素，此外不能再推；这个元素，我们认为，是一切东西之所以可爱的原因，至此我们就要停止了？"

"是的。"

"我恐怕那些有所为而可爱的东西都不可靠，唯有那个最后元素才可靠，才是一切友谊的真正理想。我且换个方式来说：一个父亲看重他的儿子过于一切东西，那他会不会为儿子的缘故也看重其他东西？例如儿子吃了毒药，父亲知道酒可以解毒，于是便连带而看重酒？"

"会的。"

"同时也看重盛酒的家具？"

"自然。"

"这位父亲会不会因此便把三斗的酒，或盛酒之具，和他的儿子作齐等观，认为价值不相上下？或者事实在另一方面？他的注意力不是集中于能救他的儿子的种种手段，乃是集中于他的儿子，为了儿子，那些手段才显得可贵。同样我们虽然常说金银可宝，其实不然，因为金银之外还有一个东西——暂且不管它是什么——是我们所最宝贵的，为它而去取得金银，以及一切一切。我的话对不对？"

"自然对的。"

"我们可否用同样的道理来看友谊？凡有所为而可爱者不是真可爱，真可爱的是一切可爱者的边际，过此无可再推了。"

"这似乎是对的"，他说。

"然则，真可爱的东西或友谊的最后元素，不做其他东西或元素的手段。"

"对了。"

"方才我们已经把'友谊另有所为'这个错误的观念取消。我们现在可以说，好就是朋友么？"

"我想可以。"

"好是否因为有坏的缘故而见爱于人？我且这样说：假定在三类——好、坏、不好不坏——之中，只剩好和不好不坏两类，坏者被摒于九霄之外，那么好者是否仍然有用？如果坏者既已被摒，既已不能为害，我们便无须乎那好者替我们帮忙。然则，一点很明显，就是：我们因为有坏者，而去爱慕好者以为补救。假定那坏者是病痛，病痛一过，种种补救之剂便无所用。好者的性质是否本来如此？——它自身没有什么用途，只是有时被我们——无好无坏的身躯——所爱慕，并且必须等到有坏者在那里作祟，方才见爱于人。"

"我想是的。"

"那么，友谊的最后元素——一切友谊的归宿——和那些有所为的友谊绝不相同。有所为的友谊因为另外的一物方才存在。真正的友谊或友谊的最后元素却是别具一种性质，按我们现在的说法，它是为了坏的——可恶的——东西而存在，一旦坏的——可恶的——东西消除掉，它便没有存在的价值。"

"一点不错"，他说，"无论如何，在现在的观点之下，这个推论是对的。"

"但是，你可告诉我"，我说，"假如我们身上一切坏的东西都去掉了，我们是否还有饥渴，以及其他类似的欲望？或者我们可以说，有生命便有饥渴……，不过这些欲望并非有害的——它们一概存在，只是不是坏的，因为坏的已经去掉了？或者这是无意义的问，因为关于这类东西是否存在的问题，谁能说定？无论如何，有一点我们可以自信：据我们所知道的，饥渴有时有害，有时有利。是不是？"

"是。"

"同样，其他类似的欲望有时是好的，有时是坏的，有时也不好、也不坏？"

"毫无问题。"

"坏的消除，不坏的必也跟它消除，你说有这个道理么？"

"没有。"

"然则，身上坏的东西虽然消除，那不好不坏的欲望仍能保存？"

"仍能保存。"

"一个人会不会对他所欲望的东西发生爱慕的心？"

"一定会。"

"然则，坏者虽然消除，那友谊的或情爱的元素仍然有些存在的？"

"有。"

"假如坏是友谊的原因，情形就不如此，因为坏被消除之后，友谊便亦无存。原因既去，结果那能存在？"

"不错。"

"我们以前不是承认，凡爱慕一件东西，必有其所以然的理由？同时不是也承认，不好不坏者之爱慕好者，是因为有坏者存在？"

"一点不错。"

"但是，现在我们的观点换了，我们觉得，友谊之存在，别有原因。"

"我也同样想。"

"或者欲望倒是友谊的原因，因为当欲望发生的时候，欲望本身在所欲望的东西的眼里是可贵的？那么以前的理论还许等于一大堆废话？"

"很像。"

"但是"，我说，"一个人所欲望的必是他所缺乏的？"

"是的。"

"他所缺乏的在他是可爱的？"

"对。"

"他所缺乏的是他所应有而没有的？"

"自然。"

"那么，情爱、欲望、友谊等等，它们的目标似乎都在人们性所固有的东西上。这个，赖锡斯和孟纳曾奴啊，似乎是应有的推论。"

他们赞同。

"那么，如果你们是朋友，你们俩中间必有些情投意合的本性在着？"

"那自然喏"，他们答应。

"所以我说，我的孩子，凡爱慕一个人，没有不因为那人的性情、品行、态度，或是相貌，有几分和自己相投契的。"

"对，对"，孟纳曾奴这样答应，可是赖锡斯只是缄默着。

"那么"，我说，"我们的结论是：凡和我们本性上相投契的都可为友。"

"这是必届之论"，他说。

"那么，凡是真实用爱的人，应当见爱于所欢。"

赖锡斯和孟纳曾奴很模糊地表示赞同，而希朴太里却喜形于色。

到这里，我想把这理论修改一下，我说："我们能不能指出本性上的契合和相同有什么分别？如果能指出，那么眼前的理论还有些意义。假如它们没有分别,那么我们怎样对付以前的理论,就是:相同者彼此之间不相为用;若说无用的也可爱,也能与之为友,这话怎能说得过去?现在就假定它们有分别吧——在辩论的狂热中,我们未尝不可这样希望。"

"很对。"

"我们可否说,好的是本性上相投契的,坏的不是本性上相投契的?或者坏者和坏者本性上相投契,好者和好者本性上相投契,不好不坏者和不好不坏者本性上相投契?"

他们赞成第二个主张。

"我的孩子,我们这里又犯了以前的错误,因为照这样说,不公正者又成了不公正者的朋友,坏人又与坏人交,好人又与好人交。"

"结果似乎如此。"

"并且,假如我们说,本性上相投合的和好的一样,那么在这种情形之下,唯有好人和好人做朋友。"

"是的。"

"但是这个也是我们以前所批驳的,你们记得。"

"我们记得。"

"那么怎么办?实际上还有办法么?我只好像律师在法庭上那样,把所有的理论列举出来:假如爱人与所欢、相同者、不相同者、好人、本性上相投契的人……——那个数目我实在记不清——假如这些人都不是朋友,我真不知道何等的人才是朋友。"

那时我正想去请当时在场的老辈们来参加意见,恰巧碰见赖锡斯和孟纳曾奴的保护者,他们鬼形鬼状地带了赖孟二童的小兄弟来,喊赖孟二童回家去,因为时候不早了。起先,我们和那些围观的人只赶他们走,可是他们不理,尽管拉着喉咙喊,还生起气来——他们那天似乎在哈米亚节里喝醉了酒。我们只好放赖孟二童走,同时我们各都分散了。

但是临走我还对他们说道:"孟纳曾奴和赖锡斯啊!多么可笑,你们两个孩子和我这老孩子都自认为朋友,却找不出朋友究竟是什么一回事!这正是他们围观的人所取笑的。"

拉哈斯

拉哈斯

人 物：赖屑骂楚斯　迈励锡亚斯　他们的儿子　匿锡亚斯　拉哈斯　苏格拉底

赖　匿锡亚斯，拉哈斯，你们此刻看过了铠仗战术的表演。我和敝友迈励锡亚斯方才请你们一同去看，不曾告明我们的用意。现在可要明说，因为对你们这种朋友不宜有所隐藏。有人从来不把他人的请教当一回事，他们往往迎合请教者的心理，言不由衷地胡乱答应一下。但是我们知道你们对这种事的评判力很强，并且肯说实话，所以我们征求你们的意见。我方才说了这些没头没脑的话，为的是我们有两个孩子——敝友的孩子是那位，袭他祖父的名字叫作苏屑递底，我的孩子是这个，也袭祖父之名叫亚力士太底。现在我们决定要时常照管他们，不许他们胡为乱做——从今以后，我们要对他们十分认真，不像普通为父的人那样散漫。听说你们也有孩子，我想你们一定很注意于教管他们。万一你们还没想到这事，我要提醒你们，请你们来帮我们商议，想个法子怎样尽我们为父的责任。我且不惮烦地诉说我们所以想起这事的缘由。我和迈励锡亚斯同住，我们的儿子跟着我们。我们现在老老实实告诉你们：我们时常对孩子们叙述些先人的文功武绩，我们自己却丝毫没有什么光荣的事给他们看。我们给孩子们见得不如先人，实在觉得惭愧。我们抱怨先人，他们忙于公家的事，把我们的青年时光误了。我们告诫孩子们：他们如果不听我们过来人的话，不肯自己检点，将来一辈子也不会得着光荣；反过来，假如肯听我们的话，自己加以检点，将来尽许有成就，不愧承袭他们祖父的美名。他们愿意听话。现在我们所关心的就是什么训练对他们最相宜。有人提出铠仗的战术，以为这种训练对青年最相宜，他们满口称赞那表演的人，劝我们去看。当时我们决定去，还把你们请去，不但是寻伴，同时还想看后征求你们的意见。这是我们所要声明的。我们希望你们表示意见——第一步，关于方才所看的铠仗的战术，第二步，关于其他与青年人相宜或不相宜的训练。请说你们对我们这个请求赞同不赞同。

匿　我个人极端赞成你们的用意，也愿意帮助你们。我想你也愿意吧，拉哈斯。

拉　自然愿意，匿锡亚斯。我很赞成赖屑骂楚斯所说关于他的父亲和迈励锡亚斯父亲的话，我想这话非但对他们是实情，就是对我们，乃至凡有公务在身的人，也都是实情。果然像他所说，这班人极容易荒弃了自己的儿女和家务。你所说的真有道理，赖屑骂楚斯。但是，关于教育青年的事，为什么只问我们，不去请教我们的朋友苏格拉底？他是你的同乡，而且不断和青年人一起，看他们受种种训练，如你方才所举的。

赖　啊！拉哈斯，苏格拉底对这种事曾注意过？

拉　自然，赖屑骂楚斯。

匿　我所知道的同拉哈斯一样，最近苏格拉底还替我找一位音乐教师教我儿子——这位教师是厄格托克里的门徒，名叫登蒙，他各方面都完全，非但对音乐有专长，是青年人再好不过的伴侣。

赖　苏格拉底，匿锡亚斯，拉哈斯！到我这年纪的人往往和青年人隔绝，因为被年纪关在家里。但是你，苏弗郎匿卡的公子啊，应当对你的同乡贡献一些自己的意见。况且我是你父亲的老友，我同他不断往来，彼此做伴，直到他去世那天，我们不曾离异过，因此我很不客气地向你作此请求。现在，我听了你的名字，可想起孩子们在家彼此闲谈的时候，常常说苏格拉底长、苏格拉底短，满口都是极端称赞你的话。但我当时始终没想到去问他们，所谓苏格拉底是否苏弗郎匿卡的公子。我的孩子，你们所常说的苏格拉底是不是这位？

儿　是的，爸爸，就是这位。

赖　我高兴极了，苏格拉底，你能够不坠先人的美名，尊大人是个极好的人。我更高兴，你我两家的交谊从此又继续了。

拉　真的，赖屑骂楚斯，不要丢了他。他不但不坠先人的美名，而且维持全国的名誉——这是我所眼见的。带里安之役，他和我一同退的，我说，当时在阵的兵士们，如果都像他，那次不会打败仗，我们国家也不会丢脸。

赖　苏格拉底，这是你的美行所收获的嘉誉——出于这么有力的证人之口！我听见你有偌大的声望，心理感觉不尽的快乐；我希望你也把我当个顶热诚的朋友。你以前不应当自外，何不早来我们家里？现在我们彼此既已认识，从今天起，请你时常来，同我和我们的孩子都做个熟友，叫我有机会和你做朋友，像当日和你父亲一样。我希望这么做，他日还要提醒你。但是，此刻你对我们开头所讨论的事——关于铠仗战术——有什么说的？那是不是孩子们所要学的？

苏　我想尽我的力量贡献我的意见，并且答应你的一切要求，赖锡骂楚斯。可是我比较年轻，缺少经验，似乎应当让我先听听你们老辈的话，得些指点，然后才敢参加意见，如果我觉得有可参加的。匿锡亚斯，现在就请你们中间的一位先发言吧。

匿　我不反对，苏格拉底，我的意思以为学习这种战术，对青年人有种种的用处。青年人，与其在别的事上寻消遣，不如在这事上花时间——这不但无害于身体，尚且有益于身体。任何种类的操练都不能比这个好、比这个劳动。并且这种操练，乃至骑术，可算在一切武艺中，对公民最相宜的；凡经过铠仗训练的人，才能在比武场上献出好身手来。在实际作战的时候，这种训练的用处便显得了实证：队伍作战有用，个人作战更有用——无论追击敌人，或迎御敌人。学会这个战术，无论以一当一，或以一当众，总不至于吃亏——无论如何，毕竟占些便宜。并且，这种技术使人对于其他训练发生兴趣，因为会了铠仗战术的人一定要想学布阵，会了布阵的人一定要想学全部的将兵之术——这些都是连带的，会了一种，禁不住要学他种。这些战术都是高贵的、有价值的，而铠仗一事可算是它们的初步。有一点非同小可：铠仗战术会使人在疆场上勇敢得多、镇静得多。还有一点他人也许不屑意，我却认为很重要：铠仗战术会使人显得威武，只这一点足以慑服敌人。我的意思，赖屑骂楚斯，以为青年人应当受这种战术的训练，理由已经都说了。但是拉哈斯也许有不同的见解，我很愿意听他的。

拉　匿锡亚斯，我本不愿意主张任何知识都不要学。一切知识都有好处，铠仗之事，假如，像你和传授此术的人所说，真是知识的一种，那一定要学的；如果不是，而传授此术的人只是骗子，或者是，而无甚价值，那么学它有什么用？我说这话，因为我想，如果此术真有价值，勒锡地蒙人一定会注意到，因为他们一辈子专门考究战术、练习战术。就是他们因疏忽而不曾注意到，难道以此术为业的人也不晓得，在全希腊民族中，勒锡地蒙人对此等事最感兴趣，一经他们赏识，必且风行各地？正如悲剧家一经我们雅典人赏识，便身价百倍；他们不去各地绕行，只是直趋雅典——这是当然的事。可是我觉得，这班铠仗术士简直把勒锡地蒙视为神圣不可侵犯之地，脚尖儿也不敢践，情愿绕行邻近各地，献技于斯巴达以外的人，特别那些以不善战自居的。况且，赖屑骂楚斯，我曾遇着这班人实际作战，我能看出他们的本事。真的，他们的伎俩可以片刻测穿。他们从来不曾在战阵上立功过，难道他们故意不肯出风头？凡技有专长的人，无一不得相当的名誉，他们是特别的例外，难道他们的命运合当如此？例如方才你我所看见——在那群观众中表演而自己大吹特吹——的斯替屑劳斯，我曾经一次眼见他被动地表演，那才比这次的好看得多呢！当时一只兵船向一只运船冲锋，他在那兵船上当水兵，手里拿着一个武器，又像镰刃又像长矛——这武器的特色正和他自己的特色相称。为省话起见，我只告诉你这武器的遭遇吧。当他正打的时候，那武器被那运船的绳子绞住了，他拼命拔，总拔不出。两只船彼此相错，他呢，先是抓住那武器跟那运船在自己的船上跑，后来运船整个错过去，他不能再跟它跑，只是紧握着那武器，结果，武器脱了柄，他手里只拿着光光的一个柄。那运船上的人拍掌大笑，向他掷个石子，落在他脚旁，他才放开手；于是他自己船上的人也笑起来，看那武器挂在那运船上颤动，实在禁不住笑。这个战术或许有点把戏，我并不否认，但是方才的话，总是代表我对它的印象。我开头说道，无论此术是个骗局，或不是骗局而用途极狭，在这两种情形之下都不值得学。我的意思以为：怯懦的人学得此术，只有使他鲁莽，而益彰其劣性；勇者若操此技，也不免被人吹毛求疵，毁谤无所不至，因为这段本事最容易招忌：除非本领顶天，使人无隙可乘，否则总逃不了被人取笑。这是我对于那个技术的看法，赖屑骂楚斯；但是我曾经告诉你，切莫放过苏格拉底，一定要问他的意见如何。

赖　我要请你帮忙，苏格拉底啊！因为他们二位的意见不一致，更显得需要一个第三者替我下判断。假如他们的见解相同，便无需乎第三者加入；现在呢，拉哈斯主张一种，匿锡亚斯又主张一种，所以，我极愿意知道你赞成那一方面的主张。

苏　喂，赖屑骂楚斯！你想采纳多数人的意见么？

赖　怎么，不对么，苏格拉底？除此之外，还有什么办法？

苏　你也这样办么，迈励锡亚斯？你假如考虑如何训练儿子的身体，是否兼采我们之中多数人的意见，或是遵从一位体育专家的意见？

迈　遵从专家的意见，这是近情近理的事，苏格拉底。

苏　专家一个人的意见比我们四个人的意见更有价值？

迈　自然。

苏　因为，我想，一个好的判断是根据知识来的，不是根据人数来的。

迈　毫无疑问。

苏　那么，我们不是应当先问，到底我们之中，有没有对这问题抱专门知识的人？假如有，其余的人请听他的话，只要听他的，虽然他只是一个人；如果没有，我们便得另求。你和赖屑骂楚斯所讨论的是小事么？都像这样，不是任你们的产业冒绝大的危险么？儿子就是你们的产业，他们的好坏关系你们全家的命脉。

迈　这是实在情形。

苏　那么，对这件事要十分谨慎？

迈　自然。

苏　就如方才我所说的，假定我们现在考虑谁是最好的教师，我们要不要挑出那精通而且老练此术，兼以自身跟过良师的人？

迈　我想我们要的。

苏　我们是否先要讨论一个先决的问题，就是，我们所为而求师的那个技术的本身是什么？

迈　我不懂你的意思。

苏　现在设法把我的意思弄明白。我说，当我们讨论我们之中谁对此术内行，而且设法找教师的时候，我们对此术的性质，其实还不曾明了。

匿　喂，苏格拉底！我们的问题不是，到底青年人要不要学铠仗战术？

苏　是的，匿锡亚斯，但是有个先决的问题——我且打个比喻如此：假如有人要替眼睛敷药，他的中心问题是在眼睛，或是在药？

匿　在眼睛。

苏　假定有人想替马上鞍，并且考虑何时上鞍最相宜，他注意在马而不在鞍，对不对？

匿　对。

苏　总而言之，假如为一件东西而考虑另一件东西，所注重的是目的，不是手段？

匿　自然。

苏　假定你为了某事而请顾问，你是否要请一位对那事内行的人？

匿　一点不错。

苏　现在我们所注意的事是青年人的性灵，是不是？

匿　是的。

苏　那么，我们是否要问：我们里面谁对性灵修养的事最精明、最成功，并且以往谁跟过良师？

拉　喂，苏格拉底，难道你不知道，有时无师自通的人反而比有师的人强？

苏　是的，我知道。但是我想，你一定不肯太相信这班人，假如他只是嘴里吹牛，而实际上并没有什么证明。

苏　所以，拉哈斯和匿锡亚斯啊！赖屑骂楚斯和迈励锡亚斯既然为了关心儿子的性灵，而请教我们，我们也应当老实告诉他们，我们的老师是谁，证明他是有才艺的人，对于训练青年的事富有经验，而且真正教过我们。假如我们里面，有人自认不曾从师，而自己却有创获，那么，也请他确实指出他所造福于雅典人或异邦人——无论奴隶或自由人——的地方。但是，如果不曾跟老师，而自己又没有创获，那么，只好敬谢不敏，请赖、迈二君向他人去问津，千万不要误人子弟，而见怪于最亲近的朋友。我呢？赖屑骂楚斯和迈励锡亚斯啊！我却首先承认始终不曾跟过讲授德性的老师，虽然从小就渴望有这么一个机会。辩士们是改良道德所唯有的师资，可是我太穷，供不起他们的束脩。并且一直到如今，对于做人的技术，我始终不能自己有所发见。假如匿、拉二君学到此术，或自己发见此术，这也在我的意料之中，因为他们比我富裕得多，很有机会去学，并且年纪又比我大，处世的日子长，自己发见的可能性自然多些。我确实相信他们能够教导人，因为，假如他们自信不过，他们对于青年人所要学的东西，断不会那样坚决地评判其利弊。我对他们二位完全信任，只是他们彼此的意见竟至背道相驰，这是我所不解的。因此，赖屑骂楚斯，正像拉哈斯那样提议不放我走，必须叫我拿出答案来，我也提议对拉哈斯和匿锡亚斯作同样的要求，现在请你问他们吧。我希望你对他们这么说："苏格拉底老实声明，他对这事毫无所知，他对你们所说的不能判别谁是谁非，因为他对这事不曾做过学生，也没有发明者的资格。但是你们，拉哈斯和匿锡亚斯，每人必须举出生平所认识的最好的教育家，并且告诉我们，到底你们自己对这学问是学来的，或是无师自通的。假如是学来的，指出你们的老师，乃至和他同行的人。只要你们肯这样做，就是你们自己为了忙于政治，而不能帮我们忙，我们也可以去找你们所举荐的人，奉上束脩或用其他的敬礼，求其教管我们的子弟，使得将来不至败坏我们先人的名誉。如果你们是无师自通的，也请确实证明给我们看，举出谁经你们的教导，由卑污而变成高洁。假如你们不曾有过教人的经验，这次开始尝试，那么，请你们注意，现在要你们教导的人，并不是恺利亚奴隶[1]的行尸走肉之流，而是你们自己亲爱的子弟，或你们朋友亲爱的子弟，你们可要提防，切莫用偌大的代价来牺牲，致如俗语所谓'为了学做小盂子而拆毁了大缸'[2]似的。现在请你们老实说，你们到底有什么拿手的东西。"这些话，赖屑骂楚斯，你千万要问他们，不要白便宜了他们。

赖 我极赞成苏格拉底的话，我的朋友；但是，匿锡亚斯和拉哈斯，你们自己可看看，到底愿意不愿意受问，并且如此这般地陈述一遍。我和迈励锡亚斯自然极高兴听你们的答案，领教你们所陈述的话，假如你们肯说；你们记得，我一开场就说要请你们指教，因为我想你们对这事一定很注意，特别是你们的孩子，也像我的，都到了受教育的年龄。喂，假如你们不反对，就算是和苏格拉底合伙，彼此互相问答，他的话不错，我们现在所讨论的确是最有关系的事。我希望你们不至于推却我的请求。

匿 我看得很清楚，赖屑骂楚斯，你只认识苏格拉底的父亲，对苏格拉底自己并不熟悉。至多，他幼年时候你认识他，或许你看见他的时候，他还在保护者的照管之下，跟着他的父亲，进庙去献祭，或者赴其他的会。他成人以后，你一定没有见过他。

赖 你说这话有什么意思，匿锡亚斯？

匿 你不晓得，凡和他接谈的人，一定要被他引入辩论的漩涡，不论谈起什么问题，都要叫你兜圈子，使你不得不把以往的历史和现在的事实一起告诉他，等你窘起来的时候，他愈不放松，

---

[1] 是看轻的意思。恺利亚地方的奴隶是当时社会所最瞧不起的，竟至成了口头禅。
[2] 是讥刺人"行远不自迩，登高不自卑"的意思，正如我国俗语所谓"小事没学会，偏想做大事"，"小孩子未学行先学跑"，等等。

非把你榨干了不可。我对于他这一手腕尝惯了,我知道他此刻一定要这样做,并且我就是他的刀俎上的鱼肉,因为,老实说,我很爱听他的谈话,赖屑骂楚斯。我想,他叫我们自己反省一番,这也不是坏事。凡不避规劝的人,对于将来的生活一定更能提防。苏伦自己说,他活着一天,要求一天的知识,从不相信年纪本身会增长智慧。在我,我觉得被苏格拉底这样考讯,并不是什么离奇或受不了的事。我老早就晓得,苏格拉底一刻在此,我们的辩论终究要由孩子们的问题移到我们自身的问题;因此,我再声明,在我,我是情愿的,你可问问拉哈斯,看他的态度怎样。

拉 我对于人家发议论只有一个态度,或者,也可以说,两个态度。有时,我是爱听人家发议论的,有时,我是厌恶人家发议论的。当我听见一个人谈起道德的问题,或智慧的事,我就把他的话和他的行为比较一下,假如言行是一致的,我便格外爱听。这种人我认为才是真正的音乐家,因为他有一种和谐过于乐器上音调的和谐——这是他生活上言行的和谐,这种和谐不是伊奥尼亚式的,不是弗利集亚式的,也不是力底亚式的,乃是道里亚式——真正希腊式——的。① 这种人叫我听到他的声音便会感觉快乐,我爱听他的话,我热烈地饮进他的话;在这种情形之下,我可以算是爱听人家发议论的。但是,言行不一致的人,我讨厌他,他话说得愈好,我愈恨他;在这种情形之下,我可以算是厌恶人家发议论的。至于苏格拉底,我没有领教过他的言论,只是以前

---

① 希腊人往往把各式的音调和道德上各种的基型相比拟。道里亚式的音调最受人重视,因为它的格律雄伟壮丽。伊奥尼亚的音调最被人瞧不起,因为它的声音柔弱离乱。

曾经考察过他的行事，觉得他说到那里，必做到那里，就是随便说说，也要做到。[1]假如他所操持的和我所观察的相符，那么，咱们是同道的，我很欢喜受他的考问；我赞成苏伦的话，我要求学到老，只是应加一句，就是"要学好的"。只要苏格拉底是个良师，使得我在功课上感觉兴趣，能有所得，这就行了，至于年龄的高下，声望的大小，这些事我都不在意。因此，苏格拉底，我毫不客气地请你教导我、纠正我，同时也可以由我这里学些东西。苏格拉底，自从那次我和你同在战场上，眼见你的勇敢的事以后，我对你的印象就非常好。请你尽量说吧，不必顾到咱们俩年龄的悬绝。

苏　实在，我看不出你们有什么不愿意同我商榷的地方。

赖　这是我们的本分，也是你的本分，因为我算你是我们里面的一个。请你替我问匿、拉二君，为了我们的子弟，我们所要了解的事是什么，请你替我同他们从长计议，因为我老了，我的记性不好，我所要问的问题，和所得的答案，一概记不得了——假如半路有别的话插进来，我就迷忘了一切。因此，我请你们诸位自己继续讨论，我只好听着，然后和迈励锡亚斯一起把你们的结论实行出来。

苏　匿、拉二君啊，我们且按赖、迈二君所要求的去做。我们如果从以前所提的两个问题——谁是我们的老师？谁受过我们的教导？——入手，这也未尝不可。但是，假如从另一方面着手，

---

[1]　这句周厄提的译文和 Loeb Classical Library 的本子 Lams 的译文，乃至 Bohn's Library 的本子 Burges 的译文，相差很远，而后两个本子的译文比较相近，所以此地从 Loeb Library 的本子的译文。

所得的结果也是一样,并且更显得彻底些。譬如,在一件东西之上加上另一件东西,原来的那件东西必致改良——假定我们知道有这种情形,并且是办得到的,那么,我们必须先明白:这种情形何以是好,何以办得到。你们或许不懂我的意思,我且换个说法,使得我的意思更明显。假定我们知道看东西是有益于眼睛的,并且去看东西也是可能的事,那么,很显明地,我们应当先明了看的性质如何,看东西何以是好,何以是可能。假如我们不晓得见是什么,问是什么,我们一定不能成眼科或耳科的医生,一定不能教人怎样训练视觉或听觉。

拉　这是的确的,苏格拉底。

苏　拉哈斯,此刻我们的两位朋友是否请我们考虑,怎样把道德授给他们的子弟,藉以改良他们的心性?

拉　是的,一点不错。

苏　那么,我们是否要明白道德的性质?假如我们对某物完全莫名其妙,我们还能指点人家怎样去取得它么?

拉　我想我们不能,苏格拉底。

苏　那么,拉哈斯,我们的前提是要先明白道德的性质?

拉　是的。

苏　凡我们所知道的,我们一定能说得出来?

拉　自然。

苏　我想我们不要从全部的道德说起,这恐怕不是我们所能做的;我们且从一部分说起,这或许容易办。

拉　我们就这样做吧,苏格拉底。

苏　那么,我们挑那一部分来说?我们是否应当挑那与铠仗战术有关系的部分？那不是勇德么？

拉　是的。

苏　现在，拉哈斯，假定我们第一步先认清勇的性质是什么，第二步研究青年人怎样由学习与训练而取得勇德。请你说勇是什么。

拉　答应这个问题，我看不出有什么困难，苏格拉底。凡在战场上遇敌不跑，老是守着原阵地，一步不肯移动，这种人就是勇，这话不会错的。

苏　极好，拉哈斯，不过我还许没有说清楚，以致你的答案不是针对我的问题。

拉　你的原意何在，苏格拉底？

苏　我现在就要解释明白；凡在战场上遇敌不跑，老守着原阵地，不肯移动一步，这种人，你把他叫作勇，是不是？

拉　是，我这样叫他。

苏　我也同样叫他；只是还有一种人，他作战的时候跑来跑去，你可怎样称呼他？

拉　如何跑来跑去？

苏　据说屑锡亚人作战时候，也追也跑。荷马称赞伊尼亚的马，有诗曰："知道如何追，知道如何跑"；又称赞伊尼亚本身道："晓得怎样怕，晓得怎样逃，怕呀逃呀两内行"。

拉　是的，苏格拉底，荷马的话不错，因为他所指的是车战；屑锡亚人的战略也不错，因为他们所用的是马战。至于铠仗战术，却与此不相同，铠仗作战是要守着原阵地的。

苏　在普勒堤亚之役，勒锡地蒙人所做的却是一个例外！当波斯人排起轻盾阵的时候，他们不肯交锋，情愿跑掉；等到波斯人散阵以后，他们又回击，结果打胜仗。

拉　那是确实的事。

苏　因此，我说我方才问得不妙，以致你答得不对题。我的原意不限于铠仗兵士的勇，也不限于骑兵，乃至任何兵士的勇；不限于战场上的勇，凡浮海的勇、病痛的勇、穷人的勇、从政的勇……，无不在内；非但受苦有勇、排忧有勇，制欲也有勇，节乐也有勇；凡此种种，各有勇之可言，拉哈斯，你看对不对？

拉　自然，苏格拉底。

苏　这些事各有各的勇。有人在节乐上有勇，有人在受苦上有勇，有人在制欲上有勇，有人在排忧上有勇——有人在某事上显得勇，有人在某事上显得怯。

拉　极是。

苏　现在我所要问的是普通的勇与怯。先从勇说起，请问：在各种情形之下都叫作勇的那个勇是什么？你现在可以明白我的意思？

拉　不大明白。

苏　我的意思是这样，譬如我问：快是什么？不论弹琴也好，说话也好，学习也好，凡与此类似的动作——或属于手，或属于脚，或属于口，或属于心——是否都可以把快字加上？

拉　是的，可以。

苏　假如有人问我：在各种情形之下都叫作快的是什么？我就要答应：凡在短时间内做出许多事的叫作快——不论跑路、说话，或其他动作。

拉　你说得很对。

苏　现在，拉哈斯，你可同样地告诉我，在各种情形之下都叫作勇的是什么——无论对于快乐，对于痛苦，或对于方才所举的一切？

拉　我只好说，勇是心性上的一种忍耐，假如要举那贯串前面所提的一切的公德。

苏　这正是我们所要做的，如果我们想解答这个问题。但是，据我看，不见得任何种的忍耐都是勇。你把勇看作很高贵的德，是不是？

拉　最高贵的。

苏　那么，对于盲目的忍耐，你可怎么说？这不是坏的、有害的？

拉　是的。

苏　高贵的东西是否是坏的、有害的？

拉　自然不能这么说，苏格拉底。

苏　那么，你不承认盲目的忍耐是勇，因为勇是高贵的，它不是高贵的。对不对？

拉　对的。

苏　那么，据你说，唯有有智慧的忍耐是勇？

拉　是的。

苏　你用"智慧"一词，对什么事说？难道不分大事和小事么？例如，在用钱上有智慧，百般忍耐，为的是将来所得更多，你说这是不是勇？

拉　自然不是。

苏 又如一位医生对于一个病人的请求——假定一个害肺炎的人想吃饭——坚决不许，这是不是勇？

拉 不是，这个例同前一个例一样，都是与勇无干的。

苏 再举一个战场上的例：假如一个兵士算得很清楚不久就有救兵来，不久敌人就会渐渐减少、战斗力渐渐薄弱，并且自己所占的地势也很优胜，于是便大胆苦战——你说在这种有计算和心理上的准备之下苦战是勇，或者处势和他恰恰相反的敌人，不顾一切而坚持而苦战，是勇？

拉 我看后者比较勇些，苏格拉底。

苏 但是，后者的忍耐，比较前者，是盲目的。

拉 是的。

苏 那么，据你看，懂得骑术的骑兵在战场上的忍耐，反不如不懂得骑术的骑兵在战场上的忍耐为近于勇？

拉 是的。

苏 同时，懂得射箭，懂得掷镖，和懂得其他战术的兵士们的忍耐，都不如一窍不通的兵士们的耐忍来得近勇？

苏 不会潜水的人入井比会潜水的人入井显得勇敢？

拉 可不是么？

苏 你想是就是。

拉 我的确这么想。

苏 但是，瞎冒险瞎忍耐便是蠢；比起那知前知后、知进知退的人，不是蠢么，拉哈斯？

拉 这话对的。

苏 你记得，我们以前承认，盲目的勇敢和盲目的忍耐是卑下的，是有害的。

拉　是啊。

苏　那么，勇是一种高贵的品德。

拉　是的。

苏　现在，我们倒说盲目的忍耐是勇，这不是以前所看不起的么？

拉　一点不错。

苏　这么说对么？

拉　实在不对，苏格拉底。

苏　这么说，你我这个琴所发出来的声音不是道里亚式的和谐，因为我们方才所说的话和一向所行的事不符。我想，凡见过我们行事的人都要承认我们勇敢，可是领略我们方才的论调的人却未必以为然，因为我们方才所说的勇实际上并不是勇。

拉　这话极对。

苏　那么，我们对这样的论调满意么？

拉　恰恰相反。

苏　假定我们承认以前所说的一部分。

拉　承认那一部分，所承认的是什么？

苏　勇敢是忍耐，我们承认这个原则。我们讨论勇敢的时候，也要忍耐，也要有毅力，不要叫这位勇老先生笑我们对他没有勇气；或许我们就在这忍耐与坚毅之中发现勇的真相[①]。

拉　我很愿意继续讨论，苏格拉底，只是我对这种事不熟悉。

---

① 此句从 Loeb Library 本。

辩论的精神在我是已经提起来了。只可恨我屡次觉得词不达意，我想我明白勇是什么，只是总抓不住它，说不出它的性质如何。

苏　我的朋友，一个好猎人是否应该穷追鸟兽的踪迹，不许有丝毫的惰性？

拉　他自然应该。

苏　我们要不要请匿锡亚斯来帮忙？他的本事或许在我们之上。你看如何？

拉　我很赞成请他。

苏　来啊，匿锡亚斯，帮你朋友的忙，他们卷在理论的漩涡里头，几乎喘不出气来。你眼见了我们的困难，假如说出勇是什么，可以救我们一阵，同时也叫我们看看你的意见如何。

匿　我正觉得，苏格拉底，你和拉哈斯方才所说关于勇的定义都不大对。你以前曾说一句极有意思的话，现在倒把它忘了。

苏　那是一句什么话，匿锡亚斯？

匿　我常听见你说，"好人就是有智慧的人，坏人就是无智慧的人。"

苏　是的，匿锡亚斯。

匿　那么，假如勇敢的人是好人，他一定有智慧。

苏　拉哈斯，你听见他的话没有？

拉　听见了，可是不大懂得。

苏　我想我懂，他的意思似乎是说，勇是一种智慧。

拉　哪一种的智慧[1]，苏格拉底？

---

[1] 从 Loeb Library 本。

苏　这你可得问他自己。

拉　好吧。

苏　请告诉我，匿锡亚斯，哪一种的智慧就是勇①，恐怕绝不是吹箫的智慧？

匿　自然不是。

苏　也不是弹琴的智慧吧？

匿　不是。

苏　那么，这是一种什么知识，关于什么的知识？

拉　苏格拉底，我想你问得极对。我希望他说明这种知识或智慧的性质是什么。

匿　我的意思，拉哈斯，是说：勇是一种教人知道什么可怕、什么不可怕的知识——不论是临阵，或做其他的事。

拉　苏格拉底，他这话可说得奇了！

苏　为什么，拉哈斯？

拉　为什么？勇不是一件事？智慧不是另一件事？

苏　这正是匿锡亚斯所否认的。

拉　是的，他是否认这一层，可见他蠢得不像样了。

苏　我们好好解释给他听，不要谩骂他。

匿　拉哈斯哪里想解释，方才他自己说了蠢话，此刻要来剔我的短。

拉　一点不错，匿锡亚斯，你有短可剔，你此刻说了蠢话，我要指摘你。请问你一句：是医生知道病的危险，还是勇敢的人

---

① 从 Loeb Library 本。

知道病的危险？或者医生就是勇敢的人？

匿　绝不是的。

拉　我想农夫也不是的。在农事上，农夫知道什么可怕、什么不可怕，乃至一切做工艺的人，他们对于他们的本行，都晓得什么可怕、什么不可怕，可是他们都不能叫作勇。①

苏　拉哈斯说些什么，匿锡亚斯？他好像说些很重要的话。

匿　是的，他说些话了，可是不见得是可靠的话。

苏　怎么呢？

匿　因为他不晓得，一个医生的知识只限于健康与病痛的性质，除此以外，他所能告诉病人的也没有什么。你想，拉哈斯，对于病痛应当怕，或者不必怕，健康值得求，或者不足求，这些问题医生都熟悉么？不是有人宁愿一生不离病床么？生一定比死宝贵么？不是有时生不如死么？

拉　是的，我的意思也这样。

匿　贪生的人和不贪生的人所怕的东西相同么？

拉　自然不同。

匿　你以为，医生以及其他做工艺的人，对这种事内行，平素善于辨别什么可怕、什么不可怕——所谓勇者——的人，对此等事反而外行，是不是？

苏　你懂得他的意思么，拉哈斯？

拉　懂得。按他那么说，只有发预言的人是勇者。除他以外，还有什么人能知道谁宜于死、谁宜于生？匿锡亚斯，你承认你是

---

① 此段从 Loeb Library 本。

个预言家,或者也不是预言家,也不是勇者?

匿　喂!你的意思说,预言家有本事[①]知道什么是可畏、什么是不足畏么?

拉　他不知道谁知道?

匿　宁可是别人知道,不是他知道。预言家只能看出一件事的征兆——不论疾病、死亡、破产、战胜、战败……。至于这些事应当避免,或者不必避免,他可同平常人一样没有把握。

拉　苏格拉底,我跟不上他,不晓得他所要说的是什么。他说,预言家、医生,乃至一切一切的人,都不能叫作勇,那么唯有神明才配称为勇了。据我看,他只是不肯承认自己所说的没有意义,一向躲来躲去,拼命要遮盖自己的弱点。你我不愿被人察出矛盾的时候,也会像他那样躲,这又有什么难?假如此刻是在法庭上辩论,此等办法还可容恕!在我们这种友谊的场合里面,这样的空话真可不必。

苏　我很赞成你的话,拉哈斯,我也觉得他不应该。但是,匿锡亚斯也许很认真,他的话未必全是空话。我们且请他解释一下,如果解释得有理,就听他的,如果无理,就来纠正他。

拉　你愿意这么做,就请随你的便。我觉得我问够了。

苏　好吧,我就来。我的问题同时就是我们两个人的问题。

拉　好极了。

苏　那么请你告诉我,匿锡亚斯——或者告诉我们,因为我和拉哈斯合伙:你的意思是否说,勇是关于怕不怕的一种知识?

[①] 从 Loeb Library 本。

匿　是的。

苏　并且，不是人人都有这种知识；医生没有，预言家也没有，除非他们特别得到这种知识，他们都不会有勇德。这是你所说的？

匿　我是这么说。

苏　像俗语所说，这种知识不是猪子所知道的，因此猪子不能称为勇。

匿　我想不能。

苏　自然不能，甚至苦朗迷安的大母猪①还称不得勇。我说这话不是取笑，因为在你的主张——勇是关于怕不怕的知识——之下，野兽实在称不得勇，除非承认野兽——如狮、豹、熊……之类——也有这种在人尚且难能的知识。凡赞成你的主张的人，必须承认狮、牛、鹿，猴之类和勇德是不相干的。

拉　妙极了，苏格拉底，我对着神明说，你这话说得真好。匿锡亚斯，我希望你告诉我们，到底大家所公认为勇敢的那些猛兽是真比人类更有知识，或者你敢大胆推翻公意，否认那些猛兽是勇敢的？

匿　喂，拉哈斯，你知道么？凡不知险而不怕险的，无论禽兽或其他的东西，我都不承认它们是勇，它们只是不晓得怕，只是麻木不仁罢了。你想，小孩子因为不知险而不怕险，可以算作勇么？据我看，在无畏和勇敢之间，应当有个分别。我觉得，有

---

①　希腊神话里面的一个猛兽，和英雄 Theseus 困斗之后，被他杀死在 Corinth 境内的一个乡村——Cromyon。

思虑的勇敢不是一件容易事，有这种品德的人很少；至于无思虑的鲁莽、暴躁、无畏等等，倒是许多男女、婴孩，乃至禽兽的常情。你和一般人所叫作勇的，在我叫作躁，我心目中的勇敢行为是有智慧的行为。

拉　瞧，苏格拉底，他用话装饰得多么漂亮，同时还想把举世所公认为勇敢的人的荣誉褫夺了呢！

匿　不然，拉哈斯，不必慌。我并不抹杀你和朗骂楚斯，乃至许多雅典人的勇敢的事迹，并且承认你们是有智慧的人。

拉　你的这种主张，我本来会答驳，但是我不愿意答驳，省得你咬定一口说我是个自大的意尊①人。

苏　不要答驳他，拉哈斯。我想，你还不曾察到他这点智慧的来源。他的智慧从我的朋友登蒙那里得来，登蒙常同普漏狄卡斯聚在一起，普氏在所有辩士之中，可算最会嚼字眼、析名词的人。②

拉　是的，苏格拉底，辩士们最会做这类精细的分析，他们这方面的本事，比全市所拥戴的大政治家还要强些。

苏　是的，我的好朋友，但是大政治家少不了大智慧。我想，匿锡亚斯关于勇的定义的看法，也很值得考究。

拉　那么你来考究吧，苏格拉底。

苏　这就是我所要做的，好朋友。可是不要认为我许你退股，我要你用心，和我一同研究这问题。

---

① Attica 地方的一区，这区的人以妄语著名。
② 参酌 Loeb Library 和 Bohn's Library 各本，稍微以意译之如此。

拉　假如你要我这样做，我就这样做。

苏　我要。匿锡亚斯，请你重新来，你记得，我们原来把勇认为德的一部分。

匿　一点不错。

苏　你自己曾说勇是德的一部分，同时还有许多其他部分，合起来叫作勇。

匿　自然。

苏　关于德的部分的看法，你赞成我的意见么？我认为，公道、节制……等等，和勇敢同是德的一部分。你也这么承认么？

匿　自然。

苏　好了，到这里为止，我们的意见相同。现在让我进一步，关于可怕不可怕的事，也求一个彼此一致的见解。我不愿意你存一个想头，我存一个想头。让我对你发表我的意见，假如我错了，请你纠正我。我的意思以为，可怕的事是畏惧的由来，不可怕的事不会引起畏惧；并且所畏惧的不在当前，不在既往，乃是未来的一种预料的危险。你不赞成这话么，拉哈斯？

拉　赞成，苏格拉底，全部赞成。

苏　这是我的意见，匿锡亚斯：可怕的事是未来的凶讯，可喜的事是未来的吉音。你赞成不赞成？

匿　我赞成。

苏　关于这种事的知识，你叫作勇？

匿　正是的。

苏　现在再提第三点，看看你的意见和我与拉哈斯的意见，到底相同不相同。

匿　所谓第三点是什么？

苏　我来告诉你。他和我的意思以为，学问都是整个的，并没有专讲已往如何、现在如何，乃至将来如何的学问——这三个时期的情形合在一起，成一门学问。例如医学只是一门，它考究健康，统以往、现在，与将来而相提并论；农学也是如此，它研究各时期的土地上的生产。至于将兵之术，那是你最内行的，你能替我作证，大将是否能预测未来，他的先见之明是否还在预言家之上，他在战场上，关于现在的战情和未来的形势，比预言家晓得更清楚，因此，法律上的规定把预言家划归大将管辖。我这么说对不对，拉哈斯？

拉　很对。

苏　你呢，匿锡亚斯？你承认不承认，一门学问，无论对象是什么，总是合未来、现在、以往而研究？

匿　承认，苏格拉底，这就是我的意见。

苏　朋友，你曾说，勇是关于可怕不可怕的知识。

匿　是的，我曾说。

苏　可怕的认为是未来的凶讯，可喜的认为是未来的吉音？

匿　是的。

苏　同时，一门学问，对于它的对象，合未来、现在、以往各时期而研究？

匿　这也是对的。

苏　那么，勇不只是关于未来可怕和可喜的事的知识，它同其他学问一样，是关于吉凶祸福的认识，不限于未来，而是合以往与现在，乃至任何时期的一种学问。

匿　我想这也是对的。

苏　那么，匿锡亚斯，我们方才的答案，只举到勇的第三部分，我们的问题却是关于勇的全部性质。并且按你此刻的看法，勇非但是关于未来的祸福的知识，似乎包括任何时期的祸福的知识。你对于这种新换的说法有什么说的？

匿　我赞成这种说法。

苏　那么，亲爱的朋友，假如一个人对于现在、以往、未来的吉凶善恶一概知道，他不是完全了么？不是诸德俱备，无论公道也好，节制也好，成圣也好，一无所缺了么？凡吉凶善恶，无论天灾人祸，他知道得清清楚楚，晓得怎样预防、怎样希冀，因为对人对神的关系，他一概明白。

匿　我想，苏格拉底，你所说的很有道理。

苏　那么，匿锡亚斯，按这个新的定义，勇不是德的一部分，乃是德的全体。

匿　这很像如此。

苏　但是你以前曾说，勇是德的一部分。

匿　是的，这是我们以前的话。

苏　这和我们现在的看法不是发生矛盾了吗？

匿　似乎如此。

苏　那么，匿锡亚斯，我们还不曾发现勇是什么。

匿　不曾。

拉　但是，匿锡亚斯，当你方才那样讥笑我对苏格拉底所提的答案的时候，我真想你一定会发现勇是什么。我深望登蒙所给你的智慧能帮你的忙。

匿　巧啊，拉哈斯，你觉得现在是你的好机会，因为我也被发觉对于勇的性质毫无所知，这正可以减轻你以前同样愚昧的丑态。这是你所最愿意的，至于我们俩对这问题的失败，你却漠不关心。你使我觉得，你和寻常人一样，尽管看别人，不反观自己。现在我们对这问题已经讨论够了，假如有什么地方说得不妥当，以后再请——你所不曾见面，而已经瞧不起的——登蒙来纠正，同时也可以找别人来帮忙。我如果得到满意的解决，也愿意公开地告诉你，因为我觉得你在知识上很感缺乏。

拉　匿锡亚斯，你是个哲学家，我晓得；可是我倒劝赖屑骂楚斯和迈励锡亚斯，关于孩子们教育的事，不要请你和我当顾问；我开首说过，他们应当去请教苏格拉底，不要放他走；假如我的孩子到了年龄，我一定去请教他。

匿　假如苏格拉底情愿的话，我没有不赞成的。匿塞拉达的教师，除他以外，我不愿意请别人做。但是我一提起这事，他立刻推辞，而举荐他人。或许他愿意受你的请托，赖屑骂楚斯。

赖　他似乎应当，匿锡亚斯，因为我肯替他办些替别人所办不到的事。苏格拉底，你有什么说的，你肯依么？你肯帮我改进孩子们的心性么？

苏　我哪有不肯帮人忙的道理，赖屑骂楚斯。假如在这个谈话之中，我显出有特长的知识，是匿锡亚斯和拉哈斯所没有的，那么你请我担负这个责任，还是近情近理的事。但是实际上，我和他们一样糊涂，何必特别举出我来？我想我们之中没有一个堪得推举，在这种情形之下，我对大家提出一个忠告，这忠告不出我们自身的范围以外。朋友们，我主张我们每个人都要极力去找一位好教师，先替我们自己找，然后再替孩子们找，无论什么代价，都不容有丝毫的吝惜。我绝不劝我们一辈子甘心如此。如果有人笑我们到这年纪还上学去，我就要引荷马的话对他们说道："有所缺乏的人不应当怕羞"。我们现在不要顾虑他人对我们怎样批评，就把施给孩子们的教育施在自己的身上。

赖　我欢迎你的提议，苏格拉底，我最老，我最愿意同孩子们一起去上学。劳驾明天清早到我家里来，我们再讨论这件事；现在我们的谈话暂且告终。

苏　我明天一定如命到这里来，赖屑骂楚斯，这是上帝所允许的。

费雷泊士

费雷泊士

人物：苏格拉底　普漏他霍士　费雷泊士

苏　普漏他霍士，且看：费雷泊士的主张，你行将采纳者为何；我的主张，你不满意而欲加驳斥者又为何。彼此各持何说，你我要不要摘要述其梗概？

普　一定要的。

苏　费雷泊士说，欢娱乐事，与凡此类快活之感，对一切众生都是好的。而我却持异议：以为谋虑、思维、记忆，及其相应而起的正确意见、真实理解，对众生之能事足以及此者，胜于娱乐而较为可欲，——对现在与将来的众生，其能事足以及此者，较之一切，为最有益。你我持说大致各如此；是否，费雷泊士？

费　确是如此，苏格拉底。

苏　此刻托付与你的主张，你承受吗，普漏他霍士？

普　我们这位超群出众的费雷泊士既已退却，我就不得不承受。

苏　关于这些问题的真理，必须想尽方法达到。

普　必须。

苏　此外，再对这一点取得同意。

普　哪一点？

苏　就是：此刻你我各须指出心境性习之能致人生于幸福者。是否应须指出？

普　应须指出。

苏　那么，你把此等境与习归之于欢娱乐事，我则归之于谋虑思维。

普　是如此。

苏　倘有较胜之另一境出现，将如之何？你我所服膺的人生岂不俱将不敌笃守此较胜之境的人生？然而，此较胜之境若与享乐之境较为类似，则享乐的人生岂不犹胜于思虑的人生？

普　是的。

苏　倘此境较近于思虑之境，则思虑的人生成功、享乐的人生失败；你赞同此说，或者不满意？

普　很满意。

苏　费雷泊士，足下于意云何？

费　我始终以为享乐之境占十分优势。然而，普漏他霍士，你要自己断定。

普　费雷泊士，你既委托我出席讨论，就莫管我同意苏格拉底的主张与否。

费　说得有理。我卸责了，现在便请本座女神作证。

普　我们也为你的话作证。苏格拉底，此后设法依次讨论到底，不管费雷泊士情愿与否。

苏　必须一试，先从这位女神入手，费雷泊士说此神称为阿弗洛地剔，其真正的尊号却是快乐神。

普　对极了。

苏　普漏他霍士，我对于神之尊号时时刻刻的敬畏，非同于人世的敬畏，尤过于最大的敬畏。今请以其所好之号，称呼阿弗洛地剔。然而据我所知，快乐神化身形形色色；前云研究人生问题先从此神入手，然则便须缜密审察其性质如何。闻其独一尊号，此神似只一身，实则现形形色色身、显五花八门相，且有彼此绝不相类者。请看：淫奢之徒享其乐，俭约之辈乐在俭约中；愚人满怀妄想痴望以为乐，智者深思远虑而自得其乐。若有人以此种种快乐为一丘之貉，岂不适足以见其愚妄？

普　苏格拉底，种种乐事不同，其为乐则一而已；——来源相反，快乐自身却不相反。一切物中，自等自者莫过于快乐，快乐焉有不同于快乐者乎？

苏　享福的朋友，色等于色，以其皆色，其为色同；然而人莫不知，黑与白不但相异，而且相反。同此情况，形等于形，因其同类；然而同类中，有相反之极者，有差别无穷者。且见许多其他事物如此，莫信以一切极其相反者俱统于一的论调。诚恐亦将发现，同是快乐之中，有彼此相反者。

普　许是如此，然而何害于我的论点？

苏　我要说：虽则彼此不同，你用另一名称统之，因为你说所有乐事都是好的。乐事可乐，固无异议；然而我说，乐事坏的多，好的也有；你统称之为好的，被人诘难，却也不得不承认其彼此不相同。然则好与坏的快乐有何共同处，而你统称所有快乐为好的？

普　你的话用意何在，苏格拉底？你想，人家既已认定快乐为好事，还能让步，还许你说快乐有好有坏的吗？

苏　然而你要承认其彼此不相同,而且有相反者。

普　不,在其彼此同是快乐一点上,并无此情。

苏　这是旧话重提,普漏他霍士;我们又要说,一切快乐相同,其彼此间并无差别。顷者举例累累,我们无动于衷,执迷不悟,持说一若于理浅尝、极其鄙陋者之所为。

普　你的话何所谓?

苏　吾意以谓:我若步你后尘,为己辩护,敢说最不相同者最相同,则何患无辞如你之所云云;如此,你我适足以自形其过分幼稚,所持论点亦将樯倾桅折。唯有重新支撑起来,庶几恢复原状,然后彼此意见可能一致。

普　请示其方。

苏　普漏他霍士,假定你反问我……

普　反问你什么?

苏　反问我,谋虑、思维、知识、与凡当初我所认定为好的,是否和你所云各种快乐,情况相同;——当初你问我什么是好的,我举此等事为答。

普　情况如何相同?

苏　整类知识为数既多,其中有互异,甚至相反者。我若讳言此等情况,强持知识无互异相反之论,以致说理如谈天,满口荒唐无稽,论点风雨飘摇,而持论者却冀幸免覆没于谬论之狂澜中;——如此从事,还配说理,还堪称辩证家吗?

普　除希幸免之外,切盼此等情事不会发生。但愿把你我的论点置于同等地位:假定快乐既多而彼此不同、知识既繁而彼此互异。

苏　普漏他霍士，你我所谓好者之相异处，直言不隐，大胆检查，也许会发现，所谓好者究竟是快乐、是思虑，或是其他第三者。我们此刻不为彼此的主张争胜负，却应该为最高真理争是非。

普　应该。

苏　我们要奠定论点所依据的原理，对此原理取得一致的意见。

普　什么原理？

苏　对人人，不论其有时心服与否，都感困难的一项原理。

普　说明白些。

苏　我指顷所出现奇奇怪怪的原理：多是一，一是多。这是两句怪话，任何一句，都容易驳。

普　是否例如：说我天生既是一，又是多，多中有相反者，如同一的我既大又小，既重又轻，不胜枚举？

苏　普漏他霍士，关于一与多，你所提的是众所周知的怪论，人人既已认为无须置辩，因其幼稚浅薄，且极有碍于正确的思路。另一勾当亦无可取：既证一物有各部分，复证其各部分之和不外此一物，于是不得不作自立自破的戏论曰，一是多至无限，而多只是一。

普　苏格拉底，你意中所指，还有关于同此原理的何种其他怪论，尚非众所周知而公认为怪者？

苏　童子，如顷者所云，把一加于生灭存亡的具体之物，则众所公认无须一驳；加于不生不灭无存无亡者，如谓"人"为一、"牛"为一、美为一，好为一，则关于此类的一与多问题，热心家意见分歧而起争端。

普　争端何在？

苏　其一：此类的一，应否承认其真实存在？其次：此类的一，既是各自为一、始终一样、不生不灭、无存无亡，如何仍能复统于一？再次：分别统于一的生灭存亡之事物多至无限，是否一分为多、散处于事事物物中，或是依然完整、一体并寓于众体中？二者俱难想象，后者尤不可能；——一既是始终一样、不生不灭、无存无亡，焉能同时既一且多？普漏他霍士，关于此类的一与多，有这些困难问题；解决不圆满，荆棘丛生，解决圆满，一帆风顺。

普　然则必须首先致力于此，苏格拉底？

苏　吾亦云然。

普　你尽管相信，在这些问题上，我的徒侣个个与你同意。此刻莫如不以问题惊动梦中的费雷泊士。

苏　好。这一场繁重的论战从何入手？从此入手如何？

普　从何入手？

苏　我们说：把一与多想为同一体，说成同一体，无论时之去来古今、地之东西南北，永是如此；此等情况，后之视今，犹今视昔，来者方多，伊于胡底，诚然思想之本性如此，永无新陈代谢。年轻人初次尝此滋味，往往沾沾自喜，以为探得智慧的宝藏；由喜而狂，随兴把思想言论翻来覆去，时而多统于一，时而一分为多。自己首先投入迷阵，复吸引接近的人，不分老幼或与己齐年者。父母且不能免，遑论其他有听觉者；凡圆颅方趾之伦，俱所不赦，甚至南蛮北狄，亦将假手传译；——不但对人，且对禽兽，孜孜说法。

普　苏格拉底，你难道不见我们人多而个个少壮，敢欺我们，不怕我们与费雷泊士联合反抗？然而我们谅解你的用意；如有计以解惑、得路以达理，请你尽管向前，我们极力追随，苏格拉底，目前所讨论并非小问题。

苏　童子，——莫见怪，费雷泊士即如此称呼你；目前所讨论确非小问题。现在与将来，没有一条道路胜于我素所欲行者，然而德孤无邻，时作失路之人。

普　什么道路？且说。

苏　指点不难，实行大难。一切学术研究皆由此路而有所发现。看我指点此路。

普　且说。

苏　据我所知，此路是神所赐予，由一位名曰普洛美替务士者，带着灿烂的光，铺在人间。胜于今人的古人，其居较近于神者，有此传说曰：所谓存在的事物，成于一与多，俱秉有限无限。万物既是如此安排，每须认定其有统一概念而求之，因其固在，可求而得。既得此统一概念，其中若有两个分统概念，则再求之，否则进而求三个、四个……。每个统一概念，俱求其中之分统概念，分统概念之中，复求分统概念，直到发现，原始统一概念之为一，不但是一、是多、是无限，还是确实的若干数目。介于原始统一概念与无限个别事物之间的分统概念，其确实数目尚未分晓，莫以分统概念之多为无限，既穷累级的分统概念，更无可求而止，自此以下即个别事物，斯则可以谓之无限。据我说，这是神所传授于人关于研究、学习，以及彼此教导的方法。然而当世智者任意运用一与多，或失之疾，或失之徐；予统一概念之后，立继之以无限个别事物，中间步骤置之不顾。这是我们辩证析理与彼辈强词夺理之别。

普　苏格拉底，你的意思，我似乎领会了一部分，另一部分，还须再领较为明白的指教。

苏　普漏他霍士，我的意思在字母上表现得明白，就从你幼年所学过的字母寻味我的意思。

普　怎样寻味？

苏　语音之出于口，无论个人或人人，既是一，又是为数无穷。

普　可不是？

苏　知语音之为一或知其无穷，并无过人之智；知其为数几何与性质如何，才能成为小学家。

普　对极了。

苏　使人成为乐家者也是同样的知识。

普　何以然？

苏　乐之为艺，其音亦一而已。

普　可不是？

苏　乐音有高与低两种，还有第三种中间的音。是否如此？

普　是如此。

苏　不知其如此，诚所谓于乐一窍不通；仅知其如此，于乐尚未到家。

普　未也。

苏　朋友，音程上的高低、数量、性质、限度，及由此种种所构成的系统，经前人发见，名之曰和音，而传之吾辈继起者；又此种种在人身的动作上相应的影响，得以数衡量之，据云应谓之节与拍者；——前人以为凡一与多皆须如此考究。倘如此领会乐理，就成行家。任何事物的统一体，若如此考究而领会之，便亦通其窾窍。个物为数无穷，个物之所涵亦为数无穷，如不从其数上着眼，便无价值，毫不足道。

普　费雷泊士，我觉得苏格拉底此言极其精妙。

费　我有同感，然而他此刻何以对我们发此言，其用意何在？

苏　普漏他霍士，费雷泊士问得对。

普　当然对，请你答复。

苏　关于此等问题，稍加补充，再来答复。方才我说，从任何一起点，都不能直达于无穷，要循定数而渐进；反过来，若须从无穷起点，亦复如此：不能由无穷直达于一，要历经复数而终达于一。请仍以字母喻吾说。

普　若何？

苏　埃及传说中的一位神或神通者，名曰台务提，曾谓语音无穷；他首先发见：无穷语音中的音母非一而多；一部分语音非音母而有声，而且为数若干；他另分出第三类字母，我们今日所谓无声的默母。然后再分默母到个别而止，也同样分析音母和半音母；直到发见其为数各几何，将其个别与总体并称为字母。既知无人能于脱离全部字母而孤立地学习单一字母，他把字母息息相关、联而为一的情况认为字母的连锁关系，属于专科，谓之小学。

费　普漏他霍士，关于一与多的互相关系，兹所阐明，我了解得较顷者为清晰；然而同一论点仍如顷者之欠分晓。

苏　费雷泊士，莫非不明了此所举例与论题何关？

费　是了，这是我和普漏他霍士久矣探索的问题。

苏　啊！其实一向近在咫尺，何劳贸贸然探索许久？

费　怎么呢？

苏　原先我们的论题不是思虑与快乐孰为可取吗？

费　可不是？

苏　我们承认二者各为一。

费　诚然。

苏　这是当初的论题所提的问题：何以思虑与快乐各为一亦各为多；何以二者不径成无穷，而成为无穷之前各有若干数目？

普　费雷泊士，我不知其所以，苏格拉底循环反复地引我们投入重大的问题。考虑一下，你我谁来答他此刻的问题。这场辩论既然全盘过肩于我，因答不出此刻的问题，再把原担奉还，在我或已难于解嘲；你我二人如果并告束手，我想更加难为情。想想怎么办。似乎他此刻是问我们快乐有无种类，其种类为数几何、性质如何；关于思虑亦复如此。

苏　你说得对极了，卡利亚士的公子。对于凡"一"、"似"、"同"及其反面，我们不能如前言所指点求其种类，便皆不堪从事任何研究。

普　颇像如此，苏格拉底。有心人致其知于一切，再好不过；其次似当不昧于己。请让我告诉你，我此刻为何出此言。苏格拉底，你惠然献身与我们商讨人生所有何者为最可贵。费雷泊士提出行乐、为欢，与凡此类一切；你反对，认为非此，而别有可贵者在。我们欣然时刻切记你所提的，——这是好办法，双方所提排比在心便于检查。似乎你说，可贵之物堪以称为胜于娱乐者乃是思想、知识，理解、学术，以及此类一切；所应求者在此而不在彼。双方既已提出主张而进行辩论，我们以戏言吓你，说：讨论达到圆满结果以前，不放你回家。你既同意为此问题献身给我们，我们就像儿童对你说；慨然惠与者不得索回；切莫以此态度对待我们方才的发言。

苏 你指什么态度？

普 提出不能当时答复圆满的问题，使我们徒滋其惑。休想这场讨论终于使我个个莫名其妙为止；我们无能为役，你要担当，因你应允过。你自己考虑，要为快乐和知识分类呢，或者存而不论，以其他方法澄清我们此刻意见分歧的问题，假如你能而且愿。

苏 你既如此云云，我就无须预存不虞之虑；所谓"情愿"，解除了我的一切恐慌。况且有一位神仿佛对我提醒了一件事。

普 如何提醒，提醒什么？

苏 我此刻想起，以前在梦中或清醒时，曾听人论快乐与思虑二者皆非"好"，另有一物，异于二者，且胜于二者。现在此点若能证明，快乐即便败北，因其与"好"并不相同。你以为如何？

普 如此。

苏 按我的意思，咱们就无需分别快乐的种类。这一点往后更明白。

普 妙极了。既这么说，就把它说完了吧。

苏 咱们先在几个小点上弄同意吧。

普　那几点？

苏　"好"是不是一定完全的，或不完全的？

普　万物中最完全的，苏格拉底。

苏　那么"好"充足吗？

普　可不充足？这一点上它也比万物强。

苏　关于"好"，我想，这一点是最必然的事实，就是：凡有知的动物都追求它，都想抓住它，占有它，除非与"好"有关的东西，别的都不属意。

普　这一点没有反对的余地。

苏　咱们把享乐的生活和用思虑的生活分别来看，考察一下，加以判断。

普　你这话什么意思？

苏　假定享乐的生活中没有思虑，思虑的生活中没有快乐。因为，它们若是各成为"好"，便是各无所需；各有所需，便各非真实的"好"。

普　有所需，怎能成"好"？

苏　咱们要不要借你把它们检验一下？

普　一定要。

苏　那么请你答复问题。

普　说吧。

苏　普漏他霍士，你愿意不愿意一生享尽最大的快乐？

普　怎么不愿意？

苏　你如果享尽一切快乐，还会不会觉得有什么需要？

普　绝不会。

苏　想想，你需要不需要些智虑、心思、谋略，以及凡这一类的东西？

普　何必要？有了快乐，一切就都有了。

苏　你这样生活着，是不是一辈子永远享受最大的快乐？

普　可不是？

苏　没有心思、记忆、知识和真意见，第一步，必至于连你自己享乐不享乐都不知道，因为你是一点智能没有的。

普　必至于。

苏　同样，没有记忆，必至于不记得你曾经享乐，当前的快乐也不会记住；没有真意见，不能理会享乐是享乐；没有谋略，也不能筹划将来的乐事。你的生活不是人的生活，是一种软体动物的，或是水里生物，有生命，有壳子，如牡蛎之类的。是不是这样？或者比作咱们再想象的别的情形？

普　有什么别的情形可想象的？

苏　这种生活对我们是可取的吗？

普　苏格拉底，这句话简直把我此刻弄得无言可答。

苏　咱们不要就灰心，把用心思的生活换来看看。

普　怎样的生活？

苏　我们里面有人欢迎有心思、有智虑、有知识、有健全记忆，而没有苦乐——无论大小程度，绝不受此类东西影响——的生活吗？

普　苏格拉底，我想那两种生活没有一种于我显得可取，恐怕于别人也绝不会显得可取。

苏　普漏他霍士，两种合并的生活呢？

普　你是指快乐和思虑合成的生活？

苏　我是指那两样合成的生活。

普　大家宁愿挑这种生活，不要挑那两种的任何一种——人人都没有异议。

苏　咱们可明白了目前讨论的结果？

普　完全明白。就是：提出了三种生活，其中两种没有一种，无论对人或对畜生，是充足而可取的。

苏　那么，那两种没有一种有"好"在内，这不是已经了然了吗？因为，有"好"在内，便是充足圆满，对于够得上那种生活的动物必是可取的；咱们里面如有采取别种生活的，便是取非真实可取，不是自愿，或由于智昏，或迫于命苦。

普　至少像是这样。

苏　那么费雷泊士的女神必不能认为同"好"一体，这一点我觉得已经充分证明了。

费　苏格拉底，你所提的"心思"也不是"好"，它也犯同样的毛病。

苏　费雷泊士，也许我的心思才是这样，我想那真正而且神圣的心思是另一样的。我并不替心思同那合并的生活争胜负，咱们却要想想退一步要怎么做。因为咱们里面有的把心思，有的把快乐，当作那合并生活的原因；二者固然都是"好"，却可把任何其一认为"好"的原因。关于这一点，我还可以同费雷泊士力争下去，说是：在那合并的生活中，所以使那生活好而可取的成分，不管它究竟是什么，总是和心思比较过于和快乐相类似的东西。根据这理由，快乐非但占不住第一位，连第二位也占不住。同第三位离得更远,如果我此刻的想头还可靠的话。

普　苏格拉底,我觉得快乐简直被你此刻的话打倒了。似乎不得不承认心思聪明,它不下场打,否则也要受同样的厄。快乐既第二位也占不住,在爱护她的人跟前唯有露丑,对他们也不再显得那样美了。

苏　现在呢?不是莫如放她走,不要同她吹毛求疵,苦她过甚?

普　废话,苏格拉底。

苏　是不是因为我说了不能的事——快乐苦不了的?

普　不但这一点,还因为你不知道,你没把这些问题讨论到底,我们没有一个肯放你走。

苏　喂,普漏他霍士,此刻所余下的话又长又不容易!替心思争第二位,似乎需要另一套武器——例如和以前不同的镖——虽然有的和旧有的相同。需要不需要?

普　可不需要?

苏　起点切要小心。

普　你说那里起点?

苏　咱们把宇宙间现有的万物分成两类——你如愿意,分成三类更好。

普　根据什么分?请说。

苏　把方才所讲的举一件出来。

普　什么?

苏　咱们曾说,上帝于万物之中指出无穷和有穷两个原理。

普　满对。

苏　把那两个当作两类，再由它们俩混合而成一个第三类。我可成了一个分类和计算狂了。

普　你说什么，好人？

苏　我觉得又需要第四类。

普　说需要那一类。

苏　注意那两类彼此混合的原因，替我把这原因列为那三类以外的第四类。

普　还需要不需要有分划能力的第五类？

苏　也许，我想目前不需要；需要的时候，可不要怪我去追求它。

普　那会怪你？

苏　四类之中先取三类，发见了三类之中有两类各单位分化得许许多多，便设法再把每个鳞爪汇合成一，看看各单位如何又是一又是多。

普　你如告诉我更清楚些，我也许会了解你的意思。

苏　我说：我所提的这两类就是以前所说的无穷和有穷。我要设法说明，在某种状态之下，无穷就是多。让有穷暂等一等。

普　让它等吧。

苏　考究。我所叫你考究的又难又不空，然而照样考究。先考究较热和较冷，看看你能不能想象其中有界限，或者它们本性上过与不及的情形，一旦存在，一旦不许它们有终点。它们如有终点，过与不及本身便也有终点了。

普　你说得对极了。

苏　然而，我们认为，较热和较冷里面总有过与不及。

普　很对。

苏　理论告诉我们：它们俩没有终点；没有终点，当然是无穷的。

普　再对没有了，苏格拉底。

苏　答复得妙，亲爱的普漏他霍士；还提醒我"极"字——方才你所用的——和"当"字同"过"与"不及"的功用一样。它们所在的地方都不许有〔固定的〕数量，事事非太过则不及，于是弄出较多和较少的情形，把〔固定的〕数量取消了。因为，我刚说，不取消〔固定的〕数量，而容许它和度数侵入"过"与"不及"、"极端"和"恰当"的领域，必至宾夺主位。一有〔固定〕数量，较热和较冷便不存在，因为这两个总是移动不居，〔固定〕数量是静而不动的。根据这理由，较热和较冷同是无穷的。

普　确似如此，苏格拉底。你说过，这些东西不容易了解；把所讲的重复又重复，也许问与答双方能够充分同意。

苏　你说得对，必得这样做。现在看看，咱们能不能接受这个作"无穷"的特征，省得事事物物考察过，把时间拖长了。

普　接受什么？

苏　凡显得过与不及，有极端和恰当，有太甚以及类似的情形的东西，统统放在无穷之列，当作一类；这是根据以前的话，记得不记得咱们曾说必须把一切四分五裂的东西汇集一起，尽量用某种性质作它们的标识？

普　记得。

苏　凡不容纳那些情形，而容纳其一切反面——如等与倍，如所有〔固定的〕数目或度量彼此的关系——的，这些东西统统算作有穷之类，对吧？你的意思怎么样？

普　妙极了，苏格拉底。

苏　好了。由那两类混合而成的第三类呢？咱们认为它有什么性质？

普　我想你得自答答我。

苏　神会答复，如果有神听我的祷告。

普　祷告吧，注意着。

苏　我正注意。普漏他霍士，我觉得有一位神此刻施恩给我们。

普　你的话什么意思，有什么征兆？

苏　当然要告诉你，听我说。

普　说吧。

苏　咱们才提过较热和较冷的情形，是不是？

普　是的。

苏　那两个以外，再加上较干较湿、较多较少、较快较慢、较大较小，和那些我们以前所放在包括过与不及的那一个性质之下的。

普　你是指无穷的那一类吗？

苏　是。把它和第二类——由有界限的东西组成的——混合起来。

普　那一类？

苏　就是方才，像组织无穷之类的办法，应当组成而没有组成的有穷之类。也许现在可得同样的结果，如把那两类混合起来，发见另外一类。

普 （有穷之类是）什么，你话的意思怎样？

苏 就是包括等与倍，和一切加上数目能产生比例与调谐，免除彼此相异相反的那一类。

普 我懂了。你似乎是说，每和那些东西混合，必有某种结果产生。

苏 〔是的。〕我似乎说得对呢。

普 说下去吧。

苏 病体中混合着那些东西的适当成分，不是会产生健康吗？

普 一定。

苏 在无限制的高低快慢上，那些东西加入了，不是便起限制，成了一门最完备的音乐吗？

普 妙极了。

苏 混合在寒暑之中，便祛除过甚和无限的情形，而弄成中和适度。

普 可不是？

苏 那么由无穷和有穷的混合，产生时节，以及一切我们〔所享受〕的良辰美景？

普 可不是？

苏 还有无数别的，我不提了：例如与健康相联的美丽和柔力，心灵上许许多多的美德。漂亮的费雷泊士啊，那位女神眼见了万类中的倒行逆施，享乐无边，沉溺过度，便定下有限制的法令。你说她毁灭万类，我却反过来说她保全万类。普漏他霍士，你觉得如何？

普 苏格拉底，〔你的话〕很合我的心意。

苏　你觉得吗？我已经讲过那三类。

普　我想我觉得。你似是说：万物之中，无穷是一类，有穷是第二类。然而我还不甚了解你所谓第三类。

苏　妙，第三类中的形形色色把你弄糊涂了。然而无穷也包括许多类，只为了过与不及作标识，便显得是一类。

普　对。

苏　有穷可没有许多类，它本性上是一，这一点我们不觉得稀奇吧。

普　怎会？

苏　绝不。关于第三类，你可以认为我是这么讲：由那两类混合，因有穷之类中的度数作用而产生的一切，统统归入一类〔成了第三类〕。

普　我懂得了。

苏　咱们以前曾说：那三类以外，有第四类必需考究。考究是大家公共的事。想想生成的东西是不是必有所以使其生成的原因。

普　我想有。怎能无因而生成？

苏　除了名称以外，创造者是否无异于原因？把创造者和原因认为一个，不是对的吗？

普　对的。

苏　按此刻的话，我们也要发现，除了名称以外，被创者和生成者没有分别。你的意思怎样？

普　是这样。

苏　本性上，创造者总是带领，被创者总是跟它产生？

普　当然。

苏　那么，原因和生成上供原因驱使的不是一样东西。

普　怎是？

苏　生成的东西和所自而生成的东西组成那三类，对不对？

普　很对。

苏　我们把造成那一切东西的原因认为第四种——现已充分说明了它和那些东西不同。

普　不同。

苏　四类既分别过了，为求每一类都记得，按次序说一遍，可以吧？

普　为什么不可以？

苏　我把第一类叫作无穷，第二类叫作有穷，第三类叫作那两类的混合和产物；把那两类之所以混合而产生〔新东西〕的原因认为第四类，不错吧？

普　怎会？

苏　来，此后的理论呢？我们为什么要达到这一步？不是为这个吗？我们以前要知道，到底第二位是属于快乐，还是属于思虑；是不是这样？

普　是这样。

苏　那几点既解决了，也许此刻莫如关于当初所争执的第一位第二位下个最后判断。

普　也许。

苏　来，我们以前认定快乐和思虑合参的生活占胜利；是不是这样？

普　是。

苏　那种生活，咱们知道是怎样的，属于那一类的吗？

普　干么不知道？

苏　我想咱们要说它是第三类的一部分；第三类不但是任何两件东西合成的，却是包括一切无穷和有穷相联的东西，所以把这个占胜利的生活认为那里面的一部分是对的。

普　对极了。

苏　好了，费雷泊士，你〔所提〕的纯粹快乐的生活呢？放在方才所说的那一类上才对？没告诉我以前，请你答复这一点。

普　说吧。

苏　快乐和痛苦有界限没有，或者它们俩是属于有过与不及的东西里面的？

普　是属于有过的，苏格拉底。因为快乐，在数量与程度方面，本性上如不是无限的，便不是顶好了。

苏　痛苦〔若不是无穷的〕，便也不是顶坏，费雷泊士。可见必得在无穷以外别的地方找那赋予快乐以好的成分的东西。让你假定快乐和痛苦是属于无穷之类吧；然而普漏他霍士和费雷泊士啊，此刻要把心思、智慧和知识放在以前所说的那一类上，才不至于亵渎它们？我觉得此刻的问题解决得对不对，关系很不小。

普　苏格拉底，你特别推崇你自己的神。

苏　朋友，你也特别推崇你的女神；然而我们必得照样答复这问题。

普　苏格拉底说得对，费雷泊士，你必得听从他。

费　普漏他霍士，你不自愿替我发言吗？

普　是啊。可是此刻我几乎迷糊了；苏格拉底，我求你自己做我们的代言人，免得我们误推选手，说了错话。

苏　敢不从命，普漏他霍士。你所分发的并没有什么困难。我方才问心思和知识应当放在那一类，故意恶作剧，如费雷泊士所说，推崇我的神，真的把你弄糊涂了吗？

普　糊涂得厉害，苏格拉底。

苏　然而容易。所有的智者异口同声地承认心思是天地的王——实在是推崇自己。也许他们说得对。假如你愿意，关于心思的类的问题，咱们再考究得长些。

普　如你所愿。不必计较长短，我们不会厌烦的。

苏　你说得妙。咱们从这问题下手吧。

普　什么问题？

苏　普漏他霍士，到底我们认为万物和所谓宇宙是受一种无理性的力量和盲目的命运管理呢，还是，反过来，如先民所讲，有一种心思与妙智在安排指挥着？

普　神妙的苏格拉底，那两种见解没有相同之点。我觉得你此刻所说的有些不敬于神。可是说心思治理万物，正合宇宙和日月星辰，乃至整个旋天的身份；我对于那些东西绝不能有别的想法说法。

苏　那么你愿意不愿意咱们和前人同意，抱这种态度：不但只想安然拾人家的牙后慧，还得和他们分谤，如果有厉害人〔出来反驳〕，说万物不是那样，却是杂乱无章的？

普　为什么不愿意？

苏　来，注意前面滚滚而来的理论。

普　说吧。

苏　一切生物体质上的〔四行〕：火、水、气、土——海上犯风遇浪的人〔口口声声〕所叫喊的土地——我们也在宇宙的组织上发见。

普　的确。真的我们在此刻的理论的汪洋上犯风遇浪了。

苏　来，关于我们身上的每一行，请注意这一点。

普　那一点？

苏　在我们身上的每一行既是细末，而且一点也不纯粹，没有与其本性相称的力量。且举一行，别的便可一律推想到。例如火存在于我们身上，也存在于宇宙之中。

普　可不是？

苏　在我们身上的火又细末又微弱，在宇宙中的，无论数量上、美质上，或一切火所具有的柔力上，都是最妙的。

普　你所说得很对。

苏　宇宙的火是否由我们的火来的，受我们的保养管辖，或者反过来，你的火、我的火，乃至一切生物的火，是由宇宙的火得其来源，受它保养管辖？

普　你所发见的这问题简直不值得答复。

苏　对。关于即时即地的动物身上的土，和宇宙的土，我想你也同样说法；关于片刻以前我所说的那些行，你的答案恐怕也是这样。

普　凡头脑清醒的人，谁会有别的答案？

苏　差不多没有人。按次序听后一步的话吧。看见了方才所说的那几行汇在一起，咱们不是把它叫作体吗？

普　可不是？

苏　对于所谓宇宙也作同样的看法吧。在同样状况之下，宇宙是一个体，由同样的行组织成的。

普　你说得对极了。

苏　到底是咱们的体受宇宙的体保养，由宇宙的体中取得一切咱们方才所讲的东西呢；还是宇宙的体受咱们的体保养，由咱们的体中取得那些东西？

普　苏格拉底，这也是一个不值得问的问题。

苏　后面这个问题值不值得问？你的意思如何？

普　说是什么问题吧。

苏　承认不承认我们的身体有灵魂？

普　显然要承认。

苏　亲爱的普漏他霍士，它〔灵魂〕从那里得来的，假如宇宙的体不是有灵魂的——既有那些行同我身上的一样，并且处处比我们的美？

普　显然没有别的地方可以得来，苏格拉底。

苏　普漏他霍士，那四类——有穷、无穷、有穷无穷的混合，以及遍行于各类中的〔创造之〕因——中的最后一类，〔造物的〕原因，供给我们的灵魂、锻炼我们的身体、医治我们的疾病、兼做其他组织和修理的事的，被称为周全多端的智慧；同样那几类既也存在于整个天地间，并且是大部分，又美丽，又纯粹，咱们绝不能相信那个最美、最贵、周全、多端的智慧不在天地间设计主持。

普　这是毫无道理的。

苏　如果不是那样情形，莫如采取另一说法——咱们以往所常见的——认为宇宙间有许多无穷的分子，有穷的分子也不少，此外还有一种非同小可的原因，安排指挥着年月时节；这种原因叫作心思智慧是最妥的。

普　再妥没有了。

苏　没有灵魂，心思智慧绝不会产生。

普　绝不会。

苏　那么可以不可以说，帝士的本性上有一种帝王的灵魂、帝王的心思，因为他有造物的能力，是造物之因；别的神们有别的美德，根据那些美德各受他们所喜欢的尊号？

普　很可以。

苏　普漏他霍士，别想这是我们的空话，这和以前主张宇宙总有心思主持的人们的意见正相合呢！

普　是和他们相合。

苏　咱们的话给了我所研究的问题一个答案，就是：心思属于四类之中所谓万物之因的那一类。现在你可真得到咱们的答案。

普　得到很充分的答案，可是你无声无息地给了我的。

苏　普漏他霍士，有时笑话倒是紧张状态下的清凉散。

普　你说得妙。

苏　朋友，我们此刻已经把心思所于属之类及其能力说得相当明了了。

普　完全明了。

苏　同样，快乐所属于之类，以前也弄清楚了。

普　很清楚了。

苏　关于那两件，咱们记住这一点：心思和原因相联，属于那一类；快乐本身是无穷的，属于现在和将来，无论在己由己，永远没有起头、中段和煞尾的东西之类。

普　咱们可不是要记住？

苏　第二步，咱们必得看看苦乐存在于什么〔情形〕之下，发生的时候是经过什么感觉而发生的。先论快乐吧——咱们以前先检验它属于什么类，现在也先讨论它的问题。然而我们总不能离开痛苦而充分检验快乐。

普　如果应当这样进行，咱们就这样进行吧。

苏　关于它们的来源，你的看法和我的是否相同？

普　什么来源？

苏　我觉得苦与乐本性上出于混合之类。

普　亲爱的苏格拉底，请你提醒我们，所谓混合是指以前所说的各类中的那一类。

苏　妙人，尽量告诉你吧。

普　好。

苏　咱们认定混合是以前所说四类中的第三类。

普　就是无穷和有穷之后，你所提的那一类，还把健康和调谐归在那里的？

苏　你说得对极了。请你十分注意。

普　说吧。

苏　我说，我们生物身上一失去调谐，当下本性破裂，痛苦也产生了。

普　你说得蛮像实在情形。

苏　如用最简捷的话说最重要的一点，一旦调谐得所，复其本性，快乐便也产生。

普　我想你说得对，苏格拉底；咱们设法再说明白些。

苏　通俗而明显的东西是否最容易了解？

普　什么东西？

苏　饥饿是崩溃和痛苦？

普　是。

苏　吃东西是弥补，是快乐？

普　是。

苏　渴也是毁坏和痛苦。化干为湿的效果是快乐。火气的闷热——反性的分崩离散——是痛苦，清凉而恢复本性上的状态是快乐。

普　满对。

苏　生物身上的水分反性的冻凝是痛苦，分解而恢复本性上的原状是快乐。总括一句，以前所说的由无穷和有穷两种分子天然混合而成的有生之类，一旦崩溃，这种崩溃是痛苦；万物趋向本性或恢复原状的路是快乐。你看看这句话是否中肯。

普　就算是这样吧，我觉得很像样子。

苏　咱们把那些情形之下的苦乐认为一类。

普　好吧。

苏　再认定心灵对于〔未来〕的际遇有一种预料，有的是希望顺境，这是甜蜜的，有的是预知逆境，这是苦辛的。

普　这是苦乐的另一类，起于心灵上的希冀，和身体无干的。

苏　你了解得对。据我想，在那些我所认为纯粹——彼此不相掺杂——的苦乐上，关于快乐的问题可以明了；到底全部快乐都是可取的呢，或者以前所举的各类中只是有的可取？到底苦乐是否如寒暑及其类似的东西，只是有时可取，有时不可取——因其本身非好，只是有的有时容纳好的性质在内？

普　你说此刻的问题应当在这方向研究，这话极对。

苏　第一步，咱们一齐注意这一点：假如以前所说的是实情，毁坏生痛苦，复性生快乐，那么想想，那些不经毁坏而无复性之可言的生物，在这种状态之下，应有什么感觉。十分注意，请告诉我，在这种状态之下的生物是否大小苦乐之感一定都不会有？

普　一定不会有。

苏　除开苦与乐的状态之外，是不是还有第三种的状态？

普　可不是？

苏　来，留心注意这一点。这一点记得住记不住，所关于快乐上的判断不小。你如愿意，关于这一点，咱们简单说一遍。

普　记吧。

苏　你知道，思虑的生活像这样情形未尝不可。

普　你是指无苦无乐的生活？

苏　咱们把各种的生活拿来作比较的时候，曾说采取思虑生活的人，苦乐无论大小对他都不需要。

普　的确这样说过。

苏　他的生活是这样，也许毫无可怪，如果这是各种生活中最近于神的。

普　那么神们不至于有苦有乐。

苏　最不至于。因为苦与乐都不合他们的身份。假如不离题的话，咱们以后再考究这一点；咱们就是不能把心思放在第一位，也要因这一点的关系把它放在第二位。

普　你说得对极了。

苏　那另一类的快乐，咱们所认为属于心灵本身的，完全由记忆产生。

普　怎么呢？

苏　咱们要把这方面的问题弄得相当明白，似乎必须先考究记忆是什么，乃至记忆没发生之前的感觉。

普　你这话什么意思？

苏　假定身体上的各种感觉，有的没经过心灵，心灵不受影响，在身体上就消灭的；有的经过身体与心灵，在它们上面共同和个别地留下震动的。

普　假定吧。

苏　心灵忘掉不经过双重的，经过双重的便不忘——这样说法不是顶对吗？

普　可不是？

苏　切不要以为我所谓忘掉是指当时所发生的遗忘状态。遗忘是失去记忆，可是在目前所说的情形之下，记忆还没有产生。不存在而没有产生的东西便说有遗忘，这是不成话。是不是？

普　可不是？

苏　那么只要换个名词。

普　怎样换？

苏　心灵不受身体震动的影响，这种状态方才叫作遗忘，现在改称无知觉好了。

普　我懂得了。

苏　把心灵与身体共同的感受和激动叫作知觉，不至于错吧？

普　你说得对极了。

苏　那么咱们了解所谓感觉的意思吧？

普　为什么不了解？

苏　按我的意思，把记忆叫作感觉的保留，是对的。

普　对。

苏　咱们不是说记忆和回忆不同吗？

普　也许。

苏　这是不是不同的地方？

普　什么不同？

苏　心灵本身，脱离身体，单独把以往和身体所共受的感觉充分重提出来，这我们叫作回忆。是不是？

普　当然是。

苏　心灵单独把以往所感觉或所学习而忘掉的重提出来，这类情形我们统统叫作回忆。

普　你说得对。

苏　我所以说这些话，为了这一点。

普　为了什么？

苏　为了要充分明了心灵离开身体以外的快乐与愿望，因为这两件〔的性质〕似乎因那件而明白。

普　咱们再讲第二点吧，苏格拉底。

苏　似乎咱们必得考究许多关于快乐的来源及其一切形式的

问题。此刻似乎要先提出愿望的问题：它究竟是什么？从那里来的？

普　考究吧，反正不会有什么损失。

苏　有损失，普漏他霍士，至少损失这个——咱们找着所寻求的，便失掉榜徨。

普　强辩得巧。咱们想法子按次序说下去吧。

苏　咱们方才不是刚说饥渴和其他类似的东西是些欲望吗？

普　的确是。

苏　我们发现了什么同点，才用一个名称概括差别这样大的东西？

普　藉帝士的名字说，苏格拉底，这也许不容易说呢！然而照样得说。

苏　再回到原来的地方，从那些东西讲起。

普　由哪里说起？

苏　每说"某人渴"的时候，咱们有所指吧？

普　可不是？

苏　渴是一种欲望？

普　是，是饮欲。

苏　望饮呢？还是希望得到饮料的充实？

普　我想是希望饮料的充实。

苏　那么空虚的人似乎希望和他所感受的正相反的东西，因为空虚的求充实。

普　再明显没有了。

苏　那么，初次受空虚的人能不能，在知觉或记忆上，由那里得到他以往和现在都不曾感受过的东西的满足？

普　怎么能？

苏　然而我们说，凡抱希望的人必是希望一件东西。

普　可不是？

苏　他不希望所感受的。他感觉渴，渴是空虚；然而他所希望的是充实。

普　对。

苏　在某种方式之下，渴的人有某部分得到充实。

普　一定的。

苏　不会是他的身体，因为他的身体已经空了。

普　对。

苏　唯有他的心灵得到充实，显然是由记忆，还有别的路吗？

普　差不多没有了。

苏　咱们可知道这些推论的结果？

普　什么结果？

苏　这场推论告诉我们没有身体上的欲望。

普　怎么呢？

苏　因为这场推论说，个个生物所追求的总是和他所感受的相反。

普　的确是这样。

苏　趋于反面感觉的动力证明有一种关于反面感觉的记忆存在。

普　当然。

苏　这场推论既证明是记忆把人引向所思慕的东西上去，同时也证明了动力、愿望和一切生物的主脑统统是属于心灵的。

普　对极了。

苏　因此这场推论完全否认身体有饥渴，和类似的感觉。

普　一点不错。

苏　咱们关于这些感觉再细细思思，因为我觉得这番话的用意在于指明在这些感觉中有一种生活产生。

普　你说的是怎么样的生活，在什么感觉中？

苏　在这几种感觉中，就是：充实和空虚，与凡关于生物的存亡，以及那些产生痛苦、一换便继之以快乐的。

普　是这些。

苏　在中间的可怎么样？

普　怎样在中间？

苏　因所感受而觉苦，同时却记得〔以往〕的快乐，那快乐〔重新〕实现便能去苦，然而还是虚渺无踪——咱们可不可以说这种人是处于两种感觉的中间一境？

普　咱们就这么说吧。

苏　到底说他是完全苦，还是完全乐？

普　我的帝士，他受双重苦：身体方面受感觉上的苦，心灵方而受悬望的苦。

苏　普漏他霍士，你这双重苦是那么说的？空虚的人不是有时很有满足的希望，有时，反过来，简直是无望吗？

普　很对。

苏　你觉得不觉得，他希望满足的时候，在记忆上感觉快乐；然而毕竟空虚着，所以当时又是痛苦的？

普　一定的。

苏　那么，在那时候，人与其他动物都是同时又苦又乐。

普　似乎如此。

苏　空虚而没有满足的希望，可怎么样？那时的痛苦不是变成双重了吗？这是你方才所见到的，〔然而不晓得其中的曲折〕，以为苦本是双重。

普　一点不错，苏格拉底。

苏　咱们把那些感觉上的研究〔的结果〕用在这一点上。

普　哪一点上？

苏　咱们到底要不要说那些苦乐是真的，或是假的；或者有的真，有的不真？

普　苏格拉底，怎么会有假的苦乐？

苏　普漏他霍士，那么恐怖、希望和意见怎么会有真假？

普　我承认意见有，别的我不承认。

苏　你这怎么说的？咱们恐怕要引起很长的话来。

普　你说的是实情。

苏　那人的儿子！咱们必得考究考究所引起的话同本题有干无干。

普　也许必得考究一下。

苏　咱们必须把累赘和不相干的话撇开。

普　对。

苏　请你告诉我，因为我自始至终总被此刻所提的那疑窦蒙蔽住了。

普　你说这话什么意思？

苏　快乐不是有真有假吗？

普　怎么会有？

苏　那么，据你说，无论梦中醒里，乃至疯狂状态之下，都没有人觉得快乐或觉得痛苦，而实际上大不然。

普　苏格拉底，咱们大家都相信是这样。

苏　对吗？要不要检察一下对不对？

普　我说要检察一下。

苏　咱们再把方才关于苦乐问题的话分析清楚些。我们是不是能够有意见？

普　是能够。

苏　也能够觉得快乐？

普　也能够。

苏　意见所对而发的是一件东西？

普　可不是？

苏　感觉快乐的也有所感觉的对象？

普　一定的。

苏　凡有意见的，无论意见对不对，总是不失其真实有意见。

普　怎会？

苏　凡感觉快乐的，无论所乐的对不对，显然也不至于失其真实的快乐之感。

普　也是如此。

苏　那么，意见怎会有真有假，而快乐只是真的——二者既然同是真实有意见，真实或快乐？这一层必得考究一下。

普　必得考究。

苏　然则真假是附带于意见而起的，因此意见不但只是意见，还是某种意见——这一点是不是你所谓必需考究的？

普　是。

苏　此外，咱们也要把这一点弄同意了：就是有些东西有附带的性质，苦乐会不会只是苦乐，什么附带的性质都没有？

普　显然要的。

苏　然而不难见到苦乐有附带的性质。以前咱们不是说过苦乐各有大小深浅吗？

普　一定有。

苏　普漏他霍士，如果苦乐之中有的附带着坏的分子，咱们是否要说〔关于它的〕意见因此变成坏的，另一方面快乐也变成坏的？

普　可不是，苏格拉底？

苏　如果对与不对附带在其中之一，可怎么样？咱们是否要说〔关于其中之一的〕意见是对的，因其有对的性质？对于快乐是否也要同样说法？

普　必得这么说。

苏　假如意见所对而发的东西是错的，咱们是否要把那意见认为错的，或所见不对，因为当时认错了东西？

普　可不是要的？

苏　咱们如果遇见某种苦乐在致苦致乐的对象上起错误，咱们能不能把对、好，和别的美名加于其上？

普　如果快乐起错误，这些名称绝加不上。

苏　然而快乐似乎常和假意见，不和真意见，连带产生。

普　可不是？苏格拉底，在这种情形之下，我们说意见是假的，可是没有人会说快乐本身是假的。

苏　普漏他霍士，你此刻很殷勤替快乐辩护。

普　没有什么，我只是说我所耳闻的。

苏　朋友，快乐连带真意见与知识的，同我们人人所常有的那种连带着假意见和愚昧的，是不是没有分别？

普　似乎分别不小呢。

苏　咱们来看看那两种分别在哪里。

普　你带路吧。

苏　我要带上这条路。

普　什么路？

苏　咱们承认，意见有真有假？

普　有。

苏　咱们方才刚说，苦乐往往和真假意见相随而起。

普　满对。

苏　意见和发生意见的能力不是每出于记忆与知觉吗？

普　很对。

苏　相信不相信咱们记忆与知觉上的作用必是这样的？

普　怎样的？

苏　你承认不承认，远处看东西看得模糊的人往往要断言所见的是什么？

普　承认。

苏　第二步，他会不会问自己这问题？

普　怎么问？

苏　"那树下显得站在石头旁边的是什么？"我觉得，他看见了这么一个东西，会这样对自己说。

普　可不？

苏　第二步，他会不会对自己说，像答复自己似的，"那是一个人"；而且说得倒不差？

普　当然会。

苏　也许他弄错了，认为那是牧人们所造的人像。

普　尽许。

苏　假如有人在他旁边，他也许把对自己所说的话照样再对那人说。于是咱们所谓意见就变成言语了。

普　可不是？

苏　如果只是他一人在，自己想着这件事，有时放在心里好久。

普　满对。

苏　关于这件事，你的看法和我的相同不相同？

普　什么看法？

苏　我觉得当时的心灵像一本书。

普　怎么呢？

苏　我觉得，记忆和知觉相合，这两部分及其连带而起的感觉，似乎在我们的心灵上写字。感觉所写的对，我们就产生真意见和真言语。我们心里的这位记录员如写错字，那么就产生相反的结果。

普　我也完全觉得是这样，接受你所说的。

苏　那么也接受当时在我们心里的另一工人。

普　什么工人？

苏　一个画师，他继记录员之后，把所记下的话在心灵上画出图来。

普　怎样画，何时画？

苏　从视官或别的官觉拿开了当时所想所说的，在心里看见那所想所说的东西的模样；我们心里不是有这种现象吗？

普　常有。

苏　真意见的图像是真的，假意见的图像是假的？

普　那一定的。

苏　我们那几点如说得对，另外再考究这一点。

普　哪一点？

苏　我们这种感觉是不是只关于以往和现在，不关于将来的？

普　一律关于所有时间的。

苏　以前不是说过：心灵本身的苦乐能在身体上的苦乐之前产生，所以我们有一种关于未来的苦乐的预料？

普　对极了。

苏　咱们片刻以前所说在我们心里产生的文字与图画，到底是不是只同以往和现在有关，同将来无关？

普　同将来大大有关。

苏　你说同将来大大有关，是否因为那些东西统统是关于将来的希望，并且我们一生总是充满着希望？

普　完全如此。

苏　来，另外再答复这一点。

普　哪一点？

苏　公正虔诚的好人是不是神之所眷？

普　可不是？

苏　不公正而坏到极点的人是不是同他相反？

普　怎么不是？

苏　我们刚说过，人人都是充满着希望？

普　可不是？

苏　咱们个个心里有一种文字，咱们所叫作希望的？

普　有。

苏　也有画成为幻象，于其中有人常常看见许多黄金及其连带的快乐，也看见自己在那里大大享乐。

普　可不是？

苏　咱们要不要承认，那些图画之中，在好人心里的大部分是真的，因为好人是神之所眷，在坏人心里的大部分是相反的？

普　当然要承认。

苏　在坏人心里所画的快乐图并不见少，不过是假的。

普　可不是？

苏　那么坏人享受假快乐，好人享受真快乐？

普　你说的是必然的事实。

苏　根据此刻的话，人的心里有假快乐，模仿真的而丑态百出；痛苦也是这样。

普　有。

苏　〔以前说过，〕有意见的总是真有意见，然而有时尽许是关于不存在的东西的——现在所没有,以往不曾有,将来不会有的。

普　满对。

苏　我想这是假意见之所以成,和人之所以有假意见;是不是?

普　是。

苏　那么要不要把同样的性质归还痛苦与快乐?

普　怎么呢?

苏　无论在什么状态之下感觉快乐的总是感觉快乐,然而有时是关于以往和现在所没有的东西,并且常常——也许不断——是关于将来永不会有的东西。

普　这也是必然的事实。

苏　关于恐怖与忿怒,以及一切类似的,同样的说法不是适用吗——就是这些东西有时统统是假的?

普　当然。

苏　意见除了〔真〕假以外,有什么好坏可说吗?

普　没有。

苏　我想,除假以外,快乐也没有什么坏处。

普　苏格拉底,你所说的和事实大相反。人家很少把苦乐的大坏处归到假,因为苦乐还有其他大而复杂的坏处。

苏　因其坏处而成坏的快乐,我们稍等一等再讨论,假如还有兴致的话。至于那些假快乐,咱们必得用另一种方法证明它们所存在或所产生于我们的又多又频,因为也许对我们下判断有用处。

普　可不是，如果它们真存在？

苏　普漏他霍士，至少按我的意见，它们真存在。然而没证实以前，不能不辩。

普　妙。

苏　咱们像赛员一样，挺身来同这场新理论扭一扭。

普　来吧。

苏　我们也许记得片刻以前曾说：咱们发生所谓欲望的时候，身体和心灵成两截，在感觉上隔开。

普　记得说过。

苏　那么，心灵不是想望和身体相反的状态，身体不是由感觉而产生苦乐的吗？

普　是这样。

苏　推想在这些情形之下什么产生。

普　说吧。

苏　这样：在那些情形之下，苦乐同时并存，这些苦与乐的相反的感觉也同时两两相对地存在着，像方才刚说的。

普　似乎如此。

苏　这一点不是也说过，而且以前经过咱们同意，成了定案了？

普　哪一点？

苏　就是：苦乐有过与不及，是属于无穷的。

普　可不是说过？

苏　什么方法能把它们判断得对？

普　怎么判断，用什么方法？

苏　在那些情形之下,咱们对苦乐下判断的目的是否在于,每次把苦与乐、苦与苦、乐与乐互相比较之后,分别哪个大些、哪个小些,和哪个强些、哪个弱些?

普　是这样,这是咱们下判断的目的。

苏　视觉呢?看东西的大小,因远近而迷其真际,以致产生假意见;在苦乐上,同样情形不是也会发生吗?

普　苏格拉底,在苦乐上这种情形多得多。

苏　现在变成和片刻以前所说的相反了。

普　你指什么?

苏　当时意见本身有真假,同时把自己真假的情形装在苦乐之中。

普　对极了。

苏　现在呢,因为每在变换的远近上看,同时还彼此比较,快乐和痛苦比较之下便显得大而强,反过来,痛苦和快乐比较之下也显得与它相反。

普　在那些条件之下,这种情形是必然的。

苏　若把苦乐所显的大小于实际的大小提出而论,你不能说那所显的是对的,至于苦乐中和那所显的大小相称的部分,你也不敢说它是对是真。

普　不敢。

苏　第二步,咱们看看能不能在这方向上遇着比这些显得存在和真的存在于生物身上的更假的苦乐。

普　什么苦乐,怎样遇着?

苏　以前常说:生物的本性因分合、盈虚、增减等变动而受损坏的时候，结果产生痛苦，以及一切叫作这类名称的。

普　是常说过。

苏　恢复本性的时候，这种恢复咱们认为快乐。

普　对。

苏　身体上不发生这类情形的时候，可怎么样？

普　什么时候会不发生这类情形，苏格拉底？

苏　你这话白问，普漏他霍士。

普　为什么？

苏　因为你不能禁止我重新提出我的问题。

普　什么问题？

苏　我可以说：普漏他霍士，承认这类情形不发生，万一发生，我们身体上有什么必然的结果？

普　你是指身体上两方面的变动都没有的时候？

苏　是这样。

普　显然，苏格拉底，在这种情形之下，身体上不发生快乐，也不发生痛苦。

苏　你说得妙极了。然而，我想，你是承认这类情形免不了在我们身体上发生，像智者们所说的；因为万物总是翻来覆去地流转。

普　他们是这么说，我想他们所说的不是无关紧要。

苏　他们既不是小人物，他们的话怎会无关紧要？然而我要躲开这突然滚来的理论，我想由这方向逃，你同我一起逃吧。

普　你说什么方向？

苏　"就算是这样吧"，咱们对他们说。然而请你答复：生物是不是凡所感受的自己统统觉得？我们伸高长大，和其他身体上的变动，是否都觉得，或者恰恰相反？

普　我想恰恰相反。我们差不多完全不觉得这一类的变动。

苏　那么咱们此刻所说变动生苦乐的话说得不妙。

普　可不是？

苏　较好而较稳的说法是这样。

普　怎样？

苏　大变动在我们身体上产生苦乐，缓和同小的变动绝不产生苦乐。

普　这个说法比那个对，苏格拉底。

苏　如果是这样，方才所说的生活又回来了，

普　什么生活？

苏　就是我们所说无苦无乐的生活。

普　你说得对极了。

苏　咱们假定有三种生活：一种乐的，一种苦的，一种不苦不乐的。你对于这一点有什么意见？

普　没有别的意见，是有三种生活。

苏　那么不苦和快乐并不是一回事？

普　怎么会是？

苏　你如听见人说最快乐的事是一生不受苦，你想他的话是什么意思？

普　我想他是说不苦就是乐。

苏　随便假定有三件东西，用漂亮的名称，一件叫作金，一件叫作银，一件叫作非金非银。

普　假定吧。

苏　非金非银的会不会变成金或银？

普　怎么会？

苏　那么把介于中间的生活叫作苦或乐，无论心里想嘴上说，都不对，如果根据正当的理由和说法。

普　可不是？

苏　然而，朋友，我们知道的确有人这么说、这么想。

普　的确。

苏　他们是不是想不受苦的时候就是享乐？

普　他们至少是这么说。

苏　那么他们想当时是享乐，否则不会这么说。

普　也许。

苏　那么他们关于快乐发生假意见，如果享乐和不受苦本性上是彼此分开的话。

普　是分开的。

苏　我们还是采纳方才的话，承认有三种生活呢，或者只是两种：有害于人的痛苦，和所谓脱离痛苦便是好、便是乐的？

普　苏格拉底，为什么咱们此刻问自己这个问题？我不懂。

苏　你果然不知道这位费雷泊士的冤家是谁，普漏他霍士。

普　你说他们是谁？

苏　那班所谓专精于自然学、主张没有快乐这东西的人们。

普　怎么呢？

苏　他们说，费雷泊士一派人所叫作快乐的统统不过是逃掉痛苦而已。

普　你是劝我们听这班人的话不是，苏格拉底？

苏　不，只是把他们当作占卜家。他们占卜不用技术，却凭一种孤洁的本性上对于快乐的厌恶，痛恨快乐的能力，把它看作最不健全的东西，其吸引性是一种魔祟，并不是快乐。在这方面利用他们，再考究他们其他厌恶的原因；然后再看看我所认为真的快乐；从两方面的观点考察快乐的能力，比较而下判断。

普　你说得对。

苏　咱们和这班人联盟，追随他们厌恶的踪迹。我想他们要从头起问道：如要知道某类的物性，例如坚性；到底是注目于最坚的东西比较能了解坚性呢，还是注目于最不坚的东西？普漏他霍士，你得答复这班厌恶快乐的人，如同答复我。

普　一定。我告诉他们要注目于最大的东西。

苏　那么，咱们如果要看快乐这一类东西到底有什么性质，不要注目于极小的快乐，要注目于所谓极端和最强的快乐。

普　这一点上，现在人人都要和你同意。

苏　我们所常说的那些普通而最大的快乐不是身体上的快乐吗？

普　可不是？

苏　那些身体上的快乐是在患病的身上大些，或变为大些呢，还是在健全的身上？咱们要小心，不要慌张答复，免得跌倒。也许咱们会说在健全人的身上大些。

普　很像。

苏　继大欲望之后而起的快乐不是最强烈的吗？

普　这是实在的。

苏　发烧或类似的病人渴起来比较厉害，冷起来比较难当，并且受尽这类病人所惯受的身体上的苦楚；而他们的欲望也比较大，得到满足，便感觉大快乐；这是实在情形吗？

普　现在说了便显得满对。

苏　我们说，如要发现最大的快乐，不要到健康上找，要在疾病中寻——这话显得对吗？注意：切莫以为我想问你大病的人所享的快乐是否比健强的人多，请你认定我是在求快乐的强度，要看最强度的快乐每在什么地方发生。因为我们承认去找快乐的性质，以及那班主张快乐绝不存在的人说快乐是什么。

普　我差不多跟得上你的话了。

苏　也许你这就能表明跟得上不。请你答复：你是在昏淫的生活中见到较大的快乐呢，还是在有节制的生活中？我不是指数目上的大，是指程度上的大。注意告诉我。

普　我懂得你的意思，我也见到此中的大分别。因为"不为已甚"一句俗语管着有节制的人，他们听这句话的劝告；另一方面，强烈的快乐揪住昏淫愚昧的人，直把他们弄到疯狂暴露。

苏　妙。如果是这样，最大的苦乐显然是发生于心身的恶状态中，不是发生于品德上。

普　当然。

苏　那么必得把这许多快乐挑些出来，看看它们在什么状态之下，咱们称之为最大快乐。

普　必得。

苏　看看由这类病态中而起的快乐是怎么样。

普　起于什么病态的？

苏　起于局促不安的病态的，咱们所谓快乐厌恶者们所痛恨的。

普　是些什么快乐？

苏　例如搔过痒止，以及其他无需医药疗治的。我的神明，咱们身上这类感觉应当叫作什么？苦呢，乐呢？

普　似乎是一种混合的坏感觉，苏格拉底。

苏　我并不是为了费雷泊士提出这段话。然而，普漏他霍士，这些快乐及其相随而起的如不先弄清楚，简直不能决定眼下的问题。

普　那么必得向这一类快乐上进行。

苏　你是指那些和痛苦混合的？

普　当然。

苏　混合有的是关于身体，只在身体上的；有的单属于心灵，在心灵中的。我们还会发现些混合的苦乐是并属于身体和心灵的，有时统称为快乐，有的共叫作痛苦。

普　怎么呢？

苏　在〔身体上的〕毁坏或恢复中，一人同时受相反的感觉，有时冷中转热，热时入冷，想望得到其一，免却其他，所谓甘苦交错的境界便引起不耐烦，后来转成暴躁的状态。

普　你此刻所说得很对。

苏　这种混合的感觉，有的苦乐各半，有的一多一少。

普　可不是？

苏　讲到那些苦多于乐的混合感觉，如方才刚说的发痒和触痒，内部烦苦，搔抚只能平复外面，达不到里面；如用火熏，或用水浸，有时由难过变成说不出的快乐，有时因内外的冲突而产生一种不平均的苦乐混感——这是由于合者强分、分者强合，以及苦乐接境之所致。

普　对极了。

苏　凡这一类混合之中，乐多于苦的时候，些微苦的成分便使人难过，稍觉不宁，另一方面，假如乐的成分远过于苦的成分，也使人手舞足蹈，显出种种面容体态，吹嘘喘息，狂叫欢呼，无所不至。

普　很对。

苏　朋友，这使别人说他乐得要死，自己也这么说。他永远竭力求快乐，愈不拘检，愈失方寸，便求之愈甚。他把快乐称为最伟大的东西，把终身享乐的算作最幸福的人。

普　苏格拉底，大众对于快乐的观念，你讲得极透彻了。

苏　关于单独身体上内外感觉交错而起的混合快乐，情形是这样的。还有一些心灵所感和身体所感正相反的，有时心灵的苦感和身体的乐感相反，有时心灵的乐感和身体的苦感相反，可是二者混合为一。关于这一类混合的感觉，咱们以前曾说，人感觉空虚的时候，渴望满足，望里发生乐感，然而另一方面空虚着却觉得苦；现在补充以前的话，就是：在这些无穷尽的心身相反的情形中，苦乐混成一体。

普　你似乎说得对极了。

苏　还剩下一种苦与乐的混合。

普　哪一种的？说说。

苏　就是我们所说心灵本身所常有的混合感觉，

普　咱们把这种得叫作什么？

苏　怒、惧、哀、欲、爱、妒，以及凡这一类的，你不是认为单独是心灵上的痛苦吗？

普　是的。

苏　咱们不是发现那些感觉充满着无穷的快乐吗？要不要提起"那激动极有理性的人的怒气，甜过于蜜的怒气"，和那哀与欢中同痛苦混合的快乐？

普　不必提了。这类感觉是这样，没有别的。

苏　你也记得，在悲剧场中，人们以坠泪为乐？

普　可不是？

苏　你也知道人们在喜剧场上的心灵状态，那里苦与乐的混合是怎样的？

普　我不大了解。

苏　在那情形之下了解这种心理，的确不容易，普漏他霍士。

普　至少于我显得不容易。

苏　这种心理越模糊，咱们越要提出来研究，在别的情形之下的苦与乐的混合才容易了解。

普　讲下去吧。

苏　方才刚提的妒忌，你说是不是一种心灵上的痛苦？

普　是。

苏　妒忌的人显然显得是幸灾乐祸。

普　厉害得很。

苏　愚昧以及我们所谓的笨拙是坏东西吧？

普　可不是？

苏　继续看看荒唐的性质如何。

普　说吧。

苏　总而言之，这是一类坏状态的名称。这一类的坏状态统统是和带勒弗埃谶坛上的石刻所说的正相反。

普　苏格拉底，你是指"明白你自己"一句石刻吧？

苏　是。照这句的语气，和这句相反的显然是"不明白你自己"。

普　可不是？

苏　普漏他霍士，把这句话的反面分为三部分，

普　你这怎么讲？我想我办不到。

苏　那么你说必得我来分吗？

普　我是这么说；不但说，还恳求你。

苏　凡没有自知之明的人个个所犯的毛病不是逃不了这三种吗？

普　怎么呢？

苏　第一点关于财产，自己估计过于实数。

普　真的，许多人犯这个毛病。

苏　自以为壮美的人更多，凡关于身体上的自许往往过于实际。

普　满对。

苏　我想犯第三种毛病的最多，就是在心灵上，自命品德过人，其实不然。

普　多得很。

苏　诸种品德之中，大众不是统统卖弄智慧，充满着挣扎和

夸张吗？

普　可不是？

苏　把这些统称为坏状态，不会错的。

普　极对。

苏　普漏他霍士，咱们如果要看穿孩子气的嫉妒心那样带苦带乐的怪现象，就必得再往下分。你要问咱们怎么分吧？凡那班自己估价太高的人，我想，免不了一部分有能力，一部分无能力。

普　免不了。

苏　那么这样分吧：那班弱而自大，见笑而无力报复的，你真可以称之为荒唐；把有力报复的叫作强悍、可恨、可怕，你算是替他们下最妥当的考语。因为强而没有自知之明，确是可恨可鄙，无论真假，对人都有害。至于弱而无自知之明的，便是本性上铸定是荒唐的。

普　你说得对极了。可是这上面的苦与乐的混合我还没有明白。

苏　先提出嫉妒的性质。

普　说吧。

苏　嫉妒是不是不正当的苦与乐？

普　一定是。

苏　对仇人幸灾乐祸不算妒忌，不是不正当吧？

普　怎是？

苏　看见朋友的患难，不忧而喜，这是不正当吧？

普　可不是？

苏　我们曾说无自知之明在人人都是丑德？

普　对。

苏　我们说自负有三种：自负其智、自负其美，自负其财；弱而自负者荒唐可笑，强而自负者凶悍可恨。咱们要不要承认，朋友中如有自负的，纵使无害于人，也是荒唐可笑？

普　当然。

苏　我们承认不承认，无自知之明本身是丑德？

普　大丑德。

苏　我们笑它的时候，感觉快乐，还是感觉痛苦？

普　显然感觉快乐。

苏　对朋友的患难的快感，我们不是曾说是由于嫉妒心产生的吗？

普　一定的。

苏　推论告诉我们，我们笑朋友荒唐的时候，快乐与妒忌参半，也就是快乐和痛苦参半。因为我们以前承认妒忌是心灵上的痛苦，讥笑是快乐；二者在这种情形之下同时并存。

普　果然。

苏　目前的理论证明，在伤感上，在悲剧和喜剧上（不限于戏台，包括一切人生上的），乃至在无数情形上，苦与乐都是混合着。

普　苏格拉底，就是有人想立异说，这一点也实在无法否认。

苏　我们以前提过怒、欲、哀、惧、爱、妒，以及凡这一类的，说在这些上能找到方才所常说的那种混合。是不是？

普　是。

苏　我们也知道此刻刚讨论过的只是关于哀、怒、妒三种？

普　可不知道？

苏　那么所剩下的不是还多着吗？

普　多着呢。

苏　你想我为什么特别把喜剧上苦乐的混合给你指出来？岂不因为要使你相信，在爱惧等情感上，容易看得出苦乐的混合；并且，你有了这个例子，就会放我走，无需我在别的上面多说，老实承认，无论身体或心灵单独的感觉上，或身体和心灵共同的感觉上，这种苦乐的混合多得很。现在请说放不放我走，还是要弄到半夜？我想再说几句就能使你放我走。我情愿明天同你详细讨论所有各点，现在我要结束所余下的各点，有关于费雷泊士所要求的断案的。

普　你说得妙，苏格拉底。凭你所愿把剩下各点讨论完吧。

苏　讨论了混合的快乐以后，当然要顺序轮到纯粹的快乐。

普　你说得对极了。

苏　轮到这种快乐，我要设法说明它。我绝不赞成那班人把一切快乐认为痛苦的终止，然而，以前说过，我要利用他们做证人，证明有些快乐只是貌似而非真，还有同时显得又大又多，其实是夹杂痛苦成分，一部分只是解除心身上莫大苦恼而已。

普　把什么快乐认为真的才算不错，苏格拉底？

苏　那些关于佳色美形的，还有大多数关于声嗅的，与凡失之不觉其苦，得之却感其乐，而不夹杂痛苦成分的。

普　什么意思，苏格拉底？咱们再说一遍，

苏　我所说的绝不能马上就明白，必得想法子解释。我此刻所说的形式上的美不是大家所想的那样，如生物的美，图画的美；理论告诉你，你如了解我，我是指直线和圆周，以及由此用规矩尺度所造成的平面与立体。我说这些形式不像别的东西，美处不与物相对，天生永远自成其美；并且有其所固有的快乐，同那些搔抚的快乐简直不能比。还有些颜色也有同样的美感和快感。你了解不了解？

普　我要设法了解，苏格拉底；你也得设法说得更清楚些。

苏　我说那些和平响亮、发出纯洁音调的声音自美其美，不与物相对，并且天然带着快乐之感。

普　这也是事实。

苏　关于嗅的快乐不如那一类的神圣，然而没有免不掉的痛苦掺杂在内。无论何情何境之下所发生的这种〔不夹杂痛苦〕的快乐，我统统认为同那些相类。你了解吗？这是咱们所说的那两种快乐。

普　我了解。

苏　此外咱们还可以加上学问上的快乐，假如这种快乐显得是不包含学问上的饥渴，或继这种饥渴之苦而产生的。

普　我也觉得是这样。

苏　本来学问充实，以后因遗忘而失掉，你想在这种遗失上有无痛苦？

普　遗失之后，因缺乏而感觉痛苦的，不是天然会这样感觉，只是回想当时的损失而感觉痛苦。

苏　不错，有福气的人。然而此刻我们只论天然的感觉，不讲回忆。

普　那么，你说在学问上我们常有不痛苦的遗忘，这算说得对。

苏　因此必得承认学问上的快乐不夹杂痛苦，并且不是群众所有，只是极少数人所有。

普　可不是必得承认？

苏　咱们已经把纯粹的快乐和那些堪得称为不纯粹的分别得相当清楚，现在再加上一句话，说剧烈的快乐无节，反面的中度。那些容纳大量和深度的，无论常是如此与否，我们可以归入无穷之类，在心身两方面同犯过与不及的毛病的；其他的归到有节制之类。

普　你说得对极了，苏格拉底。

苏　此外还有这第二步的问题必须考察。

普　什么问题？

苏　什么东西和真理有关？纯粹无疵的，还是多而大、甚而盈的？

普　你问这个什么用意，苏格拉底？

苏　普漏他霍士，为的是考察快乐和知识不至有遗漏，如果各有纯粹部分和不纯粹部分，好把纯粹部分提出来加以判断，你我和在座诸位才容易下判断。

普　对极了。

苏　来，凡关于我们所谓纯粹之类的，统用这样看法。咱们先挑出一种来研究。

普　挑什么？

苏　你如愿意，先挑白的一类。

普　很可以。

苏　白中的纯粹情形如何？是最大最多的呢，还是最纯粹，绝不夹杂别种颜色的成分？

普　显然是最纯粹的。

苏　对。普漏他霍士，咱们要不要认定所有的白之中，最美最真的是最纯粹的，而不是最大最多的？

普　对极了。

苏　那么，如说一小块纯粹的白比一大块混合的白还美还真，不是满对的吗？

普　对极了。

苏　咱们关于快乐的理论，不需要很多这一类的例子。这已足以见小而罕的快乐，只要不夹杂痛苦，便比大而常的又甘、又真，又美。

普　极对，这例子已经够了。

苏　这一点呢？咱们不是听说，快乐永远是生成，不是存在？有一班智慧的人想法子证明这道理，我们应当感谢他们。

普　怎么呢？

苏　我要用问答的办法同你讨论这一层。

普　问吧。

苏　存在有两种，一种是自在的，一种是有待而存的。

普　那两种是什么？怎样的？

苏　一种天生最高贵，一种比较不如。

普　再说清楚些。

苏　我们看见过姣好的童子，及其大胆的爱慕者。

普　常见过。

苏　照我们所说的，再找一对和这一对相似的。

普　我还得第三次吩咐吗？把你的话说清楚些，苏格拉底。

苏　并没有什么复杂，普漏他霍士；不过话说得巧妙些，意思是：有一种总是为别的而存在，有一种总是别的为它而存在。

普　讲过好多次，我还是不太懂。

苏　孩子，也许往下讲就懂得。

普　也许。

苏　再提另一对。

普　什么一对？

苏　一个是万物的产生，一个是存在，

普　我承认这两种，存在和产生。

苏　对极了，二者之中，那一个为那一个——产生为存在呢，还是存在为产生？

普　你问所谓存在是否为产生而成其存在？

苏　显然。

普　我的神啊，你尽问我这一套话吗？"普漏他霍士，告诉我，到底造船是为船，还是船是为造船？"还有种种这一类的话。

苏　这正是我所要问的，普漏他霍士。

普　苏格拉底，你为什么自己不答复自己？

苏　没有什么，你也得共同讨论。

普　当然。

苏　我说，药剂以及一切工具和原料统统为生成而设，每一生成为某一存在，全体生成为全体存在。

普　明显极了。

苏　那么，快乐如果是生成，必是为某种存在，

普　可不是？

苏　朋友，凡有所为而产生的东西之所为而产生的，必得归入"好"的部分，凡有所为而产生的东西必得归入另一部分。

普　必得，

苏　那么，快乐如果是生成，我们把它归入"好"之外的另一部分，岂不对的？

普　对极了。

苏　起先提出这一点的时候，我说必得感谢证明快乐是生成而非存在的人；他显然是鄙笑那班说快乐是"好"的。

普　笑得厉害。

苏　他也常笑那班把最后目标放在生成上的。

普　你指什么人？他们怎么样？

苏　我指那班人，把饥渴，以及生成所能疗治的痛苦，疗止以后，使因生成而感觉快乐，仿佛生成本身就是快乐，还说没有饥渴，和饥渴以后所继起的快感，生活便无可取的。

普　他们似乎是这样。

苏　我们统统承认生成的反面是毁灭？

普　必是的。

苏　那么采取那种生活的人便是毁灭和生成兼取，他不挑那第三种无苦无乐，专门从事最纯粹的思想的生活。

普　苏格拉底，如有人把快乐当作"好"，似乎是很荒谬的事。

苏　很荒谬。咱们再进一步这么讲。

普　怎么讲？

苏　说除开心灵以外，在身体上，以及许多别的方面，都没有"好"之可言，并且心灵中只有快乐是"好"，勇敢、节制、思虑，与凡心灵分内所有的"好"，都不算"好"；此外还强说苦人受苦的时候便是坏的，虽然他是极好的人，反过来，享乐者享乐的时候，享多少乐，品德上便也过人多少——这种说法还不是荒谬吗？

普　这一类的话统统是荒谬绝伦的，苏格拉底。

苏　咱们不要把快乐检验得无微不至，倒显得对心思和知识少下工夫。我们到处都要使劲敲一敲，看看有什么裂痕，这才见得其中天然最纯粹的是什么，见到以后，我们可以凭心思知识和快乐的最真实部分替它们下通盘的判断。

普　对。

苏　我想知识有两部分，一部分是制造的，一部分是教养的。是不是？

普　是这样。

苏　咱们看看手工艺之中，是不是有一部分近于知识，有一部分比较远些；一部分最纯粹，另一部分比较不纯粹。

普　必需看看。

苏　各门的统治部分是否必须同别的部分分开？

普　什么统治部分？怎样分开？

苏　假如把一切技术中的计、量、秤部分拿开，所余的也就不相干了。

普　不相干。

苏　此外所余下的只是猜，凭经验和熟练来运用官感，加上普通人所谓技术的一种忖度能力，济以谨慎而发生效力。

普　你说的是最可信的事实。

苏　第一，音乐便是充满着臆测，不凭量度而凭有经验的猜臆以取和谐。所有吹笛子的都是凭臆测找声调，所以可靠的成分少，不可靠的成分多。

普　对极了。

苏　医术上，农事上，航业上，兵法上，我们所发现的情形一律如此。

普　满对。

苏　我想建筑术用量度和工具最多，所以很准确，比较许多技术更技术化。

普　在那一方面？

苏　在造船和建筑，以及许多其他木工方面。我想，这些工艺用尺度规矩绳墨等极精确的工具。

普　当然，苏格拉底，你说得对。

苏　咱们把这些所谓技术分为两部分，一部分性质近于音乐，工作上不大准确，一部分性质近于建筑，工作上比较准确。

普　就这么假定吧。

苏　其中最准确的是方才我所认为首要的那几门。

普　我想你是指算术，和那些你方才所一齐提到的。

苏　当然。然而，普漏他霍士，这几门要不要也分两部分？

普　分成哪两部分？

苏　第一步，不是要先承认有一种普通人的技术，有一种哲学家的技术吗？

普　怎样分别，把其一和其他划开？

苏　此中的界限不小呢，普漏他霍士。在数目上，有一班人用不同的单位计算，如两营兵、两只牛、两个最小或最大的数目。另一班人不赞成他们，万千的单位非个个完全相同不可。

普　你说得很对，研究算术的人里面的分歧很不小，所以把算术分为两种是有理的。

苏　建筑和商业上的计算与测量，同哲理的几何和精确的算学比较，咱们认为一样的，还是两样的？

普　根据以前的话，我想是两样的。

苏　对。你知道我为什么提出这问题吗？

普　也许。可是我愿意你来答复这问题。

苏　我想这一场话还是同起先一样，要我同快乐一例的东西，所以研究有没有一种知识比另一种知识纯粹，就像一种快乐比另一种快乐纯粹似的。

普　这很明白，这问题是为此而提出的。

苏　在以前的话里，不是发现了各门技术各有其用途，并且有的比较精确，有的比较不精确？

普　满对。

苏　把一门技术叫作一个名称，心目中认为一门；在〔前面〕那些例上，每门各成两样，会不会问一问哪一样的比较精确纯粹——哲学家的，还是非哲学家的？

普　我觉得这正是问题。

苏　咱们怎么答复，普漏他霍士？

普　关于各门知识的精确程度，我们知道其差别是非常大的。

苏　那么我们比较容易答复。

普　可不是？可以这么说：计算测量的技术比别的强，其中真正的哲学家凭其学问欲所追求的又比其余的在数度上不知精确多少，真实多少。

苏　咱们按你的说法，相信你的话，大胆答复那班专会强词夺理的人。

普　怎么答复？

苏　说有两种算术、两种测量，还有许多类似的技术，双重性质而只有一个名称的。

普　就用这话答复那班所谓专会强辩的人吧，苏格拉底；也许胜利。

苏　那么我们承认这几门最准确？

普　当然。

苏　但是，普漏他霍士，若把别的技术认为在辩证术之上，辩证术就会和我们过不去。

普　辩证术是什么？

苏　显然人人都知道此刻所说的技术。我想，凡稍微有头脑的人，都相信关于存在和真如，以及天生永远如故的东西的知识是最真实的知识。你呢，普漏他霍士，对这一点有什么意见？

普　苏格拉底，我常听见高忌亚士说游说的技术比别的强得多，能叫所有的东西很帖服地供它驱遣，丝毫不用强迫的手段——真是一切技术中最好的。此刻我不愿意对他和你提出异议。

苏　你似乎要携械而退，却不好意思明说。

普　你想怎样就怎样吧。

苏　你没有了解得对，是不是由我负责？

普　什么？

苏　亲爱的普漏他霍士，我还没有问到什么学术比一切的又大又好又有用，我此刻所找的是哪一门学术注意于明确真实，就是小而寡用也无妨。你瞧，你不至于开罪高忌亚士，假如一方面把人事上的利益和威权归还他的技术，另一方面承认我此刻所说的这一门在最高真理上强过别门，如同一块白颜色，尽管小，只要纯，便比其他大而不纯的强。现在咱们细细考虑，充分盘算一番，不要着眼于学术的用途和美誉，只看心灵中有没有一种本能，专爱真理，一举一动全为真理；如有的话，细细考察，看看这种本能是否一定会有纯粹的思虑，或者必得在其他更强的本能上找。

普　我正考虑着。我想，除这个本能以外，没有别的学或术更能接近真理。

苏　你刚才说这话，是不是心里想到多数技术，以及在那上头卖力气的人，都是以意见从事，都是穷究与意见有关的东西？就是有人自信是研究自然，你知道，也不过消磨一生在现世界上，看它如何产生、如何自动、如何被动等等。你说是不是这样？

普　是这样。

苏　这种人的工作不在永久不变的东西，却在方变、将变和已变的东西。

普　对极了。

苏　这种以往、现在和将来都没有同一性的东西，和最准确的真理相形之下，能说有确实性吗？

普　怎能说？

苏 在绝不固定的东西上，我们能得到什么固定的东西吗？

普 我想绝不能。

苏 那么，没有一种心思和学问在这类东西上用功而得到最高真理的。

普 似乎得不到。

苏 那么，一方面你我乃至高忌亚士和费雷泊士的意见都得放弃，另一方面为理论起见宣布这一点。

普 那一点？

苏 就是：永远如故、不掺不杂，或与此最相近的东西才谈得上固定、纯粹和真实。其余一切必得退居第二位。

普 你说得对极了。

苏 把最美的名称归到最美的东西上，不是顶公道的事吗？

普 有理。

苏 心思和智虑不是大家最尊重的名称吗？

普 是的。

苏 把这些名称归到关于真实存在上的思索，不是最得其所吗？

普 满对。

苏 我当时所提出预备下判断的就不过这几个名词。

普 可不是，苏格拉底？

苏 好了。关于智虑和快乐的混合，如有人用工匠做比喻，说我们应当把当前这两种材料造成一件东西，这比喻不算不妙吧？

普 很妙。

苏　那么第二步就得从事混合的工作。

普　可不是？

苏　不如先来重叙几点，好提醒我们的记忆。

普　那几点？

苏　我们以前所说过的。"好话不厌再三说"——这句俗语说得妙啊！

普　可不妙？

苏　来吧，我的帝士。我想以前所说的是这样。

普　怎样？

苏　费雷泊士说：快乐是一切生物的真正目标，万类必得趋向它，这是万类的"好"；"好"与"乐"两个名词本义上宜归于一。苏格拉底说：这两个不是一件东西，两个名词代表两件东西；好与乐各有不同的性质；智虑所得"好"的成分比快乐所得的多。这不是以前和现在所说的吗，普漏他霍士？

普　极对。

苏　这不也是咱们当时和现在所同意的吗？

普　同意什么？

苏　"好"的性质在这一点上同别的东西不同。

普　在哪一点上？

苏　无论什么生物，如果一生自始至终，随时随地，得到全部的"好"，便无需别的东西，算是极圆满了。是不是这样？

普　是这样。

苏　我们不是曾在理论上把彼此分开，各属一种生活——一种有快乐而无思虑，一种有思虑而绝不夹杂快乐？

普　是这样分过。

苏　当时我们以为有一样对人生上就够了吗？

普　哪里够？

苏　咱们以前如果有些地方错了，可以重新提出更正。假定记忆、思虑、知识、真意见同属一类，看看有没有人想得什么东西，而不要记忆、思虑，等等。不必说充分而且剧烈的快乐，就是得到了，如果不能真实理会，所感受的当时不知道，过后茫无记忆，还有什么可取的？再说思虑，稍微带些快乐成分是否无毋丝毫不带？快乐稍夹思虑是否不如全是快乐？

普　这是不可能的，苏格拉底，无需一句话重问几遍。

苏　那么，这些里面没有一种是最高、最全、人人所取的"好"？

普　哪里是？

苏　"好"或"好"的大概，必得认识清楚，像以前所说的，才知道应当把第二位归给什么。

普　你说得对极了。

苏　我们不是已经找到了一条路径？

普　什么路径？

苏　譬如找一个人，如果先知道清楚他住的房子在哪里，对探访上不是大有便利吗？

普　可不是？

苏　现在理论指点我们，像起头一样，找"好"不要在非混合的生活上，却要在混合的生活上。

普　满对。

苏 在混合得妙的生活上，比在混合得不妙的生活上，更有希望发现我们所找的？

普 有希望得多。

苏 普漏他霍士，咱们告神以后再做混合的工作。祷告帝务女索士，或里弗爱斯托士，或任一位抓阄管理混合的事的。

普 一定要祷告一下。

苏 譬如有两口井在我们旁边，像在酌酒的人旁边一样。一口是快乐之泉，甜如蜜；另一口是思虑之泉，清无酒味，平淡而且宜卫生。这两种泉水必得设法好好地混合一下。

普 可不是？

苏 先来告诉我，所有的快乐和所有的思虑混合，结果会不会好？

普 也许会。

苏 然而这不稳当。我想我有一种意见提出，叫我们混合的时候少冒险些。

普 说什么意见吧。

苏 据我们所想过的，一种快乐不是会比另一种可靠，一门技术会比别门准确？

普 可不是？

苏 也有一种知识和另一种不同：一种着眼于变动生灭的东西；一种着眼于不变不灭、永远如故的东西。按真理的标准考察，我们相信后者比前者可靠。

普 满对。

苏 那么，先把每种里面最真实的部分混合起来，再看这种混合是否能给我们一种可爱慕的生活。或是还需要另外不同的东西？

普　我觉得应当这么办。

苏　咱们假定有一个人心想正义是什么，思念继之以理解，并且关于一切别的东西也同样用思想。

普　假定吧。

苏　不识人的周与圆，只识神的周与圆，以神的周圆尺度造房子，这个人可算有充分的知识吗？

普　只通神的学问，是我们人类中的可笑现象，苏格拉底。

苏　你说什么？那假尺假周的不稳不纯的技术也得收容而混合起来吗？

普　一个人如要找归路，就必得这样办。

苏　咱们片刻以前所说充满着臆断、摹仿，而且不纯粹的音乐，也得放在内吗？

普　我觉得必需，如果我们生活要像个生活。

苏　你肯让我，像一个守门的，被一群人一推便吓跑，开着门，听所有的学术滚进来，纯不纯胡乱混合一阵？

普　苏格拉底，有了第一项的学问，再旁通其他各门，我实在看不出有什么害处。

苏　那么，我可任凭众流汇聚在何梅洛士所歌的层峦叠谷中的淤池里？

普　当然。

苏　容纳进来了。必得再回到快乐之泉。我们本想先把真的部分拿来混合，还没做到，却因为舍不得所有的知识，便在快乐加入之前，已经成群成堆地拉进来了。

普　你说得对极了。

苏　这正是时候给咱们俩考虑快乐的问题：到底快乐也得成堆成群地解放呢，还是先把那些真的解放了？

普　先解放真的，在安全上差别很大。

苏　好，解放〔那些真的〕。其次呢？如果同知识一样，也有些必需的快乐，是不是也要把它们拿来同真的混合？

普　可不是？当然也得把必需的快乐拿来混合。

苏　以前曾说，一生涉猎所有的技术，不但无害，而且有利；假如现在关于快乐也抱同样感觉，认为一生享尽一切快乐是有利无害的事，那么就得把一切快乐都拿来混合。

普　关于这些快乐，咱们有什么说的，应当怎么办？

苏　普漏他霍士，无需问我们〔自己〕，应当问快乐和思虑本身对于彼此的态度如何。

普　问什么？

苏　"朋友，你们应当叫作快乐呢，还是叫别的名称？你们肯不肯和一切思虑同住一处，或是不要他们？"我想它们不得不答应这句话。

普　什么话？

苏　以前所说过的："单独无伴，纯一不掺，对于任一说，不是绝不可能，就是毫无益处。我想各说之中，比较起来，最美满的生活是知道万物，同时尽量知道咱们自己，知道得透彻。"

普　我们可以对它们说："诸君此刻的答案很妙。"

苏　对。第二步就得转问心思和智虑，说道，"你们还需要不需要和什么快乐混合？"也许它们会问："什么快乐？"

普　很像会问。

苏　我们的话再问下去："除那些真的快乐以外，你们还需要不需要最大最猛的快乐同你们处在一起？"也许它们会答道："我们为什么要那些——那些疯狂的快乐，给我们无穷的障碍，搅扰我们心灵的家，根本上不许我们生存，使我们因嬉荒大意而败坏我们的子媳？然而你所谓真纯的快乐，差不多是我们的一家人，此外跟健康和节制来的，还有随从一切品德的，如同随从一位神明的从者！这些快乐请你拿来混合。至于和愚昧以及其他罪恶相随而起的快乐，那有意要看见最美丽最清闲的混合、要知道其中什么部分对人对万物是天然的'好'、要占验〔'好'的〕形式本身如何的人，若把这种快乐拿来和思虑混合，真是太无谓了"。心思智虑此刻替自己、替记忆、替正当意见所答复的这些话不是有道理、有把握吗？

普　极有道理，极有把握。

苏　这一样也是必需的，否则没有一件东西能够产生。

普　哪一样？

苏　没有真理成分的不能真正产生，也不会存在。

普　怎能怎会？

苏　绝不。在这个混合上，如果还需要什么，你和费雷泊士尽管说。我觉得我们的理论已经完成了，似乎无形的条理要管理有生命的肉体。

普　苏格拉底，你可以说我也这么想。

苏　咱们若说关于"好"的问题已经升堂入室，也许有几分对吧？

普　我也这么想。

苏　那么，这个混合之中，什么部分是最宝贵的，同时又是这种混合所以对人人都是可取的主要原因？发现了这一件，然后再看它是比较接近于快乐呢，还是比较接近于宇宙间的心灵。

普　对。这一点对于我们下判断最方便。

苏　一切混合之所以有无上的价值，或卑微不足道，其原因不难见到。

普　你这话怎么讲？

苏　没有人不知道这一点。

普　哪一点？

苏　无论什么混合，如何混合，假如不调匀，无节奏，所混合的各部分一定要崩坏，混合根本不能成立。因为这不是混合，其实只是瞎凑。这种情形对于从事混合的人实在往往有害。

普　对极了。

苏　现在"好"的效能跑到"美"的性质里去了，因为调匀与节奏到处和美丽及品德相等。

普　满对。

苏　我们曾说过真理也在这混合之内。

普　当然。

苏　假如我们不能用一个形式概括"好"，请用三个，就是"真"、"美"、"匀"。三个合一，在混合中的各部分里面最堪得到认为原因，因为它们是好，混合本身才成好。

普　对极了。

苏　普漏他霍士，现在无论什么人都能替快乐和思虑下判断，到底哪一个比较近于"顶好"，在人在神比较可宝。

普　已经明显了。然而不如仍旧把这问题讨论完了。

苏　咱们且把那三件东西个个同快乐思虑的关系勘定一下，因为必得看看它们每个同快乐比较接近呢，还是同思虑比较接近。

普　你是指"美"、"真"、"匀"吧？

苏　是的。先提出"真理"来，普漏他霍士；提出以后，三件东西——心思、真理、快乐——一起看看。多想些时候，答复你自己——到底是快乐，还是心思，比较接近真理。

普　还要用时间想吗？我想其中的差别大得很。快乐本是最移人的东西，相传在最剧烈的两性相恋的快乐上，过分的沉溺尚且得神的原谅呢！因为快乐，像孩子一般，完全是盲目的。至于心思，不是真理，就是最像真理，或比较最真的东西。

苏　第二步，同样看看调匀，到底快乐所有的调匀比思虑所有的多呢，还是思虑所有的比快乐所有的多？

普　你所提的这一点也好办。我想世界上没有一件东西比快乐和狂欢更不调匀，没有一件东西比心思和学问更调匀。

苏　你说得妙。请你照样再讲第三件吧。思虑所得美的成分是否多些，是否比快乐美，或者倒过来，快乐所得的多，快乐比较美？

普　苏格拉底，没有一个人，做梦或清醒，曾见曾想心思和智虑是一件不光荣的东西——不管什么地方和什么情形，无论以往、现在或将来。

苏　对。

普　快乐呢，最大的快乐呢？我们看见人家享乐的时候弄出可笑可耻的状态，自己觉得难以为情，极力遮掩，偷偷在夜里做这类事，好像见不得天日似的。

苏　那么，普漏他霍士，你要到处宣布快乐不是第一产业，连第二位都够不上——远地叫人传达，近处自己宣讲。第一位是带永久性的凋匀、中度、得时，和那些应当认为与此同类的。

普　从此刻所说的看，似乎是这样。

苏　第二位就是节奏、美丽、圆满、充实，以及一切凡属这一类的。

普　似乎是的。

苏　你如果把心思智虑放在第三位，我敢预言，不会离真理太远。

普　也许。

苏　那些我们所认为属于心灵的，学术和所谓真意见，不是那三位以外的第四位吗？这些东西较比快乐近于"好"。

普　也许。

苏　第五位是那些我们所抽出而认为不带痛苦成分的快乐，所谓心灵本身的纯粹快乐，随学问和知觉而起的。

普　也许。

苏　呵见费务士说："到第六代诗歌的格调断绝了"。似乎我们的讨论也要到第六判决词而止，第二步没有别的，只要把所说的弄出一个纲领来。

普　这需要的。

苏　来，咱们再把同样的话叙述一遍，请我们的救主"帝士"

做第三次的证人。

普　什么话？

苏　费雷泊士承认快乐是整全绝对的"好"。

普　苏格拉底，你方才说"第三次"，似乎要把话从头说起。

苏　是的。请听下面的话：我，有鉴于方才所讲的，不赞成费雷泊士和其他无数人的主张，说思虑对于人生比快乐好得多。

普　是这样。

苏　怀疑着还有许多别的东西，我就说：假如有一件东西比这两件好，我便得帮助思虑同快乐争第二位，快乐甚至连第二位都取不到。

普　你是这么说的。

苏　其次，那两件没有一件显得够，这一点理由最充分。

普　对极了。

苏　那么，在这一场的讨论里，思虑和快乐二者都不取，因为他们都不是"好"的本身，不能自足，没有圆满无亏的器量。

普　另有强于它们俩的第三件出来时，思虑却显得比快乐接近于强者无数倍。

普　可不是？

苏　那么根据方才所下的断语，快乐居于第五位。

普　似乎。

苏　绝不是第一位；就是所有的牛马和一切别的畜生，当求乐时，异口同声这么说，也不算账。大家相信畜生的话，像占验的人相信候鸟，便断言快乐是人生最好的东西，我觉得他们把禽兽的欲望当作有力的凭证，那些哲学家们受了穆萨的感应所发出的话反而不如。

普　苏格拉底，我们大家公认你所说得极对。

苏　那么你们放我走吗？

普　还有一小点剩下，苏格拉底。我相信你不至于比我们先撒手，我要提醒你所剩下的是什么。

理想国

【商务印书馆2011年版】

理想国

（第一、二卷）[①]

[①] 严群译《理想国》（第一、二卷）已于《严群文集之一——柏拉图及其思想》（商务印书馆 2011 年版）刊出。

柏拉图生平和著作年表

（公元前427—347年）

诞生和成长时期
—·—（一）—·—
（公元前427—410年）

● 公元前 427 年[①]·诞生 ●

▲ 五月：诞生于雅典城邦德鲁家族阿里斯东（Ἀρίστων / Ariston）和梭仑后裔伯利克条尼（Περικρτιόνη / Perictione）家庭，得名阿里士多克勒（Ἀριστοκλῆς / Aristocles）[②]。

有两兄一姊一弟：

- 兄——阿德曼特（Ἀδείμαντος / Adeimantus）、格老贡（Γλαύκων / Glaucon）；
- 姊——波东尼（Πωτώνη / Potone）；
- 弟——安提丰（Ἀντιφῶν / Antiphon），异父弟。阿里士多克勒（柏拉图）幼年丧父，母改嫁毕利兰柏（Πυριλάμπης /

[①] 对于年代，每栏栏目标明"公元前"字样，余不重复。
[②] 又译：亚力斯托克里斯，见严群《柏拉图》，274 页，第 1 页，上海世界书局，1934 年。

Pyrilampes)①，生安提丰。

△阿那克萨戈拉（Ἀναξαγόρας Ἡγησιβούλου Κλαζομένιος / Anaxagoras，Hegesibulus 之子，克拉左美奈人，生于 500 年？）② 于上年在小亚细亚西北特洛阿德的拉姆普萨卡（Λαμψάκ / Lampsacus)③去世。

他本寓居雅典，是伯利克里的老师和挚友，因持唯物论观点以渎神罪受审，幸赖伯利克里干预，遭逐而免于一死。

★阿那克萨戈拉是第一个对天加以物理的解释的人，在另一种意义下，他和苏格拉底④一样，可以说是把天拖到地上来的人（马克思：博士论文，贺麟译，第 40 页，人民出版社，1961 / 73 年）。

△智者派哲学家、修辞学家高尔吉亚（Γοργίας ὁ Λεοντίνι / Gorgias of Leontini，生于 483 年）从西西里岛东部列翁提尼城率代表团出使到雅典来求援，帮助他们抵御其南的叙拉古城的侵犯；从此留居雅典相当一个时期。

⊙九月：雅典将军雷歧兹（Λάχης / Laches）等率舰队向西西

---

① 他是伯利克里的亲戚，政治上同情民主党。他和伯利克条尼的孩子，一说名德谟斯（Δῆμος），见阿伦（D. J. Allan）编，《国家篇》第一卷，希腊文，130 页，1940 / 44，伦敦，第 2 页（导言 1—33），厦门大学图书馆藏。
② 又译：安那萨哥拉，见王树枬《希腊春秋》（上下两册），卷五，第 33 页，兰州官报印书局，光绪 32 年（1906），西安中共陕西省委党校图书馆藏。
③ 克拉左美奈和拉姆普萨卡，又译为克拉作墨奈（Клазомены）和拉米萨克（Ламисак），见《世界通史》2，地图 3；克雷佐尔尼，见《伯罗奔尼撒战争史》，地图 12。
④ 又译：梭格拉底，见王学来译《哲学原理》，第 40 页，日本东京闽学会，光绪 29 年（1903），杭州浙江省图书馆藏；又见南京乐天馆主：《苏克雷地教育》（原文如此，疑脱"论"字——编者注），1926（？）年。本书未亲见，书目见于刘仁航：《东方大同学案》封底广告页，内容据称系柏拉图的苏格拉底对话摘译。

里进发，支援列翁提尼一方。

⊙自从卡里亚斯和约于449年签订以来，米太雅德（Μιλτιάδης / Miltiades）、客蒙（Κίμων / Cimon，512—449）父子、寡头集团头目相继死去，雅典杰出的政治家伯利克里（Περικλῆς / Pericles，495—429）自443年连续十五年，年年当选为将军，不久前染疠疫去世。

⊙以雅典、斯巴达各一方为主的伯罗奔尼撒战争（431—404）在进行。

●公元前426年·一岁●

★希腊的内部强盛时期是伯利克里时代，外部强盛时期是亚历山大时代。在伯利克里时代，智者派，称得上哲学化身的苏格拉底、艺术以及修辞学等等排斥了宗教，而亚历山大的时代就是既否认"个人精神的永恒不灭又否认当代各种宗教之神的亚里士多德的时代。"（《马恩全集》1，113）

△哲学家苏格拉底（Σωκράτης Σωφρονίσκου Ἀθηναῖας / Socrates of Athen，Sophronicus之子，生于469年，四十五岁）在雅典十分活跃。

他最初向阿那克萨戈拉学习，后者见逐，就转向自然哲学家阿刻劳斯（Ἀρχελάυς / Archelaus），向音乐家、智者阿伽托克勒（Ἀγαθοκλῆς / Agathocles）[①]的弟子达蒙（Δάμων / Damon，475—

[①] 又译：阿卡若克利，见张译（详见411年条注），第226页，此人见于二⑥180D，一⑩310E（二⑥之类是柏拉图著作编号，二指斯特方本第二卷，⑥指第六种，详见本表最后著作栏）。

410）^① 求教。

他结交医学界人士阿库门（Ἀκουμενός / Acamenes）、厄里什马克（Ἐρυζμάχος / Eryximachus）父子^②、赫洛狄库（Ἡρόδικος ὁ Σηλυμβριανός / Herodicus of Selymbria，也是智者）、体育家伊克斯（Ἴκκος ὁ Ταραντῖνος / Iccus of Tarentum）^③、音乐家兰柏罗（Λάμπρος / Lampro）等等。

他的妻子是臧蒂普（Ξανθίππη / Xanthippe）。

△著述家色诺芬（Ξενοφῶν Γρύλλου Ἀθηναῖας / Xenophon of Athen，Gryllus 之子）430 年生于雅典。青年时代，跟随苏格拉底学习。

△犬儒派^④ 奠基人安提西尼（Ἀντισθένης Ἀθηναῖας Ἀθηναῖος / Antisthenes of Athen，生于 441 年）参加丹那格拉（Τανάγρα / Tanagra）战役，英勇顽强。苏格拉底得知后，与人交谈时，予以赞扬。

他先后向高尔吉亚、苏格拉底学习，从前者学到修辞学，记述于所写《对话集》，从后者学到不计较生活享受，他住在比雷埃

---

① 此人见于二③ 118 C，二⑥ 180D、197D、200，二⑫400、404，三⑨ 364A，见朱译（详见 422 年条注）367。
② 此二人见于三④ 176、198，三⑤ 227、268、269，一⑩ 315；见朱译 91，张译 226。
③ 赫洛狄库和伊克斯见于一⑩ 316D。
④ Cynics，又译：犬园学派，见罗忠恕《希腊哲学》（梯利著），第 65 页，重庆商务印书馆，1944 年；傲世派，见黄方刚《苏格拉底》，119 页，第 118 页，商务印书馆，1931 年。Cynicism，马元德《西方哲学史》下卷（罗素著）译为以人性为己观，见第 480 页，商务印书馆，1976 年。

夫斯（Πειραιεύς / Piraeus）港①，天天赶几里路来雅典城听苏格拉底在人众聚集的广场与人侃侃而谈。

他劝自己的追随者也一块儿听苏格拉底所讲，但后来认为安尼多（Ἄνυτος / Anytus）比苏格拉底高明，于是，见到青年们从本都地区慕苏格拉底之名而来，他就领他们往安尼多处去。

△伯利克里的遗孀阿斯巴西亚（Ἀσπασία / Aspasia）和吕西克里（Λυσικλη / Lysicles）同居。

相传，阿斯巴西亚多才多艺，先后协助伯利克里、吕西克里，他们在社会上大有作为，颇得益于她。苏格拉底以此为例，向卡利阿斯（Καλλίας / CalliaS，455—370）建议把孩子委托阿斯巴西亚教育。

⊙芝诺（Ζήνων / Zeno）的弟子、雅典将军皮索多勒斯（Πυθόδωρος / Pythodorus）被派往西西里增援。

●公元前 425 年·二岁●

△历史学家希罗多德（Ἡρόδοτος / Herodotus，生于 484 年）去世。所著《历史》记述伯罗奔尼撒战争前，波斯帝国企图入主希腊世界受阻情况。

△天文学家、数学家恩诺匹德（Οἰνοπίδης / Oenopides）在

---

① 又译：拜里厄司，见《世界通史》2，41；毕莱乌，见《哲学史讲演录》2，144。这是雅典对外贸易的港口，也是转口业发达的地方，雅典城邦每年从这里征收到大量税金，总贸易额达两千塔兰同，成为地中海世界最大贸易港口。每塔兰同约合银二千四百两，等于六千得拉马。

世，他是柏拉图《对话集·恩特拉斯篇》^①（Ἀντερασταί / Erastae；Amoto Amotores / Rivals，斯特方^②版第一卷第132—139页，计七页）开篇的人物。

●公元前424年·三岁●

△苏格拉底参加第力安（Δήλιον / Delium）③战役，坚守阵地。最后，随主将雷歧兹撤退。

他在伯罗奔尼撒战争开始时就参加了波提代亚（Ποτίδαιαν / Potidaea，432—430）战役，临危不惧，援救了阿基比阿德（Ἀλκιβιάδης / Alcibiades，生于450年）④。

⊙雅典一方在第力安之役败于斯巴达。

●公元前423年·四岁●

△喜剧家阿里斯托芬（Ἀριστοφάνης / Aristophanes，446—385）在《云》（Νεφέλαις）⑤剧中把苏格拉底按当时一般人的流行

---

① 本篇一般取名 Ἐρασταί / the lovers，小奥林匹俄多鲁（Olympiodorus the younger，6世纪）即如此。普洛克鲁斯（Proclus，5世纪）则称为 Ἀντερασταί / the Rival Lovers。
② 又译：斯蒂凡，见《马恩全集》47，644。
③ 又译：德里阿木，见翦伯赞主编《中外历史年表》，第69页，中华书局，1961年；德利欧，见《哲学史讲演录》2，47；德力颜，见何译35；狄利俄斯（Делий），见《世界通史》2，地图4。该城属于比奥细亚，在东南端，邻近阿提刻。
④ 又译：阿尔西巴德，见《外国著名军事人物》上册，233页，第218页，北京知识出版社，1980年；亚西比得，见《辞海》。
⑤ 见罗念生等译《阿里斯托芬喜剧集》，人民文学出版社，1954年。攻击他的喜剧作家不仅此，还有 Eupolis, Ameipsias 等。本剧的现代演出剧照，见多弗（K. Dover）著《希腊人》（The Greeks，160页，牛津，1982年），插图40，苏格拉底正在教育农场主斯瑞西阿得斯（Strepsiades）。

观点，描述为智者派哲学家①揶揄一番，攻击他不切实际，诬他蛊惑青年，宣传无神论，暗射他即是米洛斯（Melos）岛人无神论者（Atheos）诗人狄阿戈拉（Διαγόρας / Diagoras）。作家后来修改剧本，还添上焚烧苏格拉底思想所［a Speculation-shop / thinking-shop］（学校）的情节。

相传，苏格拉底在场观赏，当场现身示众，让大家亲自对比核实，态度自若。

● 公元前 422 年・五岁 ●

△ 苏格拉底参加安菲城（Ἀμφίπολις / Amphipolis）②之役。

△ 诗人伊安（Ἴων / Ion）③死。他是柏拉图《对话集・伊安篇》（ΙΩΝ / IO，斯特方版第三卷 530—542 页，计 12 页）发言者，和苏格拉底讨论诗的灵感，谈话提到阿那克萨戈拉友人、诗人，兰

---

① 苏格拉底死后出生的艾其纳斯（390—？）提到苏格拉底，也称之为智者，见其《反提马库斯》（KATA TIMAPXOY），第 173 页。
② πόλις，城，城邦，城市国家。有的译为安菲波利斯（Амфиполь）见《世界通史》2，1270；安菲玻里，见《伯罗奔尼撒战争史》，地图 1。位于埃翁（或爱昂）之北，同居斯特律蒙河出海口，与亚里士多德故乡斯塔吉拉遥遥相望。
③ 又译：伊昂，见吴寿彭《政治学》（亚里士多德著），第 75 页注②。哀盎，见郭译 4。
    中译本：朱光潜《柏拉图：文艺对话集・伊安》，369 页，第 1—20 页，人民文学出版社，1980 年。
    希腊原文的英文注释本（Plato : Ion），麦克格雷戈（J. M. Macgregor）注并撰导言，45 页，剑桥，1912 年，厦门大学图书馆藏。
    英译汇编本《柏拉图对话五篇》（Five Dialogues of Plato Learning on Poetic Inspiration，277 页，1927 年），收雪莱（P. B. Shelley）所译一⑭，三④，西登汉姆（F. Sydenham）所译二②，卡里（H. Cary）所译一④，赖特（J. Wright）所译三⑤，北京图书馆藏。
    南京图书馆藏：Ione，意大利都灵，1935 年。

普萨库人墨特洛特（Μητρόδωρος / Metrodorus）。

⊙雅典将军修昔底德（Θουκυσίδης / Thucydides，生于460年）因于安菲城之役驰援不力，被追究遭放逐。

●公元前 421 年 · 六岁●

△据说阿德曼特、格老贡年纪比柏拉图大[1]，格老贡大十三四岁，阿、格两人本年向苏格拉底请教国家、社会、政治问题，以便参加社会生活，他们的对谈构成了柏拉图《对话集·国家篇》（ΠΟΛΙΤΕΙΑ / CIVITAS，全篇十卷，斯特方版第二卷327—621页，计294页）内容[2]。

---

[1] 如果据色诺芬《回忆录》（八卷）第六卷所记，柏拉图大于格老贡。人名又译：哀地孟德、克拉根，见吴译；一、格罗康，见朱译 21；爱迭孟塔斯、格劳肯，见徐译 12；阿代曼图斯、格劳孔，见何译 16，书名又译为"理想共和国"。

[2] 中译本：吴献书《理想国》（十卷分五册）：103+110+118+103+89 = 523 页，合 238000 字），商务印书馆，1929 / 57 年。据罗得岛人斯多亚派巴纳修（Παναίτιος ὁ Στωικος / Panaetius）说，柏拉图写国家篇的开篇，数易其稿，本篇内容涉及教育、政治、哲学、美学等，译文又散见下列各书：
朱光潜《柏拉图：文艺对话集》，选译第二第三卷，376—383 页、第 386—403 页，统治者的文学音乐教育，第十卷，第 595—608 页，诗人的罪状。
徐宗林《西洋三千年教育文献精华》（罗勃·乌里其〔Robert Ulich〕编，全书409页，第3—33 页）选译第二、第三、第四、第七卷，据 Paul Shorey 英译（1930—1935 年）；台北幼狮文化事业公司，1970 / 73 年，篇名译为"共和国"。有人建议译为"造邦论"。郑晓沧《柏拉图论教育》（92 页，第 1—92 页），据乌里其《精华》选译，人民教育出版社，1958 / 80 年。
鲍桑葵（B. Bosanquest）编《柏拉图〈国家篇〉手册》（A Companion to Plato's Republic，429 页），1895 年；厦门大学图书馆藏；怀特（N. P. White）编同名手册，275 页，牛津，1979 年，上海图书馆藏；克罗斯（R. C. Cross）等注释本（Republic, A philosophical Commentary, 295 页），纽约，1971 年，哲学所、武汉大学图书馆均藏。
英译本：戴维斯和沃恩（J. L. Davies and D. J. Vaughan），1852 / 1950，袖珍本，370 页；康福斯（F. M. Cornford, 1874—？），牛津，350 页；李（D. Lee），企鹅丛书，1955 / 74，467 页，均南京郭斌龢藏。克尔（A. Kerr），芝加哥，1918，南京图书馆藏。

⊙雅典和斯巴达签订尼西亚①和约，伯罗奔尼撒战争第一阶段（431—421 年）告结束。

● 公元前 420 年 · 七岁 ●

▲ 按雅典的制度规定，富裕公民的男孩子七岁就上学，到缪司学校学习文化，前三年认字，然后听老师讲授荷马、赫西俄德等诗人作品，学朗诵练演说，为日后参加社会生活做准备。继而学习音乐——广义的文化课程。

那时期，人们"文化教育的主要部分在于熟习诗篇"（《普罗泰戈拉篇》338）。苏格拉底说：我们受了良好的政府的教育影响，自幼就和诗发生了爱情。

柏拉图给送进狄奥尼索（Διονυσίος / Dionysius）的学校受启蒙教育。

△ 数学家希比阿斯（Ἱππίας Ἠλεῖος / Hippias of Elis，460—390）②正当盛年。像当时许多智者派人物一样，他去斯巴达，去西西里，到雅典，到奥林匹亚参加全希腊的庆典，到处漫游，教人修辞和演说。

柏拉图《大希比阿斯篇》(ΙΠΠΙΑΣ ΜΕΙΖΩΝ / HIPPIAS MAJOR)，《小希比阿斯篇》(ΙΠΠΙΑΣ ΕΛΑΤΤΩΝ / HIPPIAS

---

① 尼西亚（Νίκιας / Nicias，470—413）雅典统帅，大奴隶主，温和民主派，反对主战派克里昂（Cleon，皮革商）。相传他出租一千名奴隶于矿山劳动。
② 又译：喜皮阿斯，见侯德润、张兰《数学史》（斯科特著），第 29 页，商务印书馆，1981 年；希比亚，见张译 223；希璧亚，见郭译 4（导言）；惠比亚，郭译 7；赫毕亚，郭译 294。中译本：《文艺对话集·大希庇阿斯篇》（第 178—210 页）。

MINOR)①（第三卷281—304页，第一卷363—376页，计25+13=38页）记述了他和苏格拉底讨论美等问题的情形。

● **公元前418年·九岁** ●

⊙雅典将军雷歧兹死。他生前赞扬苏格拉底在第力安战役中的英勇表现，认为足以为国人表率。

柏拉图《雷歧兹篇》（ΛΑΧΗΣ / LACHES，第二卷178—201页，计24页）②记述他晚年（419或420）和尼西亚，吕西马各斯（Λυσίμαχος / Lysimachus，阿立斯提德〔Ἀριστείδης / Aristeides〕的儿子）美里梭（Μέλισσος / Melissus，爱利亚学派、萨莫斯军人）跟苏格拉底讨论的情形。

● **公元前417年·十岁** ●

△伊利斯的斐多（Φαίδω Ἡλεῖος / Phaedon of Elis）生。

---

① 这两篇，各本处理方法很不一致。周厄提把Greater（或Longer）Hippias列于全集第一卷末，属正编，Lesser H.做附录。英国百科全书公司所编《西方杰作·柏拉图卷》（Great Books of the Western，芝加哥，1952 / 80年，874页，首都图书馆藏）则根本不收，只收二⑤⑦⑥，一⑩⑨⑫，三⑤，一⑭，三④，二②，一①②③④⑬，二⑫，三①②③，一⑦⑧，二⑩⑪⑬和哈沃德（J. Harward）所译第七封信。
② 又译：拉黑斯，见《西方哲学史》上册（梯利），第284页；赖吉斯，见何译35；拉刻斯，见范明生文，收于《外国哲学史研究集刊·四》上海人民出版社，1981年。英译者兰姆（Lamb）将之与一⑩，二②，一⑨编译为一集，收于娄卜丛书，武汉大学图书馆藏（十二册，不全）。
　　德译者以之和二⑤⑦，三⑥，一⑪⑩⑨⑭，二⑨，共八篇，题为《早期对话集》（Frühdialoge）出版，1974年，瑞士。

●公元前 416 年·十一岁●

△苏格拉底友人阿伽通的悲剧在祭神大典戏剧竞赛中得奖。

●公元前 415 年·十二岁●

▲按雅典的制度规定,在缪司学校学习的少年,从十二岁起,同时进入巴来斯特拉体育学校(Παλαίστρα / Palaestra)学体育技巧,锻炼身体,准备服兵役。

★雅典人的普遍训练里,锻炼技巧和增强体力同时并重。(《马恩全集》14,12)

▲体育学校教师阿里斯东(Ἀρίστων / Ariston)见他肩宽(一说前额突出,说法不一)给他取名柏拉图(Πλάτων / Plato)[1]。

△天文学家蒂迈欧(Τίμαιος / Timaeus of Locri)在政府中任职。

柏拉图《蒂迈欧篇》(TIMAIOΣ / TIMAEUS,第三卷 17—92 页,计 75 页)[2]记述蒂迈欧的自然观。

⊙伯罗奔尼撒战端重启,阿基比阿德率军冒险远征西西里岛。

---

[1] 又译:普拉透,见上海《中西教会报》(月报)甲辰〔1904〕正月第一卷。

[2] 又译:提姆士,见唐君毅《中西哲学思想之比较研究集》,412 页,第 6 页,正中书局,1943 年。中译本:梁昭锡《古代的地理学》(波德纳尔斯基编,426 页),摘译约七百字,三联书店,1958 年。

英文方面有康福(F. M. Cornford)的 Plato's cosmology,译注本,376 页,1956 年,伦敦,上海图书馆藏;泰勒(Thomas Taylor)的 The Timaeus and Critias or Atlanticus,249 页,1944 年,纽约,上海图书馆藏。

相传,柏拉图壮年去西西里途中,在南意大利从毕达戈拉派克罗东人菲罗洛(Φιλόλαος Κροτωνιάτης Πυθαγορικός / Philolaus the Pythagorian)的亲戚手中购到菲罗洛的著作,据之以写出自己这部《蒂迈欧篇》,姑存一说。

不久，因雅典城内许多赫麦斯神像被毁案涉嫌，闻风潜逃，降斯巴达。

⊙春季：雅典将军拉马卡斯（Λάμαχος / Lamachus）①在远征西西里岛之役阵亡。

●公元前414年·十三岁●

△数学家泰阿泰德（Θεαίτητος / Theaetetus）生，少从苏格拉底游，数学上有成就。离开雅典后，到黑海的赫拉克利亚（Ἡράκλεια / Heraclea）办学。

柏拉图《泰阿泰德篇》（ΘΕΑΙΤΗΤΟΣ / THEAETETUS，第一卷142—210页，计68页）②记述师弟两人讨论知识和学习的问题。

△三月：阿里斯托芬在酒神大祭上演的《鸟》（Ὄρνιθες）剧中奚落智者派哲学家普洛狄科斯（Πρόδικος / Prodicus，生于480年）③。

---

① 此人见二⑥197C。
② 又译：铁塔斯，见《数学史》33。该书关于泰阿泰德的年代作"公元前480年前后"，误。中译本：严群《泰阿泰德·智术之师》（221页，第25—117页），商务印书馆，1963年。两篇计148000字。

俄译本 ТЕЭТЕТ 有两种：㈠舍列日尼柯（Виктор Сережников），191页，1936年；㈡西里叶夫（Т. В. Васильев），收于《柏拉图选集》2，223—317，皆哲学所图书馆藏。

1843年，巴黎出版施瓦尔贝（J. A. Schwalbé）编《柏拉图形而上学对话集》(Dialogues metaphysiques)，收 Théétète: ou, De la science；Cratyle: ou, De la propriété des mots；Euthydeme: ou Le disputeur；Le sophiste: ou, De l'être；Parménide: ou, Des idées；Timée: ou, De la nature；Critias: ou, L'Atlantide。

③ 此人见一⑩，三⑭397C-399C，一⑧19E，一⑦151B，三④177，一⑤128A，三⑥282C，三③366C。又译：普若第库斯，见朱译369；普罗第克，见张译315；普洛迪恪士，见严群220。

普洛狄科斯在伯罗奔尼撒战争前已闻名于雅典,相传,苏格拉底听过他讲学。

△狄阿戈拉久客雅典,以诗闻名,相传是德谟克利特的弟子,不信神,终于为雅典所逐。阿里斯托芬在《云》剧中仅暗讽他。在《鸟》剧中就点名直接攻击他。他后来死于科林斯。

● 公元前413年·十四岁 ●

⊙雅典统帅尼西亚斯参加西西里远征,全军覆没,被俘而死。

⊙马其顿国王阿刻劳斯（Ἀρχέλαος / Archelaus）在位（413—399），登基后,加强军队,改革货币,修筑道路,大力整顿国家,把京城从埃楷（Αἰγαί / Aegae）东迁到近海的伯拉（Πέλλα / Pella），对外继续发展和南部的希腊的友好关系,欢迎希腊文化艺术思想界人士前来宫廷：

• 戏剧家欧里庇得斯。
• 画家宙克西斯（Ζεοζις / Zeuxis，5世纪后半叶）。
• 诗人、音乐家提摩太（Τιμόθεος / Timotheces）。

● 公元前411年·十六岁 ●

△智者派哲学家普罗泰戈拉（Πρωταγόρας Ἀρτέμωνος Ἀβδηρίτης / Protagoras of Abdera[①]，Artemon之子,生于485年[②]），

---

① 据本都人赫拉克利特《论法律》（Περί νόμων）。
② 他的寿命,一说九十岁。一说七十岁,关键在生年。阿波洛托鲁（Ἀπολλόδορος / Apollodorus）于其《年代纪》（Χρονικοῖς）把他的鼎盛年（ἀκμή / flourish，通常指四十岁）系于奥林匹克节（444—441），其他人又各执一词。古希腊人而有生卒年

四百人议会成员毕多托鲁（Πυθόδωρος Πολυζήλου / Pythodorus of Polyzelus）[①]指控他多年来蛊惑人，使他们不信神；他风闻受控，逃出雅典，前往西西里岛避难，途中遇难身死。

柏拉图《普罗泰戈拉篇》（ΠΡΩΤΑΓΟΡΑΣ / PROTAGORAS，第一卷309—362页，计52页）[②]记述433年苏格拉底（36岁）在卡利阿斯家的谈话，他向人们追述他自己和普罗泰戈拉这些智者的讨论。

△雅典演说家安提丰（Ἀντιφῶν / Antiphon of Rhamnusia，生

（接上页）悬殊这一类问题者不在少数，更不必提一二年、三五年之差，本表将阿那克萨戈拉卒年系于428，近见吉冈等编《柏拉图人名、概念辞典》（Platon / Lexikon der Namen und Begriffe / verfasst von Olof Gigon und Laila Zimmermann，小32开，351页〔概念41—299；人名307—351〕苏黎士和慕尼黑，1975，北京大学图书馆藏）第311页系于425，里斯（W. L. Reese）《哲学宗教辞典》（Dictionary of Philosophy and Religion: Eastern and Western Thought，1980，美国新泽西州哈佛出版社）第14页则系之于422。

① 据阿里斯多德，控诉人是优阿鲁士（Εὔαθλος / Euathlus）。
② 中译本：张师竹、张东荪译《柏拉图对话集六种》（377页，第213—303页），商务印书馆，1933年。人名又译：普洛他过拉，波罗他谷拉，见张译354。此处提到他收益比菲狄亚斯等得多。

希腊原文的英文注译本（Platonis Protagoras），阿当（J. Adam and A. M. Adam）注释，后附 Quaestiones Protagoreae〔按 Frei 的编序排列，九条分列六组〕，213页，剑桥，1893 / 1921年，厦门大学图书馆藏。

俄译者以之和一⑨，二⑥⑤，一①②③共七篇（ПРОТАГОРЬ，ЭВТИДЕМЬ，ЛАХЕСЬ，ХАРМИДЬ，ИНШАСЬ［ИППIАСЬ МЕНЬ-ШИЙ］，ЭВТИФРОНЬ，АПОЛОГИЯ СОКРАТА），编译为《柏拉图著作集》（СОЧИНЕНИЯ ПЛАТОНА，1863年）第一卷（448页）出版。第二卷为一③④，二②，一⑬，二③④等六篇（КРИТОНЬ，ФЕДОНЬ，МЕНОНЬ，ГОРГIАСЬ，АЛКИВIАДЬ ПЕРВЫЙ，АЛКИВIАДЬВТОРОЙ），哲学所图书馆藏。阿斯穆尔（B. АСМУС）所编《柏拉图对话选集》（ПЛАТОН. ИЗБРАНЫЕ ДИАЛОГИ，414页）俄译本则收 Протагор，Пир，Федр，Ион，Апология Сократа，Критон，Федон 等七篇，1965年，北京图书馆藏。

于 480 年）去世。①

⊙雅典城邦发生政变，民主制度拥护者在战争中受到很大挫折，寡头分子施加压力，公民大会废除民主政治制度，参加公民大会人数缩减为五千人。寡头分子——富有的奴隶主（以安提丰②、皮山德、福里尼卡斯为首）组成"四百人议会"管理国家，召集公民大会。后，战争失败，优卑亚岛爆发反雅典起义，寡头政府执政不到一年即垮台，民主制又恢复。

阿基比阿德这时，先是站到波斯（这位朝三暮四的政客，从斯巴达又转而投靠波斯）一方，而和雅典寡头政府秘密谈判，旋又利用政变之机，从民主政府取得谅解，统率雅典海军出战，屡建战功。

服兵役和投苏门时期
—·—（二）—·—
（公元前 409—399 年）

●公元前 409 年·十八岁●

▲按雅典的制度规定，富裕公民的子弟从体育学校结业以后，开始服兵役。柏拉图这种家庭出身的青年多到骑兵部队执勤。此

---

① 他的著作《论真理》残篇，于 20 世纪初发现。此人见二⑨ 236A。
② 又译：安替芬，见谢德风《伯罗奔尼撒战争史》（修昔底德著），第 660 页，1960 / 78 年，商务印书馆。福里尼卡斯（Phrynichus），又译：佛若尼科斯（Фриних），见《世界通史》2，1242。

时，战争已近尾声，骑兵一般就在阿提刻一带。

相传，柏拉图在409—404年间参加过三次战役。

他这实际上是开始接受考核（δοκιμασία），类似我国的加冠礼，以便两年后，参加雅典四月（公历十月中旬至十一月中旬）的阿帕图里亚节（Ἀπατούρια / the Apaturia），争取载入本区户籍（ληξιαχικὸν γραμματεῖον）得到公民资格。

⊙迦太基（今北非突尼斯一带）派遣大军登陆西西里岛，先后占领与之遥遥相对，位于西南部的瑟里嫩特、阿格里根特（Ἀκραγαντῖνος / Agrigentum）①格拉诸城（409—405年）。

● **公元前 408 年·十九岁** ●

△高尔吉亚②在第九十三届奥林匹克节（运动会）上发表演说，呼吁希腊人雅典和斯巴达团结起来，对付波斯。

▲柏拉图在跟随苏格拉底学习之前，向克拉底鲁（Κρατύλος / Cratylus）学习赫拉克利特哲学，向赫莫根尼（Ἑρμογένες / Hermogenes）学习巴门尼德哲学。

柏拉图《克拉底鲁篇》（ΚΡΑΤΥΛΟΣ / CRATYLUS，第一卷383—440页，计57页）、《巴门尼德篇》（ΠΑΡΜΕΝΙΔΗΣ / PARMENIDES，第三卷126—166页，计40页）③记述了他们的思想。

---

① 又译：阿格拉真坦（Агригент），见《世界通史》2，135；亚格里琴敦，见《世界风物志·义大利》，第103页，台北地球出版社，1977 / 79年，中国科学院图书馆藏。这里是恩培多克勒（Ἐυπεδοκλής / Empedocles，484—424）的故乡，晚年（424）他在城邦推动民主改革。
② 又译：哥尔基亚，见《伯罗奔尼撒战争史》241。
③ 中译本：陈康《柏拉图〈巴曼尼德斯篇〉》，255页，商务印书馆，1943年。

△叙拉古的狄翁（Δίων Συρακόσιος / Dion of Syracuse）生。

● 公元前 407 年·二十岁 ●

▲跟随苏格拉底学习，苏格拉底经常在公共场所与青年交谈，他的所谓思想助产术——教导人们独立思考、认真分析问题的方法①，他言谈所围绕的中心——认识自己无知，只有神是全知全能的，以及他之教导人们而不取酬，这一切与当时风靡全城甚至整个希腊的智者派修辞学者、演说家等迥然相异，在雅典吸引了许多青年，各地负笈前来者众。

柏拉图父母双方的亲人克里锡亚斯（Κριτίας / Critias，其叔，460—403）②、查密迪斯（Χαρμίδης / Charmides，其舅）③均和苏格拉底早就相识，常相过从。柏拉图早就和苏格拉底有接触，如今不过亲炙教诲，学有定师。

柏拉图《克里锡亚斯篇，或大西岛故事》（Κριτίας ἢ Ἀτλαντικός / Critias or Story of Atlantis，第三卷 106—121 页，计 16 页）、《查密迪斯篇》（ΧΑΡΜΙΔΗΣ / CHARMIDES，第二卷

---

① 通常称为：苏格拉底式的讽刺（Die Ironie des Sokrates），见黑格尔《哲学史讲演录》2，55；又译：苏格拉底式的幽默（ironie socratique / сократическая "ирония"），见朱译 335；苏格拉底式佯装无知法（Socratic irony / εἰρωνεία），见〔英〕柏拉威尔著，梅绍武等译《马克思和世界文学》（S. S. Prawer, Karl Marx and World Literature，1976）第 41 页，三联书店，1980 年；苏格拉底的讥讽，见《哲学史》1，107；苏格拉底的反语。
② 又译：克立替阿斯，见《中外历史年表》72。
③ 又译：卡密德，见朱译 290；卡尔米德，见陈修斋《希腊思想和科学精神的起源》（法·罗斑著），第 201 页，商务印书馆，1965 年。相传，查密迪斯表示要送苏格拉底几个奴隶，供他出租奴隶以得利，苏格拉底谢绝。

153—176 页，计 23 页）^① 即以他们两人名字命名。

△柏拉图的侄子、波东尼的儿子斯彪西波（Σπεύσιππος Εὐρυμέδοντος Ἀθηναῖος / Speusippus of Athen，Eurymedon 之子）生。后世所传柏拉图伪作《定义集》（OPOI / DEFINITIONES，第三卷 411—416 页，计 6 页）有人认为是他所作。

⊙赫莫克拉底（Ἡρμοκρατος / Hermocrates）^②去世。他于 415 年指挥叙拉古军队抵御雅典的进犯。

● 公元前 406 年·二一岁 ●

△苏格拉底身为五百人会议（boule，议事会）成员，担任轮值主席时，力排众议，不同意色拉米尼（Θηραμένες / Theramenes）^③等指控阿吉纽西群岛海战中一时失误六将领（原八名，二名在逃），他指出将领们打了胜仗，援救落海和死伤战士任务纯系受到险恶风浪影响而未能完成，不宜求全责备。

△欧里庇得斯（Εὐριπίδης / Euripides）^④在马其顿宫廷去世。

---

① 德译者巴塔萨（Ham-Urs von Balthasar）把本篇和其他三篇（一①，二⑥，二⑦）辑译出版于瑞士巴塞尔，1950 年；哲学所图书馆藏。英译者周厄提把本篇和其他十二篇（二⑦⑥，一⑭⑩⑨，二②，一①③④，三④⑥），并附三篇（一⑪，二③⑨）辑译，编为《柏拉图对话集》第一卷出版。

② 参看利维（G. R. Levy）著《柏拉图在西西里》（Plato in Sicily，161 页，伦敦，1956〔mcmlvi〕年），上海图书馆藏。

③ 又译：忒剌墨尼斯（Ферамен），见《世界通史》2，1258；特拉门尼，见《伯罗奔尼撒战争史》690。他也参战，任三列桨战舰舰长。后来，在三十僭主执政时期，被克里锡亚斯处死。此人见三⑨ 368E。

④ 此人见一⑦ 154D，三⑤ 268C，二③ 113、125，一⑤ 125，一⑬ 484、485、492，一⑭ 533D，二⑫ 568；其诗句并散见多处。

第一部分　柏拉图对话录　531

在雅典期间（一年前离开），他和普罗泰戈拉、阿那克萨戈拉、苏格拉底等相过从，人们喜欢到他藏书丰富的家里去做客，普罗泰戈拉在那里朗读了所著《论诸神》（Περὶ Θεῶν / On the Gods）的开篇部分。

⊙雅典舰队在阿吉纽西群岛（Arginusae，位于列斯堡岛和小亚细亚大陆之间）海战中击溃斯巴达。

△悲剧家索福克勒斯（Σοφοκλῆς / Sophocles，生于495年）死。

● 公元前405年・二二岁 ●

△阿基比阿德身为专制总督统帅，接连打败仗，雅典盛传他会趁此实行暴政。他发觉形势不妙，逃离雅典。下年在波斯被当局处决。

柏拉图《阿基比阿德上篇》（ΑΛΚΙΒΙΑΔΗΣ ΠΡΩΤΟΣ / ALCIBIADES PRIMUS，第二卷103—135页，计32页）、《阿基比阿德下篇》（ΑΛΚΙΒΙΑΔΗΣ ΔΕΥΤΕΡΟΣ / ALCIBIADES SECUNDUS，第二卷138—151页，计13页，下篇通常认为是伪作）[1]记述苏格拉底指导阿基比阿德认识社会、国家，如何参加政治活动。

---

[1] 《柏拉图的神学对话集》（Plato's divine Dialogues）收二③④，一⑤①③④，二⑥，一⑥⑩和一②；译附达西埃（M. Dacier）版的导言和注释，411页，伦敦，1851年，北京大学图书馆藏。

英译本 The Axiochus；On Death and Immortality，布莱克尼（E. H. Blakeney）译，伦敦，1937年。斯宾塞（Edmund Spencer，1552—1590）据1568年拉希文对照版译的本子，1934年由巴德尔福（F. M. Padelford）编辑出版于巴尔的摩（美国）。

柏拉图《阿克西奥库斯篇》（ΑΞΙΟΧΟΣ / AXIOCHUS，第三卷364—372页，计8页），阿克西奥库斯（Ἀξίοχος）是阿基比阿德的叔父。

⊙西西里岛东部叙拉古军事领袖狄奥尼索斯（Διονύσιος / Dionysius）[①]在菲利斯托斯（Φίλιστος / Philistus）协助下，夺取政权，成为叙拉古僭主。从此，民主派领袖狄奥克勒斯（Diocles）建立的民主制度（各种立法）为僭主制所替代，虽然议事会、公民大会（主席是狄奥尼索斯）仍保留一定权力，毕竟性质已迥然相异。

●公元前404年·二三岁●

▲柏拉图一度考虑投身政界。

△苏格拉底拒绝遵从三十僭主寡头政府命令，拒不随其他四人前往逮捕萨拉密的莱翁（Λέων ὁ Σαλαμίνιον / Leon the Salaminian）。

△伊索格拉底（Ἰσοκράτης / Isocrates，生于436年，三二岁）在开奥斯（Chios）开办学校，收学生授修辞学，教演讲术。不久，就转到雅典来活动。

⊙四月：伯罗奔尼撒战争结束。斯巴达玻舍尼阿吉军队包围雅典，在斯巴达统帅来山得（Λύσανδρος / Lysander，？—395）扶植下，雅典出现三十僭主（ὁ τριάκαντα）寡头政府（本年六月至

---

① 又译：迪奥尼西（Дионисий），见冯憬远、李嘉恩等译《政治学说史》（三册）上册，第67页，法律出版社，1959。在狄奥尼索斯的得力助手中，大家知道，有著名典故"德摩克利斯剑"里那位大臣。

下年二月），为首的是极端分子克里锡阿斯。色拉米尼反对斯巴达扶植的傀儡政权不成，人们选他进去以为牵制，终因反对克里锡阿斯而被处死。

⊙ 伯罗奔尼撒战争后期政治家克立托封（Κλειτοφῶν / Clitophon）①演说家吕西阿斯（Lysias）②十分活跃，柏拉图《克立托封篇》（ΚΛΕΙΤΟΦΩΝ / CLITOPHON，第三卷406—410页，计5页）以此人名命名。

⊙ 寡头政府实行残酷的恐怖政策，受迫害者不下于战争时期牺牲于战场者，人们怨声载道。

●公元前403年·二四岁●

▲柏拉图很受苏格拉底赏识，成为他周围最接近的学生。

△苏格拉底的学生，从地区而言（一）来自好些城邦，不限于雅典；从职业而言（二）从事各种工作；从社会地位而言（三）各种身份都有；有一些学生，涉足政界（四），赫赫有名，后来他因几个劣迹昭著者而反受其累。

（一）• 麦加拉（位于地峡东部，西邻科林斯）的特尔卜细翁（Τερψίων / Terpsion）③。

• 伊利斯（伯罗奔尼撒半岛西北部）的斐多。

• 德拜的刻贝（Cebes）。

---

① 此人见二⑫328，340。
② 又译：莱什阿斯，见朱译90；赖锡阿，见郭、景译242；吕西亚斯（Лисий），见《世界通史》2，1250。他的父亲的作坊，有120个奴隶在那里劳动。
③ 又译：脱布襄：见郭译63。此人见一⑦142、143，一④59C。

• 居勒尼（非洲北部）的阿里斯底波（Ἀρίστιππος ὁ Κυρηναῖος / Aristippus of Cyrene，435—350）。相传，他向苏格拉底交纳 21 米纳（minae）做学费，苏格拉底返还他；而他是苏格拉底一些追随者里第一个收取学费的人。

（二）• 制香肠者的儿子艾斯其纳（Αἰσχίνης Χαρίνου τοῦ ἀλλαντοποιοῦ / Aeschines，Charinus 之子，430—360）①。

• 鞋匠西门（Σίμων Ἀθηναῖος, σκυτοτόμος / Simon）②。

（三）• 富裕公民克力同（Κρίτων Ἀθηναῖος / Crito of Athen）的四个儿子（Κριτόβουλος / Critobulus；Ἑρμογένης / Hermogenes；Ἐπυγένης / Epigenes；Κτήσιππος / Ctesippus）。

柏拉图《克力同篇》（ΚΡΙΤΩΝ / CRITO，第一卷 43—54 页，计 21 页）③记述克力同探监、劝逃，苏格拉底不为之动。

• 奴隶斐多。

• 德莫托库斯（Δημοδοκος / Demodocus）的儿子塞亚各（Θεάγης / Theages）。柏拉图《塞亚各篇》（ΘΕΑΓΗΣ /

---

① 对苏格拉底这位高足，为了把他和同名演说家区别，称之为 Aeschines Socraticus，他写了几篇苏格拉底对话（Σωκρατικοὶ λόγοι），有人（埃雷特里亚〔位于希腊优卑亚岛中部东岸〕的梅奈德穆〔Menedemus of Eretria〕）说他这几篇实际上就是苏格拉底自己的，是臧蒂普私下给他的，不确。
② 伯克（Boeckh）考证他是二⑧⑪ 的作者，于 1810 年编订出版。
③ 希腊原文的英文注释本：戴耶（Louis Dyer）于 1885 年将之与一②合注，后，西摩（Thom. D. Seymour）增附一④、三④片段和色诺芬的《回忆录》，246 页，美国波士顿，1908 年；瓦格纳（W. Wagner）评注一②③，125 页，波士顿，1877 / 79 年，均北京图书馆藏。英译本《克力同，又名：公民的义务》（Crito : or, The Duty of a Citizen, 卡里译，纽约，1898 年）；现代希腊文译本：科斯马（Κυριακου Κοσμα）译，文白对照，116 页，雅典，1954 年。

THEAGES，第一卷121—131页，计10页）即以其名命之。

·克里锡阿斯的亲戚、友人厄里克西阿斯（Ἐρυζεας / Eryxias）。柏拉图《厄里克西阿斯篇》（ΕΡΥΞΙΑΣ / ERYXIAS，第三卷392—406页计14页）即以其名命之。

（四）·阿基比阿德

·克里锡阿斯

·查密迪斯

·色诺芬

△色诺芬在三十僭主倒台后离开雅典，他知道自己的政治态度不会得到民主派政治家的谅解，就投奔波斯宫廷，由高尔吉亚的弟子普罗克塞诺（Πρόξενος Βοιώτιος / Proxenus of Boeotea）引荐，跻身军界，显示了非凡的将才；后返希腊（401年），旋又投效色雷斯、斯巴达。

⊙雅典城邦民主分子主战派和寡头分子主和派的内战暂告结束。寡头政府内讧，三十僭主、十人委员会都不能挽救覆灭的命运，民主派卷土重来，恢复民主制度。雅典商业资本、高利贷资本又得到发展。

⊙克里锡阿斯、查密迪斯等被处死。

★在推翻三十僭主的时代没有地产的雅典人，还不到五千人。（《马恩全集》23，404注）

●公元前402年·二五岁●

△帖撒里的美诺（Μένω / Meno）到雅典。他在帖撒里本是高尔吉亚（晚年寓居于此）的学生，来到这里后，接近苏格拉底。

柏拉图《美诺篇》（MENΩN / MENO，第二卷70—100页，计30页）记载师弟二人讨论道德品质能传授与否问题。①

△《美诺篇》提到的几个人物：欧多罗斯（Εὔδωρος / Eudorus）、麦里西阿斯（Μελησίς / Melesias）、斯特方（Στέφανος / Stephanus），同时也是后世所传柏拉图伪作《论德行篇》（ΠΕΡΙ APETHE / DE VIRTUTE，第三卷367—379页，计13页）的人物。

△修昔底德返回雅典，潜居修史，著《伯罗奔尼撒战争史》。

⊙希腊万人远征波斯，色诺芬也参加。

●公元前401年·二六岁●

△悲剧诗人阿伽通（Ἀγάθων / Agathon，生于447年）死。相传，他的剧作得奖（416年）后，邀约友人到家会饮庆祝，苏格拉底也在受邀之列。

柏拉图《会饮篇》（ΣΥΜΠΟΣΙΟΝ / SYMPOSIUM；CONVIVIUM，第三卷172—223页，计51页）②记述他们聚谈爱美、哲学修养等问题情形。

---

① 又译：曼诺，见张译。中译本：张译（第305—377页）。
② 又译：《盛筵》，见赵雅博《希腊三大哲学家》，台北，1965年；《飨宴》，见罗成纯主译《世界文明史·古代希腊》（第224页），台北地球出版社，1977 / 78年；《饮宴篇》，见何译28。

  中译本：朱译（第211—292页）；郭、景译《筵话篇》（第181—239页）；林苑文译《爱的对话》，84页，重庆国际文化服务社，1945年，重庆市图书馆藏；《恋爱论》，上海国际文化服务社，1947年，重庆市图书馆藏；吴锦裳译《飨宴》，134页，台湾省，1970年。

  法译本：Le Banquet ou de l'Amour，默尼埃（M. Meunier）译，237页，巴黎，1923年；罗斑译，法希对照，收于《全集》第四卷第二册，185页，巴黎，1976年，皆上海图书馆藏。

△伊利斯的斐多（十六岁）家乡沦陷，被敌方俘获，贩卖为奴，解到雅典。偶遇苏格拉底，替他请富裕的阿基比阿德（或克里托？）等聚款为他赎身；得到自由后，成为苏格拉底最亲近的学生。

柏拉图《斐多篇》（ΦΑΙΔΩΝ / PHAEDO，第一卷 57—118页，计 61 页）[①]记述苏格拉底在狱中临终前向来劝慰、告别的学生们坦然畅谈灵魂不朽的情形。对话以毕达戈拉派后期成员、夫利阿斯[②]的爱开克拉地斯（Ἐχεκράτης ὁ Φλιάσιος / Echecrates of Phlius）在夫利阿斯向斐多询问做引子，斐多介绍亲临目睹一切。

相传，当初，柏拉图写成初稿，名为《论灵魂》（Περὶ ψυχῆς），朗读给学生们听，只有亚里士多德坚持听完。

---

① 中译本：郭、景译《斐都篇》（第 59—180 页）；张译《菲独》（第 99—206 页）。
　　英译者利文斯通爵士（Sir R. W. Livingstone）以本篇和另两篇（一②，一③）编译为《苏格拉底画像》（Portrait of Socrates，牛津，1938 / 66 年）出版，商务印书馆资料室藏；摩尔（P. E. More）编译为《苏格拉底的审判》（The Judgment of Socrates，小 32 开，94 页）波士顿，1898 年，西安西北大学图书馆藏；约翰孙（S. Johnson，1709—1784）于 1783 年出版的译文（一③④）由摩莱（H. Morley）出版于 1888 年，64 开，192 页，伦敦，商务印书馆资料室藏；布卢克（R. S. Bluck）译注本，208 页，1955 年，纽约，哲学所图书馆藏。
　　德译本：Platons Dialog：Phaidon；oder über die Unsterblichkeit der Seele，155 页，莱比锡，第二版（2 aufl.），1920 年；法译本：Le Phédon ou de l'Ame，勒梅尔（P. Lemaire）译注，巴黎，1941 年，皆上海图书馆藏。

② 又译：弗里翁特（ὁ Φλιοῦς / флиунт），见《世界通史》2，1279；菲留市（Phlius）之伊奇块替，见郭译 60。位于伯罗奔尼撒半岛东北部阿索帕斯河上游，从西库翁入科林斯湾。

●公元前 400 年・二七岁●

△修辞学家斐德若（Φαῖδρος / Phaedrus，生于 450 年）死。

柏拉图《斐德若篇》（ΦΑΙΔΡΟΣ / PHAEDRUS，第三卷 227—279 页，计 50 页）[1]记述他向苏格拉底讨论修辞学情形，通篇中心是苏格拉底评论演说家吕西阿斯的一篇文章。

△相传苏格拉底生前听到柏拉图《李斯篇》（ΛΥΣΙΣ / LYSIS，第二卷 203—223 页，计 21 页），记述在民主派政治家厄庇克拉特（Ἐπικράτης / Epicrates）[2]家中一次讨论经过，苏格拉底听过后说，这后生杜撰了我多少话呀！[3]

△历史学家修昔底德去世。

●公元前 399 年・二八岁●

△春季：苏格拉底被控渎神、败坏青年，控告人是悲剧诗人美勒多（Μέλητος / Meletus）、煽动者吕空（Λύκων ὁ δημαγωγός /

---

[1] 中译本：朱译（第 90—177 页）；郭、景译《斐德罗篇》（第 241—314 页）。
　　希腊原文的英文注释本：汤普森（W. H. Thompson），伦敦，1868 年。
　　南京图书馆藏：Fedro，意大利都灵，1937 年。
　　北京师范大学图书馆藏：Phaidros；oder，Vom Schönen，施莱马赫译，莱比锡，83 页；英译者赖特（J. Wright）以本篇和二⑦，一⑩共三篇合译为一卷，据贝克版，273 页，伦敦，1929。
[2] 又译：伊匹克雷，见郭、景译 242。
[3] 有人指出，第欧根尼・拉尔修所记这轶闻，乃混淆了安提西尼和柏拉图，事实是安提西尼写过苏格拉底对话，苏格拉底听到后不以为然，而柏拉图写对话已是苏格拉底去世之后。

Lycon the demagogue)、民主派政治家安尼多（Ἄνυτος / Anytus）。[1]

▲柏拉图参加苏格拉底受审会。

△苏格拉底于被控后，向游叙弗伦（Εὐθύφρον / Euthyphro）剖白自己对神的态度。

柏拉图《游叙弗伦篇》（ΕΥΘΥΦΡΩΝ / EUTHYPHRO，第一卷 2—16 页，计 14 页）[2] 记述苏格拉底向游叙弗伦请教虔敬问题，介绍被控情形。

△苏格拉底被判处死刑，自选办法是服毒自尽。留下妻子臧

---

[1] 又译：梅赖陀、李康、安尼陀，见张译 43；梅利托、——、安尼托，见《哲学史讲演录》2，96；梅雷多、——、安虞铎，见《西方哲学原著选读》上卷 69；梅勒土斯、——、阿尼图斯，见何宁译《西方名著提要·哲学社会科学部分》（汉默顿编）（416 页），商务印书馆，1963 年；梅勒士、李康、安尼士，见郭景extra 3；米里忒斯、赖亢、安尼忒斯，见《苏格拉底》69；——、莱康、——，见朱译 323；梅利特、李空、阿尼特，见王汶《人怎样变成巨人》（伊林著，三部，第二部 582 页）412，开明书店，1950 年。

据李巴努（Libanius，14.10），美勒多先控告，安尼多继之，吕空附和安尼多，三人劲头不一样，参看克罗斯特（Anton-Hermann Chroust）《苏格拉底本相》（Socrates，Man and Myth，the two Socratic Apologies of Xenophon，伦敦，1957 年，336 页），第 256 页，北京图书馆藏。

[2] 中译本：张译《欧雪佛洛》（第 1—34 页）。

英译者丘奇（F. J. Church）以本篇和其他三篇（一②，一③，一④）编译为《苏格拉底的审判和处刑》（The Trial and Death of Socrates），大 64 开，213 页，出版于伦敦，1880 / 1926，商务印书馆资料室、上海复旦大学图书馆均藏。英译者福勒（H. N. Fowler）在上述四篇之后，加上三⑤编译为一集，收于《娄卜经典丛书》（Loeb's Classical Library），希英对照本，1914 年，北京大学图书馆藏（1928），商务印书馆资料室藏（1977）。特伦丹尼克（H. Tredennick）编译为《苏格拉底之死》（The last Days of Socrates，161 页），1954 年，西安西北大学、开封河南师大图书馆藏。

德译本：《苏格拉底的答辩和克力同》（Platons Verteidigungsrede des Sokrates und Krito），克龙（Christian Cron）译，莱比锡，1882 年。

蒂普[①]和三个孩子。

△柏拉图《苏格拉底的申辩》(ΑΠΟΛΟΓΙΑ ΣΩΚΡΑΤΗΣ/APOLOGIA SOCRATIS，第一卷 17—42 页，计 25 页)[②]记述苏格拉底出庭辩白情形。

△柏拉图《美尼仁诺篇》(ΜΕΝΕΞΕΝΟΣ / MENEXENUS，第二卷 234—249 页，计 15 页) 是以苏格拉底一个儿子的名字命名的。

△阿里斯底波在爱琴那岛。

⊙马其顿国王阿刻劳斯遇害，马其顿国势当即转入短暂衰弱时期。

避风和游学时期
—·—(三)—·—
(公元前 398—387 年)

---

① 又译：赞替帕，见张译 103；藏蒂菩，见久保天随著、张相译《苏格拉底，西洋孔子》(68 页)，光绪 28 年，杭州合众书局，杭州浙江省图书馆藏；张体白，见陈筑山《哲学之故乡》(272 页) 130，中华书局，1925 / 29 年。

② 中译本：张译《辩诉》(第 35—76 页)；郭、景译《自辩篇》(第 1—35 页)。
　　希腊原文的英文注释本：① Platoms Apologia Socratis，阿当 (J. Adam) 编注，136 页，剑桥，1916 年，厦门大学图书馆藏；② Plato：Apologyof Socrates，米尔斯 (T. R. Mills) 编注，后附译文，95+31 页，伦敦，厦门大学图书馆藏；③ The Apology of Plato，里迪尔 (Rev. James Riddell) 校订并注，附柏拉图用语汇编，244 页，牛津，1867 年，北京图书馆藏。④ 泰勒 (W. S. Tylor) 注释 (99—180 页) 一①②③，有序 (1—37)，纽约，1866 年；⑤ 吉特蔡尔 (C. L. Kitchel) 注释 (117—167) 一②③和部分一④，版本说明、内容分析详细，纽约，1898 年；均北京大学图书馆藏。⑥ 伯纳特 (J. Burnet) 注释 (63—212 页) 一①②③，牛津，1924 年，科学院图书馆藏。

●公元前 398 年·二九岁●

▲苏案发生后，柏拉图随同其他苏门弟子纷纷离开雅典到外地避风。先西走，到地峡，找在麦加拉办学的欧几里德（Εὐκλείδης ὁ Μεγάρις / Euclides of Megara，生于 450 年），再去埃及（？）、南意大利、西西里岛等地。

⊙叙拉古经过狄奥尼索锐意经营，谷物、牧畜都大大发展了，换进希腊的手工业品，整个国家治理得颇有起色。凭强盛的国力，向迦太基宣战，逐步收拾岛东部一些城市，肃清盘踞于那一带的迦太基势力，终其余生，迫使迦太基人退缩到只占全岛三分之一左右。③

●公元前 395 年·三二岁●

▲柏拉图再度服兵役。

△色诺芬回雅典，他从赫莫根尼（Ἑρμογένης / Hermogenes）等人详细了解苏格拉底受屈致死的种种情节，后来，写出《苏格拉底的申辩》（Ἀπολογίαν τε Σωκράτους καί / A Defence of Socrates）、《苏格拉底回忆录》（Ἀπομνημονεύματα / Memorabilia）、《筵话篇》（Εὐμπόσιον τε καὶ / Symposium）④等。

---

① 西西里岛原是希腊移民之地，历来与科林斯保持互通有无的联系，并在政治上依赖于希腊；叙拉古繁荣起来，一跃而为整个大希腊世界强大的经济政治力量，举足轻重，叙拉古宫廷成为希腊各地学者常来之地。
② 又译：《名人言行录》、《宴会》，见《希腊的黄金时代》164；《师门回忆录》、《饮宴篇》。色诺芬这三部著作，伊姆舍尔（Johannes Irmscher）译为德文 Erinnerungen an Sokrates, 194 页，柏林，1955 年，重庆市图书馆藏；英国里依（Ernest Rhy）所编《大众丛书》（Everyman's Library）的古典类（Classical）将之和柏拉图的五篇（二⑥、一⑩、一①、一②、一③）辑为《柏拉图、色诺芬：苏格拉底对话》（Socratic Discourses, 364 页，伦敦，1910 年），1944 年，西安西北大学图书馆藏。

不久，离开雅典，到斯巴达，站到斯巴达一方，参加科林斯战争；因而受到雅典城邦对他缺席审判，判处死刑。

⊙科林斯战争（395—387）。

● 公元前 394 年 · 三三岁 ●

⊙雅典将军科农（Κόνων / Canon）指挥下，希腊、波斯联合舰队击溃斯巴达舰队。

⊙叙拉古狄奥尼索二世生。

● 公元前 393 年 · 三四岁 ●

⊙科林斯、雅典[①]筑长城（走廊墙），局势好转。

● 公元前 392 年 · 三五岁 ●

▲大约在这前后，柏拉图撰写《苏格拉底的申辩》[②]、《克力同篇》、《游叙弗伦篇》、《查密迪斯篇》、《雷歧兹篇》、《李斯篇》等，通常称为早期著作。

△伊索格拉底在雅典开办学校，教学生演说术。

△波吕格拉底（Πολυκράτης / Polycrates）发表演说反对伊索格拉底。

---

① 雅典的走廊墙原已按 404 年和约拆毁，这次由科农主持重修。
② 法译者巴斯蒂安（A. Bastien）以本篇（Apologie de Socrate）和其他三篇（一③，一④，一⑬）编译为一集，收于《柏拉图全集》（Oeuvres de Platon），商务印书馆资料室藏；英译者伍德海德（W. D. Woodhead）以上述四篇，加上一篇（一①）于前，合共五篇，编译为《苏格拉底对话》（Socratic Diologues, 1953 / 58），中国科学院图书馆藏。前者只有罗马数字章码，后者照例有斯特方页码。

●公元前 390 年·三七岁●

▲访问南意大利塔仑顿城①的阿启泰（Ἀρχύτας Μνησαγόρου Ταραντῖνος / Archytas of Tarentum，Mnesagoras 之子）。这位菲罗洛的学生，接受毕达戈拉观点，在塔仑顿掌握政权，团结一批毕达戈拉派成员于周围。

▲访洛克里（位于科林斯湾北部）的蒂迈欧。

▲访夫利阿斯的毕达戈拉派成员。

△伊索格拉底发表演说反对智者派。

△本都人赫拉克利特（Ἡρακλείδης Εὐθύφρονος Ἡρακλεώτης τοῦ πόντου）生于黑海本都国赫拉克勒亚城。

●公元前 388 年·三九岁●

▲访问西西里岛②。相传，应叙拉古僭主狄奥尼索斯一世之邀前去。在那里，很赏识僭主的小舅子，年轻的狄翁，他爱好哲学。狄翁的姊姊希巴里诺斯（Ἱππαρῖνος / Hipparinus）不久之前刚嫁给僭主。

不久，言谈间得罪僭主，被当作奴隶送给斯巴达使节波里斯

---

① 又译：他林敦，见《世界文明史·希腊的兴起》封三：古代意大利和西西里，地图。
② 从雅典启程，通常于航行季节三月初酒神狄奥尼修斯节取道科林斯，穿过科林斯海湾出海，航程约七至十日，晚秋就不宜行驶了。
　　柏拉图出访的目的和动机，众说纷纭，普鲁塔克说是狄翁慕名推荐的结果，有的说是狄翁从塔仑顿请去的，也有说是去看那里远近闻名的火山壮观，甚至有说是去品尝宫廷上馔，不一而足。

(Polis)，带他到爱琴那岛（Aegina）[①]，在那里，给居勒尼来的友人安尼舍里斯（Ἀννίκερις ὁ Κυρηναῖος / Anniceris）[②]发现，设法为之赎身，送返雅典。

办学和游说时期
—·—（四）—·—
（公元前387—361年）

●公元前387年·四十岁●

▲大约柏拉图回到雅典后，就开始个人教学活动，初期，他和智者派教师在形式上有点近似，并无固定教学地点，和学生的关系仅只是个人之间的一种交往。

▲大约在苏格拉底去世十年后，在390至387年间，继《普罗泰戈拉篇》、《美诺篇》之后，撰写《尤息德莫斯篇》

[①] 正是389—387年间，雅典与对面爱琴那岛之间在萨罗尼克湾上的商业贸易是正常进行的，那时期，雅典旅客行商在爱琴那被拐卖人者（ἀνδραποδιστής）劫掠，掳为奴贩卖，据说并非罕见。话说回来，这位僭主早先对菲罗克森（Φιλόξενος / Philoxenus, 435-380）也是贩之为奴的。一说柏拉图给僭主以二十米那的代价卖掉的，见狄奥多罗（Diodorus Siculus）《历史丛书》，第十五卷第7页（奥尔德发德〔C. H. Oldfather〕）英译，第六册第343页，1954/63年；菲尔德《柏拉图及其同时代人》（G. C. Field, Plato and His Contemporaries, 1930/74, 纽约），第18页，北京图书馆藏。

爱琴那，又译：伊京那，见张译103；伊斋那/埃介那（Этина），见《世界通史》，第二卷，地图四。

[②] 史称"为柏拉图赎身的安尼舍里斯"（Ἀννίκερις ὁ Πλάτωνα λυτρωσάμενος）。

（ΕΥΘΥΔΗΜΟΣ / EUTHYDEMUS，第一卷 271—307 页，计 35 页）[①]。

⊙萨斯和会结果，小亚细亚的希腊人城邦属波斯，列木诺斯诸邦则仍属雅典，科林斯战争告终。

●公元前 386 年·四一岁●

⊙叙拉古的菲利斯托斯被狄奥尼索斯解职。

●公元前 385 年·四二岁●

▲为友人阿里斯托芬撰墓志铭。

△泰阿泰德听柏拉图讲学。

△安尼多在政府中担任谷物检察官（σιτοφύλαζ / grain inspector）。大约不多久他就给驱逐出雅典，而在赫拉克勒亚给人用石头砸死。[②]

苏案后一个时期，雅典人重新审查这桩案件，认定苏格拉底受冤屈[③]，于是关闭一些活动场所（例如：体育场），接着判处美勒多

[①] Eutidemo，意大利都灵，1929 年，南京图书馆藏。
[②] 此人见于一②，也见于二② 90A，二⑫336；色诺芬《回忆录》有一卷写苏格拉底劝导安尼多之子。
[③] 关于苏案，我国教育家、诗人陶行知有首诗：
　　这位老人家，为何也坐牢？
　　欢喜说真话，假人都烦恼。
　　　　　（转引自吴涵真：《说假话做假事》，载《宇宙风》杂志第 74 期〔1939 年〕第 85 页）
　　他 1938 年到欧洲宣传抗战，归途经雅典，专诚参观石牢，坐五分钟以示敬仰，又写诗以志感。
　　今年，杜汝楫著文对 1957 年前后我国一些文章对苏案所持态度表示意见，认为当时否定苏格拉底是不对的，杜文见《百科知识》月刊第 7 期，第 21—23 页。而叶秀山则全面回顾了这个问题，见《外国哲学史论文集》第二辑，第 153—209 页，山东人民出版社，1981 年。

死刑，把其他诬告者驱逐出境。

⊙苏格拉底雕像（雕刻家吕西波〔Λυσίππος / Lysippus〕作）作为平反的一项措施，大约在这之后立于一陈列厅。

● **公元前 384 年・四三岁** ●

△斯塔吉拉人亚里士多德（Ἀριστοτέλης Νικομάκχος Σταγειρίτης / Aristotle of Stagira, Nicomachus 之子）生。不久，他的父亲担任马其顿国王阿岷塔斯（Ἀμύντας / Amyntas, 394—369）二世的御医，他也就随家庭前往马其顿京城埃楷，少年时代就这样在马其顿宫廷度过。

△雄辩家、演说家德谟斯梯尼（Δημοσθένης / Demosthenes）生。他的父亲的作坊有 63 个奴隶劳动。

● **公元前 380 年・四七岁** ●

▲得到亲友的资助①，大约在这些年，在雅典西北郊外两公里的陶器区（Ceramicus）②克赛费苏斯（Cephissus）河边纪念传说英雄阿卡得摩斯（Ἀκάδημος / Academus）的阿卡得米亚（ἀκαδήμεια / Academia）圣林中购置地皮开办学校，世称"柏拉图学园"。

△伊利斯的美尼德谟（Μενέδημος / Menedemus of Eretria in Elis）在家乡奉命前往麦加拉执行军事勤务，私自前来访看柏拉图学园，因系交战期间擅自行动，受到追究；他趁此径直找上斯提

---

① 相传，他筹到一笔款是要还朋友以抵赎身费用的，为友人所婉拒，转而移作学校开办费。
② 陶器是雅典通过比雷埃夫斯港出口的大宗手工艺品。

尔波（Ετίλπων Μεγαρεὺς / Stilpo of Megara），后并转往伊利斯，加入斐多学派。

△诗人菲罗克森死于埃非索斯。他本是狄奥尼索斯一世宫廷座上客，宾主龃龉后出走，先后在南意大利塔仑顿、希腊逗留。

●公元前 378 年·四九岁●

△雅典演说家吕西阿斯死。他本是叙拉古人，父亲十分富有，伯里克利劝他们留居雅典。404 年一度受到寡头政府判处。

●公元前 376 年·五一岁●

△智者派哲学家高尔吉亚在帖撒利去世[1]，柏拉图《高尔吉亚篇》（ΓΟΡΓΙΑΣ / GORGIAS，第一卷 447—527 页，计 81 页）[2]记述苏格拉底和高尔吉亚、包路斯（Πῶλος / Polus）、卡里克列（Καλλικλῆς / Callicles）讨论的情形。

△色诺克拉底（Ξενοκράτης Ἀγαθήνορος Χαλκηδόνιος / Xenocrates of Chalcedon，Agathenor 之子，生于 396 年）青年时代就在柏拉图门下学习。

⊙伯罗奔尼撒舰队在那克索斯岛附近惨败，伯罗奔尼撒同盟瓦解，斯巴达国势从此一蹶不振。雅典同盟壮大，十七个小国参加同盟。

---

[1] 据泡赛尼亚（Pausanias，6.17.9），高尔吉亚死时 105 岁，100 岁时，在费拉（Pherae）会到波利克拉底。他的家乡列翁提尼，又译：林地尼，见《伯罗奔尼撒战争史》，地图 9；列安提尼，见《世界通史》，第二卷地图 6。

[2] Gorgias of Plato（242 页），沃尔西（Theodore D. Woolsey）据斯塔鲍姆（Stallbaum）版译注，1848 年，北京图书馆藏。

●公元前 374 年·五三岁●

△麦加拉的欧几里德死。早年,他在麦加拉和雅典交战期间冒险前来听苏格拉底讲演。后来,他形成自己的学派,人们称之为麦加拉学派,他死后又得名为伊利斯派(ἐριστικοι / Ensiles 辩论者)①,更往后又得名为辩证术家(διαλεκτικοί / Dialecticians)。

●公元前 373 年·五四岁●

△数学家、天文学家欧多克索(Εὔδοξος Αἰσχίνου Κνίδιος / Eudoxus of Cnides,Aeschinos 之子)来雅典,两个月后,返回家乡克尼多斯。②年内,带着斯巴达国王阿刻西劳写给法老奈旦尼伯(Νεκτάναβες / Nectanebes)的推荐信,由同乡克里西波(Χρύσιππος ὁ Ἐρίνεω Κνίδιος,Erineus 之子,生于 390 年)③陪同前往埃及,在那里约莫十六个月。

⊙爱琴海发生大海啸,附近地区发生地震。

●公元前 372 年·五五岁●

△博物学家,列斯堡岛人(Λέσβος / Lesbos)德奥弗拉斯特(Θεόφραστος Μελάντα Ἐρέσιος / Theophrastus,Melantes 之子)生于埃利索斯镇(Ἔρεσος / Eresus)。

---

① 又译:好辩学派,见樊炳清《哲学辞典》872。
② 位于今土耳其西南小半岛顶端,遥对罗得岛。小亚细亚靠海这一带是希腊移民区,欧多克索相传受命为城邦立法,他是博学多能的人。
③ 此人后来成为医生。

少年时听乡人阿尔西布斯（Ἀλκίππος / Alcippus）的讲演，继而听柏拉图的课，最后成为亚里士多德的高足，接任吕克昂学院院长，在博物学上做出杰出贡献，并使逍遥学派名闻希腊世界。

●公元前年·五六岁●

△欧多克索从埃及到小亚细亚西北角的居西库斯（Κυζίκῳ / Cyzicus）[1]然后又转往普罗庞提（the Propontis），先后在那些地方讲学，又成为莫索洛斯（Μαυσωλὸν / Mausolus）的客人。

他善于学习，在西西里向菲里斯都姆（Philistium）请教医学，在埃及向赫留波里（Heliopolis）的祭司请教天文学。

△安提西尼去世。

⊙留克特拉（Leuctra）[2]山谷会战，底比斯[3]军在伊巴密浓达（Ἐπαμεινώνδας / Epaminondas，生于420年）指挥下，大败斯巴达，以底比斯为核心的比奥细亚同盟组成，其势力伸入伯罗奔尼撒半岛。

●公元前370年·五七岁●

△德谟克里特去世。相传，他在家中行三，分得财产一百塔兰同，用来游历求学，足迹遍及许多地方，见到留基波

---

[1] 又译：居叙可城，见吴寿彭《政治学》（亚里士多德著），第26页注。
[2] 位于中希腊西部，靠近科林斯湾，属于比奥细亚。
[3] 又译：西布斯，见《中外历史年表》77。

（Λεύκιππος Ἐλεάτης / Leucippus of Elea，鼎盛年：440年）[①]希波克拉底等。

撰写的著作涉及许多学科：天文学、地质学、物理学、气象学、生物学、数学，当时颇为流传。莫怪柏拉图一度想搜购来付之一炬，以免"谬种流传"。[②]

晚年，他回到家乡，受到妹妹照顾，无疾而终。

★德谟克里特努力从埃及的祭司、波斯的迦勒底人和印度的裸体智者那里寻求知识。（马克思：《博士论文》10）

★在两千年的哲学发展过程中，唯心主义和唯物主义的斗争难道会陈腐吗？哲学上柏拉图的和德谟克里特的倾向和路线的斗争难道会陈腐吗？（《列宁全集》14，128）

△卡利亚士去世。[③]

● 公元前369年·五八岁 ●

△泰阿泰德去世。去世前，他已经是柏拉图学园成员，发挥十分积极的作用。

△苏格拉底的老师、数学家德奥多罗（Θεόδωρος τοῦ μαθηματικὸν / Theodorus，生于460年）[④]去世。这位居勒尼

[①] 又译：来乌起保斯（レゥキツボス），见《基本粒子》，第69页，1975年；刘西巴士（Левкипп），见黄凌霜（文山）《西洋知识发展纲要》，624页，第30页，上海华通书局，1932年。
[②] 据阿里士多塞诺斯（Ἀριστόξενος / Aristoxenus）《历史笔记》。
[③] 此人见于二① 19B，一⑦ 164E，三⑭ 395A，三⑨ 366C，一⑫ 391C。
[④] 此人见于一⑦，一⑧ 216A—217B，二⑩ 257A—C。苏格拉底称他为"优秀的量地师"（a good geometrician），见色诺芬《回忆录》第四卷第二章。

（Cyrene）学者的课，柏拉图游学途中听过。

△色诺芬于留克特拉会战后，迁居科林斯，虽然本年雅典方面对他特赦，他终老于科林斯。

⊙狄奥尼索斯一世的两个儿子在雅典获得公民资格。

●公元前 368 年·五九岁●

▲柏拉图学园从不拘形式，无固定地点到有房屋校舍；从学生来去无固定关系到学生学习得到由浅入深的安排，从学习修辞学到几何天文以至学习法律、政治、哲学，学园的老师由少而多，逐渐配备，这个过程是经过柏拉图以及他手下一批得力助手（据说共二十八位）长期经营的。①

泰阿泰德、欧多克索、克里西波，这些数学家（前二者）先后加入学园，对于学园的形成和发展具有决定作用。相传，学园十分重视数学几何学作为基本课程的学习，门口就题着几个大字：不懂几何学，请勿入我门（μηδεὶς ἀγεωμέτρητος εἰσίτω μοῦ τὴν στέγην）。②事实上，柏拉图学派在数学、天文学史上自成一派，

（接上页）他的同名者较多，有一位属居勒尼学派哲学家，是阿里斯提波的三传弟子，即其外孙阿里斯提波的学生，称为"无神论者德奥多罗"（Θεόδωρος ὁ ἄθεος），见第欧根尼·拉尔修，第二卷第 86 页。另有一位是拜占庭修辞家，见朱译 144，作：忒俄多洛斯。

① 喜剧诗人伊璧克拉底（Epicrates）有一段残篇描述阿加德米体育场上学生们学习自然常识的情形，柏拉图、斯彪西波、美尼德谟对他们谆谆善诱，见《柏拉图及其同时代人》，第 38—39 页。

② 又译：非知形学者，不可入吾室也，见《希腊春秋》，卷五，第 43 页。参看特泽特泽（Johannes Tzetzes / Ἰωάννης τζέτζης，12 世纪）《奇里阿德》（Chiliades），转引自梁宗巨《世界数学史简编》，第 107 页，沈阳：辽宁人民出版社，1981 年。

占有特殊地位。

▲接到狄奥尼索斯一世的邀请，请他参加下年的宫廷庆祝活动。

⊙狄奥尼索斯一世治理有方，国家兴旺，邀请希腊名人学者来宫廷欢庆。一世邀请伊索格拉底、柏拉图、阿里斯提波、艾斯其纳以及其他人前去。

●公元前367年·六十岁●

▲柏拉图把学园交由欧多克索主持，自己应叙拉古僭主狄奥尼索一世之邀，第二次前往西西里岛访问，随身带着《理想的国家》（Ideal State）和《克里锡阿斯》（未终篇），同行者有弟子和友人：阿里斯提波、色诺克拉底、斯彪西波（他反对这次访问）、艾斯其纳等，像个哲学家代表团。

△亚里士多德由监护人普罗克森（Προξένος / Proxenus of Atarneus）携来雅典，先听伊索拉底的修辞课，后转入柏拉图学园。

⊙狄奥尼索一世的悲剧《赫克托的赎金》（Ransom of Hector）在雅典的勒那亚节（τὰ Λήναια / Lenaea）上获首奖。

⊙老狄奥尼索（ὁ πρεσβύτερος Διονύσιος / Dionysius the Elder）死，二世继位。

●公元前366年·六一岁●

▲柏拉图眼看小狄奥尼索仓促继位，忙于政权巩固，国事、军务一时纷沓而来，无暇礼贤下士，狄翁又因失去权力自顾不暇，

一行人终于怅怅然离开叙拉古。

△怀疑派奠基人皮浪（Πύρρων Ἠλεῖος Πλειστάρχου / Pyrrho of Elis，Pleistarchus 之子）生。

⊙小狄奥尼索从狱中起用菲利斯托斯（435—356）[1]，深恐狄翁篡权，伺机要指控狄翁并置诸死地。

⊙狄翁被剥夺海军领导职务[2]，与弟弟和一要塞司令逃往伯罗奔尼撒。

⊙叙拉古和迦太基重启战端。

●公元前 365 年 · 六二岁●

▲相传柏拉图介绍雅典人欧菲雷乌（Euphraeus of Oreos）给马其顿国王柏狄卡斯。

柏拉图《书信集》（ΕΠΙΣΤΟΛΑΙ / EPISTOLAE，第三卷309—363 页，计 54 页）[3]。

---

[1] 他在狱中写《西西里史》（Σικελικὰ / Sicelica）。
[2] 据柏拉图的第七封信，他到叙拉古后三个月，狄翁就失宠。
[3] 德文本：Die Briefe Platons，真品（die echten Briefe，第六至第八封信），希德对照，赝品（die unechten Briefe，第一至第五封，第九至第十三封）只有希腊文，197 页，1923 年，苏黎士。Platon，Briefe，十三封（第 17—117 页）附录：第十四至十八封，摘自 C. Fr. Hermann（第 118—122 页）伊默舍尔（J. Irmscher）译，1960 年，柏林，商务印书馆资料室藏。英文本：The Platonic Epistles，哈沃德（J. Harward）译，243 页，剑桥，1932 年。Thirteen Epistles of Plato，十三封信的顺序为：十三（366 年，给狄奥尼索），十二（363 年，同前），十一（360 年，给劳达马斯），十（356 年，给狄翁），四（356 年，同前），三（356 年，给狄奥尼索），七（353 年，给狄翁友人），八（352 年，同前），六（350 年，给赫米阿斯等三人）；以下为疑作：一（给狄奥尼索），五（给柏狄卡斯），九、十二（给阿启泰）；波斯特（L. A. Post）译，167 页，牛津，1925 年，北京大学图书馆藏。

柏拉图声名远播希腊世界许多国家。他自己亲赴叙拉古固然两次都未能施展抱负；据萨莫斯的柏拉图主义者巴姆菲罗（Παμφίλος / Pamphilus）在《回忆录》（Ὑπομνημάτων）里说，阿亚加狄亚人和底比斯人在亚加狄建立麦加罗城邦（Megalopolis, 伯罗奔尼撒中部）时是邀请他前去指导立法的（他未去）。

　　他的学员成为各地统治者延揽的对象，他常凭自己广泛的声誉和交游，应各城邦的招聘输送自己的学生。①

　　⊙马其顿王阿岷塔斯的儿子柏狄卡斯（Περδίκκας / Perdiccas，365—359 在位）杀死托勒密（Ptolemy of Alorus），夺回其兄阿历山大二世被托勒密谋害而篡去的王位。

● 公元前 364 年·六三岁 ●

　　⊙本都国赫拉克勒亚城僭主、苏格拉底和柏拉图的学生克勒阿古（Κλέαρχος / Clearchus, ? —353）设立图书馆。②

● 公元前 362 年·六五岁 ●

　　△犬儒派哲学家，西诺布人第欧根尼（Διογένης Ἰκεσίου Σινωττεῦς / Diogenes of Sinope，Hicesius 之子，生于 404 年）到雅典。

---

① 据普卢塔克（Plutarch）《反对科罗特》（Adv. Colot.）1126C，柏拉图派阿里斯托尼谟（Aristonymus）去阿卡狄亚（Arcadia），弗尔苗（Phormio）去伊利斯，美奈得谟（Menedemus）去匹剌（Pyrrha）。普卢塔克的记载未便全信，但这一类事，想必是有的。

② 参看帕森斯（E. A. Parsons）《阿历山大城图书馆》（The Alexandrian Library），第 11 页。

他和柏拉图有私交，到过柏拉图家（在科罗诺〔Colonus〕），谈过柏拉图访叙拉古事，等等，但是思想上，他与安提西尼一致，他认为柏拉图的讲课白费人家时间，他以他惯有的态度鄙视柏拉图家的摆设。

△狄翁从叙拉古流亡来希腊。前后十年，在雅典，与柏拉图学园关系较多，和斯彪西波过从很密。

⊙底比斯再次挫败斯巴达，同时自己的统帅伊巴密浓达也于门丁尼亚（Mantinea）战役阵亡。

● 公元前 361 年・六六岁 ●

▲柏拉图把学园交给本都人赫拉克利特主持，自己应小狄奥尼索（也许是通过阿启泰提出的）之邀第三次前往西西里访问。四年来，他们始终保持着联系，这次同行者有：斯彪西波、阿里斯提波、欧多克索、色诺克拉底。

▲访问定居于叙拉古的阿启泰的学生阿其得谟（Ἀρχέδημος / Archedemus）。可能，阿其得谟访问过柏拉图学园。

▲柏拉图受到怀疑，以为他支持流亡于希腊的狄翁，后者积极准备重返叙拉古，于是被小狄奥尼索扣留。幸赖毕达戈拉派友人（特别是塔仑顿的阿启泰）多方营救，始获释，辗转返雅典。

△相传，艾斯其纳一直留在叙拉古，直到这次一块受怀疑，一块受逐才离开。

△阿启泰大约在这些年里死于海上失事。他是塔仑顿城邦的将军，七次当选。

聚集在他周围的，加上在克洛同（Croton）活动的学者，希腊人在这个殖民地带形成了毕达戈拉学派数学、天文学中心,柏拉图第一次从雅典出走经过这里,跟他结识,并吸收到数学、天文学知识。这次在叙拉古宫廷陷入困境时,得到阿启泰方面为之而向叙方施加压力,可见两人双方关系密切。

△阿启泰的政敌菲阿克(Φαίαξ / Phaeax)。后世所传柏拉图伪作《厄吕克西阿斯》提到他。

办学和著述时期

—·—(五)—·—

(公元前360—347年)

●公元前360年·六七岁●

▲春季:在第一百零五届奥林匹克节上见到狄翁。

▲柏拉图收到学生、数学家劳达马斯(Λαοδάμας / Laodamas of Thasos)来信,提到他在家乡奉命为新拓殖的城邦制定法律,于是坚邀柏拉图前去具体指导,或者派小苏格拉底[①]去,否则他要前来亲聆。

小苏格拉底是柏拉图《政治家篇》(ΠΟΛΙΤΙΚΟΣ /

---

① 此人见一⑦147D,一⑧218B。严译第32页,泰河泰德向苏格拉底提到"与你同名的此君";第134页,泰阿泰德向爱利亚地方的客人提到"和苏格拉底同名的朋友"。又见《柏拉图书信·第十一封》358D。柏拉图书信赝品居多,一般认为只有第七封(给狄翁友人)、第十三封(给劳达马斯)可信,但这许多信所提到的人和事未尝不值得注意。

POLITICUS，第二卷 257—311 页，计 54 页)[①]的发言者，年纪小于柏拉图一二十岁，属于泰阿泰德同辈，此时当在五六十岁上。

△演说家斯特拉托尼克（Στρατόνικος / Stratonicus，生于 410 年）死。他是后世所传柏拉图伪作《西许弗斯篇》（ΣΙΣΥΦΟΣ / SISYPHUS，第三卷 387—391 页，计 4 页）中的人物。

△可能，亚里士多德陪伴柏拉图前往叙拉古，而于二三月和欧多克索转去塔仑顿，既考察了西西里的水生动物，又从阿启泰、阿其得谟、菲里斯辛（Philistion）学到毕达戈拉学说，甚至得到阿启泰的著作。[②]

● 公元前 359 年·六八岁 ●

▲柏拉图与腓力无个人联系，但他的学生有几个是在腓力手下活动的，例如：德留斯（Delius of Ephesus），他参加远征波斯之役，毕托（Pytho of Aenus）为腓力的代言人、代表，赫拉克利特（Heraclides of AEnos）则是刺杀色雷斯王哥提斯（Κότους / Cotys）者。

---

① 法译本 Le Politique, ou de la Royauté 收于达西埃版第六卷。英译本 The Stateman，斯肯普（J．B. Skemp）译，244 页，伦敦，1952 年；克莱因（J. Klein）译，与一⑦⑧合为《柏拉图对话三篇》（Plato's Trilogy），200 页，芝加哥，1977 年；皆上海图书馆藏。德译本 Politikos oder vom Staatsmann，阿佩尔特（Otto Apelt）译，杭州大学图书馆藏。

② 参看赖里（Gilbert Ryle）《柏拉图思想进程》（Plato's Progress，剑桥，1966 年，311 页）第 194 页，商务印书馆资料室藏。又，狄奥多罗《历史丛书》第十五卷第 76 页，英译本第七册第 163 页。

⊙ 马其顿的腓力（Φίλιππος / Philipp）[1]于柏狄卡斯死于战阵后，以其子阿岷塔斯二世的监护人身份掌政（359—336），大力整顿国家，以强大的军队东征色雷斯沿海希腊人的殖民城市；继又加入底比斯的近邻同盟，参加神圣战争（355—346），逐步伸进希腊的帖撒利，积极准备南下。

●公元前 357 年·七十岁●

▲眼看西西里强国叙拉古崛起，经济发展，西西里和南意大利希腊城邦形成农业、商业中心，舰队大败埃特鲁里里（意大利中部梯伯河西地区），陆上肃清迦太基势力，叙拉古、阿格立真坦、瑟里嫩特各地大兴土木，宫廷吸引希腊各国许多文化艺术思想界人物（品达、西蒙尼达、埃斯库罗斯）前来，西西里本身也产生了恩培多克勒，蒂西亚斯、高尔吉亚、吕西亚斯，于是柏拉图对狄奥尼索父子、狄翁存幻想。经过三度访问，幻想破灭后，从此对于学园工作全力以赴。

这个年代（361—347）构成他撰述内容和体裁上晚期的特点，一般认为下列这些篇明显属于这个著述晚期：《智术之师篇》、《政治家篇》、《斐利布篇》、《蒂迈欧篇》。

《智术之师篇》（ΣΟΦΙΣΤΗΣ / SOPHISTA，第一卷 216—268

---

[1] 腓力的坟墓，已于 1976 年由考古学家马诺里斯·安德鲁尼古斯在希腊北部弗吉纳村（Vergina，原埃盖旧址）发现，见美国《生活》（Life）杂志，1980 年七月号第 45—50 页《亚历山大的遗物》一文，参看天津外语学院《文化译丛》1981 年第一期吴燕泉译文；另见《科普文摘》1980 年第二号。

页，计 52 页）①；《斐利布篇》（ΦΙΛΗΒΟΣ / PHILEBUS，第二卷 11—67 页，计 56 页）②。

●公元前 356 年·七一岁●

△相传，艾其纳斯健在。他唯一的学生是阿里斯多得勒（Ἀριστοτέλης ὁ Μύθος）。

⊙狄翁率军登陆叙拉古，小狄奥尼索流亡到他母亲的故乡，南意大利罗克里（Λοκρίς / Locris）。

⊙小亚细亚波斯帝国（阿契美尼德王朝）西部，希腊人殖民地带爱奥尼亚地方爱菲斯城（卡伊斯德河口）著名的月神阿耳忒弥斯（Ἄρτεμις / Artemis）庙遭当地名欲狂者希罗斯特拉特（Ἡρόστρατος / Herostratus）焚烧（未全毁），法庭处以死刑，并隐其姓氏以挫其初衷，后由历史家费奥波姆普记此事。③

⊙腓力和奥林比亚的儿子亚历山大生。

●公元前 355 年·七二岁●

△亚里士多德对于哲学发生兴趣据说较迟。在学园里，虽然

---

① 又译：沙夫司脱，见《万国历史》，233 页，第 46 页，上海作新社，光绪 28 / 29（1902 / 03）年，西安中共陕西省委党校图书馆藏。
② 德译者鲁费纳（Rudolf Rufener）编为《晚期对话集》（Spätdialoge）者是一⑦⑧，二⑩，一⑫〔第五卷〕，二①，三③①②〔第六卷〕，瑞士，1974 年，哲学所图书馆藏。
　　南京图书馆藏 Il Sophista E Il Politilco，意大利都灵，1931 年。
③ 又译：以弗索斯，见潘裕明编著《列宁著作中的成语典故》，第 86 页，三联书店，1962 年；爱菲索（Ephesos），见《西方哲学原著选读》上卷 20；以弗所（Эфес），见《世界通史》。
　　该庙后虽重修，仍于公元 262 年毁于哥特人手下。

很快就成为助手，但限于在修辞学方面做些工作，三十岁前后始集中到哲学方面，而在同学中成为佼佼者。

在柏拉图的影响之下，他最初写些对话，大多失传。《论修辞学》开始具有自己的特色。

⊙底比斯、罗克里亚等邦为德尔斐神庙（位于福西斯境内）财富被占而与福西斯发生神圣战争（355—346）。

●公元前354年·七三岁●

△色诺芬去世。他留下记载401—400年希腊万人军从萨狄斯，途经两河流域、小亚细亚，返抵黑海沿岸特拉皮历程的《远征记》等军事、经济著作。

△柏拉图友人提摩太（Τιμόθεος / Timotheus）死。

⊙狄翁夺到叙拉古政权后一度被逐，逃往意大利，后又得到拥戴得以重返，但不久就死于柏拉图主义者卡里普斯（Καλλίππος / Callippus）手下。

●公元前352年·七五岁●

⊙腓力介入神圣战争，大败福西斯，受到雅典、斯巴达等反对，只得退兵。

⊙柏拉图的学生赫米阿斯（Έρμείας / Hermias）继欧布卢（Εὔβυλος / Eubulus）为小亚细亚西北阿泰尔纳（Atarneus）和阿索斯（Ἄσσος / Assus）的僭主，手下有一批同学。[1]

---

[1] 参看斯特拉波（Στράβων / Strabo）《地理学》（ΣΤΡΡΒΩΝΟΣ ΓΕΩΡΑΦΙΚΩΝ）第十三卷 1.57。琼斯（H. L. Jones）英译本，第六册第115页。

●公元前 350 年·七七岁●

△伊索格拉底的学生色费索多罗（Κηφισοδώρος / Cephisodorus）著《反对亚里士多德》，表面上批判亚里士多德，实际上是对柏拉图而发。

△亚里士多德开始写逻辑学著作，后人把他这方面的著作汇编为《工具编》（Organon）①。

△阿里斯底波死。

△雕刻家吕西波斯（Lysippus）制作苏格拉底像，今存罗马帝国时期摹制品（已残损，缺鼻头）于意大利那不勒斯博物馆。②

●公元前 349 年·七八岁●

⊙腓力挥戈南下，向奥林托斯推进，逼近希腊的大门。雅典城邦内部斗争明显转为亲马其顿的寡头集团（以埃斯客涅斯、伊索格拉底为首）对反马其顿的民主集团（以德摩斯提尼为首）的斗争。

●公元前 348 年·七九岁●

▲通常认为，晚年最后的著作是《法律篇》（NOMOI / LEGES，第二卷 624—969 页，计 344 页）③，其后的《伊璧诺米篇》

---

① 又译：思考法，见《科学技术百科全书·数学》，大 32 开，376 页，第 170 页，科学出版社，1980 年。
② 见《英国百科全书·详编》16，1001。
③ 德译者阿佩尔特（O. Apelt）的 Gesetze / Leges，后附德希对照总索引 158 页，列于《全集》第七卷，上海图书馆藏。这个《全集》该馆另有第二、第四、第五、第六卷，总共五卷，缺第一、第三两卷。
　　希腊原文的英文注释者刘易斯（T. Lewis）注释本篇第十卷为《柏拉图反对无神论者》（Plato contra Atheos / Plato against the Atheists，373 页，纽约，1859 年），北京大学图书馆藏。

（ΕΠΙΝΟΜΙΣ / EPINOMIS，第二卷 973—992 页，计 19 页）[1]是续篇，刚开篇就弃世。

△夏季：亚里士多德考虑到自己和马其顿腓力的关系，恐有不测，离开雅典。不久，前往小亚细亚的阿索斯（Ἄσσος / Assus）找赫米阿斯。

● 公元前 347 年 · 八十岁 ●

▲春季（三月？）：逝世于寓所，弟子们参加葬礼。

遗嘱对于用作校舍的房产，不许出售、转让。留下四个家奴。财物有银米那三个，一只银瓶（165 德拉玛），一只杯（45 德拉玛）等。

▲现传柏拉图著作 43 种（以斯特方版计）应介绍者尚有下列四种：《希巴库斯》（ΙΠΠΑΡΧΟΣ / HIPPARCHUS，第二卷 225—232 页，计 7 页）、《米诺斯》（ΜΙΝΟΣ / MINOS，第二卷 313—321 页，计 8 页）、《论正义》（ΠΕΡΙ ΔΙΚΑΙΟΥ / DE JUSTO，第三卷 372—375 页，计 3 页）、《德莫托库斯》（ΔΗΜΟΔΟΚΟΣ / DEMODOCUS，第三卷 380—386 页，计 8 页）。

关于著作：·希腊文本·

△阿历山大城图书馆长、语法学家阿里斯托芬（Ἀριστοφάνης ὁ γραματικός / Aristophanes of the grammarian，257—180）对十五

---

[1] 诺沃尼（F. Novotny）编注，希腊文拉丁文对照本（Platonis Epinomis, 246 页）布拉格，1960 年，中国科学院图书馆藏。

篇对话采取三分法，三种一组，予以编定。

△德拉西卢（Θρασῦλος / Thrasylus，一世纪人）把柏拉图的文稿都标上双名，柏拉图本已标上正题，大多以人物为主，德拉西卢添上副题，则按内容标明，并每四种编为一组：

第一组：一①②③④；　　第二组：一⑫⑦⑧，二⑩；

第三组：三③，二①，三④⑤；第四组：二③④⑧，一⑥；

第五组：一⑤，二⑤⑥⑦；　　第六组：一⑨⑩⑬，二②；

第七组：三⑥，一⑪⑭，二⑨；　第八组：三⑭，二⑫，三①②；

第九组：二⑪⑬⑭，三⑦。

△ 16 世纪初，意大利出版家阿尔杜（Aldiua）出版按德拉西卢编序排印的对话集于威尼斯，1513 年。

△ 16 世纪，法国出版家、古典学者埃蒂安纳（Henri Estienne，拉丁名 Stephanus，1531—1598）出版三卷本（Πλάτωνος ἅπαντα τὰ σωζόμενα / Platonis opera quae extant omnia，日内瓦，1578 年）：

第一卷：[①]①**游叙弗伦**（399 年），②**苏格拉底的申辩**（399 年），③**克力同**（403 年），④**斐多**（401 年），⑤塞亚各[3]（403 年），⑥恩特拉斯（崇拜者）（425 年），⑦**泰阿泰德**（414 年），⑧**智术之师**（357 年），⑨**尤息底莫斯**（387 年），⑩**普罗泰戈拉**（411 年），⑪小希皮亚斯（420 年），⑫**克拉底**

① 对于柏拉图著作之真伪，学者的考证至今并不完全一致，但一般认为至少二十五种之数，本栏标黑体。篇名后括弧内年代，指各篇情况在本年表该年栏内有交代。篇名右上角数码指已有译稿：1 指为译者严群译，2 指郭斌龢，3 指张师竹，4 指戴子钦。

鲁斯（408年），⑬ 高尔吉亚（376年），⑭ 伊安（422年）；

第二卷：① 斐利布[1]（357年），② 美诺（402年），③ 阿基比阿德上[3]（405年），④ 阿基比阿德下[3]（405年），⑤ 斐密迪斯（407年），⑥ 雷歧兹（418年），⑦ 李思（400年），⑧ 希巴库斯[3]（347年），⑨ 美尼仁诺[4]（399年），⑩ 政治家（360年），⑪ 米诺斯[3]（347年），⑫ 国家[2]（421年），⑬ 法律（348年），⑭ 伊譬诺米[3]（348年）；

第三卷：① 蒂迈欧[4]（415年），② 克力锡亚斯（407年），③ 巴门尼德（408年），④ 会饮（401年），⑤ 斐德若（400年），⑥ 大希皮亚斯（420年），⑦ 书信十三封（365年），⑧ 阿克西奥库斯（405年），⑨ 论正义（347年），⑩ 论德行（402年），⑪ 德莫托库斯（347年），⑫ 西许弗斯（360年），⑬ 厄里克西阿斯（403年），⑭ 克立托封[4]（404年），⑮ 定义集（407年）。①

△ 19世纪初，贝克（Bekker）出版于苏黎士，1816—1823年，八卷；普里斯特利（Priestly）再版贝克本于伦敦，1826年，十一卷，后二卷为费西诺拉丁译文。阿斯特（Ast）订正贝克本，出版

---

① 第三卷⑧至⑫五种，原编者归于"可疑对话"（ΔΙΑΛΟΓΟΙ ΟΙ ΝΟΘΕΥΟΜΕΝΟΙ / DIALOGI SUBDITIVI）标题之下。

九卷本，1819—1827年。

△19世纪下半叶，山茨（M. Schanz）出版两卷本（Platonis Opera quae feruntur omnia，莱比锡，1875—1887），第一卷收德拉西卢编序第一至第六组诸篇，据克拉克抄本（Codex Clarkianus）[①]，收第七组诸篇，据威尼斯抄本（Codex Venetus）[②]；第二卷收第八和第九组诸篇，据巴黎抄本[③]。

△19、20世纪之交，伯尔纳（J. Burnet）出版五卷本（Platonis opera，1899—1906）牛津，1960—1962年，上海图书馆藏。

·希腊文拉丁文对照本·

△斯特方（Stephanus）版《柏拉图全集》，1578年，附德·色雷（De Serre）的拉丁译文；1781年，附费西诺（Ficino）完成于1496年的拉丁译文。

△伊尔斯奇（R. B. Hirshig）编，两卷（1，757；2，602）巴黎，1855年，北京大学图书馆藏，严群藏（1915年）。本书照斯特方版收录，编排顺序相同，唯二⑪和三⑦之间为三③④⑤⑥，二⑫，三①②，二⑬⑭。

△沃尔拉布（M. Wohlrab）编，两卷（1，555；2，382），莱比锡，1890年，北京图书馆藏。本书顺序照德拉西卢所编排。

[①] 旅行家克拉克（E. D. Clarke）1801年十月在巴特谟斯（Patmos）岛上隐修院发现某个约翰（Joannes）于895年誊抄的本子，今存牛津博德利图书馆（Bodleian Library）。事见其所著《列国游记》（Travels in Various Countries of Europe, Asia and Africa）第二卷。

[②] 威尼斯圣·马可图书馆存12世纪抄本。

[③] 巴黎国家图书馆存10世纪抄本。

△科奇索格罗（Kouchtsoglou）编注，四卷（收于 Ἄπαντα Πλάτωνος［十八卷，前十四卷为现代希腊文译本］雅典，1956 年）。

· 现代语文译本 ·

△周厄提（B. Jowett）译，The Dialogues of Plato，五卷，伦敦，1953 年，北京图书馆藏。

△卡里（H. Cary）等译，The Works of Plato，六卷，收于补翁丛书（Bohn's Library）伦敦，1911 年，北京图书馆藏。

△福勒（H. N. Fowler）等译，十二卷，娄卜丛书（Loeb Library）希英对照，伦敦，1914/77 年，商务印书馆资料室藏。

△达西埃、格鲁（Dacier et Grou）合译，Oeuvres complètes De Platon，十卷，巴黎，1885 年，上海图书馆藏。第一、第二卷为苏格拉底对话（Dialoques Socratiques）收一①②③，二③⑤⑥/一⑩⑪，二⑨，一⑭，二⑦，三⑤；三四为论战性对话（Dialoques Polémiques）收一⑦［Théététe］⑫⑨/一⑧，三③，二②①；五六为独断性对话（Dialogues Dogmatiques）收一④⑬，三④/二⑩，三①②；七为二⑫；八九为二⑬；十为伪作。第六卷，南京图书馆藏。

△克鲁瓦译（M. Croiset）等译，Platon, Œuvres complètes，法希对照，十四卷二七册，巴黎，1920—1964 年，哲学所图书馆藏（十三卷二五册，1953 年；第十三卷为书信、疑作、伪作三类。第十四卷两册为索引），严群藏（1935 年）。

△罗斑（L. Robin）编，Œuvres complètes de Platon，两卷，巴黎，1950 年。

△阿佩尔特译，Platons sämtliche Dialoge，七卷，莱比锡，1916年，上海图书馆徐家汇藏书楼藏。

△霍夫曼（Ernst Hoffmann）编，鲁费纳（Rudolf Rufener）译《柏拉图集，诞生二千四百周年纪念版》（Platon Jublaümsausgabesämtlicher Werke）八卷，第八卷为字典（Begriffslexikon，收298个词，第41—299页），瑞士，1974年，哲学所图书馆藏。

△田中美知太郎、藤沢令夫主编，プラトン全集，十六卷（末卷为总索引，包括日文希腊文对照等项），岩波书店，1977年，北京图书馆藏。

△阿斯穆斯主编：《柏拉图集》三卷，莫斯科。

△西班牙文译本 Platón，Dialogos，三卷，第一卷收一②①③④，三④⑤；第二卷收一⑩⑬，二⑤，一⑭，二⑦；第三卷收一⑦⑫，二③，一⑬；1921—1922，墨西哥国立大学，上海图书馆藏。

△意大利巴里、佛罗伦斯（Firenze，裴冷翠）出版《对话集》（Dialoghi），南京图书馆藏（二，1931；四，1943；五，1927；二十二，1943，只藏这四卷）。

第二部分
亚里士多德著作

政治学（第一、二卷）

【世界书局1934年版】

第一卷[*]

第一章

国家是一种团体，凡团体的成立，都为些好处，这是因为人类一切行为，莫不向着他所认为好的而发。但是一切团体，如果都有它所祈向的好处，那么国家——政治团体——既是最高而统括一切团体的，它所趣求的好处，自必比其他好处更大，这便是顶好。

有人说：执政，帝王，家长，主人翁——这各等的人，所具资格，根本相同，所差别的，不在种类，而在程度。例如管辖几个佣奴的叫作主人翁，稍进而主持一家的叫作家长，更进而统治一国的叫作统治者或帝王。如此说来，一个极大的宗族，和一个极小的国家毫无分别。更提到帝王和执政的分别，他们以为：一人包办政府，这人叫作帝王，若按政治学的通例，治者与被治者由人民轮流来做，那么这种统治者，便叫执政。

但是这些见解都是错误，因为政府确有种类的不同，这个事实，凡是按着我们一向所用方法研究的人，莫不明了。政治学，就像其他科学，也应当把所有的混合体，分析起来，成为简单元

---

[*] 英国周厄提翻译，严群重译。

素，或全体中极小的部分，所以我们必须注意到组成国家的元素，藉以明了各种统治者不同之所在，究竟每种之中，都能得到科学的结果与否。

第二章

凡研究一件东西，无论一个国家或其他，若从其根本入手，则所得的最为明确。谈到国家，第一要知人类之中，有一种结合，牢不可解，其中分子不能独自存在：男女之合（这种结合，无待于深远之目的，但成于生育之性——生育之性，本是人与动植物所同具的），藉以延长种类，天生主奴，藉以互保其生，便是这种结合的例子。提到主奴的问题，凡耗其思虑以窥未来的，便是天生的主人翁，天生的统治者；凡劳其筋力以实现他人理想的，便是受治者，便是天生的奴才；一个具先见之明；一个效已见之实。这两种人，实是异途而同归。女性和奴隶，毕竟有天然的分别。彼苍不像铸带斐安刀的铁匠那样经济，铸一把刀要到处可用。他所造的，一物一用，唯有只有一个用途，所以在这用途之内，特别的好。但是在野蛮人中，女人和奴隶无异，这正因为他们没有天生的统治人才，他们只是一个奴隶社会，不拘是男是女。所以诗人歌曰：

"希腊人来治野蛮人，恰恰妥当。"

从这般诗人的口吻看来，他们是把野蛮人和奴隶，视为生来同等的。

从男女，主奴两种关系而首先产生的是家庭。赫西务德说得不错：

"第一先有一所房子，一个妻子，一口耕田的牛。"

此牛便是那人的奴隶。家庭的组织，是天然地从人类日常需要而起。其中分子，就是恺弄答士所谓"饭桌上的伴侣"，艾平门尼士斯所谓"马槽旁的伴侣"。但几个家庭联合而成新组织，它所要求的，不只是日常需要之供给，那么这种首先成立的社会，便是村落。最天然的村落，是家庭所蕃衍而成的殖民地，其中分子，彼此都是叔侄兄弟，如同俗语说："彼此同在一个乳房之下，吃娘的乳。"希腊各个国家，原始都受治于帝王，就为这个道理：它们未联合以前，也像野蛮人一样，是在帝王统治之下的。每一家庭，家长主持一切，那么家庭的殖民地，帝王专政，也正因为同出一宗的缘故。所以何漠说：

"人人各自立法，叫妻子遵守。"

这话也表明古时人类散居，没有组织。至于人说神中有王，也是因为他们古时受帝王管辖；他们想象神和自己一样——不只形状，而且生活的状态。

几个村落联合起来，成个单一、完备、自足的社会，于是国家来了；这种结合，始于简单的衣食上要求，浸至于谋美满福利的人生。所以初级的社会如果是天然的，那么国家也是，因为国家是那些初级社会所趋向的鹄的。一物的天然之境，便是一物的最高之的；一物发达到极点，便叫作达到天然之境——这不论是人，是马，或是一个家庭。并且一物的究因和鹄的，便是最好；凡自足的也就是鹄的，也就是最好。

由此看来，国家是自然的产品，人是天生的政治上动物，凡生来就没有国家的，不是不够人格，便是超乎人格之上。① 这种人就像何漠所诅骂的"无家，无族，无法律的东西"，必是好勇斗狠，贻害人群，但其孤独之状，恰似亡群之羊。②

人类合群③之性，实在比蜜蜂和其他合群的动物强。我们常说，彼苍不造无用之物；人类之有语言，乃是上天特赋之才。空空的声音，只能表示苦乐之感，所以禽兽也有（它们性之所能的，止于苦乐之感，感生而以声音彼此传达，此外别无其他），至于语言的能力，则在以自己所经验到的利害，告诸同类，而发为平不平之鸣。并且人类之有善恶之辨，公不公之断，乃是他所独具的特性；凡具此种特性的，联合起来，便成家庭和国家。

复次：国家是天然的先于家庭和个人，因为全体必是先于部分，例如整个的身体崩裂之后，更无所谓手，无所谓脚，除非含糊糊，如同说一双石头的手，因为离开身体的手，也不过像一双石手罢了。一切东西，都以它的功用和能力，定它的意义；既失去它的固有性质，便不能承认它和原来一样，不过只留一个空名而已。国家是自然的产品，而且先于个人，这个事实的证据，乃在个人离开国家，便不能自足，所以他好比是一个全体中的部分一样。但是凡不能处于社会之中，或者自足而无所需的，这人不是禽兽，便是上帝——他不是国家的一分子。合群之性，人类生来就有，但是首先组织国家的，乃是人类的最大恩人。人如果

---

① 这句所用译本意思不明，因根据 Bohn's Library 译本。
② 此处原文设譬，于吾国语言为生舌难喻。故改用此比。
③ 此处所用译本作政治之性，其实即指合群之性，故根据 Bohn's Library 译本，改译如此。

造就起来，是万物中最好的，可是离开法律和公道，便是最坏；因为带着利器而行不公道的事，最为险恶。天之生人，赋以利器，藉以助长德智，可是也可用于邪途。所以人而不仁，便是万类中最恶劣，最野蛮，最饕餮的。可是公道便是国家中，人人相与之间的一种束缚，因为维持公道——断定什么是公道——乃是维持社会秩序的原则。

第三章

　　正因为国家成于家庭，所以未论国家之先，必须谈到家政。家庭的分子，就是组成家庭的人口——一个完备的家庭，包含奴隶和自由人。凡研究任何事物，必须先从考察它的最简单而且可能的要素入手：一个家庭的最初步，最简单，而且可能的部分，自然是主奴，夫妇，父子。所以我们必须考虑这三种的关系各如何，各应当如何。我所指的，就是主仆关系，婚姻关系（男女之合，自己没有专名），传种关系（这也没有特称）。此外家庭还有一个要素：所谓生财之术；有人主张这就是家政，有人说它是家政主要部分之一。至于它的性质如何，我们也要考究。

　　因为注意于实际生活的需要，而且要想得到比目前更好的，关于这种关系的理论，我们请先来讨论主仆的问题。有人说：以主治奴之术，便是一种科学，此外家政，国政等等，都也如此。又有人说：以主治奴是反自然的事，奴隶和自由人的分界，不过法律所规定而已，自然界何尝有此？所以这种违反自然的事，是不公道的。

第四章

　　财产是家庭的一部分，取得财产之术，便是理家之术的一部分；因为所需要的如果无着，没有人能够生存下去。正为技术各有各的固定范围，所以操技的人必具他所特需的工具，以成就他所专门的技术；提到家政，也是如此。所谓工具，种类颇多：或是有生命的，或是无生命的。例如驾船的人，他所用的舵，是无生命的，所雇的守望者，是有生命的；而且在种种技术之中，所用的仆佣，都是工具的一种。所有物是维持生命的工具，所谓财产，便是一群的此等工具；奴隶是有生命的所有物，所以奴仆之为工具，比其他的统高一筹。这是因为，假使一切工具都能成就它自己的工作，服从而且迎合人的心意，像地达路士机械人一般，或者像诗人所歌："机桔自动，不待移置而自入帝所"的海非斯图士的三脚器一样，假使梭子自己能织布，琴拨自己能弹琴，不用人手指挥，那么工头也无需乎仆佣，主人也无需乎奴隶。并且还有一种分别：寻常所谓工具，是能生产的；至于所有物，只是一种动作的工具。例如梭子，不独有用处，而且能制出其他东西来；至于一件衣服，一张床，不过只有用处而已。复次：因为生产和动作，在种类上不同，而且各需乎工具，所以它们所用的工具，必也在种类上有别。但生命是动作，不是生产，因此奴隶是执役于动作的。并且，所有物的地位和部分的地位相同；部分不只是某物中的部分，也是属于它的，所有物也者，正亦如此。主人不过对奴隶而称为主人，他并不属于奴隶；至于奴隶，则不特对主人而称为奴隶，简直是属于他的。因此我们知道奴隶的性质和职司何在：凡生来此身便非己有。而完全属于他人的，就是天生的奴隶；他虽然是人，可是他人的人，所以也是一种所有物。凡所有物皆可做动作的工具，与所有者分立。

第五章

世界上到底有没有秉性而为奴隶，为了奴隶于他是正当而且便利的人？或者还是奴隶制度是反自然的？

根据理由和事实来答复这问题，是不难的事：因为有治人，有治于人——这事实不特是必要，而且是便利的；自从受生时起，便已决定谁应当治人，谁应当治于人。

治者和被治者的种类颇多（被治者的程度高，则治者的方术也比较的好——例如治人的比治野兽的强。好工人所做的工作，自然也好；有治者，有被治者——这便是一种工作）。因为凡是部分合成的全体，不论是一片的，或并联的，其中都能寻出治者与被治者的要素。这种两元现象，存于生物，但不只限于生物：此种现象，根本是从宇宙的结构来的；虽属无生命的东西，其中也有一种原理，统驭这东西的全部——例如音乐。这本不在本题范围之内，我们还是限于有生之物吧。第一，生物包含灵魂与肉体：这两部分，一个是天生的治者，一个是天生的被治者。我们要于物中窥见自然的意旨，必须择其全性的做对象，不可于丧性者之中求之。所以要研究人，也应当取其灵魂肉体两俱健全的做对象，因为在此等人中，方能见到这两部分的真正关系。在失性，或畸形发展的人，肉体往往驾灵魂之上而控制之，这便是反常，恶劣的情形。无论如何，我们在生物中，第一要发见的，是一种专制之治，和一种立宪之治——灵魂之管肉体，是专制之治；理智之管情欲，是立宪之治。并且灵魂管肉体，理智管感情，乃是自然而且便利的事；双方平等，或者以卑凌尊，以下凌上，是无有不为害的。谈到禽兽和人的关系，也是如此——家畜比野兽性驯，他们因为受人的制驭，所以处境好，得以宴然生存。并且男性天生的比女性强，男出治，女受治，这个原则，是必然地通行于全人类。正为灵魂和肉体，人类和禽兽，其间有轩轾高下，所以居下的便是天生的奴隶；论到人，凡天职只在劳力，此外更无所能的，也是这样。他们——可以说凡一切卑下的——受人管辖，的确于他更有益处。换句话说，凡能做，而且是做他人所有物的；凡有些理智，足以理会他人之理想，而自己却不能有的——这人是天生的奴隶。至于下等动物，则并这些理智也没有，它们只是屈服于本能之下。笃而言之，奴隶的用处和家畜的用处，没有多大分别，他们同以他们的肉体，供给生活的需要罢了。彼苍本来极想于自由人和奴隶的身体之间，立个分别——叫奴隶的身体坚强，足以供人驱遣；使自由人的身体端正，可以从事政治活动——进能战，退能守。然而相反的事实往往发见：自由人之中，有的只具他所应有的灵魂，有的只具他所应有的肉体。假如人与人之相差，只在身体上的形状，并且到那程度，如神相之异于人形，那么凡是卑劣的便是奴隶，无可疑了。肉体之间，还有此等分别，何况灵魂？只是肉体之美可见，灵魂之美不可见而已。然而，有的天生便是自由，有的天生便成奴隶，而做了奴隶，于他倒是便利而且妥当——乃是很明显的事了。

第六章

但是与我们持相反的意见，以为奴隶制度是反自然的，自有他们的根据。这很容易指出：因为奴隶这个名词，有两种用法。有一种是法律上的奴隶，有一种是天生的奴隶。我这里所谓法律，是一种习惯——战场上互相承认的规矩：凡乘胜所得的，都是战胜者所应有。可是这种权利，许多法律家不赞成，加以攻击，就像攻击强词夺理的雄辩家一样。他们所反对的是：凡强有力的，因其能够屈服他人，遂把他人作为奴隶，归己管辖。甚至在哲学家之中，还也意见分歧。他们争执之源，议论相侵之故，乃在：才德[①]辅以工具，的确便操无上之权，而威权出于众人之上的，的确必有特别才德，因此威权与才德似乎不能分开。于是争执之点集中于公道问题，因为有人说，公道包含彼此之间的好意，有人把它迳等于强者之所欲为。这些分歧之见[②]便是：（一）有些奴隶是天生的；（二）武势威胁之下的奴隶是不公道的。假如分别而论，那么才德高者治人，才德下者治于人——这个原则，还是不可废的。还有一般自命为服膺于公道之原则的人，主张依据战时

---

① "才具"原文作 virtue，通译"德性"；"德性"二字按吾国文字用法看来，稍偏于道德意味，于此，似不甚合。所以据 Bohn's Library 译本译为"才具"，"才具"即 ability 之译言也。
② 原译不明显，据 Weldon 译本加此。

公法而成立的奴隶制度，是公道的[①]，因为法律和习俗便是一种公道。他们这种主张，自相矛盾；因为如果根本上战争之起就不公道，那么又怎么呢？况且不合做奴隶的，本不能叫他奴隶。假使照他们说法，最上等的人，只要他本身或祖宗做过俘虏，便一辈子是奴隶之子孙了？所以希腊人不叫同种的做奴隶，这名词只限于野蛮人。可是他们用这名词的意思，乃指天生的奴隶而言：因此必须承认有人到处是奴隶，有人到处都不是奴隶。同样原则也应用于贵族。希腊人到处自居贵族，不拘在自己境内；但是据他们看，野蛮人只在自己家庭，对其妻孥，自显高贵而已。由此看来，贵族和自由有两种：一个是绝对的，一个是相对的。《蒂坞特提斯篇》中的希腊人曾说：

"我既是系出于神，谁敢叫我做奴隶？"

这话的用意何在？他们岂不是以优劣两个原理，来判别自由人和奴隶，贵族和平民？他们以为：人所生的是人，兽所生的是兽，所以好人所生的也是好人。这固然是彼苍所期望的，可是未必都能办到。

彼此可见这些分歧意见，其来自必有因；[②]有些为主为奴的，并非天生便该为主为奴。可是有些主奴，其间天然之差的确很显——一个宜于为奴，便于为奴，一个宜于为主，便于为主；一个只需服从，一个处主人翁的地位，行使天所授予的管辖之权。不承认这种权柄，于他两人俱有害处。部分和全体，肉体和灵

---

① 这句照原文直译，应作"是合法的"，但与上下文的意思不甚连贯，故据 Bohn's Library 本改译如此。
② 这两句原文意思不明，故据周氏未改订本译如此。

魂——它们所追求的利益相同;奴隶便是主人的一部分——有生命的部分,只是分立的罢了。所以凡主奴关系成于天然的,他们便是朋友,有共同的利益;这种关系如果成于法律或威胁的,那么情形与此相反。

第七章

前面所提出的,足以指明主之治奴不是立宪之治;并且各种的治法,未必相同,如或人所主张的那样。统治之权,有时施于天生的自由人,有时施于天生的奴隶。管理家庭是专制之治,因为一家只有一长;至于立宪之治,乃是自由人,平等人的统治。一个主人之得称为主人,不是因为他有某种学术,乃是因为他具有某种资格;奴隶之所以为奴隶,也是如此。可是做主人的和做奴隶的,毕竟各有其术。为奴之术,就像细于鸠士人所教的——他们指示奴隶们的天职何在,借以维持生计。这种做奴隶的知识,可以稍微扩充,包含烹饪,以及其他鄙事。这些职司,有些只是需要的,有些比较高尚些;就像俗语说:"主人之中,品有高下;奴隶之中,事有贵贱。"但是这些知识,都是下贱的。至于做主人的,也有他的技术:做主人的技术,在于如何使用奴隶,却不在如何取得奴隶。此等技术,并没有什么伟大稀奇,因为做主人的只需知道如何驱遣奴隶,叫奴隶做他所应做的事而已。所以凡处于劳力地位以上的,有执事的人替他料理家务;至于他自己,则从事于哲理的探求,政治的活动。提到取得奴隶之术,却与以上所论的为主之术,为奴之术,两俱不同,其实是属于田术或战术之列。关于主奴之别，我们的讨论已经很够，不再覼缕了。

第八章

因为奴隶是财产的一部分，所以请按我们的常法，来概括地讨论财产问题和生财之术。第一个问题是：究竟生财之术，是否就是理家之术，或是其中的一部分，或是它所用的工具？假如是它所用的工具，那么这种工具，是否像制梭之术之为织布之术的工具，或是像炼铜之术之为造像之术的工具？这两种工具，本不相同：一种所供给的是狭义的工具，一种所供给的是资料。所谓资料，即是一种底质，某种工作之所资而成的。所以羊毛是织工所用的资料，铜是造像师所用的资料。因此，我们很容易见到理家之术之不等于生财之术，因为后者供给资料，而前者用之有待于生财之术以取其资料的，便是理家之术，这是无可疑了。可是还有个问题：究竟生财之术是理家之术的一部分，或是自树一帜？假如治产的人必须研究财产之如何而致，而产业财富之种类众多，那么稼穑之功，和其一切谋生之道，是否都是生财之术的一部分，或者还是各自为术呢？复次：粮食有许多类别，所以生活也有种种不同——不论人或禽兽。他们必须有粮食，粮食有不同，于是造出生活方法的差异。就禽兽而论，有的合群，有的独居：它们各依着最适宜的方法而生活下去——不论吃肉也好，吃草也好，肉草兼食也好，反正它们的习惯，定于自然，便于一饱而已。并且各有各的所嗜，同物未必同好，因此无论吃肉吃草，彼此之间，又有差别。单举人类的生活，就有许多不同。最省事的无过牧人，他们过安闲的日子，靠着家畜，不劳而得一饱。他们的牛羊，因寻草而各处转徙，于是他们不得不跟着走；可是此等工作，就是开垦一种有生命的土田。有的赖驰骋田猎自给，之旁这是另一种的生活。例如：或以行劫为生；或以征逐山禽野兽为生；或以居近潭泽、江湖之岸、大海之滨，便成渔夫；但是大多数的靠着莳果种田度日。这些都是自劳自给，无待于通功易事的生活；过此等生活的，有牧人、农夫、强盗、渔家、猎户等等。有的兼有两种职业，以其一之有余，补其他之不足，终则期于过好日子而已。所以牧人生活可兼行掠生活，耕种生活可兼田猎生活。此外还有种种合并的方法，总看生活上之要求如何而定。只够维持生命的财产，似乎一切有生之物都有，这是上天所授与的——不论初脱母胎，或是已经成年。有些动物，自从其子出世之日，便带有粮食，足以供给它到成形，自己会觅食而止；卵生动物，便是一例。此外胎生动物，生子之后，于某时期内，自己身上备有粮食以哺其子，所谓乳者便是。由此看来，我们可以说：草木是为禽兽而存，禽兽是为人而生。家畜以为食，野兽以为衣，而有时也为食。如果彼苍不造不全和无用之物，那么一切禽兽，必是为人而设。因此从这观点看来，战争之术是一种自然的取得之术，取得之术包含田猎和征伐，我们用以攫取野兽，屈服那种生来应受管辖而乖戾不逊的人们。凡这种战争，自然合乎公道。

　　取得之术之中，有一种天然的是理家之术的一部分，因为凡家庭或社会一切所需要以维持生活的物品，理家的必须齐备，或是能够随需随给——这种物品，本是可以收藏储蓄，它们是真正的财富之要素。过个美满生活所需要的财产，本不是无限，虽然苏伦在他的诗曾说：

"财富之于人，未尝定有限量。"

但是的确有个界限，就像其他技术一样；使何技术所用的工具，总归有限——无论在数目上，或是在大小上。财富是一个家庭或国家所用的工具，所以也是有限的。从上面所讨论的，我们可以见到有个自然的取得之术，为理家者和治国者所操习；并且知其所以然之故。

第九章

还有一种取得之术，寻常也称为生财之术，这倒也不错的；它实际上主张财富无制之说。它和以上所论的取得之术有密切关系，所以二者往往混为一谈。可是二者虽然相差不远，也不见得就是相同。以上所论的是天然的，这里所指的是人为的，或是经验上的。

现在把下面所考虑之点，作为我们讨论这问题的起点：

一切我们所有的东西，都有两个用途：虽然同是对物的自身而言，可是方面不同——一个用途是本来的，一个用途是非本来，或次等的。例如一双鞋，可以穿，可以交换其他物品，二者同是这鞋的用途。凡以鞋子卖钱，或是换粮食的，的确用到这鞋，但这不是鞋的本来用处，和他的第一个鹄的；因为鞋之所以为鞋，并不是为交易而设的。一切东西都是如此，因为一切都免不了交易；交易之所由起，正缘天然环境之中，有的不足，有的有余。所以我们可以说：贩卖不是生财之术的自然部分，假如是的，那么日用之品既足之后，交易之事便当停止了。在最初步的社会——所谓家庭——之中，无所用于贩卖；社会扩充之后，贩卖方有用处。因为家庭中的各分子，原来一切共有；到了家庭分化以后，所新起的团体各有所需，于是必须交换。这是一种交易，现在仍然行于野蛮人中，他们所交换的，止于生活上日需之品，例如以酒易粮，诸如此类。这种交易，不是含有恶义的[①]生财之术的一部分，不反自然，只是人类满足自然欲望之所需要而已。其他，或者比较复杂的交易，可以说是从这简单的而产生。当一个地方的居民，日渐依靠其他地方的居民，而输入其所不足，运出其所有余的时候，于是交易必须用到钱币。因为生活上的种种用品，不便到处携带，所以大家相约用一种自身本有用途，而便于取与的东西，作为交易的代价，例如铁，银等类。这些东西，他的价值，起初以大小轻重为准，后来上面加以记号，以定其价格，并且省却随称量。

钱币的用处既已发明，于是从日需物品的交易之中，又生出一种生财之术，所谓贩卖利是。这种贩卖，起初不过极简单的，嗣后人们经验日增，知道以何物、用何法，方能取得最大者息，于是渐越复杂。生财之术，唯其溯源于钱币之为用，所以寻常都把它看作独与钱币相关的；唯其讲求乎财富之如何而聚，所以被目为生财之术。并且因为生财之术和贩卖，都特别与钱币发生关

---

① 据 Weldon 译本如此，文意乃足。

系，所以许多人都把财富视为若干的钱币而已。另有一般人主张钱币只是钱诡的，它的用途，不出于自然，而成于习惯，假使用它的人，把别的方便来代替它，那么虚币便一无所值；并且钱币本身，并不是每天过日子的必需品，事实上，钱币极多的人，尚且往往缺乏度日之粮。如此看来，这种虽多而不足以充饥——就如故事里所说的迈达，他的祈祷把眼前一切都变成金，而至终不免于饿——的勾当，果真能算为财富么？

因此，人们对于财富和生财之术，要找一个更恰当的概念，不徒取得钱币而止；这种办法的确对的。自然的财富和自然的生财之术，本是另外一件事情，它们是家政的一部分；至于贩卖，便是一种纯粹的生财之术，目的只在钱财——生财的方法不止于此，这不过以交易为途径的一种。贩卖与钱币发生关系，因为钱币是交易的单位、量度和界限。从这种生财之术所得的财富，是无限制的。医术所趣求之健康无限，其他数种技术所祈向的鹄的无边，终期于达到一个最高之点（可是工具是有边际的，它的边际就是它所趋向的目的），这种变态的生财之术也是如此，因为它的对象只是钱币，它的鹄的只在取得财富，但是家政中的生财之术却有限制，无边的攫取本非其事。所以从这观点看来，财富必有限制，可是事实上往往与此相反，因为治产的人，往往积钱无厌。这种鱼目混珠的情形，正起于两种生财之术彼此间之关系密切；二者之工具相同，用法互异，因此界域不明——它们的对象都是钱财，一个的目的专在聚欲，一个却有更高远的目的。即此之故，有人相信生财是理家的对象，他们生活的理想，就在积财无边，或者最低限度，也要保守毋失。人类这种性癖，追溯其源，却在他们志在生存而已，并不想过有意义的生活，并且欲望无穷，所以满足欲望的工具，也要无垠方好。甚至一般想过有意义的生活的人，也兢兢于满足肉体上的快乐，这自然必须假手于财富，于是不知不觉之中，反被财富并吞过去；所谓第二种的生财之术，便是从此发生的。因为他们所需要享的快乐无穷，所以必须找出一种技术，可以产生这些快乐的。假令生财之术不足以厌其求，他们便想出种种方法，利用种种技能，做出种种反自然的勾当。例如果敢之德，乃所以激人自信之心，与生财何干；将才，医术，各有其所趣之鹄的——一个志在胜敌，一个志在愈病，可是他们不管这些，反正一切都拿来作为生财之具，唯有财富是他们的鹄的，一切事物都能促进这个鹄的方可。

讨论到这里，我们已经表明非必要的生财之术是什么，和人们要它的缘故。此外还谈到必要的生财之术，与前者不同，而却是理家之术的天然部分：他的能事在于供给粮食，可是不像前者，乃是有限制的。

第十章

我们一向的问题——究竟生财之术是否家长或执政们的事——已经得到一个答案：财富是他们先决的条件。政治学不会造人，只就上天所已造的拿来利用，所以上天供给他们土地、河海，以为粮食之源。家长即始于此，理家的人就上天所授予的东西，加以整理之功；他们可比织工，并不必能造羊毛，但知如何用之，并且能够分别何种是好，是合用，何种不好，不合用，如此而已。除此之外，要说生财之术是家政的一部分，而医术不是，这话似乎说不过去，因为家庭中的各分子，同是要得健康，和要吃要穿一样。这话的答案如此：从一个观点说来，理家的和治国的皆须顾到健康问题，从另一个观点说来，健康问题乃是医生的事，与他们无干；所以按一个说法，理家之术要顾及财富，按另一个说法，财富乃是另一附庸之术的事。但是严格说来，生活的工具必是上天所预先供给的，因为有生斯有食，乃是上天的事，他早已安排妥当，并且婴孩的粮食，当已存诸其母之体中。那么取财于草木之实，禽兽之身，无有不是自然的事。

我们曾经说过，生财之术有两种：一种是家政的一部分，一种是贩卖——前者必要而可贵，后者以交易为手段，因其敛人财以自肥，反于自然，所以不免于讥。最可恨，而恨之最有理由的，是以重息攘财，它专门以钱生钱，不是取利于自然。钱之为用，以便交易。并非藉以子母相生。子息这名词的意思是以钱生钱，专门应用于钱财之孳乳增多。所以在各种生财之术中，这是最不自然的。

第十一章

关于生财之术的理论方面，我们已经讨论够了，现在请进而论其实际方面。这种讨论不是于哲学上无价值的，只是太褊狭，太烦琐些。生财之术的有用部分是：第一，关于生活工具的知识——什么最方便，哪里最适宜，怎么最妥当。例如养何种的马牛羊所得的报酬大——哪个利息最厚，在何处值钱最多，因为这些畜生随地而变其价值。第二，农业——或耕田，或莳果，或养蜂，或种鱼，或养鸡鸭。以上所举的都是真正的生财之术，所以为先务之亟。此外尚有（第三）取径于交易的：（甲）通商（通商有三类：水面转运、陆上输送、零星贩卖。这三种之中，还有投机与恒业之分、利息厚薄之别），（乙）放债，（丙）雇佣。雇佣之中，又有司机械之功与效筋力之劳的两种。这三大种之外，还有一种介乎第一和第三之间的，它一部分属于自然，一部分和交易发生关系，这就是取材于土地之所产的一种工业，虽然非比耕田莳果，却也有利可收；例如伐木，开矿，便是。专就开矿而论，便有数种，因为地下所产的矿质种类甚多。现在我们关于生财之术的分门别类，只就大概来说，详细的讨论或许有补于实际，可是烦闷而费时。

凡一种职业，投机成分最少的，便是最真的技术；最堕落身体的最卑下；最费筋力之劳的最微贱；耗心机之灵最少的最褊浅。

关于这些题目，著书立说的人颇多，例如巴乐斯地方的察理士，勒母诺斯地方的亚波洛多于士，都有著作讨论耕田莳果的问题，其他的人，各有所论；凡对这些问题关心的，可以翻阅他们的书。若把散佚的货殖故事搜集起来，也很不错，因为这些故事，对于一般重视生财之术的，颇有用处。有一个故事是关于米勒图斯地方的苔里士，及其巧计的。这个巧计其实只含一个普通的原理，但是归功于他，因为他以智慧著名。相传他的窘状到处受人白眼，因此大家都说哲学于人毫无用处。有一次他根据他的天文知识，在前一年的冬天，便预知次年橄榄必定大熟，于是乘着众人毫不注意之时，把米勒图斯和齐务斯两地的榨橄榄机器，全部以贱价租来。到次年橄榄收获时候，突然此机大形缺乏，于是他以重价转租出去，以此得钱不少。由是他告诉世人：哲学家要想发财，极其容易，不过他志别有所在罢了。他自己表示自己的智慧，可是他的生财之术很普通，不过创出一种垄断之法而已。这是一种法术，当钱财不足之时，城市之中往往用之，以专一货物推销之利。

还有锡西里地方的一个人，一次稍有积蓄，遂把当地所产之铁全部收买。嗣后各地商人来买铁的时候，他成为独一无二的批发家，于是价格并不高而获利两倍。国主第恩匿锡亚士闻知此事，以为于己不利，下令不许久居其地，准其把这次所发的财带走。这人的发明和苔里士一样，他们两个都创出一种垄断之术。一个治国的人也应当知道此等秘诀，因为公家之有需于钱财，有待于此术，正和私家一样。所以替办事的人，往往专心致志于理财之事。

第十二章

我们已经提到，家政有三部分——主之治奴（这曾经讨论过），父之管子，夫之制妻。父夫之管制妻子，虽然同是自由人的统治，其中却有不同者在——父之管子是一种帝王之治，夫之制妻是一种立宪之治。除开一二例外，男性是天然的比女性宜于出治，就像大人之比未成年的高超一样。在大多数前立宪国家里，人民轮流来出治受治，因为立宪之为义，即在人民秉性平等，无有差别。但是只令一时间内有的治人，有的治于人，那么形式上，名称上，礼貌上，就有分别；这也像厄马习士对于他的洗脚盆子所说的话一样。男之于女，正像立宪国家的治者之于被治者，只是他们两性间的不平等永远不泯罢了。父之管子是一种帝王之治，因为他们的关系以爱与敬来维持，这正是帝王之治的特点。所以何漠很恰当地称宙斯为"众神和万民之父"，因为他是天上地下一切的王。一个帝王天然地比他的子民高，可是必须与其子民同种同类，此等关系就是父子长幼的关系。

第十三章

理家之事，人重于物，人性重于物性，自由人之性重于奴隶之性。这里有个问题发生：除了操劳服役之外，奴隶还有其他长处没有？究竟他们能有节制、果敢、公道等等[①]德性，或是除开筋力之劳，服役之勤以外，便别无所能？无论我们怎样答复这个问题，都有困难发生：假如他们真有德性，那么如何示别于自由人？反过来说，因为他们是人，所以也有理智的成分，说他们完全没有德性，似乎不可。对于妇人小子，同样的问题也能发生——到底他们有没有德性？女人也应当节制、果敢、公道么？孩提亦有节制不节制之可言？同样的，对于天然的治者和被治

---

① 亚氏之德性（virtue）分为两种：（一）理智（intellectual virtue），（二）道德（moral virtue）。其实在他的系统里，二者有密切关系，虽分犹未分也。所以本章用德性处与用道德处，不见有何分别。我有时把德字译 virtue，亦欲以示二者混然之意。平日曾想把德字译 virtue，行德译 moral virtue，知德译 intellectual virtue，盖 intellect 属知，moral 属行，其下各缀德字，乃见其皆为德之一部分。

者，我们可以概括地一问：他们的德性，是同是异？如这两等人同具高尚之性，那么何以一个无时不治人，一个无时不治于人？并且这两等人的差别，不能说只在程度上，其实还在种类上。但是说一个应具德性，一个不应具德性，又是多么不近情理的话！治者而不节制，不公道，如何能治得好？被治者而不节制，不公道，如何能服从得好？他们如果荒淫无度，怯懦不振怎能各尽其职？所以这两等人都有德性，乃是极显明的事，不过各有各的，未必相同。就人性来看，就有这种现象，人性之中，有出治的部分，有受治的部分，出治之部和受治之部不同——一个是理解的，一个是非理解的。同样原理处处可见，世上一切事物都有出治的和受治的，各视其秉性如何而定。但是各种的统治不同——自由人之治奴隶和男之治女不同，这两种又和长之治幼互异。人性的各部分，他们都有，可是各人的程度有差：例如奴隶没有思考之能，妇人有之而寡断，孩提具之而未成熟。以言道德，亦如此；道德人皆有之，不过各视其所当之职分而变其程度与方向。所以治人的要有完全的道德①，因为他所当的职务需要指南针，最高理性便是，最高理性非他，完全的道德便是。至于治于人的，只需按其所居的地位，具其所应有的道德。所以很明显的②，无论治人的也好，治于人的也好，都有道德；可是③他们的道德因人而

---

① 此句参考 Weldon 译本译如此。
② 据 Weldon 译本而②③等号，以求明了。按此处犹足以见苏格拉底、柏拉图、亚里士多德，三世师弟的传统思想，所谓知等于德（knowledge = virtue）者是。（原文如此。——编者注）
③ 参见注释②。——编者注

异——男人的节制、果敢、公道，和女人的节制、果敢、公道，未必相同，像苏格于底所说的那样：男人的果敢在乎能唱，女人的果敢在乎能随。无论何种德性，此理同然，并且详细考察，愈觉其不诬。凡混然概然地说：德性存于天秉之良者，或行为之正者——这些话都是自欺，不求甚解。此类定义远不及哥羁亚士的办法，把各等人所应具之德逐项列举出来。各等的人有其所特具之德，就如诗人之歌妇女道：

"沉默无言，妇女之荣。"

但是男子之荣并不在乎沉默无言。孩提尚未成熟，所以其德不能独自树立，处处仰承大人或师长；奴隶之于主人，也像孩子之于大人。我们曾经说过，奴隶为他人的生活而备，所以奴隶之德，只需不坠其分，勇足以将事，智足以自制，如此而已。因此有人要问：如果你所说的真对，那么一个操技的工人，也应当有他的德性没有？他们往往因不能自制而败其事。我说奴隶和操技的工人所处的地位绝不相同——奴隶和他的主人关系密切，简直是他生活中的一部分；工人之于工头未必如此，必也其所操业近于奴隶，然后其所具之德乃与奴隶差等。所以下等的执役本含一种奴隶性质，所不同的，奴隶天生，而此等执役之人不然。由是乃知奴隶的德性本从主人得来，做主人的不特只负指挥监督之责。所以只许主人出令，而不许他和奴隶闲谈的，乃是一个错误，因为奴隶之有需于训诲，正和孩提一样或者还要过之。

关于这个题目，我们的讨论止于此矣；至于夫妇，父子的关系如何，他们的德性如何，何者行乎其间而善，何者行乎其间而恶，如何趋善而避恶——这些问题，请俟谈到各式的政府时讨论。

正缘家庭是国家的部分,这几个关系又是家庭的部分,部分的德性必须顾到全体的德性,所以妇人和孺子,必须按着家、国的方针,施以教育,加以训练。他们的德性能影响国家的德性,这是无可疑的,因为孩子长大成为公民,而全国的自由人有一半是妇女。

这些问题我们已经讨论够了,其余请俟来日。要想备论无遗,只好此后再来,现在请先考察关于完全的国家的各种理论。

第二卷[*]

第一章

我们的目的，在于考察什么样的政治团体，最合于理想的生活。所以我们研究政治制度，不可专限一方面，凡现行于富强之国，或理论上所主张的，都要注意，这样一来，好的才能发见。如此进一步的追求，别看作一种钩奇之举，只是因为一切现行制度都是坏的。

我们请按这问题的自然起点，来开始研究。这里只有三条出路，非此则彼：一国人民非（一）一切共有，则（二）一切不共有，或是（三）有的共有，有的不共有。一切不共有，绝对不可能，因为一个国家是一个团体，无论如何，必须有公共的根据地——一国有一块领土，所谓国民，便是共享此土之所有的人们。但是在一个太平的国家里面，是否应当一切共有，或是有些共有，有些不共有？像苏格拉底在柏拉图的《共和国》里所主张的，人民还许可以共妻孥，共财产呢。究竟哪一样比较得好——我们的现状，或是《共和国》里所提出的新制度？

---

[*] 英国周厄提翻译，严群重译。

第二章

　　关于公妻问题，困难颇多。并且苏格拉底所标的理想制度的根本原理，还没有坚固的理论作根据。他所提的方法或方案，也未见得能实行，我们应当如何了解他，他也不曾明白指出。我所说的是他的理论的前提："国家的单纯性愈大愈好"。国家达到极端的单纯，便不成国家，这不是一件明显的事？国家的性质根本就是复杂，要想使它单纯，那么就变成家庭，由家庭又变成个人，因为家庭比国家纯一，个人又比家庭纯一。由此看来，就是可能，也不要使它更趋纯一，因为这样便把国家毁了。并且一个国家不只是一群人所构成的，乃是各种不同的人所构成的；人人尽同，便不成个国家。国家不像一个战时的联盟，后者在于数目多，内部的性质尽可毫无所异，因为联盟的目的只在互保，加上一个联盟，互保之力便加强些，就像天秤加上一个砝码，便往下垂，只要它往下垂，何必管这砝码是什么做的？一个国家和一个种族的不同，正也如能，一个种族可以不分村镇，一起度日，像①亚克底亚的人一般。但所以使国家成为一体②的元素，在种类上未必相同，因此，我在伦理学书上所提的调剂原则，乃是国家的救济之法。甚至在自由和平等的人中，这个原则也必须谨守，因为他们不能全体同时操权出治，不得不在年终，或固定期间之内，举行瓜代。此等办法的结果，在于人人都有机会出治，就像鞋工和木匠彼此交换

---

① 亚克底亚人的生活，犹云大同世界，或桃花源里面的生活。
② "国家成为一体"这六个字是按 Zohuis Lilsuy 本所译的。

职业，一个人不永远做鞋工，或永远做木匠，鞋工、木匠这流人[①]，最好各守各的职业，不要时时更换，所以在可能的地方，政府也宜于长期维持，但是在不可能的地方——那里人民生来平等，以公道论，无论从政是个权利或义务，人人必须担任——补救之法，却在在朝和在野的，以时瓜代，既经卸任的官吏，应与平民受同等待遇。如此则一班出治，一班受治，轮流交替，一人之身，易时易位则判若两人。并且各种的职司，有各种的人轮流来办。由此看来，一个国家，并不是天生地像或人所说的那样纯一：他们所认为于国家最有益的，适足以使国家归于乌有，凡于一件东西有益的，是能保存它的，还是能毁坏它的？况且从另一观点看来，这种极端的纯一，于国来绝对无益，因为家庭比个人显得自足，国家又比家庭显得自足，一国之所由立，端赖其团体大到能够自足，如果自足是国家所趣求的，那么较低程度的纯一，却比较高程度的可贵呀！

第三章

就说社会达到最高纯一程度是极好的事，这种纯一也未必存于大家同时说"是我的"又"不是我的"一句话所代表的事实——这话苏格拉底认为是国家达到完全纯一的表现，"大家"这名词很模糊，如果它所指的是人人说"是我的"和"不是我的"，那么苏格拉底所要得的结果，或许还可实现几分，这样，人人都要指定

---

① 此处仍按周氏未改订本译。

某某说：此是吾妻，此是吾子，对于财物亦然，凡是属于他的份额之下，他都可以这样说。但这不是共妻共子的人们的说法，他们偏要说"大家"，不说"人人"。同样，他们对于财产，必说属于他们大家的——不是人人各有其分，乃是合拢起来所共有。"大家"这名词本有毛病，和"并"、"奇"、"偶"等字一样的模糊，并且在抽象的理论中，往往成为逻辑上的迷惑的根源。假如大家所说的"这是我的"一句话，是指每人都能这样说，那是很好的事，可是办不到，如果是合拢起来说是大家的，那么难免要起争端。并且这种主张还有一个缺陷。凡大多数人所共有的，最容易被人疏忽。人人都注意自己所私有的，很少顾到公共利益，除非自己和它发生切身的关系。别的暂且不论，我们知道：人人都有一种荒弃公共职务的天然趋势，以为这事本有人管，何必我忙；好比一家之中，佣人愈多，家务愈形荒废，倒不如佣人少来得经济。每人都有成千的儿女，这些儿女并不是他所独有的，人人皆父母，人人皆儿女，至终这些孩子没人来管。复次：根据这种原则，不管己身在社会中是如何渺小，对于一切儿童，不论好歹，都要说："是乃吾儿"，同一童子，是吾儿，是彼儿，也是凡与我同辈者之儿，一人不知做多少人的儿子。所谓吾儿未必真正是吾儿，因为不晓得谁是谁生的，谁生的还活着。但是那一个比较得好——"我的"一词对千万人说，一人与千万人关系均等，还是"我的"一词照寻常和狭义的用法？一个人于此为子，于彼为胞兄弟，为堂兄弟，为族人，各按血统之远近而定其关系——这样，各种关系来得真切：做一个人的儿子像柏拉图书里所说的何如做他的真的堂兄弟？并且父子兄弟终不免有时认得出来，因为孩子生下来必像父母，他们彼此间的特别关系，必将有个符号可察。地理学家曾提出这个事实：他们说，在利比亚的上部地方，人民实行公妻制度，可是所生的儿女，便根据相似之点，各归其所自出的男人，况且有的女人——像兽类中的牝马母牛——生子特像父母，如法塞利亚的地方的牝马，名叫诚实的便是兽中的一例。

第四章

还有种种罪恶，提倡这种社会的人所无从防备的，是殴打、残杀（不论有意无意）、争斗、污蔑，等等。这些行为，施之于父母和其他所亲之人，是最不雅的，可是施之于所不知何人，则不必尽然。在这种社会里，彼此的真正关系既不可知，这些行为最易发生，并且发生之后，通常补偿之律，无从责效。复次：苏格拉底既已主张共子，所禁的只是肉欲的恋爱，而一方面容许父子兄弟之间亲爱和狎昵，这是多么奇怪的事？就是全无肉体上的关系，这种亲昵也是所不宜的。因为不取于猛烈的快感，而禁止肉欲的恋爱，可是另一方面，父子兄弟之间的情爱，一若无所动于其中，无所激于其内，这岂不是又一件怪事？

公妻共子的制度，宜于农工阶级，而不宜于卫士阶级，因为农夫工人一行此制，则其彼此之间的联络不紧——凡被治阶级应如此——不致发生不服从和造反的事。总而言之，这种法律的效果，往往和一切的法律所应得的效果背道而驰；苏格拉底所定关于妇人小子的法则，适足以自败而已。我们相信友爱是国之至宝，能免国家于内讧，苏格拉底所极力称扬的国家。大同①没有一个条目是出于友爱的。他们所推崇的大同之治，正像宴会录里的亚力士透坟尼斯口中所说的爱人——他们因为爱情达到极点，要想二身合成一体，于是不是一身先亡，便是两身俱亡。凡在实行公妻共子制度的国家，爱情和流水一样，为父的不肯说："是乃吾儿"，为子的也不肯说："是乃吾父"。好比几滴甘酒掺在许多水里，毫不觉得甜味，在这种社会之中，方才的种种关系也是归乌有。所以不能责为父者之必抚其子，为子者，为弟兄者之必互相扶持。两种能够激起爱护之心的条件——"这东西是你的"和"你所有的只是这个"——无一能存于此种国家之中。

复次：各阶级的人所生的孩子之调换——从农工阶级调到卫士阶级，从卫士阶级调到农工阶级——也是一个困难的事；管理调换的人，不能不知道所换的是谁生的，谁抚的。并且以上所提的种种罪恶——如殴打、残杀、私恋等等，在被调换的人口，犯的必多；因为他们既已换级，对于旧时同级的人，便不以父子兄弟之礼相遇，所以骨肉相残之罪，他们毫不顾忌。关于共妻共子问题的讨论，请即以此为终。

第五章

现在请谈到如何处理财产。在完全的国家里，人民财产应当

---

① 大同即 unity 之译名。前此皆译单纯，以与复杂（plurality）相对。原书 unity 与 one 互用，one 译纯一，而 unity 有时也译纯一。总之，大同、单纯、纯一，三词互用。

共有，还是不必？这问题可与妇婴之律分别讨论。假如照现行的习惯，妇婴归私，那么共产制度还有用么？这里有三个可能的办法：（一）土地私有，耕种的产品归公；这是有些国家所实行的。（二）土地公有，公共耕种，而所得的产品大家来分；这也是一种共产制度，据说尚行于野蛮民族之中。（三）土地私产品俱归公有。

假如农夫徒劳而不获享其利，那么情形不同，容易处置；但是如果他们为己而耕，那么所有权便发生问题。假使他们的享受和工作不平均，于是多劳寡获的人，必起而与寡劳多获的人抗议。其实在生活共同、关系均等的人群里，困难之处永不能泯，而特别关于共产一节。试观同伴旅行的人，他们往往舍正务而不图，而关于极小节的事常起争端。对于奴隶也是如此——我们颇容易和日常生活中接触最多的人，发生冲突。

这些不过是共产制度弊病的数端。现行的制度，如果加以好习俗和好法律的修正，必比共产制度强得多，或者能兼两种制度的长处。其实财产必须在某种方式之下公有，但是就其大经而论，还是私有妥当。因为，人人各有各的利益，便不至于互相嫉怨，并且他们各尽其事，各竭其能，社会也易于进步。可是从道德立论，或由功私出发，朋友之间，本宜一切共有，像俗语所说的。就论目前世界，犹能隐约窥见此风，可知这不是不可行的，并且在太平的国家里，此风的确推行到某种程度，或许还可扩而充之。虽然各有各的财产，可是有些东西自愿献出，有友之所欲为，或是与友共之。例如勒锡地蒙的人，对于奴隶犬马，便是彼此共用，一若己有苟于行旅中乏粮，便随处就其境内土地所产的，取来应用。所以财产私有，而其用与人共之，乃是极好的事；并且制礼立法之人的特别任务，乃在造成此等仁惠之风。复次：一物归于己有，是何等快乐的事！因为自私自利固不可容于世，而自爱之心，乃是出于天赋，不能没有它的作用。须知自私自利非止自爱，而是自爱过分，和守钱奴之于钱财一样。一切人类，对于钱财及其他类似之物，总有相当的爱惜。可是施惠于人，分财与友，也是一种极乎快乐的事；此等行为，唯有财产归私方能办到。但是在过分的大同国家里面，这种种方面举不可见。此外还有两种美德——对于女色的节制，关于财务的慷慨——在这种国家之中，亦就消灭。一切归公有，谁还立个慷慨的模范，行个慷慨的事迹？因慷慨之为物，本是处理私有财产之道。

这种制度，似乎加惠于人类不浅，很容易惹人注意，得人信仰，一若有个巧妙方法，能使人类彼此相亲相爱，特别是当它把现行私产制度之社会的罪恶——如契约不公、作证不实、谄富凌贫等等——宣布出来的时候。其实这些罪恶，何尝是起于财产私有，自必别有其所由致之因——人情的恶根便是。在共产的人里面，内讧之事更多，不过他们人数少，所以倒显得寡争似的。

复次：我们不要单举这种制度所除之害，亦当统其所失之利而计之。这种制度下的生活，简直是不可行的。苏格拉底的错误，应当推源到他所根据而出发的那个错误的大同观念。无论家庭国家，纯一性固是必要，可是只限数种情形之下；因为国家日趋纯一，自有一个界限，过此则国不成国，纵未必然，亦且愈趋愈下。这好比和谐变成单调，节奏变成独声一样。我们从前曾说，国家本是复杂，要以教育把它联合成个团体。现在有个教育系统的创造者，素来主张以教育树立民德的，倒想出这种法度来改良民生，一方面把哲学，或习俗和法律——如施行于斯巴达和苦力提，关于共飨之制，藉以促进共产的——束诸高阁，这可是一件奇事！我们不要忘却顾及年代的经验，在这些年代之中，此等勾当如果是好，还会不见知于世么？虽然未必组成系统，见诸实行，可是无所逃于年代的明锐和高远的眼光。假如我们得见此等制度在实际施行之中，那么关于它的问题，还许可以得到光明之路；要解它的问题，最好见它实施正如要构成国家，不得不从其部分入手——如划分家庭、宗族、种姓等等。但是这个制度的成绩，只在禁止卫士阶级从事耕种——一种禁令，勒锡地蒙人之所鼓励的。

在这种团体之中，国家的形式如何，苏格拉底自己不曾说，这问题也难解决。卫士阶级之外，其他公民倒居多数，关于他们还没有什么规定。农夫阶级的人，是否也行共产，或者各有各的财产？他们的妻子是公有，还是私有？假如他们像卫士阶级一样，一切公有，那么这两级的人，如何划分彼此？他们处处居于服从地位，到底有何弥补？除非统治阶级采取苦力提人的巧计——除开体操和军备之外，一切都许奴隶和主人同样享受，根据什么原则，他们方才服从？反过来说，如果这种较低阶级，关于婚姻财产二事，许它施行各国通行的制度，那么这种社会要成个什么样子？难道不变为两国，彼此之间水火似的？苏氏把卫士都派到营垒里去驻防，农工阶级和其他的人，倒变成真正的公民。果然如此，那么他所认为在寻常国家里所恒见的纠纷和罪恶，将要照样地在这种社会里发生。他固然说过：曾受高等教育的公民，无需乎许多法律来约束他，——如城邑之律，市井之律等等；但是他所谓教育，只限于卫士们啊！复次：只要农工阶级肯出赋税，便许他们财产私有。这样办法，恐怕他们要傲慢起来，不可约束，比赫洛兹，盆纳斯提，或其他奴隶，还要利害得多。并且公妻共产制度，是否不论阶级，一体需要？与此类似的问题：教育制度如何，政府形式如何，较低阶级所适用的法律如何——苏格拉底都不曾规定出来。如果要维持卫士们的种种公共生活，这问题颇关紧要。可是不易解决。

　　复次：假如苏格拉底主张妻公而产私，那么男子尽忙于农事，谁来管理家务？如果农夫阶级的妻和产一体归公，家务仍旧是无人过问，并且以禽兽来比，说男女所做的事应当一样，是不对的，因为禽兽无需乎理家。从外，苏氏理想中的政府包含危险性，因为他叫一班人永远执政；如果此种制度于下等社会还感不便，往往生出纠纷的事，那么行于上等阶级——所谓卫士——更要怎样？可是很明显的，他所认为能够执政的，必是限于几个人，因为上帝把金投入人的灵魂时候，不是一刻给你，一刻给他，而是常给那几个的；像苏氏曾说，自从他们呱呱坠地之时，有的上帝投之以金，有的上帝投之以银；可是生来应作农工的人，便投之以铜以铁。复次：他既把卫士们的幸福完全剥夺，而一方面说，执政者应使全国之人得到幸福。但是部分如果还有未得幸福的，全体那能得到？幸福不像一个偶数，偶数之所以为偶，乃在两数相加一起，单独一数，便是非偶；幸福这东西，必须个人单独都能得到，然后联合起来，方是全体的幸福。并且卫士们既无幸福，谁还有呢？自然工人不能有，农民不能有。苏氏所主张的《共和国》有这些困难，还有其他与此同样重大的呢！

第六章

同样——或是几乎同样——的驳论,可以加诸柏拉图后来的著作——《法律篇》,我们不妨把这书里所描写的政制,略为考察一下。在《共和国》里,苏格拉底所确实解决的,不过几个问题,例如公妻子,共财产,以及国家之结构等等。人民分为两个阶级——农夫和战士;从战士阶级中,又排出第三的阶级——所谓议政者或执政者。但是苏氏不曾决定毕竟农工阶级有无参政之权,到底他们有军事的义务没有?他固然主张女人应当与卫士受同等的教育,并且帮助他们效死疆场。除这几点之外,《共和国》里所说的,都是些离开主题的话,以及卫士阶级之教育方针。在《法律篇》里,除了谈法律之外,别的少说,关于政制,所论的也不多。在这书里,他所主张的,本不愿与寻常的政制太离奇,要想和它接近一点,可是至终仍旧盘旋于原来的理想制度。除了放弃共妻共产之外,一切与前相同——教育制度相同,公民依然免近鄙事,共餐制度仍旧保存。唯一的不同,就是在《法律篇》里,共餐制度推行到女人,这里战士人数五千,而《共和国》里只有一千。

苏格拉底所发的议论,没有平凡的,莫不表现一种高尚理想,创造胸怀,但是无论何物的完全之境,都是不可期望。须知五千士卒,谈何容易,要有像巴比伦那样大的土地,方能养活这些无所事事的人,和他们背后所拖的女人与从者——这些人比他们本身还多好几倍呢。凡造成一个理想,固然以意欲为基础,可是亦须顾到可行与否。

执政的人，固宜注意两点——民与国，但是邻国也不要忘却，因为国家好比一个人，不能过单独的生活，国与国之间，彼此必有外交上的关系。一个国家，应有武力足以对付邻国，不徒供境内之用而已。虽然这种军事生活，对己对国，未必算是第一等的，可是一个国家，对于它的仇敌，应当保持一种威风，不管他们来犯不来犯。

还有一点：关于财产之量，不要有个更准确的规定么？苏格拉底曾说：一个人必须有切当的财产，足以使他够得上过节制的生活。"过节制的生活"，就等于说"日子过得好"，这个概念实在太空泛；况且过节制生活的人，倥许太苦。一个较胜的界说是：一个人必须有相当财产，足以过节制的生活，并且豪爽度日；假如节制和豪爽分开，恐怕豪爽流于淫奢，节制变成苦楚。豪爽与节制，乃是关于用财所仅有的正当品德。一人之用财，无有于果敢或温厚，可是逃不了节制和豪爽，所以这两种品德之训练，与钱财不可分的。并且只是均分财产，而对于人口没有通盘的计划，仍是自相矛盾之策。人口不加限制，总想靠生育效率之高低有无的调剂，来补救过庶之患，以为现存各国都是如此。但是此节应当特加注意，不可专恃自然的调剂，因为在我们的国家里，不论人民多少，财产总是一体分配，所以没有不足的人，但是如果按《法律篇》里所说，财产有时尚不可分，那么额外的人，便毫无所得了。有人以为限制人口，比均分财产还要需要；要制定人口，必须统小孩生死之数，与妇人生育之率而计之。疏忽此点——现存各国的通弊——乃是人民贫乏不可逃之因；而贫乏又转而为革命与罪恶之母。哥林多的费敦——上古时立法者之一——便以为家庭与人口应当维持同样的数率，而他们所分得的财产，倒可以稍有多寡之不齐；但是《法律篇》里所标的原则与此相反。至于我们意见中的正当处理方法，请俟来日表白。

《法律篇》里还有一个缺漏：苏格拉底不曾告诉我们，治者的分别何在，他只说：他们的关系，应当像织机上所用的经纬两线之同是各种羊毛做的。他既许一人的财产增加到五倍，何以不准他的土地扩充到某种程度？并且按他分布房屋之法，家政能够理得好么？他给每人两所房子在不同的地方，一人分住两处，是很困难的。

他整个的政治系统，不是平民，不是富阀，乃是一种介乎二者之间，寻常所谓破为提的——这种政治以重兵构成。他如果意在发明一种制度，适用于大多数国家，那么还可以；假如想促进先前所标的理想国，那就恐怕不行，因为大家宁可采纳勒锡地蒙，或其他较为尚贤的政制。的确有人主张：最好的政制是各种的混合，他们所以赞扬勒锡地蒙的政治，就因为它合富阀、君主、平民三种制度而为一——有国王是君主，有元老院是富阀，有人民公举的参政是平民。但是另有人说：参政是一种暴民制度，它的平民色彩倒存于共餐，和日常生活的习惯里面。《法律篇》里曾说：平民和专制混合起来，方是极良政制；其实这不是不成政制，便是最坏的。可是混合多种的政制，的确可谓去正道不远，因为吸收许多成分，毕竟好些。《法律篇》里所标的政制，并没有君主的成分，其实只是富阀和平民，而且倾向富阀方面。这种现象，可从地方官吏的遣派看出。虽然先由民众选出若干人，然后再用抓签方法遣派——这好像包含富阀平民二制，毫无轻重似的，可是法律之强迫富人投票选举或罢免官吏，而其他阶级的人任其自由，以及多数地方官吏之出于富人阶级，最高长官之出于收入最丰的人——这些办法都带富阀政治的色彩。此等色彩，亦见于谘议员之选举，虽然原则上由全体人民——共分四级——投票，可是被选人限于第一，第二两级时，全体人民强迫投票；限于第三阶级时，头三级的人必须投票，第四级的任其自由；限于第四阶级时，第一、第二两级的人必须投票，三四两级任其由。选出之后，各级中被选的人数，应当相等；可是话虽然这样说，其实此种办法，偏重收入丰的人——所谓良民者是，因为较低阶级的人，不强迫投票，便往往不选举。从这些证据，和来日连带考察之结果，我们可知像柏拉图理想中的国家，不会是平民、君主两制合组而成的，并且从已提名的人中，再选出若干人为地方官吏，也是很危险的事，因为只要有少数人联合起来投票，全场便被他们操纵。这些都是《法律篇》里所定的政制。

第七章

还有其他政制，或一二草野之人所主张的，或哲学家与政治家所标榜的——这些都比柏拉图的近于已行或现行的制度。没有一个人曾经标揭过若高的理想，如公妻共子，妇女共餐等等；他们都凭实际需要着想。有人以为处理财产是第一要事，因为这是革命起伏枢纽。这个危机，恺勒细敦的费里士倒见到，他是首先主张公民均产的人。他以为在一个新殖民地里，均产之事易办；在一个老国家中，均产之事难行。在后者情形之下，促进均产的简便方法，唯有在子女婚嫁的妆奁上，富人有输出而无收入，贫人有收入而无输出。

柏拉图在《法律篇》里，主张允准公民积蓄到某种程度，可是不许超过最低限度五倍之上。也是制订此律之人，须谨记一点：制定财产之量，同时还要制定生育之率：如果生育太快——但女过多——则此律必将失效。并且除了违犯此律之外，由富转贫的人太多，也是不良现象，因为人到破产，必致挺而走险，闹出革命等事。均产制度之影响于国家，虽上古立法之人，也知道的。苏伦等曾制律禁止个人注意扩张土地，同时另有一律不许出卖产业。例如洛苦里士人便有一律：一人除非能够切实证明遇着大不幸之事，不许出卖产业。此外还有一律嘱咐人民要保守原有之产。此等法律，曾经施行于留卡士岛：崩坏之后，那里的政治便流入平民之弊，因为从那时起，执政的人，不限资格，不论有产无产，都可上台。复次：财产既已平均，侭许个人所分得的，非过多便太寡，所享受的，非淫奢则困穷。然则议制之人，不可徒均民产而已，还须顾及个人适当之量。就令每人都已得到适当之量，议制者之事还是未尽，因为所亟待平均的，不在财物，倒是人类的欲望。要齐人欲，非从教育着手不可。关于此点，费里士可要说，"这本是"我的意思：是的，一国之中，不唯均产，还要教育划一。但是费先生还须告诉我们，他们教育性质究竟如何；如果还免不了致人于贪婪、于野心，那么何所用于划一？并且内乱之兴，非由于财富不均，而亦由于名位不等——平民闹均富，上等的人闹均贵；像诗人所歌的——

"小人君子，同争一日之荣"。

有些罪恶，它的原因在于需要不能满足，这里费里士以均产方法来补救，的确可以免人于为盗，拯人于冻馁。但是不是非恶罪的唯一之因。人类满足需要之外，同时还要享乐，于是超过生活上的要求，企图一种格外的快乐；这还不够，还要追求一种抽象的乐趣——不与痛苦为相对的；如此便坠于法网。

这三种缺陷如何补救？第一种以适当财产和相宜职业来补救；第二种以养成节制的习惯来补救；至于第三种，如果要求己不求人，唯有于哲学之中寻之，所有其他快乐都靠别人，只有这个是靠自己。事实是：最大的罪恶，不出于求足，而出于求多。为君者之暴虐无道，不徒为求饱暖而然；而上等的功业，不在杀死一个小贼，乃在诛讨一个暴君。由此看来，费里士的制度，只足以防小恶，而不足以平大患。

费氏的制度还有一个缺点。他只着眼于内政，可是立法者亦须考虑外交问题。国家组织，必须顾及军备，关于此点，他没有一句话。就论财产，也不宜只是内部自足，而无以御外侮。一国的财富，不可丰到叫强邻垂涎，而望拥巨资的人民，不能稍稍与敌周旋；一方面又不宜穷到与平权之国不能一战。关于此点，费氏不曾有何规定。但是我们要记住：财用充足，毕竟是国家之福。一国财富最好的限度，恐怕是要达到一种程度，不至令强邻生觊觎之心，而与之挑战。有个故事说：当奥投伏类提士要围亚炭牛士时候,幼布鲁士说之曰:"请你一计此举需时几何,花钱若干。①我如做你,宁可得到一笔小款而罢休,不愿长期围城而费时耗财。"此语提醒奥氏,使他知道此举所得不偿所失,而放弃围城之计。

均产固为弭争之一法,可是成就未必顶大。上等的人,因其野心勃勃,想得非常之荣,还是在那里怀不满之意——这往往是造反和革命之因。并且人之欲壑难填,先前两个阿布鲁觉得很够,到了相习为例之后,便显得不足,而想逐渐增加,不知所止。须知不知足乃是欲望的本质,多数人成天尽在此中讨生活。改造的方针,与其从均产入手,毋宁训练君子寡欲,小人知足;此中用意在使他们欲望降低,并非要毁性伤生。此外、费里士所提的均产之法,尚未完备,因为它只是平均土地,其实财富还有他种,如奴隶、牛羊、钱币,以及其他所谓动产的。这些东西,不是均分,便当有个限制,不然,可就任其自由增长。似乎费氏之制,是为小邦而设,其中工人做公共的奴隶,不为公民的一部分。如果一种法律,规定工人为公共奴隶,此律只可施行于厄璧登牧士,或地坞粪图士计划下的雅典。

从方才察的结果,任何人都能判断费氏的主张对不对。

第八章

迈利图士地方的希魄登牧士,是幼力冯的儿子,有建城之术,

---

① 此句原文不可解,据 Bohn's Library 本译如此。(Weldon 译本与 Bohn's Library 本同。)

派利亚士城之布置，便是出于他的计划，但是一个怪人，好钩奇立异，所以行动乖张——长发飞蓬，贱服加以美饰，厚薄不分寒暑，因此人咸视为佯狂。他想做自然界学问的能手。而一方面是个首先研究政制的人，虽然不曾操权秉政。

希魄登牧士所想象的国家，有一万人民，其中分三部分——工人、农夫、士卒。土地也分三区——（一）圣地——崇奉神祇之用；（二）公田——士卒衣食住之所资；（三）私产——农夫之所有。法律也分三种，因诉讼之事只有三类——凌辱、损伤、害命。此外，他想组织一个唯一最高的法庭，一切曾经判决而仍旧不服的案件，在此作最后的定夺，这法庭以公推的老年硕望的人组成。复次：法庭之断案，不可只用投丸之法，每人要有一块版子，上面所下的判断，不徒有罪只写"有罪"两字，无罪便留个空白，如果曲直参半，功过相抵，亦当分别论之。他以为沿用现行制度，断案时无论投那方面——有罪无罪——的票，都不能免却不公之弊。此外还主张法律上规定奖励一般为国谋福利的人，殉国烈士的儿女由公家收养——这好像是闻所未闻，可是雅典和其他地方，现在正行此制。关于地方官吏，他主张由人民公举——三级的人一体投票，举出之后，他们的职务，在于维持地方公益，抚恤孤儿，招待行旅。这几点是希氏制度最是引人注意的地方，其余的也无多了。

希氏这些主张，第一可驳之点是人民分为三部：工人、农夫、士卒——他们各有参政之权。但是农夫没有武器，工人尚且没有土地，所以他们无形中变为士卒的奴隶。要他们参与一切公家的事，绝对不可能，因为统兵的将帅和地方的官吏，必将从武装阶级产生。如此，农工二级的人，既无力参政，怎能成为忠实公民？就说武装阶级应当做农工的领袖，可是他们人数不多也难办到，况且既然如此，何以又叫农工参政和选举官吏？复次：农夫何所补于其国？工人固然必需，任何国家都要他们，他们也能以艺自活，至于农夫，如果能够供给士卒，那么还是有用，可是按希氏所定，他们自有土地，自耕自食。并且士卒们所公有的地，若是他们自己耕种，那么士卒阶级等于农夫阶级，虽勉为之别，而实是无别。假如士卒之外更设一班耕种的人——自己没有土地，以示别于农夫阶级，于是突然又生出一个第四阶级——在这圈中处何地位，享何权利？如果农夫阶级的人，耕私田以自活，同时也耕公田以活士卒，那么恐怕力不暇给。所产的两方面都不敷用；并且何必划分公私二田，把农夫自己土地所产的，抽出一部分给士卒，岂不好么？关于这几点，实在弄不清。

简明而无曲折的案件，法官投票判决时候，不许只写个有罪或无罪，必要他分别而论——这是不敢赞成的，因为如此办法，法官变成调解的人。调解之法，调解人虽然多，可是大家可以聚在一起，彼此商量，交换意见，所以能够分别而论。但在法庭里，这些都不可行，还要严禁法官彼此交换意见。并且法官判决赔偿损失，而不若原告所要求之多，岂不又起纠纷？例如原告所要求的是二十迈那，而法官只判十个（往往原告所求的过于法官所许的），其他法官主张五个，又其他主张四个，如此，则同一损失赔偿，随各法官的意见而分为许多等——有的主张如原告要求的，有的主张不必赔偿毫不可靠——那么最后取决于谁？复次：假令此案简明，没有曲折，然则法官投票，只写有罪或无罪，不能算为不公，并且这是公正的，因为他所写的无罪，是对原告所提的二十迈那而言，以为并无应赔若大数目之罪，而不是说被告者一无所负。唯有良心上以为被告的罪不至于赔款二十迈那，而实际上按此数判决，这才是不公呢。

奖励为国谋福利的，这种主张，固然能够动听，但是这事载于法典，却不免有流弊，因为从此朝野之间的闲话必多，颇足以乱听闻。并且问题不止此。纵令新律的确是好，除旧布新，究竟于国是利是弊，尚是一个疑问。如果改革不是一件好事，那么希魄登牧士的主张毫无可取，因为阳称为国祛弊谋利，而暗中包藏祸心，危及法纪，也未可知。但是对此问题，既发其端，不妨从长讨论，因为各人意见不齐，而改革有时显得可取。在学术方面，改革自然有益，例如医药、体操，乃至诸般小技细艺，都时时放弃旧日习惯。假如政治是学术之一，那么改革亦所必需。并且改革的事曾经见过，可把昔时之简陋野蛮的习俗，与今日所通行的一比，便可证明；例如上古希腊人成天被甲持兵，随意买卖妻孥，和今日的风俗相较，显得怎样？不特如此，凡古代留传下来的法律，以我们的眼光去看，都觉得荒谬不伦，如邱迷地方的杀人之律——只要告发者于同族中能拉出许多证人，被告者便无所逃于罪——就是一例。并且大家都想求好的，不必株守于乃祖乃父之所有。首立法度的人，不论他是天所特产，或是劫后余生，本不比现存的人类高明，服膺他们的见地，岂不可笑？其至法律既经写成明文，也不宜于长久不改。政治像其他学术一样，不能一切都明确写出，因为成文的规定都具普遍性，而行为乃是特殊的。

所以我们以为有时在某种情形之下，法律可以更改。但是从另一方面来看，这事要非常慎重，因为轻易更改法律，乃是不良习惯，所获之利既微，前人的错误，还不如不改为得，必要改它，那所得的益处，还抵不上众议纷淆、民不听命的损失。以学术比政治，是不对的，法律上的改革，其困难还过于学术上的改革。法律除了习惯之外，别无能力叫人遵从，而习惯的成立，有需于时日；所以轻易除旧布新，正足以使法律失其威权。并且就承认法律可以随时更改，应当改到什么程度？谁来更改——任何人，还是限于某等的人？这些都是极重要的问题，可是我们只好留着他日方便的时候讨论。

第九章

对于勒锡地蒙和苦力提的政制——其实对于一切政制——两点必须考察：（一）到底某某项的法律，比较完全国家所应有的，是好是坏？（二）究竟这些法律，与制律者所悬的理想和标准，能否相合？凡在法律完善、秩序整齐的国家里，民多暇日、没有内顾之忧，这是谁都承认的，可是如何达到此境，是个困难问题。（有人主张奴隶要多，但这也不是安全的办法。）① 塞梭里的盆纳斯提，和勒锡地蒙的赫洛兹，都时时叛主，终日幸灾乐祸，窥伺主人的挫折，以逞自己犯上之心，但是在苦力提境内，没有此种现象，这或许因为与它为邻的国家，各有农奴，所以彼此虽然互相争雄，而不肯煽

---

① 据 Weldon 译本增补。因为加上这句，上下文意思方能连贯。

动敌国之农奴起而叛主,唯恐自己境内的效尤。勒锡地蒙之所遇则不同,与它为邻的国家,如亚各士,默莘尼亚,亚卡底亚等,都是它的仇敌。至于塞梭里境内奴隶之叛乱,正是乘其主人与邻国——亚恺伊亚、帕尔希比亚、默格泥锡亚——作战之时。纵使没有外患,无隙可乘,奴隶也难处理,假如放松,他们便傲慢起来,自居与主人平等;如果驭之过严,他们又怨彻心腑,群起反抗。一国而遇此种情形,必是其中公民,尚未得到驭奴之秘诀。

复次:勒锡地蒙女人的纵恣,真能败坏其国立法的本意,而丧失公家的幸福。一夫一妻组成家庭,积家为国,一国可谓男女分半,所以一国而遇妇人不良,那国便已腐败一半。这就是斯巴达①的景象,立法者要使全国耐劳节制,他们实现其理想于男子,而忘却女人——女人无有不纵恣,不奢侈。结果,在这种国家里,唯财是重,特别是男子受制于妻之时,除了赛勒踢,和几个公行男风的民族之外,大多数好战的民族都是如此。古代的神话家,把亚力士②和亚伏漏带提结婚起来,的确有理,因为好战的必兼好色。斯巴达全盛时代,正足以证此例,它国内许多事都受女人节制。妇人出治与治者受制于妇人,其间有何分别?岂不是一样?平居用不着果敢,只是战争时候要它,而勒锡地蒙女人之挫抑军威,还也不浅。此点可于替此来寇之役看出,她们到那时候,一无所用,不能丝毫帮助男人,反而扰乱军心。她们早就这样放纵,而且也是意料所及。因为经过数次战役——对亚各士,

---

① 斯巴达是勒锡地蒙的别名。
② 亚力士是希腊司理战争之神,亚伏漏带提司理爱与美之神。

对亚卡底亚，对默莘尼亚——男子久久离家，班师之后，却又既习军纪，服从性成，唯有终日勤劳王事而已。但是女人呢？相传赖克尔古士曾想整饬妇风，把女人纳于国家法律范围，可是她们起来反抗，至终只好作罢。这些流弊，都由妇女造因，国法之不良，应当归罪她们。可是我们的注意，不在谁当任咎，乃在是非宜不宜的问题；妇女不守秩序，不徒乱国家的法纪，而且生出一种贪婪之风。

提到贪婪，同时就要批评财产不均之弊。斯巴达的国民，虽然有的财产很少，可是多则极多，因此土地都落于少数人手里。这种现象，法律亦负其责，因为法律虽然禁人买卖产业——此禁锢是合理——可是仍旧允许随意馈赠遗传；须知买卖和馈遗之结果无异，同是不均而已。影响所及，几乎全国五分之二的产业，在妇人手里。这由于女嗣之多与嫁妆之富；其实最好不给嫁妆，就给也要限于小量或适中之度。法律这样说：一个人可以随意嫁女于任何人，如果未及嫁女而死，身后又无遗嘱，那么作他男嗣的人，可以替她做主。因此，虽然以全国的财力，足以供给步卒三万，骑兵一千五百，而竟至于全体人民数目乃在一千以下。这个结果证明法律之不着于制民之产；其国经不住一败，男子缺乏是它的致命伤。相传斯巴达古代国王，每欲以公民的权利授予外来的侨民，拉他们入籍，所以虽然累岁动干戈，倒不感人口的缺乏；的确——有一时期，斯巴达的人数不在万人以下。这个传说可靠与否，姑且不论，不过用均富方法，维持原有人数，的确是一件比较更好事。复次：奖励生育之律所规定的，也正与均富之事背首而驰。制律之人，因为要人口多，就奖励生育①，竟至有一条法律，规定一人生三子的，便可蠲免军事义务，生四子的，捐去一切对公家的负担。但是一点最显明：生子一多，土地如果仍照旧法分配，穷人必致加众。

勒锡地蒙的政制，还有一个缺点：参政制度便是。这个官职有极高威权，可是他们是从全民选出，有些简直是穷鬼，把政权交他们手里，很容易生出受贿的情事。以前斯巴达常遇此事，最近与恩都罗士的纠纷，参政中之受贿的，便做出种种勾当，贻害国家。他们权力如此之大，举动如此之暴横，甚至国王亦须和他讨好。影响所及，他们败坏王事，崩溃整个制度，把贤人政治变成平民政治。但是就其大概而论，参政制度的确可以联络国家的内部，因为百姓有参政之权，方能心满意足，所以这种制度的效果，毕竟是好的。凡一种制度欲垂永久，必须国内各分子热心维护，而且保持常态，毋令畸形发展。斯巴达政制所以能够维持至今，正因为国王有他的尊荣，元老有他的地位（他们以德望之隆而入元老院），百姓有他的参政之权——各方面都有相当地位，所以齐心护持现制。参政由全民选出，完全对的，可是要换个方法，现行的太幼稚不堪。并且他们虽是常人，而操权受理大案，所以审判的时候，不可专凭自己的意见，必须依据法律，和其他明文的规定。他们所过的生活，亦与其国制度之精神不合，他们过于纵恣，而人民却约束太严，以致不走正路，往往暗中违法取乐。

复次：元老院也有缺点。元老倘许有好人，德隆而望重，国家能得他们，不无裨益。但是这种受理重大案件的审判官，可否

---

① 据 Weldon 译本改译如此，句较顺。

终身留任，尚待考虑，因为头脑会陈旧，正和身体会衰老一样。假如他们德望未孚，那么付以国柄，不是很危险么？况且大家知道，许多元老受贿、不忠公家的事。他们本不应该如此不负责，可是在斯巴达的确如此。但是有人要说：一切官吏本要对他们负责。对的，可是①他们这种特权太大，②他们行使监督之权，不应该如此，必须换个方式。并且斯巴达推举元老之法，真是幼稚；被选者必须自己运动，这是不应该的；有德望而称职的人，不论愿干不愿干，都要把他拥护出来。但是制定选举律的巨公，无处不注重人的好荣心，往往加以鼓励；在元老的推举，他也想培植这种心理。凡自己出马运动的，都是好荣；（2）③（开个运动之路，不是奖励好荣心么？）可是要知道，好荣和贪婪，都是罪恶之母，比其他欲望还甚。

究竟国王有益于国家与否，请俟他日讨论；但是无论如何，他们的选出，不可照现行的方法，必须以其人行动举止，与持己之方为准。制律者自己就不能自信能够陶铸真贤人，对于他们，根本就抱怀疑态度。所以斯巴达人④所派到外国的使团，往往把国王的反对党夹在里面；并且王之间的纷争，他们倒认为于国有利。

首先提倡共餐——所谓非的锡亚——的人，就不曾规定得法。餐费本来应由公家开销，像苦力提一样；可是在勒锡地蒙，每人

---

① 据 Weldon 译本加（一）（二）等号，较为明了。（原文如此。——编者注）
② 括弧中句由译者补充，文意始足。
③ 原文如此。——编者注
④ 此句参考 Weldon 和 Bohn's Library 各译本如此。

都各出其份，有的简直穷到出不起，于是这个制度的本意就坠地了。共餐原是一种平民制度，可是现在所行的，正和平民化相反，因为穷人不能加入；并且按着向例，凡不能出份的，便不许保留公民资格。

斯巴达的将军制度，当受攻击，也是应该。这是内争的厉阶，因为国王已是永远的将军，又立个将军，不是一国二王么？

柏拉图在《法律篇》里，对于斯巴达立法者的攻击，的确有理。斯巴达整个的制度，偏于一方面——宜于战而不宜于守，所以它作战时候，威权倒大，无事之秋，便不知如何处理，因为它能处患难，而不能处安乐，除了战术之外，别无所知。还有个同样重大的错误，斯巴达人虽然知道人类所追求的好处，要用美德得来，丑行绝对不行，可是他们把一切所影响的，搁在美德之上，大有过桥丢拐之势。

复次：它国内财政管理不善，要与敌人作战，而府库空虚，人民又不愿捐输。大部分土地在人民手里，可是他们对于公家的负担，毫不厝意。由此看来，他们立法者的成绩，有害无益，因为在他的制度之下，国贫而民贪。

国于斯巴达政府的讨论已够，它的大缺点都已指出。

第十章

苦力提的政制和斯巴达的相似，好的程度也差不远，可是大体上比较不完全。凡旧制度总不及新制度完备，勒锡地蒙的制度，据说是从苦力提抄袭过来，所以比它的要进步些。相传赖克尔古士[①]卸却保护幼主恺尔力拉士的责任后，曾周游海外，而在苦力提的时间最长。斯巴达和苦力提几乎联合一起；立达士[②]是斯巴达的殖民区，斯巴达人到苦力提后，便把当地的财政仿效过来。直到今日，苦力提的奴隶阶级——帕利务西——还是受迈诺士原定的法律制裁。按天然的地势，苦力提岛应属希腊领土之内，而位置也好；它横断海中[③]，四周围都是希腊民族所居之地；一端近排洛蓬尼斯，一端几与亚洲接壤。为这缘故，迈诺士方能建立海上帝国——有些岛被他征服，有些岛被他殖民地；最后他出征锡西里，死于坑密卡士附近。

苦力提的组织与勒锡地蒙的相仿佛。勒锡地蒙有赫洛兹当农奴，苦力提则有帕利务西。两国都行共餐制度，勒锡地蒙古对共飧不叫非的夕亚，而叫恩都利亚；苦力提之共飧正是此名，可见这制度本从苦力提来的。此外，两国的政治组织还也相同：勒锡地蒙之参政院，等于苦力提的考事密，唯一的不同，只在参政员八人，而考事密十人。两国都有元老院，只是苦力提不用此名，而称为缙绅会。苦力提曾一度有王，不久废去，而考事密代充军事领袖。国内各阶级皆得参与议政会，可是它的权力，只限于追认考事密和元老院——所谓缙绅会——所议决的事。

---

① 赖克尔古士是斯巴达王 Polydecter 的兄弟。Polydecter 死后，其妻有个遗腹子，因与赖氏约：杀其夫之子，而与赖氏共操朝柄。赖氏佯许之，到孩子出世，赖氏立之为王，而已自居保护者之责。后避流言而去国周游海外。
② 立达士是苦力提东部一个市镇。
③ 所谓海即地中海。

苦力提的共飧比勒锡地蒙的施行得当；在勒锡地蒙，每人都要各出其份，不然，便剥夺他的公民权利；可是苦力提的共飧，比较平民化。在它境内，土地之所产，牧畜之所获，以及帕利务西之所项输——这些收入之中，抽出一部分事鬼神，备国用，其余充为共飧之费，所以男女童幼，都由公家养活。立法者想出种种妙法省节饮食——此点他们视为国民的好习惯；更谋节制，男女同居，以防生子过多；此外还鼓励男子彼此为侣——关于此点之利弊，我们另日考虑。无论如何，苦力提的共飧制度，比勒锡地蒙的办得完妥，这是无可疑议。

复次：考事密制度比参政制度更坏，尽有其弊，而一无其利。和参政员一样，他们同是偶然举出，但是他们的弊，却没有斯巴达那样的利来补救。在斯巴达，人人都有资格被选，因此民众有参与最高政权的机会，所以大众一心维护政府，使其不倾。但是在苦力提则不然，考事密的选出，不由全民，而由几个固定的门阀；至于元老，则从曾经做过考事密者之中推举。

对于勒锡地蒙元老院的批评，可以同样加于苦力提的缙绅会。他们的无劳之俸与终身之位，都是过分的待遇；而一方面任意行使职权，无需依据成文法律，又是危险的事。凡一种组织，平民不得参加而不表示不满，未必便能证明它是好的。苦力提的考事密，所以不至于令人垂涎，正因为囿于岛国之中，没有外来贿赂以充私囊，像在勒锡地蒙当元老一样；因此，野心的民众，不会起来争这权利。

苦力提所用的补救方法，也是奇怪不伦，只合于富阀政治，而不宜于立宪国家。考事密之中，往往被同事的或其他私人，联谋驱逐；并且还许他们半途辞职。这些事由法律规定，总比私人制裁来得妥当——私人制裁是极危险的事。最坏的是考事密的暂时停止办公，这简直是高阀贵胄侵犯法后的荫庇。这几点都能指出苦力提的政体，虽有立宪成分，而实是很正式的富阀。

苦力提的高阀贵胄们还有一个习惯，就是树党立魁，收罗亲友与平民，彼此互相倾轧。这事的影响如何？不是国家崩溃，社会瓦解么？一国处境最危，假如它遇见有意误国，而真有这个本领的人。但是我曾说过：苦力提岛实赖其地利而保存，它和各国的隔绝，真和勒锡地蒙之禁止外人入镜，收同样的效果；此外还有一个便宜，就是没有海外的领土。以上都是帕利务西和那里公民，能够相安相能的缘故；至于勒锡地蒙的赫洛兹，便时时背叛主人。可是后来外人侵入之后，苦力提制度的弱点，就立刻暴露。关于这国的政制，讨论已够，不再说了。

第十一章

卡剔兹的政制可谓极好；虽然有些地方顶像勒锡地蒙的，倒有几点和他国绝不相同。其实，勒锡地蒙、苦力提、卡剔兹——这三国彼此相近，可是和其他的相去甚远。卡剔兹的制度，有好些地方极好：它的国民，始终忠于其国的制度，这正可以证明这制度的好处。卡剔兹没有什么可注意的反叛之事，并且不会遇见暴主。

卡剔兹像勒锡地蒙之点如下：它的共飨会就是斯巴达的非的锡亚，它的一百零四个官吏等于参政员；但是参政员不拘何等的人，卡剔兹的官吏则以德望为标准而选出的——这是一个进步。它有国王[①]，有元老院——所谓格尔路锡亚——正和斯巴达一样。不像斯巴达，它的国王不限于一姓，不拘于资格老，年事高，乃是从名门望族中所选出的才俊——这比较好得多。国王操权很大，如果不是有本事的人，便误国不浅，在勒锡地蒙已有先例。

　　卡剔兹政制之缺点，大概都是以上所论几个国家所同有的。它和尚贤与立宪所出入的地方，有的偏于平民，有的趋于富阀。国王与元老，假如是同心一气，每遇一宗事情，便由他们决定付予舆论，公评与否；如果不同心一气，人民就来断决。并且既交公议，人民不徒与闻其事而已，还有表决和推翻之权；这是在斯巴达与苦力提所不许的。（以上是平民的色彩）操重柄的巨头用合选方法举出，然后再由他们去挑选一百人，组成所谓最高的百人会；此外他们终身之位，莅任先于其他官吏，而卸任后之——这些都是富阀色彩。至于巨头不受俸，不由抽签选出，以及一切诉讼，统归一班固定的法官受理，不像在勒锡地蒙，各种条件由各级法庭分别审判——这些乃是尚贤的色彩。卡剔兹政制之离畔尚贤，而倾向富阀的地方，都是集中于公共意见之所在；大家以

[①] 卡剔兹的政权，原来在格尔路锡亚二十八人手里。格尔路锡亚之上更设两个国王，他们和格尔路锡亚都是一年由人民重选一次。国王没有实权，只是两个最高的审判官（他们的尊号叫 Suffetes 或 Shopes Shofetes，于希伯来的 Shophetiun，这字在圣经里英文释 gudyo，即审判官）。以后又添出一个百人会，这组织的原意，在于稽核国王和格尔路锡亚，后来便包揽一切权柄，且能置国王与格尔路锡亚于死地。百人会的会员，由一个五人共成的委员会推举出来，任期终身。这五个委员叫 Peuteschies，译曰五巨头；他们任期也是终身，其中有死的，便由其余委员和选会外的人来顶补。这种□选，叫作 cocptiun。

为：选择官吏，以才德为标准还是不够，必须加上一个财产的条件，因为太穷的人，忙于衣食还怕来不及，那有工夫来管公家的事。假如选举官吏，以财产为标准是富阀政治的特色，以才德为标准是尚贤政治的特色，那么卡剔兹政制必是一个第三种的，因为它选择官吏——特别是最高的，如国王与将军——每每兼顾才德与财产。

但是我们要知道：离畔尚贤之治，向这方面走，乃是一个迷途。凡第一流的人，无论在朝在野，都不宜使他屈身降格，终日忙生计；此点极乎要紧，立法者应当首先注意。纵令有恒产然后有恒心，然后有暇顾及国事，可是重职——如国王、将军等等用钱来买，是一件极坏的事，无复可疑。法律容许卖官鬻爵，就是重利轻义，影响所及，贪婪之风，遍于全国。凡在上者之所褒奖，居下的莫不竞趋；才德既不居首位，尚贤政治便失去稳固的基础。须知以钱买官的，必将取偿于官；今谓贫而有德者做官会抓钱，富而下流的人反而不会，这岂不是颠倒是非？所以凡是善于为政的人，必须让他从政。并且立法者纵不能免善人于贫乏，最低限度，也要使他们从政时无内顾之忧，得以报效国家。

一人兼数职，也是一个不良的原则，可是卡剔兹以此为常法。其实一人宜于一事，立法者慎毋叫同一个人做乐工，也做鞋匠。在大国里，百工执事由多数人分担，乃是合于立宪与平民的原则。这种分配方法，对于大家都公平；一件工作，一人专做，必是做得好，而且省时间。我们可从海陆二军得到证据——那里的人，径守其职，不相侵犯。

卡剔兹的政制是富阀的，它因为要避免富阀的流弊，时常移民到殖民地去，叫他们向外发展。这可算是它的万灵散，一向用之以苟安无事。天公实在赞助它，可是它立法的人，切不可贪天之功，要想出法子，来防止境内叛乱。不然，一旦不邀天眷，群下犯上，便束手莫救，太平永无希望。

　　上面所论，都是关于勒锡地蒙，苦力提，和卡剔兹的政制的性质；它们之受舆论赞许，固不枉然。

第十二章

　　一般研究政制的人，有的不曾当过公家任务，毕生只守私人职业；关于他们，凡可述的都已述过。其余的是法律专家，曾替本国或外国制律。他们之中，有的只是制律，有的还从事于政府的组织；例如赖克尔古士与苏伦，便是二者兼办。关于赖氏所手创之勒锡地蒙的政制，我们曾经谈过。若论苏伦，有人说他是个善于立法的人，因为他放弃纯粹的富阀政制，提高民权，成立古时雅典的平民政治，此外还调和国内的各份子。据这班苏氏下好批评的人看来，最高裁判所——埃里务怕卡士——代表富阀的成分，选出的官吏代表尚贤的成分，而民众法庭却是平民的成分。其实最高裁判所与官吏挑选制，早已有了，苏氏不过保存旧制而已；此只是由全民中产生法庭，因此创出平民政治，但是受人攻击，也是为此。由抽签制所组成的民众法庭，而与以大权，所以大家说苏氏摧残非平民的份子。众民法庭权力渐大，日唯助民为虐，于是昔日的制度，就变成现在的平民政体。加以厄非亚提士与帕尔力克里士之剥削最高裁判所的权柄,帕氏更设民众法庭法官受俸的制度,于是这班民众代表便乘机伸张平民政治的势力,一天厉害一天,乃成今日的现象。这些都是事实,但是苏氏未必有意造孽,似乎是时势使然。因为人民被政府利用于波斯之役,以保全海上帝国之后,开始发生自觉心,于是推出一班流氓头,以与上流阶级作对。至于苏氏自己,似乎只做到授予人民选举和监督官吏之权;这些都是最低限度所必要的,假如还得不到,那人民就变成奴隶,而与政府处敌对之势。当时的官吏,都是出于有名望,有财产的人;换句话说,或出于富有至百米丁之户,或出于所谓咒极阶提级,或出于第三阶级——所谓武士或马上英雄。第四之工人阶级,并没有被选为官吏的权利。

只做立法之事的,有蔡留卡士——曾替希腊西部的洛苦里制律;铠弄答士——曾为他本国卡藤那制律,此外还替恺勒西士人在意大利,锡西里等地所建之国制律。有人要想证明:奥诺马苦力达士是第一人对法律有特才,他虽然是洛苦里人,却是在苦力提训练的,在那里以谶纬之术过活;苔里士与他为友,赖克尔古士和察留卡士是苔里士弟子,而铠弄答士是蔡留卡士弟子。但是这些考证,根本上就和编年纪不合。

还有哥林多人的非洛劳士,曾为蒂比制律。他裔出于白奇亚底族,与底欧克力士成莫逆之交。底氏是欧令巴运动会的健将,也是哥林多人,因恐其母对他闹出乱伦的事,抛开乡井,到蒂比去,遂与其执友非氏同死在那里。如今本地人还能指出他二人的坟墓;两坟彼此相望,可是在一个坟台上能看见哥林多境,在其他的不能。相传他们生前特意如此布置,颇有用意:底欧克力士因避其母之兽行而出亡他土,对于故乡无可留恋,所以不要望见哥林多;非洛劳士并没有这层幽怨,所以不妨望见。这是他们淹留蒂比的原因;因此非洛劳士为其国制律,诸律之中,有一部分关于育儿的规定,名叫"承继律"。这种规定,是他的特色。想来是要维持财产分配的份额。

铠弄答士所制之律,除开关于伪证之罪的规定外,并没有其他特色;不过他总是第一人对于诬告妄证加以罪名。他的法律定得很准确,很明了,甚至比近代的还强。

费里士所制之律的特色,在于均产。柏拉图的,在于公妻孥,共财产,妇女共飧;此外还有社交饮酒之律——清醒不醉的应为一席之长;讲武之律——双手并用,不许一强一弱,一灵一笨。

都拉叩也曾制律留传后世,不过他当时应用于一个已存的政治组织里面。除开严刑重罚之外,没有什么特别的地方。

璧达卡士也是一个制律者,但不是一个政府组织的创设者。他的法律有个特点:醉而作恶,比醒而作恶的人,受罚更重;因为醉酒者比寻常人闹事还多,贻害社会更甚,所以专从公共便利着眼,宽假的事没有商量余地。

鸟利寄安地方的恩都漏登马士,曾替涂类士镜内的锡勒西士人制律。有些关于杀人的规定,有些关于女嗣的规定;但是并没有什么特色。

我们关于各种政制——无论曾经实行,或是只有理论提倡——的讨论,请即以此为结束。

严群年表

清光绪三十三年（1907） 1岁[①]

　　严群字孟群，又字一指、不觉，号淳斋。4月21日（农历三月初九日）生于福建省侯官县阳岐乡。为长男，有二弟一妹。高、曾二祖皆业医，有名于时。祖传安，先后任职于清南洋及北洋水师。父家骝，清宣统元年（1909）考取首届庚款留美，获伊利诺伊大学理学士、哈佛大学理学硕士学位；归国后，任唐山路矿学堂（北方交通大学前身）教授兼数学系主任。

民国四年（1915）前　9岁前

　　其伯祖严复先生时居北京，设家塾，延聘皖省宿儒金家庆先生为其子女授业，严群亦附学，受启蒙教育。

民国四年（1915） 9岁

　　返唐山，由父亲自授。

民国八年（1919） 13岁

　　回家乡，受业于同乡赵凤洲先生（前清解元），习古文。父亲授英文与数学。

[①] 本年表所列年龄均为虚数。

民国十年（1921） 15 岁

入美以美教会学堂——福州鹤龄英华中学。

民国十三年（1924） 18 岁

从亲命，与对江新岐乡孙师瑛女士成婚。严、孙二家有通家之谊。孙女士叔祖孙香海先生，系严复先生在天津水师学堂学生；其父孙世华先生亦留学生，习电机工程，居美时即与严群之父相识。

民国十六年（1927） 21 岁

于英华中学毕业。同年 8 月考入福建协和大学哲学系，从此开始其从事研究哲学的生涯。严群之所以对哲学有深厚兴趣，除因家庭影响及其个性善思辨外，在中学时，曾细读过英国大哲学家罗素（Bertrand Russell）的名著《哲学问题》（The Problems of Philosophy），深为该书文笔之流畅、条理之清晰、论证之严谨所倾倒。开始学习法文。

民国十七年（1928） 22 岁

转入北平燕京大学哲学系。当时该系华籍教授有黄子通、张东荪、张君劢等；金岳霖、冯友兰亦来兼课。开始学习德文。

民国二十年（1931） 25 岁

于燕京大学哲学系毕业，获文学学士学位。毕业论文为《亚里士多德之伦理思想》。同年 8 月，入燕京大学研究院，专攻古希腊哲学。

民国二十二年（1933） 27 岁

《亚里士多德之伦理思想》，经张君劢、张东荪审阅并作序，由商务印书馆出版。

民国二十三年（1934） 28 岁

于燕京大学研究院毕业，获文学硕士学位。毕业论文为《柏拉图》，同年 8 月由世界书局出版。同月获哈佛燕京学社奖学金，继续在研究院研究一年。在研究院期间，撰写了多篇学术论文，部分已于国内刊物发表，其他历经劫难，稿已不存。诸如：《苏格拉底之灵魂说》、《论柏拉图之爱底亚斯》、《柏拉图与亚里士多德之伦理思想及其比较》,《康德论意志自由、灵魂不灭及上帝存在》、《释黑格儿哲学中"有"等于"思"之义》、《斯牧次"全体"进化论之鸟瞰》、《快乐主义与心理上之快乐论》、《历史变迁之因素》、《孔子与亚里士多德之中庸思想之比较》、《墨子研究》等，都是这期间的撰述。

民国二十四年（1935） 29 岁

获洛克菲勒基金会奖学金，赴美留学。入哥伦比亚大学研究院，深入研究古希腊哲学。

民国二十六年（1937） 31 岁

转入耶鲁大学古典语文系，专习拉丁文与古希腊文，兼习梵文、希伯来文、暹罗文等。包括先前学习的英、德、法文，共学过 10 种外国文。拉丁文与古希腊文熟练，为翻译古希腊哲学名著奠定了基础。

民国二十七年（1938） 32 岁

开始由古希腊文翻译《柏拉图对话录》。

民国二十八年（1939） 33 岁

　　8 月由美归国。不久离沪北上，应燕京大学之聘，任哲学系讲师。

民国二十九年（1940） 34 岁

　　应燕京校长司徒雷登氏之托，为研究生讲授古希腊文。

民国三十年（1941） 35 岁

　　仍作哲学系讲师，兼代理系主任。这期间开始撰写《〈大学〉全书思想系统》及《〈中庸〉全书思想系统》二文。

民国三十一年（1942） 36 岁

　　珍珠港事变后，燕京大学停办。2 月入北平中国大学哲教（哲学与教育）系任教授，讲授中、西哲学，直至 1946 年 7 月。敌伪时期，清华、北大、燕京等大学教职员，无法前往大后方，而又不愿入伪学校者，多进中国大学。所以当时的中国大学有似沙漠之绿洲，人才济济，盛极一时。开始翻译柏拉图《理想国》。并用文言文译罗素之《哲学问题》，今稿已不存。

民国三十四年（1945） 39 岁

　　8 月日本无条件投降。当时教育部于 1945 年 12 月至 1946 年 7 月，为"教育部特设北平临时大学补习班"，应聘任教授。

民国三十五年（1946） 40 岁

　　燕京大学复校，8 月开始任燕大副教授，至 1947 年 7 月。

民国三十六年（1947） 41 岁

　　8 月应浙江大学校长竺可桢之邀，南下杭州，任哲学系教授。

民国三十七年（1948） 42岁

仍任浙大教授；并兼任杭州之江大学教授，讲授教育哲学。

1949年 43岁

5月3日杭州解放。师事大儒马一浮先生。在南下杭州就教于浙大期间，除继续翻译《柏拉图对话录》外，还写了多篇论文。诸如：《分析的批评的希腊哲学史——前苏格拉底部》一书中之七篇独立论文（后由商务印书馆出版）；为纪念严复评点《老子》发表四十五周年，撰写了《说"老"之"道"——老子思想之分析与批评》、《希腊思想——希腊的自然哲学与近代的自然科学》、《说孝》等。

1950年 44岁

浙江大学哲学系停办，转入外国文学系，讲授古希腊文与英文翻译，并为药学系讲授药用拉丁文。

1952年 46岁

高校院系调整，调入浙江师范学院，讲授逻辑学。

1953年 47岁

兼职浙江卫生学校，讲授医用拉丁文一学期。

1954年 48岁

兼职浙江医学院，讲授医用拉丁文一学期。

1958年 52岁

浙江师范学院更名为杭州大学，入政治系，仍讲授逻辑学。应中国科学院之聘，任哲学研究所特邀研究员。继续翻译《柏拉图对话录》。

1963 年　57 岁

赴北京参加中国科学院哲学社会科学部第四次扩大会议。所译《柏拉图对话录》中的《泰阿泰德·智术之师》一书由商务印书馆出版。

1965 年　59 岁

辅导杭大青年教师四人学习逻辑学,准备担任逻辑学教师,其中二人一直在作这门学科的教学工作。

1966 年　60 岁

"文化大革命"开始,备受冲击。十年动乱期间,家被抄,藏书及手稿被焚或丢失;最可惜者是大量已译就的《柏拉图对话录》稿不知去向。进牛棚,直至"四人帮"倒台。这段时间,身心极度疲惫,精神体力大不如前。

1978 年　72 岁

10 月,参加在安徽芜湖召开的全国首届外国哲学史讨论会。宣读论文《哈拉克类托士》。后发表于《安徽劳动大学学报》,转载于《西方哲学史讨论集》(三联书店出版)。任浙江省哲学会副会长。

1979 年　73 岁

年初开始,为杭大及外校教师开设古希腊文和拉丁文课近一年,教完了全课程。

1981 年　75 岁

《分析的批评的希腊哲学史——前苏格拉底部》11 月由商务印书馆出版。任杭州大学希腊研究所所长。

1982 年　76 岁

2月，招收四名研究生。并讲授古希腊文及拉丁文。

1983 年　77 岁

着手翻译《柏拉图对话录》中的《菲独》。9月，所译《柏拉图对话录》中的《游叙弗伦·苏格拉底的申辩·克力同》由商务印书馆出版。

1984 年　78 岁

12月，四名研究生通过论文答辩，均获硕士学位。

1985 年　78 岁[①]

1月14日因心脏病发作不治逝世。《菲独》未译就。严群先生一生最大的企望，就是将全部《柏拉图对话录》由古希腊原文译为中文及撰写《分析的批评的希腊哲学史》全部，未竟其志而抱憾终生。

1993 年

5月，所译《柏拉图对话录》中的《赖锡斯·拉哈斯·费雷泊士》一书由商务印书馆出版。

---

① 农历正月初一长一岁，该年正月初一在1月14日之后，故仍为78岁。

《严群文集》后序

王维贤

我从1942年到1947年间,每个学期都听严群先生的哲学课,他是我受教最多,也是我受教最深的老师。40年代末到他逝世的1985年,我跟他一直在杭州工作,1956年后,我还接了他逻辑教学的班,成了一同在杭大政治教育系教书的教师。我虽然跟严先生受学时间很久,相处时间更长,但在此前,他的大部分著作我都没有好好读过。最近两三年,因为受他的子女的委托,整理他的著作,才认真地看了他所有的遗著。当然,这些著作只是他著作的一部分,是灾后的劫余,但从中也可以看出他的思想发展的脉络,他的基本的理论观点。

现在整理工作已基本完成,阅读遗著过程中颇有感触,略谈一二。

首先,研究西方哲学的人,必然要遇到中西文化,特别是中西哲学的交会,继而考虑中西哲学的融合问题。记得在报上曾看到张岱年师谈现代中国哲学家中西方思想影响的比例问题。我们根据张先生的说法,以过去清华大学的几位哲学家为例,金岳霖先生是中三西七,张岱年先生是中七西三,冯友兰先生是中西各半。严群先生也不例外。严先生没有系统的哲学著作,但他不失为一位深得中西方哲学思想的精髓、深爱中西方哲学思想的哲学家。表面上看，他是植根于西方思想，以西释中；但是由于他的家学渊源，他对中国哲学思想的热爱，实质上他是在中西哲学思想的比较中，企图阐释中国哲学，发扬中国哲学。说他的哲学是中西参半，未尝不可。不过他的大部分著作是三四十年代完成的，而且他饱受西方思想的熏陶，不能不受西方哲学思想的深刻的影响。这种以西释中，在比较中阐述中国哲学的方法，留着深深的时代烙印。

其次，严先生是一位西方哲学史，特别是希腊哲学史的研究学者，他关于中国哲学的著作，也是以哲学史的形式出现的，可以说他同时是一位中国哲学史家。从他的著作，以及其他一些中国的、外国的哲学史和西方哲学史，都可以看出书中所蕴含的著者的哲学思想。有成体系的，甚至是博大体系的哲学史家，如中国的冯友兰、英国的罗素，更可以看出这一点。孔子讲"述而不作"，《周易》有十传，都是以"述古"的形式显示作者的思想。当然，这与博大的、成体系的哲学著作不同，但是作者的哲学思想仍然溢于言表。严先生出版的那本《分析的批评的希腊哲学史——前苏格拉底部》，和长达七万字的论文《说老之"道"——老子思想之分析与批评》，都有在"分析的"之后加"批评"的字眼，内容也正是以"批评"的形式显示作者的哲学观点和作者对中西哲学比较分析。他的论文《孔子与亚里士多德之中庸思想之比较》更是以直接对比中西两哲学家的"中庸"思想为中心内容的，在其《亚里士多德之伦理思想》等著作中也处处侧重于中西思想的比较的讨论。这些著作都明确地反映了作者的哲学观点。

第三，严先生在阐释不同学派、不同哲学家或不同专著的时候，大多先分专题引用原文，逐条进行诠释，然后再综合地加以评述，并提出自己的观点。虽然对古代复杂思想家、哲学家的理解可能见仁见智，各有不同，但这种研究方法，使人觉得所述有根有据，绝非浮谈泛论，且给读者以根据原文作不同理解的余地。另外严先生的诠释也大多精炼严密，深得作者原意，评议中通贯古今中外，条分缕析，时有胜义。

现在进而谈谈严先生在西方哲学史和中国哲学史的研究中所反映的理论观点。

严先生主要是研究希腊哲学的，他的哲学思想一些主要部分，散见于他的关于希腊哲学史的著作中。这些观点虽然是零碎地、分散地表达的，但综合起来，却构成一个完整的思想体系。他的思想的背景和核心是两个字："科学"。"科学"也是希腊哲学家的核心，是希腊哲学对人类文化的最重大的贡献。严先生认为，哲学和科学都是要"繁中求简，散中求总，异中求同，殊中求共"。苏格拉底的求概念的方法，柏拉图意典说表现的从形下到形上，从特殊到一般，为后世的科学研究和哲学探讨提供了前提。希腊前苏格拉底各派哲学对客观世界"本体"的追求，苏格拉底向探讨人事的转变，经过柏拉图意典的追求，达到亚里士多德的接近泛神论的哲学观点，以及他在科学方法和科学分类的重大成就，奠定了西方科学思想的传统。严先生这种希腊哲学史观和他对科学的推崇，构成了他的哲学思想的基础。

严先生反对宗教，反对有超自然的"上帝"创造世界，赞同宇宙的秩序、规律即寓于自然界之中。他不但反对创世的宗教观，而且反对有独立于物或与"物"相对的"心"，认为"心"、"物"

对立只存在于认识论，"心"同"物"的关系只是宇宙中此物与彼物的关系。他主张本体上的一元论，认为二元论或多元论是哲学上的失败。而且这一元的"本体"是"物"而不是"心"。他在宇宙论上的另一个特点是反对爱利亚学派的唯静主义的宇宙观，认为他们的"有""太空、太板"，因而倾向于赫拉克利特的观点，认为赫氏的"火"，说是本体，实为"过程"，认为这种观点是同中国思想相通的。在谈到恩培多克勒的哲学时，称赞他为自然主义的泯心物对立的自然主义的认识论找到根据。关于严先生对这些问题的看法，可以引用他在《希腊昂那克萨哥拉士(Anaxagoras)心物二元的唯心意匠论》一文的一段话作为说明：

> 其实直截了当的办法，莫如便认物种之中自有秩序条理，自然而然演成万物；用一班哲学上的话说，即心物不分，只把心与物看作整个宇宙的两种表现：心是性（quality）方面的表现，物是量（quantity）方面的表现，性不能无量，量不能无性，亦即心不能离物，物不能离心——是一而若二，二而实一的东西。因此我说，在本体论与宇宙观上，不宜有截然而不相伴的心与物两概念，有了以后，只是增加许多莫须有而不能解决的问题。这两个概念只能在知识论上保留着，并且只能当作主观与客观的分别，不可视为"实有"(substance)。因为人与物原是整个宇宙中的部分，宇宙中的各部分彼此会发生关系，人与物的关系只是一部分与另一部分的关系，而人之知物，所谓知识也者，不过人与物之关系的一种。人与物在知识的关系上，因观点而分

彼此；此为主观，彼为客观，主观叫做心，客观叫做物；知识的关系停止，心物之分就不存在，至于宇宙的本然，更无心物之分，所以我说，心与物不可视为宇宙的实有。

假如心与物是截然为二面不相干的实有，那么在知识上，人的心怎能知物？最高限度，有性而无量的心，只能知物之性，何以还能知物之量？在本体论和宇宙观上，怎能够说，物种能接受心的计画与目的，经其整理而成形形色色的宇宙万物？（《学原》第二卷第八期（1948），第19页）

严先生在其早期的著作《读柏格森哲学后几句毫无价值的话》就表现出他的重科学反直觉的思想。

严先生对中国哲学的研究花过相当精力，主要涉及的是儒道两家，他比较深入地分析过老子的《道德经》、先秦儒家的经典著作《中庸》和《大学》，以及以朱熹为代表的宋明理学的本体论和宇宙观。在这些著作中，我们看到这样一些研究倾向和哲学观点：

一、以西方哲学的理论术语阐释中国哲学，在比较异同中见中国哲学的特色。研究中国古代哲学思想，可以用追本溯源的方法，还其本来面目；也可以用现代的观点术语阐释古人的思想，然后比较异同，达到了解古人的目的。这两种方法看似分殊，其实都不免站在现代人的立场去研究古人。完全的以古释古，甚至完全的以原著释原著，是不可能的，因为这样做等于没有解释，必然使人茫然而无所得。用现代的观点术语解释古人，最怕的是比附，把古人现代化。严先生的中国古代哲学研究工作，没有比附的毛病，却能清晰地、可理解地告诉我们古人的思想体系，及其理论意义。当然，他在选择阐述的对象和阐述过程中都反映了他个人的理论观点。康有为的"托古改制"固然为后人所诟病，但"借古人之酒杯，浇今人之块垒"，不仅文学家，哲学家、历史学家也常常这样。

二、严先生在他的中国哲学研究中，像他在西方哲学研究中一样，表现出他的泛神论式的一元的、唯物的、自然主义的倾向。他对《老子》的"道"和《中庸》的"道"都采用这种观点加以解释。他在《〈中庸〉全书思想系统》中，对《中庸》的所谓"道"是这样解释的：

> 天地之间，有物焉，万事万物之所率循而不坠者，是为道。以今世之术语出之，则谓之"秩序"。……"自道"云者，谓其发动流行，自然而然，非此道之外，别有物焉，而张主左右其间也。
>
> 此道盖即宇宙之本体，是本体之发动流行，纯出于自然。于斯可见《中庸》一书盖主自然主义（naturalism）之哲学……所谓"道"者，乃其自创自守，自然而不得不然之律令。由斯言之，《中庸》一书又兼所谓泛神论（pantheism）之诣矣。惟道为自然而不得不然之律令，斯又定命论（determinism）之旨趣，《中庸》首句即标"天命"两字，可以见已。

论到天人关系时，该文说：

天道莫非真理，人之思虑云为，物之动静成毁，固皆天道之所包，辙亦真理之一部，是天人合一，民物同体，斯又自然主义推理所必至者也。夫人之所以能知天地万物者，正坐天地万物原属一体，此乃知识发生之根基，存在之关键，历代儒家之所默契者也。其言伦理，则标仁民爱物之义，亦以民物原皆与我同体，不仁民，不爱物，无以异于手不爱足，膝不爱股，是谓逆天拂性者矣。

这几段话对《中庸》的"道"和"儒家"常讲的"天人合一，人物一体"的思想及其相互关系讲得很清楚。这是以《中庸》为代表的儒家思想的阐释，也是作者哲学思想的表述。

在《说老之道》中，严先生对老子的"道"也有详细的论述。他认为老子同苏格拉底都处于思想变革之际，但因二人所处的具体形势不同，所以老子"舍物而天"，苏氏则"舍天而人"，这是因为西方哲学一开始就注重本体论和宇宙论的探究，而中国哲学则一开始就重在人事的研究。并且认为中国古代哲学唯有老子独树一帜，"探夫天道之隐"，为后世理学融儒佛创造条件，老子在中国哲学史上的贡献是伟大的。关于老子的"道"，严先生首先把它同黑格尔的绝对精神相比较，认为相似而不相同。在比较老子同亚里士多德时更正面说明了老子"道"的含义：且夫亚氏之"上帝"，其为宇宙万物之鹄，而为其所向所趋也，乃是宇宙万物之外，而致之于动，而愈动而愈出。若老子之"道"，则存乎宇宙万物之中，宇宙万物，特其动静往复之形迹耳。以宇宙之术语出之，亚之"上帝"超神（Transcendent deity）也，老之"道"

泛神 (Pantheistic) 也。老之言曰："大道氾兮，其可左右？"（卅四章）

在比较老子与亚里士多德的宇宙论时，严先生用亚氏的储能效实的概念说明二者，也说明了中西哲学倾向的差异。亚氏从储能到效实"一往直前，永无止境"，而老子的储能趋于效实，"适可而止"，止而复返于储能，因此老子有"多言数穷，不如守中"的话，这正表现出西方哲学倾向于"务分析而不厌其繁，"中国哲学"重内心之涵养，轻外界之探求"，这正是西方学者承亚氏之余绪，而特重于科学的重要原因之一。

严先生关于中国的政治、伦理道德的论述很多，特别表现在关于《大学》、《中庸》二书的论述中。他认为中国哲学的论伦理统一政治，以伦理统一政治，以天人合一为基础的"民吾同胞，物吾与也"是贯串一切伦理、政治、法律的核心。这不能不说是他对中国伦理思想的精髓的认识，也是他的观点的具体体现。他把中国政治伦理思想同民主思想统一起来是很有见地的。我们引他在《〈大学〉全书思想系统》的一段话，说明他的这种观点：

"自天子以至于庶人，一是皆以修身为本"者，修身实兼格、致、诚、正而言，此五者之事备，则不失为善人，退有以立己，进有以立人，立己为民，立人为君，为民者进而可以为君，为君者退而可以为民，夫非民主政治之真意也欤？故曰：儒家之政治理想，所谓王政者，貌虽有君，其意则民主也已。

在《朱子论理气太极》及《孔子与亚里士多德之中庸学说及其比较》中，从比较中探求中西哲学的异同。严先生既不偏袒中国哲学，也不专崇西方思想，而是以理论上的一贯与科学精神为准。"科学"与"民主"是"五四"运动追求的目的，也是严先生他们这一代人向往的目标。这种精神在今天也还有积极意义。

最后，再说几句关于本书的编辑的话。

编辑这本文集，严先生的子女是出了大力的。严先生的手稿是行草，他们不但辨认无误，并查对引文，而且用非常工整的楷书抄写，几乎没有误写的地方。这不但需要大量的精力，而且要有较好的中国学术素养，而他们都不是学哲学的。保存严先生手稿方面他们也做了大量工作，没有他们的保护，这些劫余的手稿也许早已遗失，他们对父亲的文集的出版，倾注了大量心血。没有他们兄妹的集体努力，这本文集是编不成的。

2002 年 2 月 7 日于杭州